日本阳明学研究名著译丛

邓红 欧阳祯人——主编

宋明时代儒学思想之研究

[日] 楠本正继 著

连凡 译

山东人民出版社·济南

国家一级出版社 全国百佳图书出版单位

图书在版编目（CIP）数据

宋明时代儒学思想之研究/（日）楠本正继著；
连凡译 . -- 济南：山东人民出版社，2022.1
（日本阳明学研究名著译丛）
ISBN 978 - 7 - 209 - 11923 - 8

Ⅰ.①宋… Ⅱ.①楠… ②连… Ⅲ.①儒学—研究—
中国—宋代 ②儒学—研究—中国—明代 Ⅳ.①B222.05

中国版本图书馆 CIP 数据核字（2019）第 026631 号

宋明时代儒学思想之研究

SONGMINGSHIDAI RUXUE SIXIANG ZHI YANJIU

［日］楠本正继　著　连凡　译

主管单位　山东出版传媒股份有限公司
出版发行　山东人民出版社
出 版 人　胡长青
社　　址　济南市市中区舜耕路 517 号
邮　　编　250003
电　　话　总编室（0531）82098914
　　　　　市场部（0531）82098027
网　　址　http：//www. sd - book. com. cn
印　　装　山东新华印务有限公司
经　　销　新华书店

规　　格　16 开（169mm ×239mm）
印　　张　27
字　　数　360 千字
版　　次　2022 年 1 月第 1 版
印　　次　2022 年 1 月第 1 次
ISBN 978 - 7 - 209 - 11923 - 8
定　　价　68.00 元
　　　　　如有印装质量问题，请与出版社总编室联系调换。

　　《日木阳明学研究名著译丛》为贵州省 2016 年度哲学社会科学规划国学单列课题（16GZGX09）。

　　本国学单列课题由贵州省社科规划办和贵阳孔学堂文化传播中心共同出资设立。

　　　　　　　　　　　　　　　　　谨此致谢

《日本阳明学研究名著译丛》总序

"阳明"是中国明代思想家王守仁（1472—1529）的号。王守仁因筑室阳明洞讲学而名声大噪，世称"阳明先生"，称他的学说以及王门学问为"阳明之学""阳明之说"等。在《明儒学案》里，王阳明本人的学术被称为"姚江之学"，弟子们被称为"王门之学"，但是"阳明学"这一称谓，当时没有在中国流传开来。

作为一门近代学科的名称，"阳明学"是个典型的"和制汉语"，出现于19世纪八九十年代的日本。在此之前，日本人对王阳明一派的学问，也沿袭中国的学问传统，称"姚江"或"王学"。19世纪末到20世纪初叶，日本出现了一场由三宅雪岭、德富苏峰、陆羯南等当时的一些鼓吹日本主义的媒体人发动的、批判明治政府以"鹿鸣馆"为表象的全盘西化政策的社会运动。他们自称这场社会运动的目的是创造日本"国民道德"，创办了一本名为《阳明学》的杂志作为运动的主要阵地，于是"阳明学"这个类似于学术流派的名称成了这场精神运动的名称。

日本阳明学虽然号称起源自中国明代王阳明的姚江学派，但有完全不同的发展历程和自己的特色。在"阳明学运动"开展期间，出版了两本日本阳明学著作，奠定了日本阳明学的学术基础。一是高濑武次郎（1869—1950）的《日本之阳明学》（1898年铁华书院出版）。《日本之阳明学》以教科书的形式，分发端、陆象山、王阳明、心即理、知行合一、日本之王学者等章节对阳明学进行了阐述。二是井上哲次郎（1855—1944）的《日本阳明学派之哲学》（富山房1900年出版），该书按流派和人物全面论述了日本阳明学派的源流、哲学内容和思想特征。这两本书给予将日本阳明学传播到中国来的梁启超、张君劢、朱谦之等以重要影响。

但是与轰轰烈烈的日本阳明学之社会运动相比，日本作为学术研究的阳明学研究一直处于低潮。直到20世纪40年代，日本京都大学出现了两个阳明学研究方面的先驱者。

一是京都大学人文研究所研究员安田二郎（1905—1945）和他著述的《中国近世思想研究》（京都弘文堂1948年出版）。安田认为中国古代哲学家孔子的《论语》和王阳明的《传习录》那样的语录式著作，看上去杂乱无章，但内部有着某种必然的逻辑体系，于是他运用西方哲学史手法在《传习录》和其他朱王著作中去寻找这个逻辑，此书便是他研究的结晶。

二是京都大学原教授岛田虔次（1917—2000）的著作。岛田曾写过三本关于阳明学的著作。第一本是《中国近代思维的挫折》（1949年筑摩书店出版，1970年修订再版）。在该书中，岛田试图从王阳明、泰州学派、李贽的思想展开过程中，寻找中国近代思想，主要是近代市民意识的"萌芽"。第二本是《朱子学与阳明学》（岩波新书C28，1967年出版）。该书虽然是面向社会的通俗读物，写得简单通俗易懂，岛田却自认是对自己阳明学研究的总结。作为通俗读物，该书最大的特点在于将自己的阳明学论文和著作论证过的主要观点浓缩而总结概括出来。第三本是《中国思想史研究》（2002年由京都大学出版会出版。邓红翻译，上海古籍出版社2009年出版）。日本和中国学界一般认为安田和岛田开创了战后日本的阳明学研究，特别是岛田，堪称世界阳明学研究的先驱。

随后，日本九州大学文学部中国哲学史研究室涌现出了一个阳明学研究群体。第一任教授楠本正继（1886—1963）著作有《宋明时代儒学思想之研究》（东京：广池学园出版部 1962 年出版）、《楠本正继先生中国哲学研究》（东京：国士馆大学附属图书馆 1975 年出版）。著名阳明学研究者冈田武彦、荒木见悟等都是其弟子。

日本最高学府东京大学的阳明学研究代表为山井涌（1920—1990），1964—1981 年任东京大学教授，《明清思想史研究》（东京大学出版会 1980 年出版）是他毕生研究的结晶，收集了中国近世思想史方面的 19 篇论文。在此之后，日本出现了山下龙二、友枝龙太郎、岩间一雄、沟口雄三、福田殖等阳明学家，延续至今。

如上所述，日本的阳明学研究发展起步较早，在很长一段时期内处于世界的领先地位，涌现出了一批世界级阳明学研究专家，出版了一系列阳明学研究的学术名著，形成了资料丰富、视野开阔、推论细腻、各当一面、深耕细掘的研究特点。他们的研究成果是全人类的共同财富，具有深远的学术意义，可为中国的阳明学研究提供借鉴。

中国的阳明学研究因为众所周知的原因在一段时期内严重滞后，但自从 1978 年改革开放以后，开始摆脱了教条主义的束缚，学者们积极从事学术研究活动，善于吸收外来先进成果，与海外学者特别是日本学者形成良好互动的学术局面，从而出现了一大批研究成果，掀起了一阵阵的阳明学热潮，在某些方面甚至可以说已经在世界处于领先地位。但是从整体上看，中国阳明学研究还没有完全恢复"心学固有的活泼天机状态"，还没有过日本阳明学在日本近代化进程、国民道德建设中发挥过巨大作用那样的成就，在冈田武彦式的民众启蒙和企业伦理教育的群众性实践活动方面也还有学习借鉴的余地。

本丛书以"知行合一、付诸实践"为宗旨，以吸收、参考、借鉴日本阳明学"知行合一、强调事功"的长处为主题，沿着上述日本阳明学的发展历程来翻译介绍日本阳明学研究名著。

以往也有一些日本方面的阳明学著作被翻译介绍到中国，但都显得零乱无序，既没有形成一套介绍推广日本阳明学研究成果的体制，也没有按照日本阳明学研究的历史发展来选择翻译对象，而是各取所好，有的译著甚至不是学术著作，翻译成果甚至还有不专业之处。

有鉴于此，本丛书旨在全面、系统、专业地翻译出版日本的阳明学研究成果。本丛书编委会在中日两国的中国哲学史学界集聚了一批精通中日双语的翻译人才。

本丛书的学术总顾问是武汉大学国学院院长郭齐勇教授。长期以来，郭教授为推动武汉大学乃至全国的阳明学研究，做出了极大的努力。武汉大学阳明学研究中心为这套丛书的翻译与出版做出了重要的贡献。本丛书的翻译者蒋国保教授、邓红教授都毕业于武汉大学，年青一代的陈晓杰博士、连凡博士、焦堃博士、符方霞博士、张亮博士分别毕业于日本关西大学、九州大学、京都大学和北九州大学，不仅精通日语，而且也是真正的阳明学研究的专家。陈晓杰博士、连凡博士、焦堃博士是武汉大学的在职教师，张亮博士是武汉大学的博士后，符方霞博士任教于广西师范学院外国语学院。

本丛书的日方主编邓红教授，1982年毕业于武汉大学历史系，后来于日本九州大学中国哲学史专业博士毕业，直接聆听过冈田武彦、荒木见悟、福田殖等先生的教诲，现任武汉大学中国传统文化研究中心兼职教授。本丛书的中方主编欧阳祯人教授为武汉大学阳明学研究中心主任，《阳明学研究》杂志的执行主编，中华孔子学会阳明学研究会副会长，长期从事儒家性情思想和陆王心学的研究。所以，丛书的主编和翻译者们都长期浸润于阳明学和中国思想研究，有的本人便是驰名中外的阳明学家。他们对世界阳明学的研究动向有着深刻的把握，对日本阳明学研究的历史发展了如指掌，对先行研究的优缺点有着明晰的认识，对本丛书的翻译对象都仔细研读过，选定的都是日本最经典、最具代表性的阳明学研究著作，不仅能够为中国的学者们提供最佳参考资料，为中国的读者们提供满意的读物，而且能够为当政者提供重要的借鉴。

《日本阳明学研究名著译丛》为贵州省 2016 年度哲学社会科学规划国学单列课题（16GZGX09），是武汉大学中国传统文化研究中心近年来取得的重大研究成果。本"国学单列课题"由贵州省社科规划办和贵阳孔学堂文化传播中心共同出资设立。贵州是王阳明"悟道"的圣地，多年来贵州省为中华民族优秀传统文化的传承和创新做出了巨大的贡献，贵阳市和贵阳孔学堂为阳明学研究的发展和心学的实践做出了不懈的努力，在此特致以由衷的感谢。

邓　红　欧阳祯人

2020 年 10 月吉日于武汉珞珈山麓

敬贺宇野哲人先生米寿　著者楠本正继

朱晦庵诗书　拓本

根据大田南亩的只言片语，南亩是在某家看到写有这首诗的朱子真迹横幅的。楠本硕水在题为《书朱子墨刻后》(《遗书》六)的一篇短文中说，此墨刻系就上述某家所藏影刻，因为诗不见于朱子《文集》，如果不是朱子的逸诗，也许登载在据传已经亡佚的后集。这张照片的墨刻不是硕水的遗物，而是著者另外得到的横幅。左侧虽有印章及后人的小字跋文，然而模糊难以解读。

王阳明肖像

著者曾经在昭和四年秋到次年春侨居在北京。这张照片即根据在那时朋友桥川时雄借黄节所藏展示的一卷轴书画里面的明画。作为阳明肖像而流传的东西，除了谢廷杰刻《王文成公全书》的卷首所揭示的画像之外并不是没有。然而就能传达哲人的面貌来说，著者无疑相信当以此肖像为第一。特别记下来感谢两位的好意。

著者寿像

目　录

第一编

宋学部分

第一章　新儒学的产生

先秦儒学由于秦的焚书坑儒政策蒙受沉重的打击，各种经典多散佚欠缺，但到了汉代逐渐恢复起来。即以鲁、齐地方为首，有所谓《诗》《书》《礼》《易》《春秋》诸经之学，其中尤其像《书》那样，秦博士伏生以亡失的剩余教授于齐、鲁之间，晁错等继承之。武帝时，春秋学者董仲舒献上根据六艺之科、孔子之术的一统之策而被采纳，而且说"仁人正其谊不谋其利，明其道不计其功"（《汉书·董仲舒传》），为宋代学者所注意。（《二程全书》六《遗书》伊川之语，此外《朱子语类》一三七等。还有，在宋代学者对于此语的解释里面应该注意的是，那里面只有谋计之念的否定，并非功利本身的否定——参照《朱子语类》一三七）。然而汉代儒学早就是狭义的文献学，这是遭受焚书之后学问的自身趋势。例如根据河间献王实事求是的方法搜集古文书籍，博士孔安国以今文阅读孔氏所拥有的古文《尚书》。汉代经学因为这种文献学的操作而兴起。而且，虽然在前汉与后汉方面也有些微小的差异，但在大体上都重视专门尊重师传，主要地方在于训诂述整（后汉郑玄在训诫其子益恩的书信中写有"述先圣之元意，整百家之不齐"）。所谓汉儒朴实之学指此。

被称为唐代注疏学的经典解释学问接着上述学风出现。《五经正义》是其成果。注疏学与官吏录用法相结合，导致所谓帖经、墨义（关于此，《通典》及《文献通考》等有说明，后者卷九根据吕氏刊本的试卷，列举有墨义的样式）这种背诵考试的方法，在此期间不过啖助、赵匡、陆淳等人在其《春秋》解释中略放异彩罢了。只有淮南王刘安的《淮南子》、扬雄的《太玄》及《法言》、王充的《论衡》、王通的《中说》之类的著作，虽然多少有些差异，但全都掺进老庄思想。

一方面老庄思想在后汉末产生了魏伯阳《参同契》这样的著作。而魏晋时期，何晏、王弼出现而产生空谈名理的风气，进而有道教形成，后世长期存在其流派。王弼注释《易》，不将《乾·文言》的"利贞者性情也"这一句读为"利贞者，性情也"，而将其读为"利贞者，性于情也"，思考由性制御情，充分显示其思想的特质。（这虽与宋代学者程伊川《颜氏好学论》的立场相同，但从《近思录·为学》篇中收录《好学论》并删除这一词句来看，可以发现朱子并不满意这种观点。）

较此早些时候，中华民族与一个伟大的外来思想相接触，这就是佛教。根据历来的说法，佛教于后汉明帝时期传入中国，《朱子语类》中也写有"后汉明帝时，佛始入中国。当时楚王英最好之"。但魏代以来，直至经过围绕其自身及佛道儒三教的论争才逐渐确立其地位。收进《弘明集》及《广弘明集》的诸多资料是充分说明这一事实的东西。晋支道林等参与的像"有无之论"也需要注意。大概因为有无问题不仅是在晋代的重要论题之一（例如《晋书·裴颜传》里，叙述有此人著《崇有论》，想要改变"口谈浮虚，不遵礼法"的时俗的情形），而且在各种观点上可追寻朝向前后的关联。其后佛门中有道安、慧远那样的人弘扬佛教，禅观的流行逐渐兴盛，直至说"六经典文本在济俗为治耳。必求性灵真奥。岂得不以佛经为指南耶"（《弘明集》宋何尚之、答宋文帝赞扬佛教事之条）等。

这一时期，所有被相信有利的资料都被引用——例如，屡屡来引用见于《列子》中所谓西方有圣人这一孔子的话；根据老庄思想、《周易》的思想等讲述佛理（在观一切诸法空的般若思想解释上尤其显著）。同样反过来，又产生了根据佛教教理解释儒教经典的倾向（《广弘明集》八《二教论》中，在回答将逝川之说与无常观结合者的问题处。此外《朱子语类》一二六等），还有南齐张融、周颙、顾欢等那样提倡儒佛或者道佛一致的人物也不能漏掉。

在唐代，多数译经完成，佛教最深入人心。李通玄出现而《华严合论》完成（根据《朱子语类》一二六，朱子评价此书精密），由贤首大师法藏、清凉澄观的华严法界观——尤其是被称为其最终哲学的事事无碍法界观组成。这真正能够看作是中国化的佛教理论出现了。（《二程全书》一九中有程伊川对华严法界观的评论。）此外澄观及继承他的圭峰宗密将无住之心或空寂之心说成灵知不昧。（参照《景德传灯录》三〇《澄观答皇太子问心要》、宗密《禅源诸诠集都序》，根据《朱子语类》六八，朱子提及宗密的知之说。又《大学章句》中虽注释"明德"为"虚灵不昧，以具众理而应万事者"，但《朱子语类》一四里面，关于此语与禅家的差异在具众理云云以下地方的意思予以辨析。此外同书卷一二六中同样可见对于宗密等禅者的"知之一字，众妙之门"这句话的批评。根据朱子，其意思虽好，但用处完全不符合。）

韩昌黎的事业是这样潮流里面的一大觉醒，其弟子李翱所做在于这一觉醒的深化。要注意韩昌黎的《原道》《原性》以及《与孟尚书书》等。其中，从古代孟子以人性的内容为仁义礼智以来，加之以"信"作为五常之性则可见于汉代，韩昌黎的《原性》也是先遵从此传统。性的内容通过这样的传统逐渐被命题化，而与情的关系也变得说不清道不明起来。此外将韩昌黎的《师说》与友人柳柳州的《与韦中立论师道书》合起来看就能够理解前者的立场。即由于师严而道尊，与《礼记·学记》中包含的即使君主也不以师为臣的思想相符合。李翱与佛教之间的关系在《景德传灯录·药山传》里面是人们所知道的，根据其《复性书》，上篇说明人之所以成圣者为性，惑其性者为情，作为人之本质的性的普遍内在在于圣人的情之纯化，引用《易》《中庸》《孟子》说明。中篇，说明复归于作为上述本质的性的方法，列举《易》之寂然、《中庸》之诚明，以及《大学》的致知、格物。下篇，说明为大道效力者的安心立命。以上，能够认为在文献的选择

005

及观点上与宋学多有关联吧。然而朱子对李翱的批判里面，纠正其复性思想，认为灭情复性是错误的而说明情是不能消灭的东西。只是值得注意的是，与历来根据家、国、社会等共同生活上的传统伦理道德或者经济情况从外面来的佛教攻击不同，深入佛教思想内部，并且已经能够看到想要根据儒教的经典穷究性命之道的立场。

到了五代，禅的思想非常盛行，显贵中的皈依向往者很多，至宋代越发趋于兴盛，一流的名士多皈依之。然而宋代的禅已经在其自身中孕育着危机。禅的各派系，禅者与教家，各失其特色而产生了儒释折中的企图。据说北宋智圆提倡《中庸》，作为僧徒却号为中庸子，还亲自作《中庸子传》说明其意义（参阅冯友兰《中国哲学史》八一二页）。同样像契嵩的《中庸解》也成为这种例子（同上）。契嵩是持三教折中论的人。上述宗密曾以为做有义事的是惺悟心，做无义事的是狂乱心，狂乱跟随情念，惺悟不根据情，而且思考义是佛所谓义理之义而非仁义之义（《景德传灯录》一三）。然而大慧宗杲评论宗密此语说"未免析虚空为两处。仁乃性之仁，义乃性之义，礼乃性之礼，智乃性之智，信乃性之信。义理之义亦性也。作无义事，即背此性；作有义事，即顺此性"（《大慧书·答汪状元》）。（《朱子语类》一二六中嘲笑上述宗密的话，并且举出大慧也以之为非。宗杲用佛理说明《中庸》首句性道教也出现在张横浦的《横浦心传》卷中。）这难道不是大慧把手延伸进儒学社会道德的新立场吗？因为《鹤林玉露》（人集三）中可见把儒家的话作为公案的例子所以引用它。黄龙寺的晦堂曾向黄山谷询问《论语》"吾无隐乎尔"的意义。山谷再三解释，晦堂终不以其说为是。那时候暑退凉生，秋香满院。晦堂因而问道："闻木樨香乎?"山谷答道："闻。"晦堂道："吾无隐乎尔。"山谷于是信服了。这个问答其主意之巧妙令人叫绝。到这里，儒释的融合浑然不显露斧凿的痕迹。这样的思想趋势纠缠着社会、经济形势，越发使回转的时机成熟了。后述，对于欧阳庐陵的攻击佛教之书《本论》，张无尽（一〇四三——一一二一）的《护法论》中所叙述的却是有泄漏佛教危机的社会情况的东西。朱子把排斥佛教的话作为要紧之事，列举了傅奕的《本传》、宋景文《李蔚赞》、苏东坡的《上清储祥宫碑》、陈后山的《白鹤宫记》，更进一步说"本朝欧阳公排佛，就礼法上论，二程（程明道、程伊川兄弟）就理上论，终不如宋景文公捉得正赃出"（《朱子语类》一二六）。这指的是宋祁作《新唐书·李蔚传赞》的内容，是驳退袭用附益老庄等中国古典思想以图布教之事。总之可以认为这边（上述，傅奕本传以下）概括了来自儒教方面对于佛教徒舶来佛教这一方面持续进行的事业之不满吧。于是中华民族思想遥远想起韩昌黎、李翱等人的遗业而产生了一觉醒运动。这就是宋学。宋学是在哲学、宗教等问题的范围里面由住在老庄及佛教思想里面的宋人所进行的反省、自觉、复归的活动。被认为对朱子学问抱有同情的南宋末人罗大经提起孔子的"道不远人"（《中庸》）、孟子的"道在迩而求诸远"（《离娄上》）等语句，举出下面的诗句：

尽日寻春不见春，芒鞋踏遍陇头云。

归来笑拈梅花嗅，春在枝头已十分。

（《鹤林玉露》人集六）

这是充分述说宋代思想倾向的东西，宋人就是这样复归于自我。以老庄、佛教的思想为母胎，通过它，从这里出来以寻求中国本来的思想。如果允许这样说，那么更进一步难道不是可以说下面的事情吗？即因此像韩昌黎也不过是一块垫脚石，必须更追溯到古代先秦，直接接上孟子之传。（我国荻生徂徕、太宰春台等人将孟子与宋儒作为同一行列来考虑要比使其分离的伊藤仁斋、东涯父子或者清戴东原等人的见解高明。）从这样的精神出发，《明道先生行状》（程伊川作、《二程全书》二九《遗书》附录）里出来"孟子没而圣学不传，以兴起斯文为己任"这一断言（又参阅同上《明道先生墓表》)。最能叙述这一情况的是朱子《大学章句》及《中庸章句》的序(又参阅两书的《或问》)。必须说这正是为了了解宋学出现的思想、精神情况的原始资料。希望读者参阅。在这里不赘述。

"夫物极则反,数穷则变,此理之常也。今佛之盛久矣,乘其穷极之时,可以反而变之,不难也。昔三代之为政,皆圣人之事业;及其久也,必有弊。故三代之术,皆变其质文而相救。就使佛为圣人,及其弊也,犹将救之;况其非圣者乎"(《居士集》一七)是写作上述《本论》、倡导排佛的欧阳庐陵的话。《本论》大致就是迎合时机的东西,能够由当时一下子附和它的人的很多事实确立证据。如果果真是那样,虽然佛教思想,兴盛已经很久,逐渐至于穷尽了,但像程伊川也说当时释氏兴盛而道家萧条(《二程全书》、二先生语二上)。"道教最衰"(《朱子语类》一二五)是后来出现的朱子的话。总之,问题是与接近极盛的佛教,尤其是禅宗有关系。尤其禅的内部玄沙师备、清凉文益、永明延寿等法眼宗的传统也过时了,而大慧宗杲的临济宗说显露其极盛,这在于需要与朱子学对决的形势。(参阅《朱子语类》八、和版一三页正面,一二六、同一二页背面。)陆象山也说"孟氏没,吾道不得其传。而老氏之学始于周末,盛于汉,迨晋而衰矣。老氏衰而佛氏之学出焉。佛氏始于梁达摩,盛于唐,至今而衰矣。有大贤者出,吾道其兴矣夫"(《象山全集》三五《语录》)。恰好这个时期,禅林的明星大慧宗杲(一〇八九——一一六三)已经隐没其光芒,朱子那样代之而起凭着英伟明峻的资质(《东莱集》三《与朱侍讲书》中之语)日益整其羽翼。对儒教徒来说,真是有感到"天运循环,无往不复"(朱子《大学章句》序)的样子。陈清澜的《学蔀通辨》(终编下)里举出朱子出现后,宋代诸多学者根据佛旨作的数种经解都废弃的实例。虽然那里面也有想来未必那样的情况,但大体相信其言也可以的话(中国亡佚而传于我国像张横浦的《中庸说》是确切的一个例子),到底还是能够观察到时代思潮的改变。

然而宋学已经不可能就是先秦儒学的原样。如果不是弥补汉唐训诂学之欠缺造成的思想空白，扬弃老庄、佛教而复活孔、孟精神的新儒学就没有意义了。后面所述，以刘敞为首，由欧阳修（庐陵）、王安石（临川）等进行的来自注疏学的彻底解放出乎预料地成了为这种新儒学开辟道路的结果。

宋代学者里面属于湖南学派的胡致堂（一○九三——一一五一）论述隋王通以下的诸儒如下说道："平日专精乎诵数，刻苦乎词艺，以多闻博识为淹该，以辨析同异为详审，或记谥族谱系之差殊，或考郡国方物之名数，是皆不足以为已。设问以默而识之者何所识，欲自得之者何所得，行藏有是者何所有，卷而怀之者何所怀，感而遂通何以为寂然之易，无声无臭何以见文王之孚？则意塞而莫通，舌举而莫对，乃反仆仆数拜于浮屠氏之前，面壁灰心身若槁木之枝，以求其所谓一超顿悟者，没世穷生，泊然兀然，竟亦无得也。为儒至此，曾不如向之工巧技艺而造其妙者。"（《读史管见》一五隋仁寿三年之条）又评论傅奕之言语，说佛教有深入触动人心的东西（同一七唐贞观二年之条）。对于武宗的废佛，论述其方法得当否（同二五唐会昌五年之条）。到朱子述说宋代士大夫寄心于禅学的事实，认为佛教的高尚，其成为人生最终依托处这点不是靠背诵文章谋划获取利禄、名声可比的（《朱子语类》一二六）。宋代学者考虑这样的情况展开其思想，顺从当时的人心完成了其事业。根据《广弘明集》（一一及一二），针对傅奕《废佛表》的反击很激烈。像在《弘明集》《广弘明集》里知道的那样，从儒教方面单纯根据自己立场进行的佛教攻击已经有走到尽头的样子，如果要说存留的东西，就是所谓"入室操戈以打击对手的方法"，由此触及天地、人生的问题。（最能说明这点的是杨龟山给予杨仲达的第六书——《龟山全集》一六。龟山虽然是程子的门人但又通佛理。）如前所述，唐李翱的《复性书》也应该视作其开端。宋儒的事业可说是将其越发扩大，更进一步加深了。宋人从其精神自身的要求出发必然用不得已的手段建立了宋学。

注

　　清颜习斋、戴东原、费燕峰，我国伊藤仁斋、东涯父子、贝原益轩、太田锦城等人的宋学批判只是一味从外部搜寻其素材，以揭露这个为主，从所谓影响方面来看也有其相当的理由。然而这一方法必须反省自己的权限。即使什么样的思想也不是毫无影响的，在佛教方面使用中国固有文字的例子也不胜枚举。（认为最重要者是在华严学里使用的"理"这一字是合适的。向印度寻求这字的原文未必容易。）毋宁重要的是一边相互产生纠葛一边前进的思想主体的精神吧。更何况，当仁斋指出以下素材的时候也没查明原典，似乎依据的是明人空谷景隆的《尚直编》，以及同样宗本的《归元直指》或其转引等。这些书籍果真足以信任吗？

第二章　宋学前期

第一节　隐逸思想

宋初时期（公元十世纪末）的戚同文、陈抟、种放等人虽因逃避五代之乱而过起了隐居生活，但其中戚同文的下面聚集了众多学徒而形成睢阳一系，据说范仲淹之学就渊源于这里。这里作为问题需提出的是其他二人。二人到了宋世应朝廷之召稍稍有所进言，但出乎意外的是进言的内容是以经国济民为主的儒学之道，而不是道家（老庄一系）态度的玄默炼养之理，或者所谓方术（神仙之道）之类。那明显是讲述时运之变化者，意味着儒学复活的曙光。根据朱子《宋名臣言行录》，周世宗召见陈抟打听黄白之术（服用白银黄金升天之法）时，因其上言说与其造黄金还不如当以苍生为念而世宗不悦，放还山里。然而宋太宗不是那样。由宰相宋琪等打听玄默修养之道时，陈抟说："今圣上龙颜秀异，有天人之表，博达今古，深究治乱，真有道仁圣之主也。正是君臣协心同德、兴化致治之秋，勤行修炼，无出于此。"太宗听这话非常高兴。像陈抟的弟子种放也对真宗回答道"明王之治，爱民而已"。像这样可以说是隐居山里的人物下山。那么，宋代隐居者的下山究竟有怎样的思想经历呢？大概陈抟系统的隐逸思想以经典《周易》为媒介，直至作为思索自然之道与人类社会之道的互相关联者为宋学者（宋代新儒教徒）所受用。

宋代学者邵康节及周濂溪对于《周易》的新解释其渊源发自陈抟，到朱子确立地位。本来《周易》的思想是描写天地自身活动的，后人解释，像说"造化自然的切身体会……重要"（浅见絅斋《启蒙师说》）那样，尤其在虚己归依自然的地方产生了承认其意义的倾向，那想必因为其背景里有隐逸者们的思想之缘故。像人们知道的那样，自古以来培养出隐逸者们的东西，那无疑是老庄一系的思想。当然尊崇自然并归依于此也是中国民族的根本态度。不管儒学也好，老庄也好，到达的目的地都是自然，这绝不仅仅是因果的机械的自然，而是被考虑为像天地、四象、日月、山水等那样不固执己见，而且有着根本目的的东西，不能让在此意义下可说是伟大的灵魂的什么东西移动。话虽如此，儒学一系思想将自然里面进行的世界生成视作发展，重视其活动，从而去建立起效法于这个的人类的有为，相反，老庄宁可将世界的生成视为堕落，重视其静止，从而有建立效法于这个的人类的无为态度。因此隐逸思想主要属老庄一系，在维系与此思想的宋学里面也留下其身影了。宋学五大家里面也只有程伊川做着不惜积极避免这种倾向的努力。名著《程氏易传》成为其证据，例如请看复卦的"程传"等。在那里，老庄学者王弼等以静见天地之心的这种见解被反驳，动之端被作为天地之心。不过这点朱子虽然也继承"程传"，但对《易》整体的看法，朱子更切合自然。像浅见絅斋那样严肃地指出那点，区别伊川的《易传》与朱子的《本义》《启蒙》的立场。说朱子这样的立场实际上是构成其思想潜伏的主流也不为过。如果承认作为宋学集大成者的朱子的立场，就必须承认通过与老庄系隐逸思想间的因缘向自然的归依、通过向自然的归依的人类共同生活的自觉、人伦的树立是宋学的新课题。

注

关于邵康节、周濂溪等与陈抟系思想的关系

程明道作《邵尧夫先生墓志铭》（《二程全书》五七）

朱汉上作《进易表》（《汉上易传》卷首）

《朱子文集》七六《再定太极通书后序》

第二节　批判精神的勃兴

经过很久招致来的中国思想之变化到宋仁宗庆历时期（一〇四一—一〇四八），显现出其难以抗拒的征兆。引导这一潮流的是以范仲淹为首的一群人。当时，晏殊、范仲淹、杜衍、韩琦、富弼、欧阳修、蔡襄、文彦博等人先后占据重要地位而为士大夫所庆贺。（参阅黄东发《古今纪要》一八等）同时有呼应这个而起来的学者们。清全谢山说明此期间的情形道："有宋真、仁二宗之际，儒林之草昧也。当时濂、洛之徒方萌芽而未出，而睢阳戚氏（名同文，号正素，又有作坚素者）在宋，泰山孙氏在齐，安定胡氏在吴，相与讲明正学，自拔于尘俗之中。亦会值贤者在朝，安阳韩忠献公、高平范文正公、乐安欧阳文忠公皆卓然有见于道之大概，左提右挈，于是学校遍于四方，师儒之道以立。而李挺之、邵古叟辈共以经术和之。说者以为濂、洛之前茅也"（《鲒埼亭外集》一六《庆历五先生书院记》，又参阅《宋元学案补遗》三《高平学案补遗》王梓材的按语）。

除上述外，司马涑水（名光）、王临川（名安石）等人稍后也帮助了学者。特别是有像范仲淹（字希文，九八九—一〇五二）那样在这点上不应忘记的人物。这里稍微叙述一下仲淹的思想吧。

仲淹的话里写有"先天下之忧而忧，后天下之乐而乐"（《范文正公集》七《岳阳楼记》）。这话是根据什么做出的呢？想来显然是因为易理。韩琦早就说过，仲淹通晓消息盈虚的道理（《范文正公集》诸贤赞颂论疏之部、《韩魏公遗事》），在此人这里，从整体来把握利害错综之事实，真正有知道变迁之机的器量。因此上述先忧后乐之说才成立。如果不是那样，先忧就成了劳扰，后乐就成了迟钝。又《严先生祠堂记》里说明严子陵与光武帝以道相尚的原因，讲述了如下意思："先生，汉光武之故人也，相尚以道。

013

及帝握赤符，乘六龙，得圣人之时，臣妾亿兆，天下孰加焉，唯先生以节高之。既而动星象，归江湖，得圣人之清，泥涂轩冕，天下孰加焉，惟光武以礼下之。在《蛊》之上九，众方有为，而独不事王侯，高尚其事，先生以之。在《屯》之初九，阳德方亨，而能以贵下贱，大得民也，光武以之。盖先生之心出乎日月之上，光武之器包乎天地之外。微先生不能成光武之大，微光武岂能遂先生之高哉。"（均同上七）仲淹经常这样论述相互反对的事物的相待成全。他被称为有所得于《易》绝不是偶然的。《易》对宋代思想界起了很大作用。与范仲淹一起帮助后进，政治上予以合作的有权势者是欧阳庐陵（名修，字永叔，一〇〇七——一〇七二）。庐陵在学术界的地位更重要。庆历之政治接受这样一流的知识分子的指导意味深长。批判精神从这一期间兴起。这种精神与官吏录用考试，即科举制度的修改相刺激而发生也是事实，为此计划比较自由地以论策为主取士来追求人心的解放了（《东都事略》六庆历四年三月壬申之诏、《文献通考》九《选举考》四等）。范仲淹、欧阳修等似乎参与了这些计划。于是汉儒训诂之学问变化而所谓经学一新。据说开此风潮的是刘敞（字原父，一〇一九——一〇六八）的《七经小传》，接着到了王临川的《三经新义》，直至汉学被视作土偶。尤其是，虽然《三经新义》成为新的权威并在科举中登场，对此的反拨又诱使对于宋代儒学的反省，但是《三经新义》促进了从汉代传统的注疏学中脱胎换骨是无可争辩的。王应麟的《困学纪闻》（八）中述说了当时的实际情况。

那么上述刘敞在其著作《七经小传》里面，对于古代经典，或者改字，或者怀疑有脱简遗文，或者主张应移动次序，虽被称为"盖好以己意改经，变先儒淳实之风者，实自敞始"（《四库全书总目提要》三三、《七经小传》之条），但其实是有异彩的学者。而且使刘敞的学问有异彩的原因绝不仅仅是由于这个。更有值得注意的是，刘敞根据古器达到考察了解古代的目的。古器是礼家弄清楚其制度，小学家（文字学者）订正其文字，调查谱牒

(氏族世系之记录）之人供其按顺序排列世谱之用方才能说是尽其用（《公是集》三六《先秦古器记》），又必须将其与古书相互参照考证。可以看《公是集》四九《骊山十钟赞》。这里有此方法取得的明证。

这种方法——其可谓实证的——里面对待古器的倾向为欧阳庐陵所继承。

庐陵得到刘敞等人的援助，热心努力于这方面的开拓，其范围在时代、场所上都更广阔，汇集各种古代金石遗文编纂《集古录》一千卷，跋于诸卷的末尾。又撮其大要别作目录，因而一并记载，可订正史传及其缺误者。他想要传于后世。（此部分虽未完成，但庐陵之子棐根据父亲遗命作目录，考察了书撰之人、事迹之始终、所立之时代。）

关于此书，应当注意的是，其编纂（资料搜集、文字解读等）是在朋友协助的基础上完成，并且其方法是实证的。

注

后来程门的吕大临也作了《考古图》十卷（《四库全书提要》一一五中称其体例谨严）。大临另有编纂礼书的计划，其方针似乎为朱子所袭用。总之这些学问无疑有协同且实证的倾向。这样倾向的学问也在朱子学中被发现是难以忽视的事实。（尤其礼制的整理成为朱子《仪礼经传通解》这种大事业，而直至清代继承遗意得以完成。朱子对于《集古录》等金石文学问的关心虽可见于《朱子文集》七五《家藏石刻序》、同八二《题欧公金石录序真迹》、同书《集古录跋尾后》等，但朱子在这方面的地位没有礼制研究那么大。因此像清顾亭林在研究《仪礼》时虽然也想起朱子之名，但是其访求古今金石文的学问意义乃得自欧阳庐陵的《集古录》。《亭林遗书》所载《求古录序》中透露此事。）

更进一步吧！在经典的研究上，庐陵的协同、实证态度同时伴随着自由批判的态度，不单纯相信其神圣，也不承认传注的权威。见于《答宋咸书》（《居士集》四八）、《策问》（同上）等的意见全都是表示这个。对于《周易》而产生的有创见的疑问也可说是其精神的体现吧。据庐陵所说，不仅《系辞传》不是圣人之作，《文言》《说卦》诸传以下都不是圣人之作，而且众说淆乱，也不是一人之言。这里重要的是，这样的言论根据资料的推敲论证事实的立场。例如，《文言传》里将元亨利贞视作乾卦具有的四德（四种性质、其能力）的说法与不是那样的说法混在一起。此外《系辞传》里将八卦作为天之所降的同时，又被视作人之所作，《说卦传》里说根据蓍草而得卦。如果考虑以上诸说之间的矛盾，绝不可能作为一人之说。更不可能是圣人所作。不过即使承认《系辞传》远胜于现存传注，如果说是圣人之作，那也是僭伪之书。像《说卦传》《杂卦传》不过是筮人之占书（《易童子问》三，又参阅《居士集》一八《经旨易或问》三首）。庐陵的态度不但主要根据经验事实，用实证的方法来注释，而且怀疑经书记载的事实，甚至导致对经本身的否定。尤其是，以像这样的想法来试进士促进了新趋向的开辟（《居士集》四八《问进士策》四首）。庐陵的《笔说》《物有常理说》中述说物有理，在用实证的手段去塞进此理的地方可见其论述的特色。只是此理到底是经验事实的法则，并非形而上学意义的东西。形而上学的思索是庐陵所强烈排斥的。宋吕希哲的《吕氏杂记》（下）里记载有庐陵建言由于谶纬之书的浅俗诬怪，悖经妨道，所以向仁宗皇帝请求，并将一切诸书及传疏所引之处削去，不要耽误后学。如果此建议被采用，汉儒的经注将丧失其谶纬思想了。同样，王应麟的《困学纪闻》里举出因庐陵以河图洛书为怪妄而招致苏东坡、曾南丰诸公的不满。如果此意见打动了后述朱子，朱子学就会变得更加平正公明吧。虽说没能这样，但是宋代思想比起其他的思想是明显合理的，庐陵的这种态度无疑是代表这种倾向的。即使，其所谓的理在具有上面那样性质的地方被承认。

其次，庐陵作《正统论》（《居士集》一六又《外集》九）（同一七）。

认为居天下之正，合天下于一者是正统。从此观点出发论述了尧、舜、夏、商、秦、汉以下，特别申述了由于厌恶秦而把秦作为闰，是汉人本于五行说等的私论，是沉溺于非圣曲学之说者的原因。又作《魏梁解》（《居士集》一七）辨别魏梁说明不为伪的理由，说那是使用《春秋》之法者。而且所谓《春秋》之法不外乎事实之直书。这里边也能够看到尊重事实而且将其进行合理处理的地方。

关于庐陵，还有一件事应当提一句。那就是起草《本论》（《居士集》一七）以攻击佛教之事。据此文所说，佛教为中国之患千余年，虽然也有攻击它的人，但效果不持久。如果说这是由于什么，那么祸根在于王政欠缺，礼仪废弛。王政礼仪是什么呢？就是依民之欲而制之与顺其情性而调制之的社会、国家设施。如果这些设施齐备，佛也无从得入。如果乘其穷极之时整顿这些设施，那么经历长久的佛之势力不必以为很难。庐陵呼唤时机之到来。承认人类现实的欲望，在根据社会设施来调节它的地方思考与佛教的对决是儒教的立场，当时自不用说，通贯各个时代都有力地起作用。

上述这样的精神兴起无疑给宋代带来了显著崭新的一页。如果将此与西洋思想比较，在时间上虽然不出经院哲学的初期，但是思想性质已经可说与脱离中世纪者有共通之点，这样说果真是言过其实吗？

第三节　正学思想、伦理立场的自觉

胡安定、孙泰山、石徂徕的思想虽然还难称为达到精微之境界。然而，想要从老庄、佛教思想中脱离之态度的坚定表示，思考圣人作为人世间最高精神的体现者，专门以之为目标的思想与实践，这样的伦理立场的自觉开始出现在这些人之间，足以作为宋学的前驱。

注一

　　参阅《朱子语类》一二九、《黄氏日抄》四五等，这些文献全都承认这些人成了伊洛（程子兄弟）关（张横渠）诸学的先驱。这时候所谓书院的成立有着重大意义。在理查德·威廉的《中国哲学史》（九八页）里，他论述了胡安定以下三人的价值，如下说道：书院的成立使得师徒紧密的人格关系成为可能了。学术与德育成了人们最应该一丝不苟从事的重要事业。由这三位前驱完成了从文献学的工作向古代教育的伦理实践转向。能够将其与新教派教会中的敬虔主义运动相比较。

　　这说明了书院是所谓道场蓬勃兴起这点。吕东莱的《白鹿洞书院记》（《东莱集》六）、袁洁斋的《四明教授厅壁统记》《东湖书院记》（全都《袁洁斋集》一〇）、全谢山的《庆历五先生书院记》（《鲒埼亭集外编》一六）、同书《答张石痴征士问四大书院帖子》（同四四）等可见四大书院的名目。就是白鹿洞、石鼓、应天（睢阳）、岳麓各书院。吕氏算上嵩阳代替石鼓，袁氏举出白鹿洞、岳麓、嵩阳、茅山之类。虽然其名目多少有些出入，但在意义上不变。

注二

　　《朱子文集》七九《衡州石鼓书院记》也很明白地说明了书院的意义，又参阅秦蕙田《五礼通考》一七一。

胡安定（九九三——一〇五九）

　　胡安定（名瑗，字翼之）这里值得注意的是，胡安定以儒学的教科书、所谓经为主的立场，尤其是对于经的严正伦理意义的阐明（与为了谋求一身之荣达的修学或者训诂学的研究相反）及其实践。

注

看《名臣言行录》一〇所引，蔡端明撰墓志，以及李荐记刘彝的言论这一情况就很清楚了。朱子说安定所说的义理平正明白，没有一点玄妙或术数，折服于其气象。《朱子语类》（一二九）。据说像徐仲车（积）见到门人的时候，多在空中书写一个"正"字，并且说在安定那里得这一字，受用不尽（《吕氏童蒙训》下）。

儒学的伦理法则，即以家、国为本的仁义礼乐之道，诗书史传子集，作为垂法于后世之文章，及根据上述法则的本质所产生的行为在安定这里成了主要的问题。

胡安定特别注意按照诸生的个性而进行教育，这是他教育成功的一方面原因。安定的湖学正好处在崇尚辞赋的时代，独自以经义与时务作为科目，在学校中设置经义斋、治事斋，经义斋和治事斋分别使有疏通器局之人和修习各种专门技术知识的人居于其中而培育之。

注

上述是《名臣言行录前集》一〇《（吕氏）家塾记》中所记载的。又依据同书李荐记，安定在太学中采取的方针也根据这个，可以窥见以众多的人士跟从为乐而成就其才能的情况。

大概经义能对人的理想予以指示，根据指示而其得以施行，这样就能够所谓体与用兼顾考虑了。前面注里引用的刘彝的话里，指出安定之学发明体用，是明体、适用之学的理由。这一思想到后来使朱子得以越过了周濂溪的无的立场，成为所谓全体大用（《大学》补传）之学，进而通过宋末真西山的《大学衍义》、明代丘琼山的《大学衍义补》、宋末元初的熊勿轩、元代许鲁斋等人的思想而直至成为综合伦理与政治经济的大流。

《勿轩文集》五、《晋江县学记》里面思考了安定的明体适用之学与朱、真两家的全体大用之学间的关联，把后者称为其体全体、其用大用，而湖学尚未曾有这样的特点。著者这里想承认濂溪思想的意义。即通过此思想，从而产生差异。

此外，安定当教育诸生时，在其抚育中可见其采取周到注意的态度。例如认为饭后靠着桌子或者久坐都伤气血，教导当通过习射、投壶等来游息。据说学于安定者醇厚和易之气，望之即可知（《名臣言行录》一○、程伊川之语）也是因为接受了这样的教育。

关于安定的思想，应当说的虽然大体上就是这样的，但必须说这始终是与安定其人的人格密切关联并从那里涌出来的。清朝全谢山将安定的学问人品与下面所述的孙泰山相比较，将安定比作冬日之日，将泰山比作夏日之日，说道：

> 宋世学术之盛，安定、泰山为之先河，程、朱二先生皆以为然。
> 安定沈潜，泰山高明；安定笃实，泰山刚健，各得其性禀之所近。
> 要其力肩斯道之传，则一也。

的确是那样。

孙泰山（九九二——一○五七）

孙泰山（名复，字明复）对异端学派高度表明儒学的旗帜。然后将两者的差异置于义的立场与利的立场的区别上。据泰山所说，此期间的争端由战国时期杨墨开始。尤其叹息佛老之徒，建立死生、祸福、虚无、报应之说，绝灭仁义，废弃礼乐，直至与以君臣、父子、夫妇之人伦为本的儒学中以家、国为根据的生活思想相竞争（《孙明复先生小集·儒辱》）。

于是推崇对抗杨墨的孟子，对抗申韩的扬雄，对抗佛老的韩愈的功劳，重视董仲舒的意义（《孙明复先生小集·董仲舒论》）。义的立场即是道的立场。这一立场超越自己，但并非与人。想要采取真正客观的态度，实现己与人双双超越之。圣贤的态度不外乎此。泰山拿圣贤的行迹，称为无进无退（因为行藏随用舍）超越了毁誉（因为考诸三王而不谬，建诸天地而不悖，质诸鬼神而无疑，百世以俟圣人而不惑）者（《孙明复先生小集·寄范天章书》又，《孙明复先生小集·信道堂记》）。

宋学的严肃主张在这里已经能看到。（又参考《无为指》上下，这里论及舜与孔子说无为的理由，说明所谓无为不是旷然不作为。想来所谓无为包括具体政治内容的这种思想非常重要。）如果那样，要说这样的道根据什么能够知道，那就是根据《六经》。然而《六经》在孔子去世后不清楚。而且秦火之后很多已经散亡。汉魏而下，诸儒纷然四出争做注解，使得我们《六经》之旨越发混乱了。

泰山宣告了守王弼、韩康伯之说不可能尽《易》，守三《传》以下不可能尽《春秋》（《孙明复先生小集·寄范天章书二》）。

注

  清钱大昕说："当宋盛时，谈经者墨守注疏，有记诵而无心得。有志之士，若欧阳氏、二苏氏（东坡兄弟）、王氏（临川，即安石）、二程氏（明道兄弟）各出新意解经，蕲以矫学究专己守残之陋，而先生（泰山）实倡之"（《明复先生集叙》）。又欧阳修撰写的墓志中也写有，泰山之春秋学不惑于传注，又不为曲说乱经，其言语简易得经之本义为多。

可以说宋代经说的本质倾向已经体现在这里。

石徂徕（名介，字守道）是泰山弟子，其思想与实践更加严肃一些。

石徂徕（一〇〇五——一〇四五）

一

徂徕曾经读《易》，思考至《序卦》的"剥者剥也，物不可以终尽，剥穷上反下，故受之以复"（剥卦的意思虽然是所谓阴剥减阳，但因为所谓事物终究不能消亡，所以接着剥表示一阳来复的复卦到来）这句话。斯文被剥落将近三百年了。孔子之道开始被杨墨剥落，中间被庄子、韩非剥落，最终被佛、老剥落。孟轲、荀卿、扬雄、韩愈的出现表示孔子之道又恢复起来了。现在斯文之剥落已经达到极限。于是不得不相信其根据天意的复归。

徂徕在这里期望天运循环的必然。徂徕只有站在此期望上才能够立志成为新儒学的先驱。于是，徂徕站出来抨击佛老。据徂徕所说，由于老子生而三纲弃、五常乱，因此不得不以老佛为贼害圣人之道，违背中国之治者（《去二画本记》）。也就是说，在中国的家族国家生活、社会生活中，君臣、父子、夫妇（同上《辨私》里面加上朋友、长幼二者，提出所谓"五典之目"，说这是人世间紧迫并且必要的东西，一日没有这个则天下必定大乱的日常之道）的关联成为基础，是由于仁爱、义理、礼仪、智慧、信实之道施行得以保持巩固存在者，道德和政治可以说都是从这里开始成立的。徂徕著《尊韩》之论承认韩愈的事业也是因此。然而，徂徕寻求所谓圣人之道的原因则与其师相同，都避免沿袭自古以来的方法。在上范思远的书中，称赞说建中其人之为人"通明经术，不由注疏之说，其心与圣人之心自会"，那其实也就是在说他自己。

像上述这样排斥老佛的徂徕同时对杨亿等文章有技巧的倾向也放了攻击之箭。据说徂徕的《怪说》是在排斥老佛的同时又为了上述攻击而作。那么为什么必须排斥技巧的文章呢？那是因为与重道的立场不一致〔参阅

《怪说》（中）]。据徂徕所说，与天地并生者是人性，与人性并生者是诚，与诚并生者不外乎见识。因此可以说，性厚则诚明，诚明则识见纯粹，识见纯粹则其文典雅正直（同下、《送龚鼎臣序》）。文到底要本于见识。因为圣人是见识达到极致的人，文是《尚书》的二《典》、三《谟》、《禹贡》、《洪范》，《诗》之《雅》《颂》，《春秋》之《经》，《易》之《系辞》《爻辞》及《十翼》这样的，与杨亿之穷妍极态、点缀风月、玩弄花草者大相径庭（同下、《怪说》中）。这样的主张由欧阳修等人的协助获得成功，时文之好尚逐渐变得平淡了。

二

徂徕根据《易》的思想相信天运之循环，因而在气中设置两个种类，思索其消长也就不足为奇了。

据徂徕所说，天地之间有正邪二气。当邪气出来时则为凶暴，为残贼。纯刚至正之气或汇集于物，或汇集于人。即使人死物尽，此气也不灭。如曾在齐为太史之简，在晋为董狐之笔，……在唐为韩愈的《论佛骨表》（《石徂徕集》下《击蛇笏铭》）。这一思想后来为文天祥所继承而成为《正气歌》了。

注

元郝陵川《陵川文集》卷一有《击蛇笏赋》，述说宋代孔原鲁在祥符年间以笏击杀祆蛇，流传于石徂徕、王临川、王称等人的文章，听说当时张远拥有那个笏。参阅《王临川集》九一、《东都事略》等。

第三章　宋学中期

第一节　邵康节（名雍，字尧夫，一○一一一一○七七）

　　前面论述了宋初陈图南的思想属于与老庄思想共同培养来的隐者思想。尽管据说此人好读《易》，可是其《易》学思想的细节究竟有什么样的内容，并没有直接了解它的资料。然而到了被认为学于其系统之人的邵康节则能够详细了解其所谓《易》学思想。

注

　　《性理大全》本《皇极经世书》的开头引邵伯温的话里述说"《皇极经世书》以天时经人事，以人事验天时，穷万物之数，尽其理，以明大中至正之道，阴阳之消长，古今之治乱，较然可见"的意思。这可说充分知悉此书性质吧。又同样蔡西山的话里说："其书以日、月、星、辰、水、火、土、石尽天地之体用，以暑、寒、昼、夜、风、雨、露、雷尽天地之变化，以性、情、形、体、走、飞、草、木尽万物之感应，以元、会、运、世、岁、月、日、辰尽天地之终始，以皇、帝、王、霸、《易》、《书》、《诗》、《春秋》尽圣贤之事业。"这也成了解释此书的指南。

一　宇宙、世界观及历史观

　　据康节所说，一（太极）分而为二（两仪），二分而为四（四象），四分而为八（八卦），八分而为十六，十六分而为三十二，三十二分而为六十四，就这样更加继续下去（参阅《观物外篇》上）。

当伏羲作"易"的时候，先天地（不根据经验）从所谓里面开始将上面的关系推算出来。这就是程明道评论的所谓加一倍法。

注

作为康节所传，朱子的《周易启蒙》，同《本义》等有《先天图》，朱子门人陈北溪说"伏羲作'易'根原备见于《先天》一图"（《北溪全集》《本义原画》），认为没有必要非要像世人所传的那样到陈希夷、穆修那里去求其来历，其实原来具备于《系辞传》的"易有太极"章、《说卦传》的"天地定位"章。加一倍法本身可说像北溪说的那样已经存在于《系辞》中吧。

现在根据动静来说明它，一是超越动静的本体，二是相当于动静（同上）。然后康节以为"天生于动者也；地生于静者也"（《观物内篇》之一）。然而动之始则阳生，动之极则阴生，一阴一阳交而天之用尽之。同样，静之始则柔生，静之极则刚生，一刚一柔交而地之用尽。

动之大者为太阳，小者为少阳；静之大者为太阴，小者为少阴。太阳为日，太阴为月；少阳为星，少阴为辰。这样日、月、星、辰相交而天之体尽。同样，静之大者为太柔，小者为少柔；动之大者为太刚，小者为少刚。太柔为水，太刚为火；少柔为土，少刚为石。这样水、火、土、石交而地之体尽。像以上这样而天地之体用穷尽，然而至此还未停止，是为什么呢？日为暑，月为寒，星为昼，辰为夜，由暑、寒、昼、夜相交而天之变尽。水为雨，火为风，土为露，石为雷，雨、风、露、雷交而地之化尽。更进一步，暑变物之性，寒变物之情，昼变物之形，夜变物之体，全都变之，由性、情、形、体相交而动植之感尽。又雨化物之走，风化物之飞，露化物之草，雷化物之木。走、飞、草、木相交而动植之应尽。万物事象就这样被生成。康节接连不断地这样去追寻生成而积累其组合最终到达之人。

也就是说"夫人也者，暑、寒、昼、夜无不变，雨、风、露、雷无不化，性、情、形、体无不感，走、飞、草、木无不应。所以目善万物之色，耳善万物之声，鼻善万物之气，口善万物之味"，认为是优越于万物而灵者。

注

> 朱子对问康节所谓"雨化物之走，风化物之飞，露化物之草，雷化物之木"说法的门人，回答这种说法是以大小去推排匹配（《朱子语类》一〇〇）。即想在那里进行大小的组合，想来看见有不符合事实的地方。不得不说朱子的批评非常尖锐。

> 但是朱子承认康节以四起数去推，自《易》以后无人能做成那样地整齐综合（《朱子语类》一〇〇），又虽然五行各一其性，但是一物又各具五行之理，对于这点，康节却"细推出来"，论述阴阳五行说"康节说得法密"（同上一）。这一场合，康节的水、火、土、石是包含金、木者（参阅《观物外篇》下）。不论如何，关于气的展开，想来朱子是承认康节与张横渠的功劳的（横渠的情况，参阅同上）。

那么康节思考：人之所以能这样灵于物是因为能获得万物之声、色、气、味，所谓声、色、气、味是万物之体，获得这些的目、耳、鼻、口是万人之用。

然而虽说是体，但除了变之外没有定用；虽说是用，但除了化之外没有定体。这样意义的体用（变化）相交而人物之道备。从而人也可说是物。只是人是物之至者，圣是人之至者。也就是说圣人兼天地万物，因而能识天时，能尽地理、物情，能通照人事等（同上六二）。天之能尽物的场合，称之为昊天；圣人能尽民的场合，称之为圣人。两者全都具有四府。所谓昊天之四府是春、夏、秋、冬之"时"，阴阳升降于其间。圣人之四府是《易》《书》《诗》《春秋》之"经"，礼乐污隆于其间（同上之三）。康节在这里经过春、夏、秋、冬与《易》《书》《诗》《春秋》分配生、长、收、藏，构成其间的组合，进而以生、长、收、藏分配意、言、象、数，以及"仁、义、礼、智""性、情、形、体""圣、贤、才、术"，以意、言、象、数配三皇、五帝、三王、五伯，以仁、义、礼、智配虞、夏、商、周，以性、情、形、体配文、武、周公、召公，以圣、贤、才、术配秦穆、晋文、齐桓、楚庄。于是皇、帝、王、伯为《易》之体，虞、夏、商、周为《书》之体，文、武、周、召为《诗》之体，秦、晋、齐、楚为《春秋》之体，意、言、象、数为《易》之用，仁、义、礼、智为《书》之用，性、情、形、体为《诗》之用，圣、贤、才、术为《春秋》之用的情况下，这一方法推行开来（同上六四）。

在这里进行或以道化（三皇），或以德教（五帝），或以功劝（三王），或以力率（五伯）。以道教民者，民亦以道归之（崇尚自然）；以德教民者，民亦以德归之（崇尚逊让）；以功教民者，民亦以功归之（崇尚以正正不正。所谓正指利民，所谓不正指害民。能以功正天下者天下亦归功）；以力率天下者，民亦以力归之（崇尚争，所谓争指争利）。大概产生如上所述的关系（同上）。其间，康节或以作用为心，以形体为迹，称心迹之间存权量者为圣人，戒常人拘泥于心与迹，或以变作为昊天生万物的意思，以权作为圣人生万民的意思，说所谓权变必须生物、生民，而斥责诈（同上）。又康节从以今观今则为今，以后观今则为古，以今观古则为古，以古自观则为今出发，指出所谓古今的相对性。因此每个人都必须知道"自我观之"的事实。由知道这样的事实而摆脱自己的立场，承认他人的立场，由了解相互关系走向更高层次的立场。这是以道观之。康节相信根据以道观之，

027

能够通千古之前、万古之后。如果像这样观，对于作为圣人之时的皇、帝、王、伯，作为圣人之经的《易》《书》《诗》《春秋》，能够考虑存在时之消长、经之因革。(关于这个，我想能与《观物外篇》下所谓"《易》始于三皇，《书》始于二帝，《诗》始于三王，《春秋》始于五霸"联系起来思考。)

那么凡是为君于天下者之命有四：正命、受命、改命、摄命。将此与因革相应的话，正命是因而因者，受命是因而革者，改命是革而因者，摄命是革而革者。于是（一）因而因者成为长而长者，（二）因而革者成为长而消者，（三）革而因者成为消而长者，（四）革而革者成为消而消者。

（四）是一世之事业五伯之道，（三）是十世之事业三王之道，（二）是百世之事业五帝之道，（一）是千世之事业三皇之道。然而仲尼之道不外乎万世之事业。那为什么被作为出于帝王之上者呢？仲尼之所以为仲尼在于天地，天地之所以为天地在于动静。"一动一静者，天地之至妙者与？一动一静之间者（此以人，非动非静而兼动静，是作为为主于此者吧），天地人之至妙至妙者与"，康节这样说，认为仲尼之能尽三才之道者是因为其行无辙迹，引用其所谓"予欲无言""天何言哉，四时行焉，百物生焉"之语(同上之五)。

就这样康节从天地动静开始达到世界人生，直至最终阐明动静之间、天地人之至妙又至妙者。

注

《皇极经世书纂图指要》下（《性理大全》八，和刻三页正面至五页背面所载、蔡西山推衍邵伯温《纂图》）概括了上面的思想，非常便利。只是《纂图》及《指要》中也存在疑问。例如，《经世衍易图》及其《指要》的"一动一静之间"这一语句，将其直接作为《易》所谓太极那样，是原文里面没有的，需要说明。还有关于此事，请参阅陈北溪《全集》第三门、答问卷八、答陈伯澡问太极的文字。根据这个则朱子将一动一静之间视作阴阳相接处。

宇宙像以上那样按照加一倍的法则必然显现为世界人生到某时期达到极限。康节以元、会、运、世规定消长之数。即一元十二会、一会三十运、一运十二世、一世三十年，因而一元相当于十二万九千六百年。邵伯温注解一元在大化之中犹如一年（《性理大全》八、《皇极经世书》二、和刻一二页）。

注

这是以一年十二个月，一月三十日，一日十二辰，一辰三十分，从而以一年相当十二万九千六百分作为摹本（参阅《朱子语类》一〇〇）。

现在，将一元即十二会与十二支相配的话，"天开于子"，"地辟于丑"，"人生于寅"——开物，唐尧在巳，由夏殷经历宋在午未之间，到戌闭物，到亥一元之数达到极限，天地一变。天地一变而循环不息。

注

参阅邵伯温作《经世一元消长之数图》大全注。此图是上述之事的概要，到《皇极经世书》之本书六卷三十四篇——《观物篇》之三十四论述此（又参阅《观物内篇》）。

康节对于皇、帝、王、伯，观察消长与因革如上所述，那不外乎消长、因革的四个典型。例如，汉王而不足，晋伯而有余，三国是伯之雄者，从十六国到南北朝是伯不足者（《观物内篇》之一〇）。

历史在这样的意义里面可说是四之数的因革消长。

据康节所说，以太阳少阳、太刚少刚、太阴少阴、太柔少柔之数为基础，能够穷极动植之数。在这里将阴阳之数与十干十二支之数结合起来。

注

　　参阅《邵子全书》二、三六页正面、背面、邵伯温语、又同上四、二二页正面、背面、《观物内篇》之十一。"十干，天也；十二支，地也。支干配天地之用也"（《观物外篇》下）是康节的话，重视十干十二支的原因就明白了。

或者又说以声、音、律、吕为基础能够定万物之数。大概，物之声、色、气、味可考见者只有以声为基础。有一物则有一声，有声时则有音，音中有律、吕，因此能够穷声、音、律、吕以穷万物之数。

注

　　参阅《邵子全书》二，一八页正面以下邵伯温作《经世四象体用之数图》，邵伯温以下之注。这是《观物篇》之三十五声音唱和之一——同五十声音唱和之十六的概要。

总之，康节企图将宇宙世界的生成，万物的存在，其历史的变迁还原于数。然而随着其数学脱离事实陷入空虚的推步，带有不出自古以来术数家之藩篱的危险。根据加一倍之法展开的万象像上述朱子批评的那样，看来只不过是组合，又其万物之数的计算使用十干十二支也有相乘的部分。然而另一方面，康节的宇宙观、其世界观、其历史观中论述根据数的形式，被生成的材料，即气（阴阳五行）的具体现象有精密处，必须承认这点与后述张横渠一起，在气的学问领域里康节的功绩（参阅《朱子语类》一。同书一一五及同《文集》三三《答吕伯恭书》里也论述《渔樵对问》中的"天地自相依附。形有涯而气无涯"这一条极有条理）。康节到底还是在那里完成着符合当世有意义的一项新事业。康节数哲学的历史意义难以埋没。然而那不止这个。据说数的思想在康节这里谈到"理"这一理念时，此一哲学的意义必须更加被反复指出。例如《二程遗书》四、伊川之语写有"邵尧夫数法，出于李挺之。至尧夫，推数方及理"。伊川《答张闳中书》——《二程全书》六三、《伊川文》五采取彻底地从理导出象、从象导出数的立场，那里看到与管辂、郭璞等术家的不同。陆象山也认为数即理，说不明于理则不能明数（《象山全集》三五）。据康节所说，有意则必有言，有言则必有象，有象则必有数（《观物外篇》上）。于是说如果将言象当作鱼兔，将象数当作筌蹄的话，舍弃筌蹄则难以求鱼兔。

现在按照朱子所说，试着解释这个。朱子大概叙述了如下的意思。即，最初康节见得太极生两仪，两仪生四象，只顾思考其事，久而久之悟出来事物是成四片者，四片之外，又有四片的这种道理。例如，即使是花，其正好含蕊时，能知道将要开放，大体上开放的话，正茂盛、烂漫时能知道要衰败了。因此，劝诫如果看见花，切莫看离披（盛开）。这样一成为二，二成为四的地方有盛衰消长之理。即理在数之内，反之数也在理之内（参阅《朱子语类》一〇〇）。然而这里问题是这样意义的理（那是康节的所谓物理——《观物外篇》下——吧）是自然必然之理，术数家难道不能在切合于此的地方巧妙地找出渡过现世的手段、术吗？

康节说"《素问》《密语》之类，于术之理可谓至也"（同上）。这明显是术数家站立的地盘。前述陈图南的思想也正好相当于这个。然而所谓"象起于形，数起于质，名起于言，意起于用。天下之数出于理，违乎理则入于术。世人以数而入于术，故失于理也"（同上、上）也是康节的话，这样与术相对比场合的理虽说在符合上述自然必然之理来考虑上没有变化，但不止于作为巧妙处世手段的术，难道不是作为人类共同生活的原理、理想观念的道吗？上述所谓康节考虑到的是想到这样意义的理，说"作《易》者其知盗乎？圣人知天下万物之理而一以贯之"（同上、下），就产生盗的必然之理，其相互被爱转变地方的，不是盗之术的圣人之理发生吧。作为能完成天下之事而不失其正者，康节举出汉之留公与唐之梁公（《观物内篇》之八）。虽说"……天下之数出于理，违乎理则入于术。世人以数而入于术，故失于理也"（同上参阅后述），但反而言之，留、梁两公的卓越立场在沿术入理的地方。或者康节责难佛氏抛弃君臣、父子、夫妇之道，说其不是自然之理（同上），又说"晚有二子，教之以仁义，授之以六经。举世尚虚谈，未尝挂一言；举世尚奇事，未尝立异行。故其诗曰：'不佞禅伯，不谀方士'，云云"（《无名公传》）。

进而与"能循天理动者，造化在我也。学不际天人，不足谓之学"（《观物外篇》下）等康节的话合起来看的话，我们知道康节已经踩在术数上超越之，正在接近作为宋学最高理念的理。（后来程伊川将此贯彻到底）

二 人生观及实践功夫（伦理思想）

历史无外乎——康节思考的——"四"之数的因革消长。康节想到从帝尧至当前虽上下三千多年、前后百余世，但其间的变迁有以三十年作为一世的意思（《观物外篇》下。从南宋经历元、明间使用《皇极经世书》的纪年之史家很多）。这事在一元的思想里已经明晰（《全书》二〇、《击壤集·书皇极经世后》），这样的思考方式成为康节产生超世出尘思想的主要原因之一。程子引用康节的

梧桐月向怀中照，杨柳风来面上吹。

这一诗句，评价真是风流人豪。又说

频频到口微成醉，拍拍满怀都是春。

或者又提出

卷舒万古兴亡手，出入几重云水身。

之类的诗句，认为万事都有理，因为万事都有理的缘故，所以纵心妄行，全都无妨（《遗书》二）。这种场合下的理即前述的自然必然之理。大概悠悠时光之流逝由符合必然之理的数所规定，在这世界上一切生物都不能违反此规定。因此据说康节听到天津桥上杜鹃之声（《邵子闻见录》一九）得到不久应该到来的命运预告。知道命运的人对于像走马廊那样产生出来的各个事件，决不会陷入。

朱子似乎考虑康节之学与周、程稍异之处，在于起处已经推知未来的流动把握（《朱子语类》一○○）。然而这样的超世思想里面还有一个主要原因。这就是"先天之学心法也"（《观物外篇》上）的思想。

《观物外篇》（下）里面也可见"先天之学，心也；后天之学，迹也。出入有无死生者，道也"。不管怎样，康节这一思想用《易》来说的话，与文王后天之学相反，被称为伏羲先天之学。即与周之文王观已成之卦（用上面的话来说相当于迹）推其未明之象而为说相反，在于伏羲根据先天观念画卦的立场。在这个意义里康节论述了立于"心"上的数学。康节的诗里写有

身生天地后，心在天地前。

天地自我出，自余何足言。

（《全书》二三、《击壤集·自余吟》）

其语中写有"心为太极"（《观物外篇》上）。上述所谓我终归是心。康节这里有以"心"作为世界之本的倾向是无可争议的。于是，这样的想法使这

人产生了自信。自信带来了不以物为物的态度。是出现超世思想的原因（参阅《渔樵问对》《无名公传》）。然而康节的场合所谓以心为本是什么样的意思呢？我们边考察康节的人性观，试着更加深入探讨此事。

据康节所说，"性者道之形体"（《击壤集》序）"心者性之郭廓"（同上）"身者心之区宇"（同上）（朱子将这些言语与张横渠的"心统性情"之语一起相信为前人未发现的东西——《朱子语类》一○○。那样的话这就成为对抗禅思想的武器了）。人们一般将在物之道理作为性受用，身体里面拥有作为包涵这个的现实存在的心。那不像神那样完全，也不像动物那样不完全。形成可以说动物而神，神而动物的构造。这样一来，心具有主观性、自我个性。然而那可以由磨砺而摆脱。这是康节吟唱

施为欲似千钧弩，磨砺当如百炼金。

（《击壤集·何事吟》）

的原因。摆脱主观性、自我个性的心静虚而灵活，灵活而静虚，表现神妙的作用。康节这里考虑由于自命为"我"而有"情"，有情则受蔽，受蔽则昏。反之，考虑因物而性之立场出，性出而神，神则明（参阅《观物外篇》下）的这种关联。因此说"以物观物，性也；以我观物，情也。性公而明，情偏而暗"（同上）。这样一味想要离情、离我，而站在性上、物上。如前述那样，康节在一动一静处看见天地之至妙者，在"一动一静之间"看见天地人之至妙至妙者。大概就宇宙论来说，"一动一静之间"是作为本性的太极。就人性论来说，那是人。是人之心。而且像在天地里太极超越动静而兼之一样，在人这里，人心超越动静而兼之的场合（想起前述心为太极之语）所谓心必须是像上述那样意思的心。《击壤集·冬至吟》里说：

冬至子之半，天心无改移。一阳初动处，万物未生时。

玄酒味方淡，大音声正希。此言如不信，更请问庖牺。

在这里天心与人心并没有差异。所谓天地自我出指这样的心。所谓观物的真正意思也就是人不以目见，而是以这样的心来观物（《观物内篇》之十二）。因此，观天下之物成为来透彻事物之深奥，把握其本性。康节说"足蹑天根，手探月窟"（《击壤集·大笔吟》）（又参阅前述，因物而性之立场出云云处）。不过这里现在稍稍试着听一下康节所说吧。"夫所以谓之观物者，非以目观之也。非观之以目，而观之以心也。非观之以心，而观之以理也。天下之物，莫不有理焉，莫不有性焉，莫不有命焉。所以谓之理者，穷之而后可知也。所以谓之性者，尽之而后可知也。所以谓之命者，至之而后可知也。此三知者，天下之真知也。虽圣人无以过之也，而过之者非所以谓之圣人也。夫鉴之所以能为明者，谓其能不隐万物之形也。虽然鉴之能不隐万物之形，未若水之能一万物之形也。虽然水之能一万物之形，又未若圣人之能一万物之情也。圣人之所以能一万物之情者谓其圣人之能反观也。所以谓之反观者，不以我观物也。不以我观物者，以物观物之谓也。既能以物观物，又安有我于其间哉！是知我亦人也，人亦我也。我与人皆物也。此所以能用天下之目为己之目，其目无所不观矣。用天下之耳为己之耳，其耳无所不听矣。用天下之口为己之口，其口无所不言矣。用天下之心为己之心，其心无所不谋矣。夫天下之观，其于见也不亦广乎？天下之听，其于闻也不亦远乎？天下之言，其于论也不亦高乎？天下之谋，其于乐也不亦大乎？夫其见至广，其闻至远，其论至高，其乐至大，能为至广至远至高至大之事而中无一为焉，岂不谓至神至圣者乎"（《观物内篇》之十二。康节如前所述，说圣人的立场时称其能上识天时，下尽地理，中尽物情、通人事，同《外篇》下谈及庄子，认为其知鱼之乐是因为自己尽性而能尽物之性，不只鱼是这样的，天下之物都是这样，称赞庄子善于通物）。更进一步试着读一下《击壤集》的序。说"以道观性，以性观心，以

035

心观身，以身观物，治则治矣，然犹未离乎害者也。不若以道观道，以性观性，以心观心，以身观身，以物观物"。这样一来，即使康节的立场是理的立场这点是无误的，在此人这里，理也未必在现实的场合强制其超越的绝对性，毋宁能够看见想要在人的现实生活，其每个人里面，一边谋求调和一边延伸理的样子。

康节说"苟顺义理，合人情，日月所照，皆可行也""中庸，非天降地出，揆物之理，度人之情，行其所安，是为得矣"（均见《观物外篇》下），又说"凡人为学，失于自主张太过"（同上）。这是重要的。

或者又说"贤愚人之本性，利害民之常情"（《观物内篇》之七）是当然的事，说"至理之学，非至诚则不至"（《观物外篇》下），更进一步继续说"物理之学或有所不通，不可以强通。强通则有我，有我则失理而入于术矣"（同上），反倒被认为是康节知道现实的人是怎样复杂的形体存在，理由于强迫之而失去自我的证据。

按照康节之子伯温所传，据说康节教育其子，善固然是应当做的，但要量力而为之，善人固然应当亲近，但未相知则不可以急于相合，恶人固然应当疏远，但尚未能够远离的场合下，不应当急着离去等（《邵氏闻见录》一九）。因此出现贫贱富贵也全都不逢迎，听见人言人之恶，未尝附和，听见人言人之善，就附和之，又从而为之欢喜（《无名公传》）的这种态度。又同样据伯温所说，写有康节临终之际，对不停问心境的程伊川，戏言生姜树上生（所谓生姜云云根据《雪涛小说》所出，是说顽固），又举双手张开示之，告知面前路径要宽，能使人行，不要使路径狭窄没有着身处（《二程全书》六七引《易学辨惑》）。这难道不是表现出彻底贯彻理到各个角落的伊川，与上述那样虽然想到理却犹豫固守其超越性的康节之间的差异吗？康节的思想教育人有宽容的精神；伊川的思想教育严肃的态度。

康节的立场极其广大，而且在现实的场合是和谐的。这一方面也许来自此人作为历史家。

注

康节的《春秋》学也被认为是立于这样的观点者。据康节所说，治这门学问的人必须辨名实，定五伯（霸）之功过。例如像周平王那样名为王，实际上不及一小国之诸侯。反之齐鲁虽为侯，却僭越称王。名存实亡尤胜于名实俱亡。如秦穆公、晋文公、齐桓公、楚庄王是功之首、罪之魁。必须这样公平地承认事实。说起来《春秋》是根据事实褒贬，所以其间没有私意。《春秋》被称为性命之书尽性之书，其之所以为公，正是因为根据事实（参阅《观物外篇》下）。康节这样的立场与孙泰山等人的《春秋》学不同，毋宁能相信是引导朱子的那个东西（参阅同上）。

朱子对询问上述《击壤集》序中"以道观道"之类的话是否是"物各付物"的意思的人回答道："盖自家都不犯手之意。道是指阴阳运行者（即自然必然之道）言之。"（《朱子语类》一〇〇）那样的话，因为性与心身全都不相管摄，亡者自亡，存者自存，结果不得不认为近于佛学。然而康节这样的境界到底还是以功夫为前提，为功夫所支撑着。道决不虚行，只是在人（《击壤集·观易吟》）。理穷以后，性尽以后，命自此以后，全都是能够知道的（前述《观物内篇》一二）。于是康节叙述了真正能读书的原因并谈到学问之事（均见《观物外篇》下）。

注

这里资性得之于天，自内出者，学问是得于人自外入者的观点已经提出了一个由程朱、陆王议论纷纷的问题。

这是《无名公传》里面从所谓"年十岁求学于里人，遂尽里人之情，己之淬，十去其一二矣"开始做功夫的无名公，年五十，达到"求学于天地，遂尽天地之情，欲求己之淬，无得而去矣"的状态（参阅《击壤集·首尾吟》）。

还有一句话想搁下的。那就是即使是这样的人，也绝不是没有形体，而是有形体而无迹，不是没有作用，而是有作用而无心（《无名公传》）。

因此康节的立场里面的无不是老庄那样停留于彼岸的东西。询问所谓无为的刘绚得到的回答是以下的东西。"曰：时然后言，人不厌其言；乐然后笑，人不厌其笑；义然后取，人不厌其取。此所谓无为也。"（《观物外篇》下）。康节借用称赞公明贾、公叔文子的话说明了无为的意思。根据康节，能达到万物者是天地，能达到天地者是太极，太极无名。这与无心无迹者中无名是同样的。所谓

借尔面貌，假尔形骸，弄丸余暇，闲往闲来。（《无名公传》）

无非是太极之赞。（我们这里不能不想起周濂溪《太极图说》"无极而太极"一句具有的问题日益成熟。）

月到梧桐上，风来杨柳边。院深人复静，此景共谁言。（《击壤集·月到梧桐上吟》）

月到天心处，风来水面时。一般清意味，料得少人知。（同上《清夜吟》）

像这样就是将上述思想内化到自身的所谓风流人豪邵康节其人的风姿。

第二节　周濂溪（名敦颐，初名敦实，后避英宗旧名宗实讳而改。一〇一七——一〇七三）

　　濂溪的资料里面，关于其《太极图》的来历有各种说法。一是朱汉上（震）《进周易表》（参阅《通志堂本》卷首）所记，说《太极图》从穆修传至程明道。又胡五峰的《周子通书序》（《五峰集》三）中也举出《太极图》传自穆修的这种说法，只是因为濂溪不仅仅是从事种放、穆修之学问的人，所以可说是其学问的一位老师。（穆修卒于明道元年，当时濂溪十四岁，因而不可能考虑亲自授受。见于《宋元学案补遗》一一、王梓材的说法等，想来大概是依据元刘静修《太极图后记》——《文集》一。）

　　因为汉上、五峰都没有明说穆修从什么人那里得到《太极图说》，所以像陆象山（《象山全集》二《与朱元晦》、同一五《与陶赞仲》）和朱子（《朱子文集》七五《周子太极通书后序》——这是朱子四十岁、乾道五年六月完成）那样将这些话解释为《太极图》出自陈图南未必可说是否合适（朱子在这里虽大致反对此说，但在将此说解释为图南传来这一点上与象山没有不同）的这种理由虽然也成立，然而《太极图》有陈图南系统传来这件事可说只是为汉上、五峰等当时有权威的学者所信任。对此，朱子当时完全否定了汉上、五峰两家之说，根据濂溪之友潘清逸所撰墓志铭之文中写有作《太极图》之语，主张《太极图》是自作（前述后序）。之后，淳熙四年（朱子四十八岁）所作《江州重建濂溪先生书堂记》（《朱子文集》七八）中也写有"不繇师传，默契道体，建图属书，根极领要"。到清代，更明确地指出此图之传来的学者出来了。即黄晦木说"《太极图》创自河上公"（《易学辨惑》的《太极图说辨》）"魏伯阳得之以著《参同契》"（同上），其后传于陈图南"名为《无极图》"（同上）"《无极图》陈图南刻于石壁"（同上），认为是方士修炼之术。毛西河以之为老佛二氏所传，举陈图南与僧寿涯之名（《太极图说遗议》。这里为了说明图南传来的理由，举出上述汉上与五峰之说）。又论述与魏伯阳《参同契》的关系说明其原委。晦木及西河所说，必定难以一一置信。因为其资料的出处里能够插入疑问。上述朱汉上之文中也可见不确定的话。例如，像穆修以《太极图》传周敦颐，敦颐传程颢、程颐这一句，穆修和濂溪的直接授受在年代上难以成立，是像前面提出的王梓材的话那样，濂溪与程子兄弟之间存在《太极图》的传授也未必毫无疑义。虽然朱子似乎相信此事（参阅《朱子文集》七五《周子太极通书后序》，后述《再定太极通书后序》及《朱子文集》八一《周子通书后记》）。

总之，《太极图》的原型在哪里以及成于何人之手虽不清楚，但恐怕是成于陈图南系统的隐士们之手。然后想来那由濂溪修改而重新赋予其意义。这里有根据潘清逸之文承认濂溪创见的上述朱子立场（不过得参照后述）。本来，在濂溪的思想里面追寻陈图南的东西并不是没有。例如《题鄠都观》之诗里面，题为《读英真君丹诀》一首里面写有

始观丹诀信希夷，盖得阴阳造化机。

子自母生能致主，精神合处更知微。

朱子也在《答蔡季通书》（《朱子续集》三）里说"《阴君丹诀》见濂溪有诗及之"。（胡渭的《易图明辨》卷十里面提出朱子此书，引用在《云笈七签》里记载的《阴真君传》等证明濂溪之学本于图南，留心于丹道。但是上述英真君与阴真君是否为同一个人不清楚）而且根据上述潘清逸的《墓志铭》，主张《太极图》为濂溪所作的朱子，也注意到了据说曾经学于陈图南的张忠定论述公事有阴阳的思想与《太极图说》的意思有相合的地方，认为先前的《周子太极通书后序》文中有未尽其曲折的地方，直至说"是说之传，固有端绪，至于先生，然后得之于心，而天地万物之理，巨细、幽

明、高卜、精粗无所不贯，于是作为此图以发其秘尔"。(《朱子文集》七六《再定太极通书后序》)。此文成于淳熙六年五月。毛西河的《太极图说遗议》里也提及朱子此文。)又《朱子语类》九三（和刻八页正面）中举公事有阴阳云云之语，说"此说全与濂溪同。忠定见希夷，盖亦有些来历……"，同九四之二二页背面举出认为公事有阴阳的思想写有"《通书》无非发明此二端之理"。朱子门人度正所作《濂溪年谱》熙宁六年之条中也涉及此。张忠定即张咏，《宋名臣言行录前集》中的张忠定传中有说明公事有阴阳之原因的话。如果是这样的话，濂溪的《太极图》在图南这里有其起源这件事可以说在当时也成为难以否定者。

其次有《太极图》来自润州鹤林寺僧寿涯的这种说法。《朱子语类》（九三、和刻八页正面）中也可见当时经常说濂溪出自陈图南的同时学习禅学之事。上述，毛西河的《太极图说遗议》里面基于张南轩（未说明出处）、胡汲仲（《大同论》）、胡双湖（《启蒙翼传》引晁景迂之语）等人说濂溪学于寿涯之语作为《太极图》之一传举出寿涯。晁公武的《郡斋读书志》"程氏易传"条中也作为朱汉上之言举濂溪之学得于穆修而本于陈图南之说的同时，作为景迂之言举出濂溪以寿涯为师，后来其学传于二程的这种说法，认为二说不同。

关于寿涯的事迹，虽然难以调查清楚，但根据黄百家记晁氏之言（《宋元学案》一二《濂溪学案》下案语），据说濂溪师事于寿涯而得到"有物先天地，无形本寂寥，能为万象主，不逐四时凋"这一偈文。（黄晦木的《易学辨惑》里写着又得先天地之偈于寿涯，但无偈文）朱子说佛氏之学与吾儒很有相似处而提出此偈及其他，以之为法眼一派的宗旨，并说当前禅家都揭穿其说法（《朱子语类》一二六）。而所谓当前禅家似乎是指以大慧宗杲为中心的临济系之禅。山崎闇斋《文会笔录》一五，《全集》本五三八页里，根据《传灯录》二五，提出天台德韶就此偈说话，又根据《联灯录》，提出天童正觉示众的话里引用了此偈。德韶属法眼宗，正觉属曹洞宗。

那么，根据上述朱子的话我们知道揭示此偈的法眼一派受到临济禅的攻击（又参阅第一章新儒学的产生之部）。加之曹洞禅同样与临济宗不相合也是不能隐盖的事实。在这里，法眼和曹洞与朱子思想可以说有相通的方面。如果追溯来考察，那里不能不说有与濂溪思想相通的方面。当然，像法眼宗那样，考虑上述《朱子语类》里面，作为来自当前禅家即临济宗对法眼宗的批评所引用的，有理路，落窠臼，有碍正当知见云云的话，以及天台德韶之嗣、永明延寿的《宗镜录》等的立场的时候，与朱子思想相通决不应该是以这里出现的一方面来处理就完了，如果说那方面是什么的话，那就是上述此偈所表示的立场。然而如果更进一步考察，要说此偈所表示的立场本身是什么的话，毫无疑问就是有与老庄思想一致的性质。在此偈表示的范围里，想来像寿涯的思想与其说有禅的特色不如说有老庄思想的特色。这才是具有会同周濂溪、朱子，会同法眼、曹洞，将它们一贯起来与临济宗对决的问题。《南雷文定前集》中的《答万充宗论格物书》中说：

> 佛者之言曰："有物先天地，无形本寂寥，能为万象主，不逐四时凋"，夫无形亦何物之有，不诚无物，而以之为万象主，此理能生气之说也，以无为理，理亦非其理矣。

这可说是与临济禅一伙相通的陆王学派对此偈的反驳吧。因此濂溪的思想属于图南系统还是属于寿涯系统的问题之解决未必一定能改变濂溪思想的性质。

一 《太极图》及同《说》的意义

据濂溪《太极图》所说，宇宙本体因为其绝对性而以无极之语称呼。（这就是朱子在回答陆象山的书信里说，不言无极则太极属于一物而不足以成为万化之根本。）然而因为那不是意味着虚无，所以又并称为太极。（同样，这就是朱子说：不言太极则无极沦于空寂而不能成为万化之根本。）濂溪说："无极而太极。太极动而生阳。动极而静，静而生阴。静极复动，一动一静，互为其根。"这时，太极不是离开阴阳，而是即阴阳指其本体，不杂阴阳而言，照朱子解释的那样。阴阳变合（所谓变合根据《性理群书句解》，意味着变动凝合）而产生水、火、木、金、土五行。五行之气顺布而春夏秋冬之四时行。然而，即五行而有一阴阳，即阴阳而有一太极，太极本来不外乎无极。五行的产生，各自具有其相应的全体之理。这就是五行拥有其性，所谓五性。通过成为一的理，即成为无极之真者与阴阳五行之气即成为二五之精者微妙地结合，产生出形成天地者（男性者、女性者），接着产生万物。这样万物生生而变化无穷。

注

一、朱子将无极而太极所表示的宇宙绝对者解释为理，思考并非太极之外有无极，而且无极与太极到底两两相待，而其根本实在的性质变得清楚了。（《图解》及《文集》三六《答陆子静书》）上述的理是朱子所谓所以然之理，对此《易》说的元亨利贞四德被考虑，元之德统合之。所以然之理，即元亨利贞内在于人而成为人之本性场合里是仁义礼智，仁代表之。朱子大体上根据《太极图说》展开了这样的思想。而且朱子将其次的阴阳五行作为气，在无极之真、二五之精妙合而凝（无极之真者与二五之精者微妙地结合）这个地方，说明理与气的结合。在那里可以窥见立足于老庄思想的造物者这种思考具有的优越方面，加入儒教的社会伦理立场，想要扬弃老庄的企图。只是如果这样的话，《太极图说》里接着说出的主静功夫果真能够贯彻到底吗？程子兄弟不得不用所谓主敬功夫代替濂溪的主静的理由是否不难说明呢？这些问题大致能思考。然而，想来这里所谓静，像通过《通书》的《动静章》等知道的那样，不是与动相对的静，而是更高层次的静，

043

主静不得不成为主敬是为了避免混同于老庄那样（《朱子语类》九四、和刻二一页背面）。将无极而太极这一语句像朱子那样解释，毋宁说难道不是成了发挥濂溪的苦心吗？像《吉斋漫录》的著者吴廷翰那样将《图说》的静理解为程明道的定，认为明道是濂溪真传。此外我国浅见絅斋说"所谓主静不是说做静的样子。人们说或站或坐其自身怎样都不沉湎于居处就不遭恶报。因此圣人全体也为主静。主要认为这是最重要的"（《近思录讲义》）。如果这样理解，所谓主静成为与其时处相适应的稳定性。《通书》的《礼乐》章写有"礼，理也；乐，和也。礼，阴也；乐，阳也。阴阳理而后和，君君、臣臣、父父、子子、兄兄、弟弟、夫夫、妇妇，万物各得其理，然后和。故礼先而乐后"，朱子认为这是"此定之以中正仁义而主静"的意思，论程子的"敬则自然和乐"也是这个道理，写着学者不知持敬而务为和乐，就很少有不流于慢者，如果那样的话，絅斋的话应当说是对的。不仅如此，作为站在宋代文化根本观念上的新儒学创始人的濂溪之地位也得以确立。纵使《太极图说》的原文来自道教，即便写着自无极而为太极，那濂溪改作的苦心倒是应该得到高度评价，而不是降低其价值。我国伊藤东涯（在《太极图说管见》里）曾经将朱子也论及（《朱子文集》七一记濂溪传）的作为《宋国史》一传记的，自无极而为太极这种形式视作濂溪的旧传，以无极为理（这不是朱子那样具有伦理性的理，而是超越这个的老庄所谓作为无的理），以太极为气（《周易正义》中写有太极是天地未分之元气混而为一，东涯是根据这种解释者），在《图说》的无极之真、二五之精妙合而凝这一语句里面仍然是说理气的结合（妙合）。[虽然在说明理气之结合（妙合）这点上与朱子相同，但认为以仁义礼智信、五常作为五性是错误的，依据《通书》的《师》第七，想要以刚柔善恶中确立五性]。这是用老庄态度解释《太极图说》，主静的立场虽然也许容易说了，但也从儒教远离开来。又将无极置于太极之上，从前者出现后者那样解释与《通书》的《动静》章等不合。这还是应当按照朱子的意见。《易·复卦》的程伊川《传》那样努力在动之端中见天地之心就是因为察觉这样的情况。东涯也应该知道此事（参考《周易经翼通解》同卦）。並木栗水以太极为气，认为因为尚未可见到日月星辰，所以称无极（《宋学渊源质疑》）。（栗水说天之气与地之精妙合而产生气化之男女，不说理气妙合。又说无极是无形之元气，阴阳是流行之天动，五行是五性之条理而天命之本源，人物资以生者，像这样的话则理明而言顺。）这是《易·系辞》的立场，主静之说相比于朱子，更难解释一些。虽然《太极图说质疑》上（二七页正面）申述这个。此外上述吴廷翰以《论语》之"四绝"为无欲，以《大学》的"定静安虑"为主静。

以上各种解释虽然全都有长处和短处，但我们基本上想按照朱子的解释来受用《太极图说》。为什么呢，因为我们相信依据朱子的解释方才看到此《图说》在宋代思想界的地位。

二、关于太极与阴阳的关系，《朱子语类》里面（七五、和刻一九页）有应该注意的话。（这是庆元五年己未之岁、林学履所录，因此正当朱子逝世前一年）依据此语，据说濂溪的太极是和阴阳滚说（混一地说）的。（但《易》里面将太极从阴阳抬起来说）即成为阴阳之内太极作为本体而存在。更进一步试着听一下此文所说。

太极动而生阳，静而生阴这是指太极的动是阳，动极而静，静就成为阴。或者可以说动时就是阳之太极，静时就是阴之太极。大概太极立刻在阴阳里面。（动也是太极之动，静也是太极之静，只是动静并非太极。这见于《语类》九四的朱子的话。像所谓"易有太极，是生两仪"首先是从实理处说明，即用前面话来说是抬起说的）因此如果论述生成的话，太极阴阳同时产生，太极依旧内于阴阳。那里面没有时间上的继起关系。只是如果说其次序，则有此实理方才（正好、现在）开始有阴阳。即从价值来说的话太极在先。虽然道理也许是相同的，但从现在的事物来看的场合，可以说阴阳包涵太极，而推其本来思考的场合，可以说太极产生阴阳吧。想来所谓产生阴阳是从价值上有太极才有阴阳。朱子的《太极图说解》像前述那样说的是所以动而阳、静而阴的本体，即所谓无极而太极不是离开阴阳，而是就阴阳而指其本体，不杂阴阳而为言，接着如下面那样说明。即对于《太极图》的第一圈"〇者其本体也"，对于同第二圈"☽者阳之动也。〇之用所以行也。☾者阴之静也。〇之体所以立也"（又参考《朱子语类》九四、和刻八页背面）。

虽然对于朱子的这种解释，並木栗水在上述《宋学渊源质疑》里评论为阴阳是相对待的东西，不应该以为体用，但濂溪以静为主的意思使人的思考难以轻视朱子的解释。反之，明代王阳明的解释继承朱子而更加微妙。《传习录》中卷《答陆原静书》里面说："周子'静极而动'之说，苟不善观，亦未免有病。（这话表示阳明大致通过朱子来理解濂溪）……太极生生之理，妙用无息，而常体不易。太极之生生，即阴阳之生生。就其生生之中，指其妙用无息者而谓之动，谓之阳之生，非谓动而后生阳也。就其生生之中，指其常体不易者而谓之静，谓之阴之生，非谓静而后生阴也；若果静而后生阴，动而后生阳，则是阴阳动静，截然各自为一物矣。"于是阳明引用程伊川的动静无端、阴阳无始这一语句作为结语。这点与朱子相同（《朱子语类》九四、和刻九页正、背面、一〇页正面）。阴阳之外没有太极毫无疑义。但是朱子以太极为理，以动静为气或者"所乘之机"，以人与马的比喻说明二者相依不离的原因（《语类》九四、一二页背面、一三页正面），阳明的解释可说是将朱子的意思更加贯彻到底。即那里作为理的太极与作为气的阴阳——进而与五行等相互不分离的关系被考虑，《太极图说》与其说生成论不如说成为表示天地、万物、人类的存在及其构造的东西。

（还有，《朱子语类》九四、和刻二三页背面说，"既有此理，便有此气；既有此气，便分阴阳，以此生许多物事云云"）然而朱子的解释里面也有如下可取的地方。

根据理之动而气机（所谓机是关捩子有流行之妙）分为动或者静。即气动，材料或者物质根据形式而动（此场合的理是亚里士多德的神，是整个自然界的最高目的，所有运动的原因，能够考虑为相当于自身不可被操纵的第一运动者）。理虽乘气机，作为原因却是操纵它活动的东西，是第一运动者（参考《朱子语类》九四、和刻一三页正面等）。如果用《通书·动静》章之语，理之活动是所谓"神"、动静以上的动静（参考《朱子语类》五、和刻三页正面）。

三、所谓五行之生也，各自具备其相应的全体之理在《太极图说》的原文里为五行之生也各一其性。依据《白虎通·三纲》篇写有，人怀五常之性，同样依据《情性》篇，五常为仁义礼智信，那成为得五气（五行之气）以为常者。郑玄也在注《中庸》篇的时候，将五行当作仁义礼信知。想来上述濂溪的五行之生也各一其性的所谓性，如同《白虎通》等五行各自具有分为仁义礼智信而被分配的性质，此无非是由于一理内在于五行各自而产生的差异。但是即使这样存在差异，那绝不是除了一理之外，还存在各自享受的别的理而产生性质的差异（《朱子语类》九四、和刻一四页背面、一五页正面）。将五性理解为仁义礼智信虽是依据朱子的解释，但此解释的正确不仅能够与上述《白虎通》等之前的思想共同考虑，而且从《通书》的《诚几德》章里作为德举出这五个，接着那出现性字（想来这源于《中庸》里写有说诚而及仁知，作为性之德的地方）而察觉朱子的解释不误。

如前所述万物生生变化无穷。万物里面只有人得其秀气而具有最灵妙的心之作用，形已生成，神发而能知。内在于人的五性（上述存在于五行的五种性质）感动，而善恶区分，万物出现。被称为圣的教化人的功夫是在这样的情形下产生于世界的。即圣人想要给予善恶相离相悖的人心以平

047

静而带来中正仁义，而且以所谓主静树立人世的极致。虽说以静为主，但为了静要以无欲为条件。

注

关于主静，参考上述注释。关于无欲，更进一步要看一下濂溪的遗文《养心亭说》。在此文中，濂溪超越孟子的寡欲而至于无，思考那里诚立处之贤，明通处之圣。还有，《朱子语类》九四、和版四八页背面有对于无欲的意见。

所谓中正仁义是什么呢？虽然朱子的门人程允夫怀疑仁义指实德而言，中正指体段而言，这里不涉及礼智（《朱子文集》四一、《答程允夫书》），但朱子回答这个，是将中正相应于礼智这种意见（又参考《朱子语类》九四）。这点未必有拘泥的必要。如上述那样，作为天之道的阴阳、作为地之道的柔刚、作为人之道的仁义被确立，而且基于人之始（生），就那样反过来，推终（死）之理则明白死生为何物。天地的法则与人类的法则浑然一致，只是成为一个的地方，才有《太极图》及其《说》的意义。张南轩写周子《通书》的《后跋》说："推明动静之一源，以见生化之不穷，天命流行之体无乎不在。文理密察本末该贯，非阐微极幽，莫能识其指归也"。濂溪的《通书》更加细致地从此立场出发说明了人的功夫。

二 人性论及其解释

《中庸》的作者曾经以"诚"置换老子的"无"，巧妙地说明了儒教的天人合一思想，给予其家族社会的伦理思想以地盘。诚是最广泛的立场的同时又不是超越的，濂溪所谓"无极而太极"之语想要表示的东西用《中庸》来说就相当于诚。果然，濂溪在《通书》里提出诚来。诚既在作为宇宙本体的乾元那里有其根源，又内在而成为物之性命。通过万物各正其所赋之性命，诚作为一物各自之主被树立。它纯粹而至善，就是那样无假装修饰的东西。所谓圣也不是除了保全诚以外的什么东西。

诚是五常（仁义礼智信）之本、百行之源，它可说是静无而动有，至正（所谓"正"，《说文》说"一以止"，儒教里面像见于《周易》那样，是止于伦理的秩序，其法则）而明达。（这样双方相通，成为地盘的地方，能考虑诚的性格。）相反，一切的道德如果不是诚，就是非（正之反），是暗（明之反），是塞（达之反）。诚这样使众理自到，那里没有特别耍花招做事的必要。作为人之本性的诚无为（朱子的《解》里说，"实理自然，何为之有"）。只是欲动未动的"几"微之间天理出现的同时，人欲也萌生而善恶产生。或者也可以像下面这样说："寂然不动者，诚也；感而遂通者，神也；动而未形、有无之间者，几也"（《通书·圣》第四）。诚精故明，神应故妙，几微故幽的地方之关联浑然为一的场合，那是圣人。依据《书》之《洪范》写有"思曰睿。睿作圣"，思维是至圣功夫的基础。通过"思"而能够通到微，由于通到微而"思"通达，直到无不通。（参考《朱子语类》九四、和版二六页背面所举李延平之说）。然而，"思"也是吉凶之机。濂溪一边重视"思"，一边将其提高至无思的境界，想要置圣人于无思而无不通处的原因在这里。（当然，这里所谓无思不是块然不感）。然而，一般来说，如上所述，几中不免善恶。因此说慎动。又说吉凶悔吝生于动，因为吉只有一个，所以应该慎动（《乾损益动》章）。所谓慎动并非不动。那是动而正，称之为道。大概，是从众人共同通过处，称为道。又是用而和的，称之为德。大概作用里面有调和，因为除了得之于身以外无须期待，所以称之为德（得）。

注

像朱子说的那样重视几（机）（《朱子语类》四、和版二四页正面、背面）可说是《通书》的特色。同时要注意，说几中有善恶，以"思"

作为吉凶之机的地方。这里不能忘记的是，濂溪的场合，对于几的抉择性唤起普遍的关心，尤其不但揭示其紧要的理由，而且是在那里通过几从本源树立直流的人心活动。因此濂溪承认思为吉凶之机的同时立即接着引用"君子见几而作。不俟终日"及"知几其神乎"这些《易》之语句。这点成为思考贯通天人的人的活动的宋学根本立场。接触过濂溪的程明道说"中"云"天下之大本，直上直下之正理，出则不是"（《全书》一二），张横渠说"天以直养万物，代天而理物者，曲成而不害其直，斯尽道矣"（《正蒙·至当篇》），这不外乎正确受用上述立场。（还有，《朱子文集》五九、《答赵致道书》里对于善恶，论述了周濂溪与胡五峰的差异，在这门学问里，这事孕育了导致与异学相对决的问题。）

上述，所谓动而正、用而和的慎动立场，作为内容不外乎符合仁义礼智信。慎动绝不是单纯的动之否定，虽像上述那样是无可辩驳的，但《通书》的《动静》章对于动静进行更为细致地考察。据此，只动而无静，只静而无动者，那是物。即物因为形体滞于一偏。动而无动，静而无静，动静而贯通动静，超越之的地方存在神。神虽不离形，又不困于形。所谓物则不通，"神妙万物"（《说卦传》）的语句在这里就明白了。这里所说的神是指玄妙造化的作用吧（朱子称其为理——《语类》九四、和刻三九页背面）。濂溪再三反复说"神"。除了上述引用《易》的文字以外，如说"发微不可见，充周不可穷"（《诚几德》章）"天道行而万物顺，圣德修而万民化。大顺大化，不见其迹，莫知其然"（《顺化》章）。依据《通书》的《师》章，现实的人性据说是刚柔善恶，而且是中的。即义、直、断、严毅、干固被列举在刚善里，猛、隘、强梁被列举在恶里。同样慈、顺、巽被列举在柔善里，懦弱、无断、邪佞被列举在恶里。所谓中是和，是中于节，意味着天下之达道。即意味着无过不及。现实的人性是就刚柔善恶里面，选择其中者，也有以之为主的性质。《通书》的《理性命》里面依据人心至灵之作用再次论及明白的道理，万物里面各有一太极而小大之物无不各有一定之分的命的同时，尽管刚善刚恶柔善柔恶，却应当止于中的人性。

注

敢将尽管刚柔善恶，却为中者作为指现实人性是依据朱子的解释。朱子说的所谓以气禀言者即此。依从朱子的原因是因为考虑根据《太极图说》的五性、《通书》的《诚几德》章等，观察濂溪的人性思想的场合，那样处理的方法是正确的缘故。关于五性请参考上述注释。

尽管刚柔善恶，却为中的人性由先觉者师的引导而觉醒。所谓志学在圣是希天，在贤是希圣，在士是希贤。所谓学无外乎志伊尹之所志，学颜子之所学。怀着天地间至尊者是道，至贵者只是德，至难得者是人，人里面至难得者只是道德存于身的这种信念，通过师友的帮助而得之。

注

周子忧虑当时的人以发策决科、荣身肥家希世宠为事，所以说志伊尹之所志，又忧虑以知识闻见为得而自限，不待贾而自沽，所以说学颜子之所学是胡五峰的话（《五峰集》卷三、《周子通书序》）。这不得不说善于观察。因为濂溪这里贵非贵，是道之充实，富非富，是身之安乐，所以铢视轩冕，尘视金玉，人生的价值转变过来（《富贵》章）。

濂溪指示圣学之要说："圣可学乎？曰：可。曰：有要乎？曰：有。请闻焉。曰：一为要。一者，无欲也，无欲则静虚、动直，静虚则明，明则通；动直则公，公则溥。明通公溥，庶矣乎！"（《圣学》章）。据此，我们知道濂溪经常在无的、静的东西里面得到有的、动的东西，采取无不仅仅是无，静不仅仅是静，无而超越无，静而超越静的立场。正因此，才有此人思想的意义。其原始资料是否在于老庄，本来不是左右此意义的东西。关于这点，朱子的解释是不可否定的。这里引人注目的是濂溪说"几"，特别是多说"神"，这是为了指点功夫的端绪，而且注意到其自然而浑一性质的缘故。

三 《通书》的意义

胡五峰为《通书》作序说"人见其书之约也，而不知其道之大也。人见其文之质也，而不知其义之精也。人见其言之淡也，而不知其味之长也"（上述），朱子说"其言简质……与世之指天、画地、喝风、骂雨者气象不侔矣"（《朱子续集》七《答丘子服书》），又说"濂溪在当时，人见其政事精绝，则以为宦业过人；见其有山林之志，则以为襟袖洒落，有仙风道气，无有知其学者。惟程太中（珦）独知之"（《朱子语类》九三、和刻八页正面）。程珦知道濂溪之学问成为产生其子程子兄弟之学问的机会，朱子知道濂溪的学问则似乎是通过其师李延平。（《朱子语类》九四、和版三六页背面，关于《通书》所谓"通微，无不通"之语的解释的延平教诲，以及《延平答问》下对于像所谓"胸中洒落""光风霁月"之语的意思的教诲等）。而且，《朱子文集》七八、《隆兴府学濂溪先生祠记》最能说明朱子把握的濂溪思想的意义。濂溪的思想在这边，给予后世学问很大影响。即按照此文，濂溪思想的要领在如下的地方。濂溪之言：

（一）其高极乎无极太极之妙，而其实不离乎日用之间。

（二）其幽探乎阴阳五行造化之赜，而其实不离乎仁义礼智刚柔善恶之际。

在体用一源、显微无间这一点上，他是秦汉以来的第一人，而其实际内容，与《六经》《论语》《中庸》《大学》《七篇》（译者按：指《孟子》）之所传没有差异。其所谓太极只不过是合天地万物之理而另外命名之罢了。

从其无器、形而有天地万物之理来看，称无极而太极，从其具备天地万物之理，却无器与形来看，称太极本无极。这绝不是离开生民日用之常而自为一物。其成为阴阳、五行、造化之幽深奥妙者固然是此理，成为仁义礼智、刚柔善恶者也是此理。性此理而安之者是圣人，复此理而执之者是贤人。说起来，孟子死后，世之学者高则放纵于虚无寂灭之外，卑则沉溺于杂博华靡之中。挽救之者是濂溪，继承其传者是程子兄弟。朱子像上述这样考虑。(关于这点请参阅《日本中国学会会报》第四、著者的《全体大用的思想》)。

四　附、思想与人格

濂溪的学问大体上可以看到这里。只是还有应该附带说一下的事情。那就是表现与此人在世上少有的人品之清静、其气象之崇高、真挚浑然一体，尤其深刻体验之安详的一些思想。

濂溪的遗文里有题为《拙赋》者。濂溪在这里所企图的是什么呢？巧者世间很多，但濂溪忠告，他对此心里私下感到耻辱。于是作赋表达对于己之拙的喜悦之情。那样拙为什么成了喜悦，带来了安定呢？《通书》的《颜子》章里面寻求一箪之食、一瓢之饮、在陋巷不改其乐的颜子之心。据说程子兄弟年少拜谒濂溪时，所听到的即是此心。大概在此心上所希望者与时人爱好的完全不同。像上述那样不是富贵，仅仅是道，是德。为了科举及第获得利禄，也许认为巧者的才能、手段是必要的，为了那样发挥众人天赋的人性而实现道、充实德，这倒是成为阻碍，还不如拙者之谦虚。据说少年程明道听了濂溪的话而厌恶科举之业，进而有求道之志。这很可能是事实（程伊川作《明道行状》）。多年以后，学于国子监的程伊川写《颜子好学论》，为直讲胡安定所赏识。最好试着读一下此文。注意到那里学问的目的与世俗所谓学问完全不同，成为摆脱功利性、纯粹圣贤之学（实现人性之学）了。这确实不得不说是伊川得自濂溪的地方。曾经在任所渡过一些生活的濂溪作一首诗寄给故乡的旧友。

老子生来骨性寒，宦情不改旧儒酸。

停杯厌饮香醪味，举箸常餐淡菜盘。

事冗不知筋力倦，官清赢得梦魂安。

故人欲问吾何况，为道春陵只一般。

濂溪的心境极其淡泊，丝毫的故意、不自然也没有。真正日往月来、月往日来，造化一样的感觉深刻。

濂溪窗前的草不除去，问之则回答与自己的意思一样（《伊洛渊源录》卷一）是因为放下自己尽力处于无欲境地。苏东坡题为《故周茂叔先生濂溪》诗里（《东坡前集》卷一八）写有

世俗眩名实，至人疑有无……

先生本全德，廉退乃一隅……

先生岂我辈，造物乃其徒……

只有这样的境界是由所谓"朴实头下功夫"的人——这是张南轩的评语，其实正是拙，方才产生这个吧——得以开拓。弟子程明道追述自负自己好田猎之心消失了的时候，被濂溪告诫这样的爱好潜藏在心中，如果一日萌动就与最初是一样的，多年以后果然那样（《伊洛渊源录》一）。能如此深刻触及人心之隐微，证明濂溪是朴实做功夫的人，并不欠缺与现实相对抗的一面。《通书》的读者如果不先认真记住此事实，此书的朴实之处就变得难以理解了。见于黄庭坚《濂溪诗序》的"茂叔人品甚高，胸中洒落如光风霁月"（《豫章黄先生文集》一）这一句由上述李延平说出其深意，成为讲述濂溪为人场合里经常被引用的。虽然并不敢对此词句与濂溪相应插入

异议，但濂溪绝不是单纯回避与这些人一起住的世界的人。隐遁者具有的爱好自然的精神，与世俗具有的社会关心都涉及到了，并拥有立足于此的一种境界。忽略此事是错误的。濂溪在其《爱莲说》里把菊当作花之隐逸者，把牡丹当作花之富足者，以花之君子来比拟莲，将自身的爱好放在这里，说那是表示濂溪自身之为人的东西是可以的。濂溪隐居所以过于持有社会的关心，富贵所以过于爱好自然。于是有不放浪于此间，贯通两者的微妙体验。在濂溪的话里寻求这个就相当于上述"神"。曰："发微不可见，充周不可穷。之谓神"。

还有，濂溪以文章作为"所以载道"（《通书·文辞》章）引起后世的注意。详细来说，濂溪的本意如下，那里只不过否定文的同时作为艺的文被承认。即依据濂溪，文辞是艺，道德是实。笃其实而艺者将此写于文辞中。写得好的时候人们喜爱之。喜爱则传于世，贤者以学习而能至此（此谓之教）。言而无文时难以行远。这样，文艺被肯定。当然，不知致力于道德而仅以文辞为能者只不过是艺罢了。

第三节　张横渠（名载，字子厚，一○二○——○七七）

前述邵康节能得以安心做风流之士也是因为环绕于以所谓庆历之治为中心的宋代文化黄金时代。王称的《东都事略》里说从太祖建隆年间到英宗治平的百年间四圣相授，深仁厚泽浃于人心者达到极致。承平日久事多舒缓。康节之子邵伯温在其《闻见录》（一七）描述了当时父亲居住的洛阳的和平风光。然而同样接触此风光，却有比起享受风流更严肃的思考人世纠葛的人。那就是张横渠。

一　太虚

横渠试图以太虚表示宇宙本体、道德渊源。太虚无形，因为清所以无碍，因为无碍所以有神妙之作用。大概与清相反则为浊，浊则有碍，有碍则有形而与太虚相反。然而本来太虚这一文字见于《庄子·知北游》篇，是说明老庄系思想的所谓道。只不过与庄子思想中太虚与其生成的阴阳之气、进而世界等对比，动不动就拥有超越的倾向不同，在横渠的思想中，其间的相即性更强。《正蒙·太和篇》里特别将被认为和之极致的太和称为道，将这个比作野马（出自《庄子·逍遥游》篇的文字，意味着无常）氤氲（出自《易·系辞传》的文字，气的聚集）（又参考《张子全书》一一、《易说》下）。"气，块然太虚，升降飞扬，未尝止息"是《太和篇》的语句，说明上述太虚与气的相即性而如下说道"气之聚散于太虚，犹冰凝释于水，知太虚即气，则无无"（同上）。"知虚空即气，则有无、隐显、神化、性命通一无二"（同上）。横渠更进而探究这样聚散、形不形的来源。曰："太虚无形，气之本体，其聚其散，变化之客形尔"（同上）。即所谓太虚是从气之本体方面来立言者，被称作聚散者成为变化这种现象的对象之形，或者用变化这一名称称呼的现象化、形体化。如果将此带进人的场合就被称作"至静无感，性之渊源，有识有知，物交之客感尔"（同上）。即作为本源的人性（此事后述）是至静而无感的，被称为有识知的是物交（事物交错）这种现象感觉，或者用物交这一名称称呼的现象化、感觉化。

注

横渠像上述那样说"太和所谓道"，又说"一阴一阳是道也"（《张子全书》一一、《易说》下）。如果将此与程伊川与朱子的思想直接不将阴阳之气视作道相比（此外前述，周濂溪的思想也像朱子解释的《太极图说》那样理解也无妨的话，则与程子是一样的）则显然提倡道

（或者理——横渠虽然没有像伊川朱子那样特别提出理字，但并不是完全没有使用——参考《正蒙·诚明篇》）与气的相即。在横渠这里，知道昼夜阴阳，就能够知道性命，能够知道性命，就能够知道圣人、知道鬼神，释氏直接说太虚，想要昼夜阴阳不连累其心是不明白《易》。那么就不要想免除阴阳昼夜之累。横渠说明"易且不见，又乌能更语真际（此为释氏之语）"的意思（《正蒙·乾称篇》）。虽然朱子评论横渠"以太虚太和为道体，却只是说得形而下者，皆是'发而皆中节谓之和'处"（《朱子语类》九九、和版一页背面），但横渠的特色正在那里。然而横渠不是就照气的原样，而是特别用太虚之语说明本体是因为考虑到其湛然的方面（《正蒙·乾称篇》），无方无体、兼体（兼体物而）无累、不偏滞的方面（参考同上，曰：体不偏滞，乃可谓无方无体。偏滞于昼夜阴阳者物也，若道则兼体而无累也。以其兼体，故曰'一阴一阳'，又曰'阴阳不测'云云）。据程子所说，虽然横渠最初因为忧虑世学之胶固而以清虚一大说天道，说万物之源，但考虑到兼清浊虚实的必要。那也像朱子说的那样（《朱子语类》九九），是因为受到伊川的诘难。太虚的思想是像这样兼有清与浊而想要从更高层次立场统一此的东西，不用说超越清而包含之，超越浊而包含之。

太虚是从气之本体见到的东西，不过是宇宙的变化即气之变化罢了。一切的变化作为气的变化被说明。气聚为万物，万物散为太虚，进行必然的聚散（《正蒙·太和篇》）。然而气有阴阳二端。所以变化都是阴阳二端之变化。横渠以此为了解的线索举出作为造化所成之一物没有相似者这一事实。人与动植物的种类虽然区别很大而不齐，即使其类之中也有极为不齐者。即使一物也有阴阳左右。比如人之一身中，两手尽管相似却有左右，一手之中，五指还有长短。甚至毛发之类也没有一个相似的。即使同父母的兄弟那样的，不仅其心不相似，甚至声音形状也没有相同的（参考《张子全书》一二《语录》）。横渠的气思想承认自然和人的差别相，并企图说明之。这可说是横渠的特色（参考后述）。

二　自然哲学

根据横渠，所谓鬼神者二气之良能，即阴阳二气自身的机能，不外乎其往来、屈伸（《正蒙·太和篇》，以及《神化篇》）。《正蒙》的《参两篇》是从上述立场讲述的横渠自然哲学，其根本思想可以概括为下面一句。曰：

> 一物两体，气也；一故神，（本注云：两在故不测。）两故化，（本注云：推行于一。）此天之所以参也。（《参两篇》。还有参考《张子全书》一一、《易说·系辞上》及《说卦》。《朱子语类》九八、和版八页正面评论说此语极精。又说虽然程子也说过神化二字，但不是很清楚，横渠建立了前人未达到的学说。）

大概一之绝对者（上述所谓太虚）作为其两方面有阴阳二气。正是成为一，才形成神妙作用，正是成为两，才化生万物。天之参与的原因在这里。阅读此文的时候应该注意的是本注（横渠自注）的下法。故神这一语句下面，如果注释成因为一故神妙就只有那件事了，而横渠本注为"两在，故不测"，一、故神已经预想着两、故化之句，同样两、故化的下面，如果注释为因为两所以化生还是只有那件事，横渠本注为"推行于一"，两、故化这一句已经预想一、故神这一句，这样由于不论哪个都包含其他而加深了各自，在那里作为全体的存在显现。从以上那样的想法出发，横渠做了通天地人贯通之的说明。

注

虽然看《朱子语类》一、理气部分的话，作为对气的研究有功的先辈举出邵康节与张横渠，但清王船山注释《正蒙·动物篇》说"其言皆体验而得之，非邵子执象数以观物之可比也"，又说"观物象以推道，……此格物穷理之异于术数也"。

根据横渠，一物而两体者如果用《易》之语来说相当于太极（上述所谓太虚）。作为天道是阴阳之象，作为地道是刚柔之法，作为人道是仁义之性，全都是那样的（《正蒙·大易篇》。又参阅《张子全书》一二《语录》。上述《参两篇》里写有"一物两体气也"，这里写有"一物而两体，其太极之谓与"。然而作为本体的太虚或者太极与气并非不同的东西）。

三　人性论

宋学所谓宇宙世界与人，虽然大小不同，但其构造相同。这种想法在横渠这里取得了明确的形式。曰：

> 由太虚，有天之名；由气化，有道之名；合虚与气，有性之名；合性与知觉，有心之名。（《正蒙·太和篇》）

所谓"合性与知觉，有心之名"是什么意思呢？这与"心统性情者也"（《张子全书》一四、《性理拾遗》）意思是相同的，其思想到后来由朱子特别承认其意义。所谓"合虚与气，有性之名"是什么意思呢？为了说明这些事情，我们必须暂且绕一些路。说起来，人性的问题是中国自古以来的一大难题。现在试着将其分为两个方面吧。一是指经验的、各自的性质（荀子的性恶论是其代表），二是指超经验的本质（孟子的性善说是其代表）。然而这虽然全都是从寻求道德根据出发提出的事情，但想到前者在说明道德的普遍性、永久性上有困难，后者有从其现实、具体问题游离出来的危险。这样一来，孟荀二子的人性论处在应当被扬弃的命运。于是横渠的思想产生。横渠为此提出"天地之性"与"气质之性"。即所谓"形而后有气质之性，善反之则天地之性存焉。故气质之性，君子有弗性者焉"（《正蒙·诚明篇》）是横渠的话。那么这里所谓天地之性不外乎作为本体的人性，所谓气质之性不外乎现实具体的人性。人只要是形体的存在，就有气质之性，同时作为本性的天地之性被考虑。然而这二者不是相互分离的东西。本性被作为现实的存在考虑的场合，称其为性。横渠说的"合虚与气，有性之名"是说明由本性内在于形体而来的具体人性，即气质之性的成立。更广泛来说，可以考虑气质之性是人各自，或者人与物，其他的差别性。物虽然无不都有此性，但由于通蔽开塞，存在人与物的区别。由于蔽有厚薄（人），产生智愚的区别，塞者牢固不能打开，厚者能够打开。只是打开有困难，薄者易打开。打开就达于天道而与圣人为一（《张子全书》一四、《性理拾遗》）。此外横渠说"气者自万物散殊时各有所得之气，习者自胎胞中以至于婴孩时皆是习也"（同一二、《语录》），或者又说"人之刚柔、缓急、有才与不才，气之偏也"（《正蒙·诚明篇》）。不管怎样，注意到本于气的人物或者人相互之间的差异这点是横渠的特色。横渠考虑的人性是这样的东西，将其作为体能考虑其作用。即性与情处于体用关系。横渠说"有性则有情"（《张子全书》一四、《性理拾遗》）"发于性则见于情"（同上）。于是把握作为本体的性、作为作用的情，这些统名，以及作为主载者的心。这里横渠所谓的"心"，与前述邵康节所谓"心者性之郭郭"这一场合的心是相同的，这被朱子高度评价，成为宋学的重要概念。说"心统性情者也"的时候，所谓知觉不外乎情——作用，因此说"心统性情者也"与说"合性与知觉有心之名"也成为相同的事情。虽然性本身不带有作用，但心常活泼地作用。心像这样被考虑为具有复杂构造的东西，因此在那里产生与尊崇心之直截作用的禅学或者陆王学派不同的立场。这样解释心的见解被朱子承认的理由虽在后面详细叙述，在那里比起不分性情，将此作为一的心，就那样进行的行动之敏锐性、自然性，有特别尊重人性

的本体，其客观性质的慎重性。横渠的变化气质说从此思考而产生。所谓
"为学大益，在自求变化气质，不尔皆为人之弊，卒无所发明，不得见圣人
之奥。故学者先须变化气质，变化气质与虚心相表里"是出自《经学理窟》
（《张子全书》六）的横渠的话。上述《诚明篇》所谓由返回气质之性而存
天地之性不外乎此事。曰："人之刚柔、缓急、有才与不才，气之偏也。天
本参和不偏，养其气，反之本而不偏，则尽性而天矣"（《正蒙·诚明篇》）。
据横渠所说，气里面有刚柔缓急清浊之气，所谓质是才之事，气质是一物，
气质由克己而变化。其结果直到气质消失，像太和中容纳万物而任其自然
一样（《张子全书》六、《经学理窟》）。这就是所谓"学贵心悟，守旧无功"
（同上）的原因吧。还有"莫非天也，阳明胜则德性用，阴浊胜则物欲行。
领恶而全好者，其必由学乎"（《正蒙·诚明篇》）之语。在横渠题为《芭
蕉》的诗里说：

> 芭蕉心尽展新枝，新卷新心暗已随。
>
> 愿学新心养新德，旋随新叶起新知。

（《张子全书》一三《文集》）

此是接连不断地将新心寄托在展开卷起新枝的芭蕉上，说明绵延不断变化
气质的功夫。变化气质的极点像见于上述话里那样气质消失，直至成为与
虚心相表里。（虽然只有死生、夭寿是气之不可变者）。然而这绝不是绝灭
气质成为虚无寂灭，因此说"太和中容万物，任其自然"。横渠说"湛一，
气之本"（《正蒙·诚明篇》）。然而"攻取，气之欲"（同上），无疑是"口
腹于饮食，鼻舌于臭味，皆攻取之性也"（同上）。因此无之并不是绝灭之，
而是常知足而不失湛一之反省。如果不是那样就没有"有无虚实，通为一
物者，性也；不能为一，非尽性也。饮食男女皆性也，是乌可灭云云"
（《正蒙·乾称篇》，这里横渠看到庄老浮屠不是真理的原因）的道理。又引

孟子之教虽然货色之欲、亲长之私，没有由于达于天下而承认它（《正蒙·中正篇》）的道理。横渠还有所谓"有吉凶利害，然后人谋作，大业生；故无施不宜，则何业之有"（《正蒙·至当篇》）的话。说起来横渠是注意到了气的重要意义的思想家。确立太虚这种本体、天地之性这种本体，那未必是离开气、或气质之性的东西。问题只是如何处理这个关系到人的功夫。在前面，著者根据《诚明篇》，说知足而不失湛一之气的反省，而在此篇又说"性于人无不善，系其善反不善反而已，过天地之化，不善反者也；命于人无不正，系其顺与不顺而已，行险以侥幸，不顺命者也"。如果那样的话，措施在于善反。所谓善怎么样，那不外乎顺应天地之化、其命。大概气的哲学家横渠超过前人的地方正如前所述，在说明神化而微妙。神化就是天地之化。因此，人如何顺从天地之化成为返回气质之功夫的要点。横渠因此考虑的是"时中"二字。人由于时中而能够顺从变化。"顺变化，达时中，仁之至，义之尽也。"（《正蒙·神化篇》）"无成心者，时中而已矣"（《正蒙·大心篇》）。终归至于所谓"天理者时义而已。君子教人，举天理以示之而已；其行己也，述天理而时措之也"（《正蒙·诚明篇》）。所谓时义，并不是与时中不同的东西。而且，如果说"动静不失其时，义之极也"（《正蒙·至当篇》），那么义成了不外乎时的东西。气的哲学家看起来要归于顺时。曰："天之化也运诸气，人之化也顺夫时；非气非时，则化之名何有！化之实何施！"（《正蒙·神化篇》）。又根据说明所谓天理者是使天下悦且通者的意思（《正蒙·诚明篇》），可见要归于顺时而使民众喜悦。《天道篇》里写有"《诗》《书》所谓帝天之命，主于民心而已焉"。一物两体是太极，像天地之道有阴阳刚柔那样，人之道有仁义是前面说到的。这是来自《易》的思想，横渠接着说"阴阳、刚柔、仁义之本立，而后知趋时应变"，又说（《易》）之"六爻各尽利而动，所以顺阴阳、刚柔、仁义、性命之理也，故曰'六爻之动，三极之道也'"（《正蒙·大易篇》）。六爻尽利的利与顺时、悦众的东西不是别的。然而，从《诚明篇》里写有"生直理顺，则吉凶莫非正也；不直其生者，非幸福于回，则免难于苟也。……至诚则顺理而利，伪则不循理而害。顺性命之理，则所谓吉凶，莫非正也；逆理则凶为自取，吉其险幸也"来考虑的话，确立作为本体的太虚、天地之性的横渠气的思想并不仅仅只有顺时悦众的东西。（虽然横渠说利于民可谓利。利于身，利于国皆非利也云云——《张子全书》一四、《性理拾遗》——而重视民）。上述所谓"述天理而时措之也"表示天理虽然是时义，但并非仅在时之权宜里面消解，而是无论到何处都保持其自身。因此我们能够理解解释《中庸》或《孟子》之文极艰深的《神化篇》下面的说法。曰："徇物丧心，人化物而灭天理者乎！存神过化，忘物累而顺性命者乎！敦厚而不化，——《近思录集解》云：修己——有体而无用也；化而自失焉，——同云：教人——徇物而丧己也。大德敦化，然后仁智一（即成己成物）而圣人之事备。性性为能存神，（即全吾性而不失所存神妙莫测，）物物为能过化。（即随我、物之理而应之，物各付物而所过之物变化）"（《正蒙·神化篇》）。即云云原文里没有。原文所谓"物物"之语也许是取自《庄子·山木篇》的"浮游乎万物之祖，物物而不物于物，胡得而累邪"或者同《知北游篇》"物物者非物"等字面者。这里依据《性理大全书·神化篇》注里引真西山之说，将此语解释成物各付物的意思。所谓物各付物是后述程伊川的话）。大概这是讲述神化却不丧己的横渠哲学最深奥的地方，太虚不仅仅是本体性的太虚，而总是作用于气，气又不仅仅是现象性的气，而总是返于太虚。这样体用相即、虚气一本的立场在这里。而且掌握这样立场者是穷理尽性的功夫。所以说："穷理尽性，则性天德，命天理"（《正蒙·诚明篇》）。这里所谓尽性只是沿袭古语，与横渠的所谓变化气质并非不同的东西。横渠在穷理上看到有儒学特色的立场（《正蒙·中正篇》）。作为支持穷理尽性的态度举出诚与庄（《正蒙·诚明篇》）。而且对于横渠来说，诚与庄是人本来的性质，因此不是勉强做到的。同时又认为诚明所知是天德良知而非闻见小知，说"天人异用，不足以言诚；天人异知，不足以尽明。

063

所谓诚明者，性与天道不见乎小大之别也"（《正蒙·诚明篇》）。

注

一、一般以横渠这里虚气相即的思索有像窥测一样穷尽事实的两方面，而且在一个里面把握此的倾向。这与只是穷尽两方面不同，也与只在一个里面把握不同。例如横渠有所谓"矫轻警惰"的话。这也出现在《近思录·克己》类。《张子全书》五、《经学理窟·气质篇》里写有"慎喜怒，此只矫其末而不知治其本，宜矫轻警惰若天祺"。天祺是横渠之弟。只是《朱子语类》九、和版四页正面作为程子之语是错误的吧。对于此语在叶注里面可见二病相因，明胡敬斋以为是用"敬"治之。我认为他们都说对了。大概在这些解释中有两种立场。一是能将矫轻与警惰各自作为独立的东西来考虑。如果那样的话，这些只停留在对于压抑、禁止轻与惰这种各自不同的事情的分别的，而且拥有这样缺陷的特殊的人或者人们的教训。二是使两者紧密联系起来考虑。即认为矫轻的同时一并有警惰，警惰的同时一并有矫轻。如果那样的话，矫轻是脱离轻而包含轻（因为劝诫轻的相反性质的惰而抑制它，所以有复归于轻的地方）。包含轻也可以视作聪敏性的涵养。其次警惰脱离惰而包含惰（因为矫正惰的相反性质的轻而抑制它，所以有复归于惰的地方）。包含惰可以视作悠久性（从容不迫的态度）的涵养。这样一来只不过教训脱离其压抑性、禁止性，而且能够一般地面向人类，成为养育作为整体的生命（聪敏而从容不迫）其灵活作用的功夫的"敬"就是这个。所谓两病在这里成为养育生命的契机。

二、横渠虽然重视气，但同时如前所述，用诚明所知说天德、良知，与闻见小知不同，又《大心篇》里说圣人不以见闻桎其心，将其与德性所知区别。德性所知是不萌于见闻的。横渠指出见闻之知是由物交而知，那停留在狭窄的范围，达不到尽性因而不以见闻桎其心，视天下无一物不在我那样的圣人广大立场（这样的想法与程子的思想相似。参考《二程全书》二八、和版三页正面）。

因为还有"耳目虽为性累，然合内外之德，知其为启之之要也"（《正蒙·大心篇》）之语，所以也必须知道并非单纯地排斥见闻之知（参考《大全》注）。比如王船山在这里看到横渠之学与陆王学的差异（《正蒙注》）。

前面说过，在变化气质尽性穷理的场合，诚与庄构成基础。然而横渠又说"敬斯有立，有立斯有为"（《正蒙·至当篇》），说"敬，礼之舆也"（同上）"不敬则礼不行"（同上）。不仅如此，对横渠来说，"恭敬、撙节、退让，以明礼"（同上）结果成为"仁之至也，爱道之极也"（同上）。因为即使知道道义，如果不是使这样的礼成为性（掌握），就不能成为自己的东西，所以在《至当篇》里述说知礼成性而道义出。而且此篇里面说明《礼器》《礼运》二篇之义，讲述其大（《礼器》）与化（《礼运》）、体（《礼运》）与用（《礼器》）。重视礼又是与作为正视人生复杂纠葛、多难现状的气的思想家相应的（参考《行状》）。横渠的弟子吕与叔后来学于程伊川之门而传其礼学，这刺激了后来朱子的礼制研究而带来了很大影响。与叔在横渠之门只限于这一点，并不是偶然的。

注

如前所述，根据《至当篇》，根源的东西经常展现在礼里面，又写有"天以直养万物，代天而理物者，曲成而不害其直，斯尽道矣"（《正蒙·至当篇》）。如果能够将曲成的内容考虑为礼，礼难道不是经常能够根据更根源的东西、更自然的东西寻求反省吗？这事也是不能忘记的。

四　作为同胞爱的《西铭》思想

横渠思考的宇宙归于气之聚散、阴阳二端之变化。对于支配阴阳的法则，按照中国古典哲学中所考虑的，一是老庄的自然必然法则，二是《易》的目的法则。不过如果详细来说，后者目的的东西也是适应自然必然的东西，与之不相离者。与前者一边是自然的，一边是目的的，有归向可说是宇宙生命的地方相反，横渠气的哲学在伦理思想上采取适应自然的倾向是理所当然的。在以自然的东西为基础说明行动的时候，中国古典哲学里面例如像孙子、韩非子、鬼谷子等那样，往往陷入以巧妙地抓住必然关系为要点的冷酷功利的倾向，这绝非不可思议的去向。在这里，人被认为是寻求财货、追求物质利益的动物。同时，那个时候只是从流于必然的地方出发，陷入欠缺热情的寂静态度也是不稀奇的。尽管横渠在阴阳变化以外并不相信神，但与信神者相比较，以有过之而无不及的宗教感情来提倡以恭敬与恐惧为基调的仁爱道德。我们必须讲述作为《西铭》作者的横渠。据横渠所说，以乾坤为父母而人类处于其间。因此人的肉体与充塞于天地的气并非不同的东西，它扩散充满于天地。而人之性不外乎天地之主宰，与天地总是相通。民众就是我的同胞，物就是我的同类。君主是我父母的宗子（嫡长子），大臣是宗子的家相。因此尊敬高龄者成为以其（父母之）长为长，慈爱孤弱成为以其（父母之）幼为幼。圣人是其（父母之）合德（与天地合德者），贤人是其（父母之）秀（优秀者）。凡是疲癃、残疾、惸（无兄弟）独（老而无子）鳏（老而无妻）寡（老而无夫），都是兄弟跌跤摔倒无所告者。在这样的天地之下，社会生活与家庭生活能同样处理，以家庭为基调的仁爱道德之感情能够用于天地之间。然而对于天地，人有恭敬恐惧、绝对归依的态度。从真切的方面说明以事亲之道事天地。对于天地的场合里面更强烈地有逼近身体的宇宙感。有不应逃脱的绝对依赖感。《西铭》后半部分被认为是叙述这种感情。（像清曾国藩作为处于逆境之道，举这里关于申生与伯奇之条，说其最亲切。参考《曾文正公全集·日记上（壬子）》。不管怎样，绝对归依的态度带来人心的平和。以《西铭》"存吾顺事"（只要吾身存在，对于天地、对于父母不违其志）"没吾宁也"（心态平静地离开此世界）一语结束。这样家庭、社会、国家之道德成为充满着亲爱而且纯粹自然、虔诚的观念者。更进一步来说的话，将对于家庭的情爱移向天，自然里的存在与社会国家的生活变得温暖。将对于天的敬畏归依的观念移向家族，情爱关系充满虔诚与依赖来。这样天人如一的境界出现了。

注

一、横渠曰："太虚不能无气，气不能不聚而为万物，万物不能不散而为太虚。循是出入，是皆不得已而然也"（《正蒙·太和篇》）。气之聚散是自然必然的。它必然聚而为物，物必然散而为太虚。又曰："然则圣人尽道其间，兼体——将聚与散两个都体会——而不累者，存神其至矣——神妙至极。彼语寂灭者往而不反，徇生执有者物而不化，二者虽有间矣，以言乎失道则均焉"。又曰："聚亦吾体，散亦吾体，知死之不亡者，可与言性矣"（《正蒙·太和篇》）。上述所谓"存吾顺事""没吾宁也"的境界从此产生。

二、气的思想虽然容易解释成唯物论，但见于《西铭》之文中那样温和的感情使人感到难以仅仅用唯物论来解释。希望读者将在《诗》《书》里对于上帝的民族感情合起来考虑一下。

三、《西铭》是不是兼爱思想这种疑问由程门的杨龟山提出。对于此，伊川有所辩论。此事后面论述。只是我国浅见絅斋说"兼爱也好，为我也好，与所谓《西铭》完全不相干，只是一个说成尖锐的东西，说什么意思的行为是后面的事情"（《近思录讲义》）。无须与《正蒙·诚明篇》里讲兼爱合起来思考，絅斋的见识是高明的。

四、程明道激赏《西铭》说"秦汉以来学者所未到"（参考《二程全书》二、和版一三页正面、又三六页背面）。多年以后由朱子创设的社仓法精神在于《西铭》，以民为同胞的高远立场依据精密的学术技术施行这产生了很大影响。

第四节　程明道（名颢，字伯淳，一〇三二——一〇八五）

一　浑然的立场与本来性的立场

程明道历来被认为是世上少有的哲人，其思想也与此相应，被认为就那样来显示已经完成的人的境界。这果真是那样吗？以下我想随着阐明明道思想的本质在哪里，期待自然来解开上述问题而推进笔墨。明道思想的一个特色是将事情作为整体、浑一的（虽然用庄子的话说成混沌的也可以，但是与庄子的混沌是不具有可以视听食息的七窍相反，明道的语境是活泼泼地表现七窍的作用者），也就是说，比起注意事情相离、相判、相争的方面，专心去注意形成相合、相和、相亲、浑然状态方面的倾向更显著。例如，在明道这里，易不过是从体的方面，道不过是从理的方面，神不过是从用的方面，人性不过是从（天）命令人的方面，（人）道不过是从顺从（人）性的方面，教不过是从修养（人）道按品级节制它的方面出发建立名称者，一样都是上天的运载。同样，虽说形而上者是道，形而下者是器，但不得不说"器亦道，道亦器"。只有存在被认为是贯通古今跨越人我之道（参考《二程全书》一）。这样，对于《周易·系辞传》以来以形而上者为道、以形而下者为器的传统，明道考虑两者的关联，尤其想指出其难以相离的构造。然而，这两者在怎样的意义里面是关联着的呢？尾藤二洲在《素餐录》里列举明道表达上述思想的话，以为极有深意，指出不能以"器亦道，道亦器"的"亦"字为"即"字，将此与明吴廷翰所谓"理即气，气即理"的语句相比较而讥讽了明儒的鲁莽。如果那样的话，在明道的语境中，道不是那样与器相即就完了，在那里一边相即一边相离，一边相离一边相即。也就是说存在相对待的复杂关系，虽说是浑一的但其意思决不单纯。这是深刻了解明道思想的人。道不是与器难以完全区别的单一的东西，而是应该作为必须包含区别的东西来考虑。这一事实在理解明道的政治思想的时候特别重要。为什么呢？因为明道说"本乎人情，出乎礼义"（《二程全书》五五、《论王霸札子》）"本诸人情，极乎物理"（同、《论十事札子》）尤其"必有《关雎》《麟趾》之意，然后可行周公法度"（《二程全书》一二）的语句，认为人情与礼义，或者物理，《关雎》《麟趾》诗里面歌颂的爱情诚实敦厚的精神，与《周官》的法律制度之间形成上述那样浑一的关系，即两者可以说相即的同时，这时候到底前者树立为基本，——要注意"本"字——同时，以后者详尽——要注意"极"字、"明"字——为必要。（虽然不是关于政治的事情，《请修学校尊师儒取士札子》——《二程全书》五五——里面，也有"其道必本于人伦，明乎物理"，佐藤一斋也说"伦理物理同一理也，我学伦理之学，宜近取诸身，即是物理"——《言志晚录》，物理应该更广泛地理解。）程门的邢恕认为明道叙述兴造礼乐的事情，讲自制度、文为以下直至行师、用兵、战阵的方法都达到其极致，又说夷狄的情状、山川道路的险易、边鄙、防戍、城寨、斥候、控带的重要，无不穷究知晓，其吏事、操决、文法、簿书又都精密详练，认为配得上通儒全才的名称（《伊洛渊源录》二）。这虽然是关于明道的为人与才能的事情，但作为人的通儒全才在情况上不外乎上面叙述的浑一构造，实际上，明道的思想里面像这样为了顺应人类社会的各个场合解决其问题，有要求精当切合的手段的地方。从这点来说的话，能够将朱子（晦庵）的全体大用的思想追溯至明道。而且能考虑与弟程伊川的"体用一源、显微无间"的思想间的相似。于是，伊川写明道行状，说自己的道与

069

明道相同，以后有想要知道自己的人可以在这篇文章中寻求（上述《行状》）（《伊洛渊源录》四），虽然对于只注意到明道兄弟的差异的人来说也许会感到奇怪，但绝不是没有理由的。当然，虽说这事与兄弟以建立宋代新儒学为目标的根本理念是相同的这一事实相比较起来是小事。

如果那样，说明道的思想在上述地方与通常以二元性为特色的伊川或朱子的思想是完全一样的，那也不符合。为什么不符合呢？大概，明道的场合像上述那样是浑然的东西，也就是说保持着那样相即又各自相对待的关系，虽然其中要求去一一恰当地解开事情的场景，但是也进一步形成强烈倾向，比起伊川，或者比起朱子，又位于这两家之间，尤其相比于扬其波澜的李延平等，是更加浑一的，不毋宁说是相即的色彩更浓厚这点上。

例如，试着在性（人性）的思想上理解它吧。依据明道，因为人性的本体超越我们的认识，是不能用语言表达的东西，所谓"才说性时，便已不是性也"（《二程全书》一）。这样，如果有我们能够知道的、能够说的性，那并非在现实的人性之外。因此在明道这里，并不是离开生（生存）而有人性，人性直截了当地被认为与作为肉体的存在相即。所谓

生之谓性。性即气。气即性。生之谓也（《二程全书》一）。

这有名的一句是这样的意思。不用说，"生之谓性"一语是被孟子否定的告子的话，但是明道敢使用这种说法而不怕，而且以为告子的这一说法合乎道理（《二程全书》一二）。《近思录说略》的著者说此生字是生存的生，不是生出的生，接近告子的意思，是适当的。说起来，与告子相对的孟子否定此语相比，明道思想的特色在于敢使用此语。换言之，明道避免将人性脱离生而进行超越地考虑。详细来说的话，孟子有"形色天性也"一语，明道也有前述"才说性时，便已不是性也"一语，从此出发，虽然要求不

可一概主张两者差异的周密解释，但目前只是停留在说各自适用的地方。

那么，将生与人性相即（融合成一体）来考察的时候，产生出来的是中国古典思想里议论纷纷的人性是善还是恶的问题，即是如何处理所谓性善恶的问题。想要将人性建立在纯粹状态上的思想，主张用本体之名求之于生以前，认为人性超越善恶，虽然暂且相信能在其中保存叫作至善的理由，但就生来考虑人性的人来说，被认为难以避免由生之事实的限定产生的善恶对立。因此明道说生为性，认为性中有善恶，说必须将善恶都作为人性的时候，人善恶相克，难道不会不得不陷入心中纠结不能解开的严重纠葛吗？后来朱子之徒对于自信这种思想的人抱有畏惧的念头，就是因为接受了这样一种传统即忧虑会不会迷失其方针，彷徨于迷途（参考《朱子文集》五五《答赵致道》、同七三《胡氏知言疑义》等）。想到不但伊川，而且继承伊川传统的朱子的学问毕竟从正面承认这种纠葛不容易的事实，从如何处理人背负的这个命运出发，追溯到孟子，其所谓性善说是响应此要求产生的思想。通常说的程朱学的二元性，实际上就不外乎是表明此学问的认真思索。（如果不是那样的话，就很难能够理解曾经说理弱而气强，临死尚且讲艰苦功夫的朱子的态度。）然而，明道的场合，比起伊川、朱子诸人，二元的对立、人心的分离尽管有上面的情形，但远为少。明道以水的清浊比喻人性的善恶，就算有清浊，但在作为水这一点来讲没有差异。因此说恶也必须称之为人性，同时对于浊水必须加澄清治理的功夫，虽然根据用力如何而有急速迟缓的差异，但等到其成为清时，则依然是元初的水，不是拿清来换浊，也不是取出浊来放在角落。为什么明道的思想乍一看会被认为像欠缺在深刻的人心内部善恶二元的斗争呢？我以为，正是"本来"的观点是解开这个的关键。这里姑且命名为"本来"，意味着所谓元初之水的"元初"这一文字所表示的东西。追溯寻找其例子，是《六祖法宝坛经》里"本来无一物"的"本来"，更进一步追溯，《庄子·人间世》篇里"未始有回也"的"始"的思想难道不是大致近似这个吗？相反，如果往后寻求的话，王阳明《传习录》里有"知来本无知，觉来本无觉，然不知则遂沦埋"，"本"这一字是相当于这个吧。也就是说，所谓"本来"，并非意味着时间上的最初，而是意味着最根本的、本质的立场。如果从这种意义的本来立场来说，实际上如同清浊都是水那样，善恶也都是人性。绝非两物相对各自出来的东西。明道比起善恶的人性相分相斗、进退维谷的痛苦经验，毋宁说是将所谓善恶在深层的根底自然相调和的内情置于我与我身领悟的人。明道说：

> 事有善有恶，皆天理也。天理中物，须有美恶，盖物之不齐，物之情也。但当察之，不可自入于恶，流于一物（《二程全书》二）。

为了不入于恶（实际上入于善或者美也是同样的。我们要透彻纸背看到此义）流于一物必须站在本来性的立场上。所谓"天下善恶皆天理，谓之恶者非本恶"（《二程全书》二）是明道的话。依据明道，被称为恶者不过是"非本恶，但过不及"（同上），例如成为杨朱为我、墨翟兼爱之类那样的东西。这样一来，也就是说善恶这种质的差异被归于量的差异，其背反性变得稀薄，变得和谐起来。打个比喻来说，历来被认为是有不共戴天之仇的人，原来是同根所生的那样。从这样本来的立场出发，明道发现所有东西的亲近性，体验到在浑然的气象中包含物。"圣人即天地也。天地中何物不有？天地岂尝有心拣别善恶，一切涵容覆载，但处之有道尔。若善者亲之，不善者远之，则物不与者多矣，安得为天地？故圣人之志，止欲'老者安之，朋友信之，少者怀之'"（《二程全书》二）这段话是从上面的体验产生的。(这里，"但处之有道尔"一句被认为由其下"老者安之"以下语句给出示例)。在明道这里，如同在本来的立场上气与理相即一样，生与性相即。此事已经论述过。所谓心即理，理即心（《二程全书》一四）也是同样的。心、生、气与理浑融而与宇宙之生意相通。是所谓"满腔子是恻隐之心"（《二程全书》四，还有，关于这个后面论述）的原因。明道说人做学问的时候先立标准是不好的，如果循循不已自然会有到达的地方吧（《二程全书》三九）。这无疑是因为担心欠缺逐渐自然归一的浑一观点而计较安排，急迫地陷于一偏的缘故。同样，明道与门人讲论不合的时候更求商量，与弟伊川直接以为不是那样的态度不同（《二程全书》三八）。伊川由于彻底地研究清楚事理而被证实的坚定信念是那样的，而明道倾向于所有的事情必须在全部的关联里面把握，这是知道采取一个立场不容易的缘故。此人对待《诗经》之诗的方式也引起我们的兴趣，即明道对于古诗，全都不逐章、逐句做解释，只是优游玩味就能使人有所得（《二程全书》三九）。又不下一个字的训诂，有时只是转换一两个字，点缀地念过就使人省悟，说古人贵亲炙（同上）等故事流传。这想来是因为知道诗是生命的流露，有浑然的面目故而难以分析的缘故。依据出自《程氏遗书》的明道之语（《二程全书》一二），将《周易·说卦传》中的"穷理，尽性，以至于命"的文字说成一种东西。这未必只是明道的想法，二程似乎都是那样的。然后，张横渠对此是不满的，以为失于太快。（《二程全书》一一、《洛阳议论》），明道的意思到底还是想在浑一的整体性的关联上解释它们。

二　流动的立场

如上所述，明道浑一地看事物。对于上述人性的思考、《诗》的读法等也能像那样考虑，这样的想法直接形成明道与在生命的立场、流动的立场中难以分离的特色。明道说"圣人用意深处全在《系辞》，《诗》《书》乃格言"（《二程全书》二）。这里所谓《系辞》想来指《易》之《系辞传》，可以认为此与《诗》《书》之格言不同的地方是从整体流动的哲学构成《系辞传》本质的地方来说的。(此事将《诗》作为人类生命的表现，希望不要将明道对于《诗》的态度作为与前面从那里看到的记述相矛盾的东西。那是那，这是这，都是从各自适用的地方来发言的，按照自古以来的传统，依

073

据《序》来读《诗经》之诗的时候，称其是格言也是一种观点）。那么，明代学者王一庵有如下的话：

> 明道先生终日端坐如泥塑人，自言其静坐有工夫在，非只恁地虚坐过了。他是在感应不息上用功，故及至接人则浑是一团和气。其天机活泼，岂兀然枯坐静而无动者所能及哉（《王一庵先生遗集》一）！

接触明道的人，感受到和气、春风是作为谢上蔡、朱公掞、游定夫诸人的经验讲述的事情（参考《二程全书》三九，及《横浦心传录》上等），是当时门人间经常说的俗话。只是必须说，一庵上面的话对于明道而言，触及主要的一点。因为这个原因，明道浑一的立场终归是从抓住生命性质的地方来的，浑一的立场总是伴随着其对于生命的体验。明道不作诗的训诂，而那是从以诗考虑人的生命、其难以分析的性质表现的地方发生的。之前已指出过这一观点，只是不仅对于阅读古诗是那样的，此人自己所作的诗是赞美生命（即张横浦——上述《横浦心传》上——或黄东发——《日抄》三三指出的那样，终归是从人的生命引进归于造化生意之妙。此事参考后述）者被很多的读者注意到了。关于明道的政治，伊川说：

> 常见伯淳所在临政，便上下响应，到了人众后便成风，成风则有所鼓动。天地间，只是一个风以动之也（《伊洛渊源录》三）。

明道的政治具有这种教育感化的倾向完全是由于从其人品自然产生的影响。门人谢上蔡是以生命为第一义的人，可见于《语录》，其中以觉说仁、以常惺惺说敬的思想里面。成于上蔡手录的明道的话明显在上面倾向上有光彩。这既是上蔡其人的特色，也是能理解明道的东西，此人所说道破了老师的实际情况。例如，依据《上蔡语录》，上蔡举明道做鄂县主簿时作的"傍花

（"傍"字在《程氏遗书》里作"望"字）随柳过前川"云云之诗，以及"万物静观皆自得，四时佳兴与人同"云云之诗，说明明道的胸怀摆脱得开，与门人周恭叔的放开态度相比较，论述与后者只是来自无所自立而放下不同的原因，又引门人吕与叔的话，认为明道的意思是由于其所存者神（妙）。这里下一转语的话，所存者神（妙）可说是因为明道有流动不已的生命境界（上述张横浦听到从明道那里来的人，说从春风和气中来的话时说"便是天地发育时节所见一草一木，皆明道也"，黄东发说明道的诗"皆造化生意之妙"云云——《黄氏日抄》三三——就是说这个）。朱子举明道的言语，有使人感动的地方，如上蔡也说到在明道那里立即受到影响，称明道说得响（说话有感化力），认为这点与伊川不同，与陆象山相似（《朱子语类》九五）。想来不仅仅象山，与后来的王阳明等也有相似的地方。这一事实在理解这些人的思想上也成为一个线索。像前面论述的那样，明道的政治在用道理打动上没有特色，在民众来被教育感化上有特色。这到底还是与明道的境界是生命的境界相关。民众是自然而然达到不知不觉手舞足蹈的。有"天地之间，只有一个感与应而已。更有甚事"（《二程全书》一六）这样的话。依据《外书》（《二程全书》三九）引尹和靖之语，这是明道的话，现在可见伊川对此的评论。总之，感应无外乎就是生命的活动。只是，这样的感应里面并非预想盲目的兴奋，不能忘记那里有所谓明觉的睿智作用以及彼我全忘而客观表现的公的立场。所谓"风竹便是感应无心。如人怒我，勿留胸中，须如风动竹"（《二程全书》三五）。这是二程之中哪位的话虽不清楚，因为上半段，从风竹至无心的境界，下半段，对于怒说功夫的地方，与后出所谓明道《定性书》中的结构很相似，所以试着系于明道。（不过，在怒的部分里，这里是别人对"我"发怒，《定性书》是"我"对别人发怒。）不管怎样，必须考虑这样无心里面的明觉。想来明道的这种立场，正是说教育时树立修学校尊师儒、风劝养励的方针。（《二程全书》五五、《请修学校尊师儒取士札子》）。请将此与同样被称为宋代重要

075

教育思想的伊川《三学看详文》(《二程全书》六一)，或者朱子《学校贡举私议》(《朱子文集》六九)中的内容相比较。内容分科的整齐上虽不及它们，但它有它的特色。如清陆桴亭比较这三篇文章，说"伊川不如文公(朱子)，文公不如明道，盖伊川文公不过就近代而言。明道则通于三代矣"(《思辨录辑要·后集》八)。著者虽不敢断定是否那样，但至少，承认明道的教育思想在教育感化人的生命，在鼓动这一方面有特色。

明道的立场是这样作为生命的立场、流动的立场、活泼泼地动而不息的人的立场。如果那样，这样的立场是从哪里来的呢？接着上述"万物静观皆自得，四时佳兴与人同"的诗句有"道通天地有形外，思入风云变态中"(《二程全书》五四、《秋日偶成》)。《程氏遗书》里面(《二程全书》七)有"静后见万物，自然皆有春意"语，是二程哪个人的话虽然不清楚，《近思录》叶氏《集解》里面在其下列举明道的诗句作注释。认为是明道的话吧。据传明道兄弟的老师周濂溪不除去窗前的草，问他，回答与自家意思相同(《二程全书》四)。所谓观天地生物之气象，(《二程全书》七，这在《近思录》里作为明道语提出，恐怕是的)这是濂溪之所见。可见这种态度有打动明道的地方。明道如前文已经论述的那样，将生视作性，生也就是说生命其实无外乎天地的活动。因此，引用《系辞传》的"天地之大德曰生"一语(《二程全书》一二)，将所谓"生之谓性"语系在它上面，进而说"万物之生意最可观"(同上)。而且，在明道这里，万物之生意就是仁。因为仁无非是希望万物众人与自己共同生存的心。明道举医书称手足痿痹为不仁的惯用语说：

此言最善名状。仁者，以天地万物为一体，莫非己也。认得为己，何所不至(《二程全书》二)。

又说"观鸡雏"(《二程全书》四)。所谓"观鸡雏"是指感受新生的鸡里面作为万物生意的仁。本注里面也有"此可观仁"。依据谢上蔡所录，明道在座席间切脉时说"切脉最可体仁"（《二程全书》四）。

《横浦日新》（三、又参考同《心传》中）里面列举明道不除去书窗前茂盛覆砌的草，说时常观察造物之生意，在盆池里蓄养小鱼数条，说想要观察万物自得之意的故事，感叹观草而知生意，观鱼而知自得之意的明道为人。从一方面来说的话，想来同谢上蔡一样，重视生命的张横浦正是这样观察明道的人。（无论是上蔡，还是横浦，重视生命的思想家是知晓禅学的人编织成宋代思想史上颇有意思的原委）。总之，尊重生命的立场是天的立场，然后作为其内容被认为是共同生存的人类的心，也就是仁，流动不息的生命立场成为广阔的生成立场。（后世最能继承发挥如此广大生成伦理的是明王阳明的《拔本塞源论》）。

那么，人性是生。生是动而不息的生命。动而不息的生命创造万物，与愿望和万物一同生存的天的意志不是别的东西。据明道所说，这是本来人的存在。上述所谓"满腔子是恻隐之心"（《二程全书》四）就是说这个。人在这里，被认为是在天生存者。明道说：

> 吾学虽有所受，天理二字却是自家体贴（体验）出来（《二程全书》三九）。

那意味着生意的体贴对于明道来说自信最深。（关于体贴后面说功夫的时候，想进一步论述。所谓体贴与体、体验、体当、体会、体究等一起是宋学家喜欢使用的文字，与我们今日常用的所谓体验一词意思相同。）所谓生意的体贴尤其是作为在于天的人之体验。讲述万物生意的明道说"人与天地一物也，而人特自小之，何耶"（《二程全书》一二）。又说"视听思虑动作皆天也。人但于其中要识得真与妄尔"（《二程全书》一二）。（真与妄是什么呢？《遗书》——《二程全书》一——里立真与假，认为真为是假为不是，妄是假、假象，是本来没有存在根据的东西，换言之，认为真意味着自然的原样，妄是依据人的私意安排的反自然的事，关于此事，目前不涉及以上这些）。进而看如下的话：

> 言体天地之化，已剩一"体"字。只此便是天地之化，不可对此个别有天地（《二程全书》二）。

这里甚至下体验之文字已经堕入第二义。确切地说，述说着连体验也不能说的主客绝对融合。因此，体天地之化必须直接看作不在于天地之外。直接在于天地是原本在于天地。想来"天人无间断"（《二程全书》一二）是作为这样的存在而生存的意思。明道所谓"太山为高矣。然太山顶上已不属太山。虽尧舜之事，亦只是如太虚中一点浮云过目"（《二程全书》四）的说法，足以惊吓尊太山（译者按：即泰山）、敬尧舜的人们的耳朵。然而，这话的要点关系到太山顶上广大无边的宇宙，或者云流太虚那边。因为关系到这里，结果登临而足以以天下为小的高山也成了小而轻的东西。所谓"世事与我了不相关"，明道所谓

> 有甚你管得我？有甚我管得你？教人致却太平后，某愿为太平之民（《二程全书》四）。

的话最深的意义在于只有把自己看作包含在这样世界的东西。借用诗人的话说真是"云深不知处"。这样一来，人本来在于天地。因此人才能够享受其自在。明道认为。人的一举手一投足实际上就那样能够视作天地的活动。这时，不是人在造化中活动，而是造化在人中活动，天地以人为场所作用运行。那里与其说个人参加整体的活动，不如说整体通过个人而活动。

如果试着将此与其他古典思想相比较的话，想来明道的思想不是《庄

十》郭注的立场，而是接近《庄子》的原意。也就是说，庄子虽然依据尖锐地指出彼我的对立及其相对性而考虑转移到绝对的立场，但是这时候，重点是说不断研究明白对立的彼我，即每个人的状态，结果在那里失望，一味归依融合到远离个人的绝对者。可是，郭注尽管同样考虑彼我的对立及其相对性，却一边要弄所谓相杀玄同的道理，一边将重点放在每个人的自为性上。我想这是应该注意的立场转移。即郭注如下说道：

> 天下莫不相与为彼我，而彼我皆欲自为，斯东西之相反也。然彼我相与为唇齿，唇齿者未尝相为，而唇亡则齿寒。故彼之自为，济我之功弘矣，斯相反而不可以相无者也。故因其自为而无其功，则天下之功莫不皆无矣；因其不可相无而有其功，则天下之功莫不皆有矣。若乃忘其自为之功而思夫相为之惠，惠之愈勤而伪薄滋甚，天下失业而情性澜漫矣，故其功分无时可定也（《秋水篇注》）。
>
> （将人类之自为考虑为其情性，认为在人类跟从各自自为的性情的地方，承认相互的立场，自然调和出来，社会生活成立，如果反之，人类想要舍弃自为，去树立为他人施恩惠的话，反而只是增加伪瞒轻薄，产生混乱。这是上面郭注的旨趣。）

如此想来，郭注积极承认自为之功并以之为基础，不管到哪里都采取那样宽容所谓个人情性的方向。庄子的立场完成这样的转移是以时代思潮为背景的思想史上的重要事件，明道的场合不是郭注的立场，而是接近庄子原意的立场。只是明道不是像庄子那样姑且用道理来填塞其立场，而是一贯依据体验来讲述。（不用说，明道对于人生的积极态度与庄子不同。这里不是以此为问题。）明道的境界在上述的意思里，是在于天的立场。依据明道，人原本在于天。如前面记载的那样，视听、思虑、动作都是天。因为说"体天地之化"已经多余了一个"体"字，人只是那样居于天地化成之中。所谓不可以认为另外有一个离开自己的天地与其相对。《遗书》（《二程全书》一）有"道在己，不是与己各为一物，可跳身而入者也"。又同书（《二程全书》七）有"天人本无二，不必言合"。这是二程哪个人的话没有明确记载，应是门人李端伯所记录明道的话吧。明道自由思想的产生是根据对此境界的体验。如果那样，明道的立场难道是不具有作为人的功夫，不问其责任的立场吗？曾经读明道的上述《秋日偶成》之诗有疑惑。那虽然并非对于此诗表现与天地之生意同在的哲人境界敢违背社会上的评论，疑问在于最后的一句。即说：

> 闲来无事不从容，睡觉东窗日已红。
>
> 万物静观皆自得，四时佳兴与人同。
>
> 道通天地有形外，思入风云变态中。

又以和第一句"富贵不淫贫贱乐"一起作结句的第二句"男儿到此是豪雄"这一句结束此诗，问题在于这最后一句。要说理由是什么的话，到"富贵不淫贫贱乐"一句为止，如果借用《从容录》的文字，虽然能使人真正感到像"木马游春"那样的悠悠天地气象，但在末尾的一句难免堕入分别。也就是说，因为这一句并非在于天地者的口吻，而是表示愿望，希求在于天地的教诲。如果说那样的理由是允许的话，被称为"浑沦、煞高，学者难看"（《朱子语类》九三）"恁地动弹流转"（同上）的明道的言语有使人感到裂缝的卑近之处，我们将其作为线索能够思考此人的功夫，进而人类的功夫吧。大概，明道叙说人与天地生意同在之境界的文字像语言那样浑然超迈，可以说好像具有不需人接触的天衣无缝的样子。然而，仔细注目读时注意到，文字里面呈现出上面那样卑近地方。《秋日偶成》诗末尾一句是其一例，但不止于此。如所谓《定性书》（《二程全书》五六、《答横渠张子厚先生书》）的末尾述说对于怒的地方也是这种例子，不能漏掉。这篇文章里面提到了对于怒的功夫，极为超迈的《定性书》的哲人可以说离开超越功夫的天位，下降到带有功夫的人位，以处理对人发怒这种卑近的感情作为线索，教导能够到达天位。朱子将《定性书》比喻为生龙活虎，说"只是一篇之中，都不见一个下手处"（《朱子语类》九五）、"明道言语甚圆转，初读未晓得，都没理会"（同上），又说"子细看，却成段相应"（同上），又说"明道言语浑沦，子细看，节节有条理"（同上），以文末"第能于怒时遽忘其怒，而观理之是非"这一句作为一篇中着力紧要处。这不得不说是敏锐的见解。而且还能举出例子。想起依据关于明道曾经作为晋城令居任时流传的遗事，明道在座右总是写"视民如伤"四个字作为告诫（参考《二程全书》三九，及《伊洛渊源录》三）。了解《定性书》《识仁篇》（后述）作者的我们对其过分平实的做法抱有奇怪的感觉。此外，回答门人尹和靖如何是道的问题，弟伊川说"行处是道"，明道说"于君臣父子兄弟朋友夫妇上求"（《二程全书》三九）。不得不说越是具体，越发卑近。又或者关于《孟子》"浩然"章的解释，明道似乎与在"至大至刚以直"断句的古注说法相反，将"以直"二字系于下文作为"以直养而无害则云云"。这事虽然可见于以精密著称的李端伯记录，可是伊川以为"先兄无此言"而不采纳，但是朱子反复推究的结果，改变了最初看法而跟从明道，说伊川性格执拗而以为"先兄无此言"（《朱子语类》五二）。伊川不采纳是因为认为如果像明道那样以直养浩然之气就产生了以一物养一物的嫌疑，朱子虽然不是不知道这些，但是承认明道立场的亲切（《朱子语类》五七）。以上这些事实对于了解二十二三岁就已经巧妙地讲述定性妙境的天才明道的人来说如上述那样不能没有奇怪的感觉。尤其，想来座右总写"视民如伤"一句自我警戒乍一看甚至似乎故意拘泥一样。然而，在于天的同时显示如此卑近的线索，合并说功夫有诱使我们深刻反省的东西。朱子承认明道天资高，年轻能容易理解而有透彻处，其言语也自然洒落明快，与伊川直到晚年还苦心写作《易传》相对比（《朱子语类》九三）。然而，我们相

081

信明道的境界不是仅仅依靠器用的才力便容易达到的，到底还是依靠功夫，为功夫所支撑的。上述这些例子是讲述这一事实的东西。与其说是对人教功夫，毋宁说是对自己教的东西。不论对于道的答语，还是《定性书》的场合，关于这一点与揭示"视民如伤"一语的场合并非不同的东西。我想必须看到明道总是为功夫所支撑，不断反省自己的立场。明道对于人心的复杂性的认识绝不是盲目的。曾经在澶州的明道述怀因为要修桥欠缺一根长梁而广泛求之于民间，其后，每次看见好的材木必起计度的念头而告诫学者（《二程全书》四），还有对于爱好田猎的明道自负已经没有这个爱好，被周濂溪教诲以人心潜隐之秘，后来知道果然是那样的（《伊洛渊源录》一）。

如果那样，在于天的明道的功夫是什么样的东西呢？那只是未得在于天者，从此只希求在于天吗？如果是那样，人也许不外乎丧失其浑一性而陷入难救的支离中。明道说"人与天地一物也。而人特自小之，何耶"（上述）又说"视听思虑动作皆天也。人但于其中要识得真与妄尔"（同上）或者又留下上述"天人无间断"（《二程全书》一二）的话。依据明道，人原本在于天地，所谓其间无间断，是人本来参天地之生意，作为生命流动、浑一的东西而存在，就是这个。因此人不应该努力以作为推进功夫，进入那边的天地，而且没有那样做的必要。明道说"天地生物。各无不足之理。常思天下君臣、父子、兄弟、夫妇，有多少不尽分处"（《二程全书》一）。因为多少有不尽分处，虽然产生功夫，但必须想没有不充足的道理。又说"忠信所以进德。终日乾乾"（同上）。但是，那不过是"终日对越在天"（同上）的意思。如此全都有功夫，并且那结果漏掉在于天者的功夫，即自然而然的功夫。《近思录》的《存养篇》里说人心的流转动摇，片刻也不停息，至此主体确立方才纠缠，而且其主体绝不是一件用来制缚心的东西，记录有引用张天祺、司马光例子的一节，还有说明吕与叔烦恼思虑多的时候确立主体的必要的一节。这也出现在《遗书》（《二程全书》三及一），虽不清楚是二程哪一位的话，像《近思录》的叶氏《集解》本那样，全都系于明道是可以的话，我想能够察知明道这里功夫被认为重要，而且那始终是在于天者的功夫。(后面一节里在于天这点虽不清楚，所谓'自然无事'的末尾的话绝不是由防止一物而能够得到的。因为如果那样，就丧失自然性。所以对于自然性这点立刻就明白了。)

那么，明道引用孟子之语说：

> 勿忘勿助长之间，正当处也 (《二程全书》二)。

又依据《遗书》(《二程全书》一) 所说，明道为侯世与讲《孟子》，至"勿正心勿忘勿助长"，说本文应当以"必有事焉而勿正"为一句，"心勿忘，勿助长"为一句，因而，因为他举所谓"事则不无，拟心则差"(虽不可舍弃功夫，但拟疑的话就过头了) 的禅语，而侯世与言下即省悟。"有事"之"事"作为功夫内容的"事"在孟子的文本里没有出现，指上文的集义，勿忘是不忘却功夫，勿助长是避免作意安排，因此不是抛弃功夫，而是超越它，成为保持其自然性的极为微妙的境界，《易》所谓"神"的境界。明道进而详细说道：

083

> 鸢飞戾天，鱼跃于渊，言其上下察也。此一段子思喫紧为人处，与"必有事焉而勿正心"之意同，活泼泼地。会得时，活泼泼地。不会得时，只是弄精神 (《二程全书》四，这里的句读与上述明道之说不同，但那也没有关系)。

为什么活泼泼的呢？那是因为"神"的缘故。为什么"神"呢？如前述可以说是不即不离，不毋宁说即而离，离而即，或者穿过《易》所谓"不疾而速，不行而至"的妙境为作用的缘故，而且，这无外乎是生命的立场。为什么能领会时活泼泼地，不能领会时玩弄精神呢？那是因为依据能否把握得这一境界决定能否参与生命而不同。明道有：

> （文王之德）"纯亦不已"，天德也。"造次必于是，颠沛必于是"，（此《论语》里面颜回）"三月不违仁"之气象也。又其次，则"日月至焉"者矣。（《二程全书》一二）

的话。明道以为见于《论语》的孔子在川上说的"逝者如斯夫，不舍昼夜"这句话的真正意思自汉儒以来儒者都不知道其意义，认为那是表达圣人的心如上述"（共天）纯亦不已"。而《诗经》所谓"维天之命，於穆不已"一句是说天之所以为天，同样"於乎丕显，文王之德之纯"一句是说文王之所以为文王，理解它为"纯亦（共天）不已"是《中庸》作者的思想，明道继承说"纯亦不已，天德也"（《二程全书》一五）。也就是说，相信"纯亦（共天）不已"的地方可见文王的天德。这样天地与圣人相与共同纯一无杂而无所停息。这里自天来说也好，自人来说也好，成为一个，和天一样的人，和人一样的天，天人合一。那么，明道的功夫无外乎纯亦不已的天德流行本身。即成为自然本身。有人以"恕"的意思问于明道。明道回答说："充扩得去则为恕。"问："心如何是充扩得去底气象？"答："天地变化草木蕃。"问："充扩不去时如何？"答："天地闭，贤人隐。"（以上《二程全书》三九）此问答以《易·坤卦·文言传》的语句为根据，最能说明在于天地的人的功夫。这里天地交感、隔闭的气象直接描写出人心的扩充与否，事实上两者是一体的。因此明道对于乾之《文言传》的"大人者与天地合其德，日月合其明"的语句，说"非在外也"（《二程全书》一二）是理所当然的。据说同时代的哲学家张横渠当写作《正蒙》的时候，先处处备好笔砚，领会意旨就写，明道评论这事说"不熟"（《二程全书》三九）。又听说上述邢七一日三点检，认为是做错了曾子三省的说法。明道的意思在于不管任何时候，也不能停止点检（以上《二程全书》四及三九）。

所谓"君子时中"是"时无不中"（以上《二程全书》三〇）。从另一方面来说的话，经常不断地使用功夫虽然想起所谓"不熟"那样，但明道的心思并不是那样，而是认为在于天地所以"纯亦不已"。在这里，依据上述视民如伤劝诫的不间断功夫，绝非为功夫所束缚者，而是要理解为极为自然的，即功夫在于天地，正是自然才是不论何时都能够进行，是经常不断的。

像上述那样，明道的功夫是天地生意的自然作用本身，在其意思里是真正的自由、真正的自在。明道所谓体贴（体验），在这种意思里是与天地生意同在的自觉。是其自然的领会。在这种意思里，是自然将其领会于自己。所谓"大抵学不言而自得者乃自得也。有安（按）排布置者皆非自得也"（《二程全书》二一）是明道的话。"心得之，然后可以为己物"（《二程全书》三〇）也同样是明道的话。明道取《论语》"己欲立而立人，己欲达而达人。能近取譬，可谓仁之方也已"的语句，说仁的自得（参照《二程全书》二、三页背面医书云云之条，以及一、五页背面语仁云云之条，后者是李端伯所录可系于明道吧）。明道如上述在切人身的脉搏上看到体会天地生意的仁（后述）的最好方法，是因为跳动生命的鼓动由按押微动的脉搏最能感触，可以相信能够证悟与生命同在。这种意义的体贴为明道所深深留意。明道说：

> 学只要鞭辟近里著己而已。（《二程全书》一）

（所谓"鞭辟近里"是宋代洛中俗语，是鞭督向里面，所谓著己是切实于自己。）依据谢上蔡所传，明道说：

> 别人喫饭从脊皮上过。我喫饭从肚里去。（《二程全书》三九）

想必明道的场合如同食物进入肚里成为营养一样，摄取的东西都成为自己的血肉。进而，明道对王临川（安石）讲述的一段话最能显示其立场，因此先不厌其烦地揭示出来。

> （明道）先生尝语王介甫曰，公之谈道，正如说十三级塔上相轮。对望而谈曰，相轮者如此如此。极是分明。如某则戆直，不能如此，直入塔中，上寻相轮，辛勤登攀，逦迤而上。直至十三级时，虽犹未见相轮，能如公之言，然某却实在塔中，去相轮渐近。要之须可以至也。至相轮中坐时，依旧见公对塔谈说此相轮如此如此。
>
> （明道又说）介甫只是说道，云我知有个道，如此如此。只他说道时，已与道离。他不知道，只说道时，便不是道也。有道者亦自分明，只作寻常本分事说了。孟子言尧、舜性之，舜由仁义行。岂不是寻常说话。（《二程全书》一）

人这样从内心把捉东西，由体验归于生命而与生命同在。这就是孟子所谓深造自得吧。深入到达那里，自然领会理解它，在其意思里是领会于自己的东西吧。"心得之，然后可以为己物。"（《二程全书》三〇）"性与天道，非自得之则不知。故曰不可得而闻。"（《二程全书》三一）所谓

> 学要在自得。古人教人，唯指其非。故曰：举一隅不以三隅反，则不复也。言三隅，举其近。若夫"告诸往而知来者"，则其知已远矣。（《二程全书》一二）（此段本注里有：佛氏言印证者，岂自得也。其自得者，虽甚人言，亦不动。待人之言为是，何自得之有。）

等都是传达上述情况者。只有这样方才能够取之左右逢其源（与孟子一样以水来比喻的话）。也就是说，日用之间，在至近处领会它，往往没有不能

合于其所依据的本源的，能够到达自在的境界。如前所述，明道采取极为卑近的事例作为线索示例，其实是因为常常这样取之左右逢其源的缘故。卑近在某种程度上，人昏昏然不亲近，好像无论何时都涌出的水那样，无疑感到其源之深、流布之广。因此，明道对于物无所执着。

"二程先生一日同赴士夫家会饮。座中有二红裙侑觞。伊川见妓，即拂衣起去。明道同他客尽欢而罢。次早明道至伊川斋头语及昨事。伊川犹有怒色，明道笑曰：某当时在彼与饮，座中有妓，心中原无妓。吾弟今日处斋头，斋中本无妓，心中却还有妓。伊川不觉愧服。"出自刘蕺山《人谱杂记》等的这一报导不清楚其渊源，似乎也有将两者性格巧妙说出的架空的话。只是能认为明道的特色是那样。《遗书》(《二程全书》二) 里面记载明道在长安仓中闲坐数长廊的柱子。据说因为当时再次数之，其数不相合而使人一一声言而数的时候，初次数的是对的，所以知道越用心把捉越不定。明道就这样不执着于事。不由想起上述"风竹是感应参心"之语。然而，那绝非粗莽滑脱、对事冷淡的意思。前面所谓胸中原无妓绝不是故意无视妓，不是对其采取冷淡的态度。也可以说不是将花或红叶观为空，而是像花是花、红叶是红叶那样去享受。如果不是那样，下面的事就完全不能理解了。

087

　　因论将言而嗫嚅云，若合开时，要他头也，须开口如荆轲于樊於期，须是听其言也厉 (《二程全书》四)。

　　[明道由论述唐韩退之所作《送李愿归盘谷序》中所谓，口将言而嗫嚅——缄口——说。如果应该开口时得到他的头——印记。开口如果不是像荆轲拿着樊於期的首级乘机进入秦国那样就不行。必须像《论语》所谓听其言也厉 (坚定) 那样。]

也就是说，如果不过只是冷淡洒脱的态度则那样的言行，荆轲一旦开口要求樊於期的首级那样确实的言行到底是不被承认的东西。因此，明道的立场不是禅门里面使用的《十牛图》所谓《人牛俱忘第八图》的立场，而是《返本还源第九图》，进而《入鄽垂手第十图》的立场。此事在明道的《定性书》《识仁篇》等里面更为明确。据明道所说，人由于与"纯亦不已"的天地生意同在，不间断的功夫成为自然，由于体认它达到自得。明道考虑的人心绝非死物。而是活泼泼地起作用。这时候，自己与他人、内与外，由其对立引起的动静问题是当然的。友人张横渠虽然企图要绝外物而"定"其内心，以获得心的着落，但是仍然唯恐为外物所拖累，向明道请求建议。对此，明道以如下的考虑来回答。所谓真正的"定"是贯穿动静的称谓，像镜子照物那样不迎合，意味着不做内外的间隔。这根据什么是可能的呢？说道：根据人性的立场。只有"性"的立场才不是取内舍外那样的东西，不间隔内外，没有他人与自己的对立。所谓"廓然而大公、物来而顺应"就是指这个。然而，人的"情"各有所蒙蔽，那里出现自私与用智。因此，"不能以有为为应迹"（人生日用之业也不能成为没有任何耍花招的东西），又虽然拥有判断的明觉，却安排布置，难以自然作用。如果摆脱这种自私与用智，则成为内外两忘，澄然无事。心于是"定"。定则生明智。那么，还有什么"应物之为累"呢？（朱子巧妙地解释这里说："不恶事物，亦不逐事物。今人恶则全绝之，逐则又为物引将去。惟不拒不流，泛应曲当则善矣"——《朱子语类》九五）。这里应当注意不要误解的是说这种"定"的立场不是情感的否定，而是求其公正的作用方法，像喜怒那样的东西也不系于心而系于物。（这样说的原因是"动乎血气者，其怒必迁。若鉴之照物，妍媸在彼，随物以应之。怒不在此，何迁之有"——《二程全书》一二）。因此说喜怒随物，认为它不对，没有必要更加求在内部的。即只是喜怒于物之自然吧。依据明道，一般来说，人性是道德法则的根源。即是理的根本。因此忘情而见理之是非，顺从道德法则的话，自然达到定性（朱子说此"性"字可以换读作"心"字）的境界。人情易发作而难以控制者是怒，只有在怒时赶快忘记其怒，依据看见理的是非，能凝集切近的功夫。

得到定性的手段，发现外诱不足厌恶。这样，无论何时做，都可达相同的境界。明道像以上那样思考。进而反复来说的话，明道根据人性从落着于这里出发，说明内外动静自然归于一去。人性为道德法则之根本。即为理之根本。遇到人心之动，例如，遇到怒之情感发动，可以忘其怒而观理之是非。如上之理使人立于"公"的立场。如果在古典思想里寻求表达理之所以为"公"的立场的东西，没有比得上"仁"的东西。因为仁无外乎是人人相亲相爱，尤其相互共同生存的社会生活原理。如前所述，本来明道考虑的人性是与宇宙生意（天地的生意）相通的人的生命。因此，人性的立场考虑为"仁"的立场可说是妥当的（参考《二程全书》一二，四页背面，孟子曰"仁也者人也"之条，以及"天地之大德曰生"条）。明道举医书有手足痿痹为不仁，说此言最能形容仁，接着述说"仁者以天地万物为一体"，以为无不在己，这是已经论述过的。明道又说"仁者浑然与物同体"（《二程全书》二）。（明道指出"天地万物之理，无独必有对。皆自然而然。非有安排也。每中夜以思，不知手之舞之，足之蹈之也"——《二程全书》一二——那因为独阴不成，独阳不生，人或者物虽说构成身体的阴阳的气有偏正，但都是一心同体——《二程全书》一。前面也指出来这种万物一体观与后来王阳明的思想相关联）。必须将上述所谓"满腔子恻隐之心"视作这种意义的仁——体认天地生意之内在者的说法。

那么依据明道，体验这种意义的仁成为功夫的极致。所谓《识仁篇》即说此事。仁像上面那样浑然与物同体。义也好，礼也好，智信也好，都不是另外与仁不同的东西。（那些只不过是从不同方面来看仁罢了。）我们识得（自觉）此道理，只是以诚敬存养它罢了。虽说"若不能存养，只是说话"（《二程全书》一），但不须防检，不须穷索。为什么呢？心如果懈怠则有防检，（心如果不懈怠则不认为有必要防检），理尚未得到所以必须穷索（存久自明，没有必要穷索）。此道原来与物没有对立。大不足以命名它（《二程全书》二）。即道是超越绝对、大小的东西。我们在这里不得不注意

089

到明道思想应当注意的倾向。那就是功夫到底依据绝对者的完全性，如果说防检穷索，那么人为的手段使其身影稀薄，最终不过是具有应当使其消失的消极之相。（著者不是懈怠注意到明道的这种想法特别在吕与叔《东见录》中。与叔一般被认为是在张横渠下面，做防检穷索学问的人。只是这里不是以这期间的经过为问题）。像下面的文字也（虽然没有说这是明道之语的确证）可见同样的旨趣。

（《大学》里面说的那样）致知（穷极己之知）在格物（至物），物来则知起。物各付物，不役其知，则意诚不动。（《二程全书》七，"物各付物"的文字伊川也使用它，上面的话也许难以系于明道——参考后述，程伊川之部三，以及陆象山之部一，太极注。）

"不役其知"无外乎是内心里的人性即对仁为诚而敬之。然而这种人性即对仁为诚敬，对天地之生意为诚敬。诚敬而天地之作用方才直接全部作为我的作用而行动。乐的境界即指此。明道说（由穷理尽性）"以至命则全无着力处。如成于乐，乐则生矣之意同"（《二程全书》一三）。即参于天地而同其作用，天命的归依，生于其本来禀受。我们进入古语所谓"不识不知，顺（天）帝之则"的顺宁境界。恰似人听音乐而自然达到怡养性情（《论语》），快乐而畅茂条达不能停止（《孟子》）一样。因此即使说诚敬的工夫，实际上因为没有任何的做作修饰，自然恭敬，自然谨慎，并不意味着尽纤毫的力量。上述，孟子所谓"必有事焉而勿正，心勿忘，勿助长"的语句也用于《识仁篇》里面，是其本来的地方。同样，所谓"中者，天下之大本。天地之间，亭亭当当，直上直下之正理。出则不是"（想来包含俗语的这一难以解释的话终归是《中庸》里面自然的那样，表示意味着不容许人的私意的所谓喜怒哀乐未发前气象）的语句由敬的功夫而穷尽，无疑也泄漏了这样的情况。敬无疑是述说自然的东西。车若水的《脚气集》

里可见如下的话：

明道先生所说——今学者敬而不见得，又不安者，只是心生，亦是太以敬来做事得重。此（《论语》所谓）"恭而无礼则劳"也。恭者私（作为的）为恭之恭也。礼者非体（形体化、技巧化）之礼，是自然底道理也。只恭而不为自然底道理。故不自在也。（以上是《二程全书》及《近思录》中的明道语，参见以下若水之说）

人把礼者非体之礼作句。所以都说不得。礼者非体之是一句。礼是自然底道理是一句。礼者不是将我身体得出来。乃是自然底道理。才说体之，则便非自然。便身与礼为二。

根据礼来说敬，礼的本质是人将与自己相分离的规范怀于自身而行动，不是嵌入，而是自然的道理。所以在能说明应该是自在的明道敬之思想是自然而自在的原因上，若水的理由是恰当的，其解释可说是对的。这样一来，敬也好，诚也好，终归是超越功夫的功夫，只是对于天地之生意的诚敬之心。明道也有劝静坐的事，也说"性静者可以为学"（《二程全书》三〇），其最深层的意思在着眼于作为这种虔敬态度的"静"的重要性。我们浮想起上述"静后见万物自然皆有春意"一语。同样上述"毋不敬。可以对越上帝"即说此。依据《诗经》的《周颂》《清庙》之文是"对越在天"。所谓"在天"意味着在天的文王精神，明道的场合里明显指皇上帝。只是像已经论述的那样，李端伯所录之语（将其系于明道也没有关系）说忠信，是因为有"对越在天"，当上述说敬时有意改字的。后出朱子的《敬斋箴》接受了这个意思。（而且，"对越上帝"的"越"字是与"於"使用方法相同的助词。）这样意思的敬方才"胜百邪"（《二程全书》一二）。明道说：

（《易》之《系辞传》里）天地设位而易行乎其中，只是敬也。敬则无间断。（《中庸》所谓）体物而不可遗者，诚敬而已矣。（同样《中庸》所谓）不诚则无物也。《诗》曰：维天之命，於穆不已，於乎不显，文王之德之纯。纯亦不已。纯则无间断。（《二程全书》一二）

又说：

"至诚可以赞化育者，可以回造化。"（同上）

如果这样的话，是人还是天呢？谁能知道这个呢？

第五节　程伊川（名颐，字正叔，明道之弟，一〇三三———一〇七）

一　体用、显微的关系

对于程伊川的思想，容易注意到而且历来说到的是他将事情分解考虑的倾向。其例子如解释《系辞传》"一阴一阳之谓道"这一语句，认为道并非阴阳，是"所以一阴一阳"（《二程全书》四）。伊川不停留在认为天仅仅高，地仅仅深，而是求其"所以高深"（《二程全书》一六）。对于人的行为，不仅洒扫应对，如果将洒扫应对说成"然"，进而要考察其"所以然"（同）的立场想来充分说明上述事实。只有这样将"然"和"所以然"分开来考察，如后面所述，才出现伊川彻底去追求世界的根本因、存在的原因，或者其他行为理由的敏锐理性立场。

然而，伊川的思想绝不是说只停留在这样分解考虑事情上。伊川论述上述"一阴一阳"与"所以一阴一阳"之间的关系，立即又断定"离了阴阳，更无道"（《二程全书》一六）。依据伊川，因为阴阳是气（同上），离了气便就没有道了。进而伊川一方面考虑以开阖为阴阳（即气），所以开阖为道，一方面说"阴阳开阖，本无先后。不可道今日有阴，明日有阳"，否定了老氏（子）的以虚生气（同）。最能表述伊川这样立场的无外乎《易传序》中有名的"至微者理也。至著者象也。体用一源，显微无间。观会通以行其典礼，则辞无所不备"这一语句。这里伊川以至微者为理，以至著者为象，确立作为体的理与作为用的象，在不容许混同在这个世界中变易之理与其现象之间的同时，没有忘记说体用的一源、显微的无间。或者又以至显者为事，以至微者为理的话，必须知道事理一致，微显一源（《二程全书》二八）。无论如何，其中形成像朱子说的"自理而言，则即体而用在其中，所谓一源也；自象而言，则即显而微不能外，所谓无间也"（《朱子文集》三〇《答汪尚书》）那样的关系。虽然如前所述，以洒扫应对为"然"者，说其中有"所以然"，但对此，伊川注意到了"物有本末，不可分本末为两段事"。即所以洒扫应对是本，洒扫应对其自身就是末，又各自不可分为两段事。伊川说《中庸》，称"其本，至于无声无臭，其用，至于礼仪三百，威仪三千"（《二程全书》一六）。所谓本与体的意思相同。我想应该注意到伊川尽管这样区分"然"与"所以然"、体与用，却说其难以相离情形的立场。说起来，能认为区分这些的立场里面，到底有想保存一概称为理的东西的独立性企图。即伊川的思想在具有理的形而上学、理的伦理学及理的自然学的思想倾向这点上，是其一大特色，这些学问倾向全都以理为独立的东西而期待去研究明白它。例如说虽然也记述对于天仅仅高，对于地仅仅深，或者对于鬼神仅仅幽显，但那也仅仅是那样的东西，进而必须更深入地探究天地之所以高深，鬼神之所以幽显意义的物理（《二程全书》一六）。这样意义的物理在伊川这里，虽然常在物里面，但又是严肃难以侵犯的东西。这种形态的形而上学其实是支撑着宋代文化的思想的，伊川可以说是将这点特别明确化的时代学者了。

于是，才有与伦理相关联的话，例如，就上述洒扫应对那样的人类行

093

为来考虑，不只洒扫应对，此行为的所以然之理以严肃的规范性成为面临的东西。又或者，如果在医药的领域特别取出这种理来论述，即不仅要追究每个药物，知道治疗这个病，直到穷尽其物性（在物之理），了解它，才能真正地处理药物（《二程全书》一六）。又或者，凡是读历史的场合，不光要记忆事迹，还要认识治乱、安危、兴废、存亡之理。那么学问方才成立（《二程全书》一九）的思想全都从这里产生。此场合下，如果仅停留在一味分解的方向，那么伊川的思想从形式上，不免显著地与那老庄旨趣相同。然而，伊川不论何处，都说即体而有用，即用而有体。换言之，成为即理而有气，即气、即事而有理。像前面所举的那样，伊川否定老氏（子）的理由是由此差异出来的。然而，这种差异成为在朱子学中的全体大用思想，给后世带来很大影响（参见著者的《全体大用的思想》）。即自古以来立体而尊重之的思想。因为离开用而立体，虽然通过保持体的绝对性而有事物的限定，能反省其为相对的原因，但因此又陷入超越，失去了在这个世界发动作用的力量，直至抱有不能解决作为社会存在的人类具体问题的缺憾。例如像老庄追随者的隐遁者们。相反，自古以来重视用的思想虽然在社会具体问题的场合，在政治的、经济的、技术的方面能够暂且有效地解决，但动不动就陷入偏倚欠缺包容，以权谋术数凌驾一时，直至抱有难以超越暂时性立场的缺憾。例如，像所谓法家功利的追随者。全体大用的思想是作为对这些不满而出现的，想要内在包含老庄的思想而超越它，又内在包含法家功利的思想而超越它所构成的思想，创始人虽然是南宋的朱子，但伊川体用相即的思想在上述双提（双方共同提举着）这点上，是作为此思想的先驱人物吧。因此提倡"体用一源、显微无间"的这个思想，绝不是单纯的体用相即，而是具有不论到哪里都立体，而且在里面放置用，不论到哪里也不舍弃用，而且在里面寄托体的复杂构成。著者在前面论述明道的时候，指出其《关雎》《麟趾》之诗歌咏的爱情信厚的精神，与《周官》的法律制度之间，考虑浑一关系的地方，那里可见全体大用的先驱思想。从这点来说，明道、伊川两兄弟的思想可说是一致的，这被认为是宋代新儒学应当走向的当然道路。

那么，像"体用一源、显微无间"那样，所谓体用相即，如上所述，是在内部具有立体的相即，从确立作为体的理出发，在形而上学、伦理学、自然存在学的各个方面，理作为独立的东西能特别取出来论述是前面指出的，其所谓理不离用而在那里面的意思，从内容来说的话，是能作为自然法则，尤其是人类存在的法则、伦理法则来考虑。即如果一句话来说，所谓"体用一源、显微无间"，可以说是作为自然法则，尤其是人类存在法则、伦理法则特别作为其自身确立的要求。因为立体于是即见用，所以理的独立性被考虑，因为即用见体，所以理不仅仅成为无外乎称为无那样的东西，而是自然的法则，是人类社会的法则。伊川说"亦无太虚"（《二程全书》四），指虚说"皆是理。安得谓之虚。天下无实于理者"的时候，所谓理主要指上述人类社会之理。伊川在这样的意义下重视理，为其研究明白献出一生，因此关于这方面的见解有超拔时流的东西，对于宋代新儒学的建立来说，这样的东西难道不是起到了有力作用吗？

第一，伊川在弱冠之年已经指出政治在于安定作为邦本的民众，安民之道在于丰衣足食，为此与被称为王道之本的仁心相对待，必须有仁政，说"治今天下犹理乱丝，非持其端条而举之，不可得而治也"（《二程全书》五九、《上仁宗皇帝书》）。所谓"持其端条而举之"，终归是意味着丰衣足食的具体设施。即仁政之政要考虑孟子对于以其乘舆渡人于溱洧的郑子产，评论为惠而不知为政场合的政。伊川对韩持国说，政治当局者比起为民祈福，更须知道造福于此民的责任在于自己（《二程全书》二二）。这无疑仍然是告诉具体设施的重要。通过仁心作为仁政与具体设施相待而最能取得成功的，无外乎继承伊川思想的朱子社仓法（参见后述，朱晦庵—子—之部）。此外，伊川解释《周易·蛊卦》"先甲三日，后甲三日"之文说"治蛊（事之破坏）道，当思虑其先后三日，盖推原先后，为救弊可久之道。

先甲谓先于此，究其所以然也。后甲谓后于此，虑其将然也。一日二日至于三日，言虑之深，推之远也。究其所以然，则知救之之道；虑其将然，则知备之之方。善救则前弊可革，善备则后利可久"（《易传》）。

相信像这样能与"虑浅而事近，故劳于救世而乱不革，功未及成而弊已生矣"（同），产生截然相反的效果。（依据《二程全书》一二的刘绚所录，明道之语，对于"先甲三日，后甲三日"的解释与伊川相同。只是伊川充分演绎说明了其意义。）又或者同样《大畜》卦六五"豮豕之牙吉"一文中的注里说：

"六五居君位，止畜天下之邪恶。夫以亿兆之众，发其邪欲之心，人君欲力以制之，虽密法严刑，不能胜也。夫物有总摄，事有机会，圣人操得其要，则视亿兆之心犹一心，道之斯行，止之则戢，故不劳而治，其用若豕之牙也。豕，刚躁之物，而牙为猛利，若强制其牙，则用力劳而不能止其躁猛，虽絷之维之，不能使之变也。若豮去其势，则牙虽存，而刚躁自止，其用如此，所以吉也。君子发豮豕之义，知天下之恶，不可以力制也，则察其机，持其要，塞绝其本原，故不假刑法严峻而恶自止也。"（同）。

伊川接着说：

"且如止盗，民有欲心，见利则动，苟不知教而迫于饥寒，虽刑杀日施，其能胜亿兆利欲之心乎？圣人则知所以止之之道，不尚威刑，而修政教，使之有农桑之业，知廉耻之道，虽赏之不窃矣。故止恶之道，在知其本，得其要而已。不严刑于彼，而修政于此，是犹患豕牙之利，不制其牙而豮其势也。"（同上，还有依据《二程全书》三刘绚，明道也提到此语句，说"治民者，不止其争，而教之让"。虽与伊川旨趣相同，但伊川一方更周到。因为不忘使人有农桑之业）。

像以上这样可说是来自深入探究人类社会实情，认识其理的学者见识（上述之外，可参考《习坎》六四、《兑》九五、《师》上六等的《程传》）。朱子也似乎注意到了《周易程氏传》（《朱子语类》六七），虽然与其说

《易》的解释也不是没有拿经书来合于自己理解的嫌疑，但是其理解的道理透彻，切合于内情的地方不少。朱子所谓"伊川晚年所见甚实，更无一句悬空说底话。今观《易传》可见，何尝有一句不着实"（《朱子语类》六七）的话是可以肯定的。《朱子语类》里面还有地方表达了这样的意思，即峭拔雄健的文字虽然容易作，但难以达到伊川《易传》那样平淡而竭尽详情的文字的水平，确实是那样的。

伊川的民众论也不是没有一种趣味。依据伊川，所谓"夫民，（如见于《管子·君臣篇》那样）合而听之则圣，散而听之则愚。合而听之，则大同之中有个秉彝在前，是是非非，无不当理。故圣。散而听之，则各任私意，是非颠倒。故愚。盖公义在，私欲必不能胜也"（《二程全书》二六）是伊川的看法。在伊川这里，认为"民可明也，不可愚也。民可教也，不可威也。民可顺也，不可强也。民可使也，不可欺也"（《二程全书》二六）。因此伊川认为《论语》"民可使由之，不可使知之"这一语句所谓"不可使知之"绝不是"民不足与知"，而是说"不能使之知之"，即"使之知之"是有困难的（《二程全书》二四）。这点，是伊川获得与老子不同的儒教立场正旨（还有对于上述《论语》语句的解释，参见著者的《〈庄子〉天籁考》三二页）。当然，这里不是打算从表面上理解与老子说的"古之善为道者，非以明民，将以愚之"这一《老子·六十五章》文字的不同，来简单地解释由庄子继承问题，进而追究到说无知之知的深层知识的情况就完了。

更进一步，这里还想试着举出伊川关于利的思想。依据《遗书》（《二程全书》一七）称圣人以义为利。这虽是《大学》篇以来的思想，并不稀奇，但问题关系到，在什么样的意义下义可作为利这一点上。按照伊川接着说的则成为"义安处便为利"。义之安处是什么呢？那意味着从物各得其分，各得其所，各在其道理的地方。换句话说，从各得其适宜的地方产生的安稳调和吧。伊川解释《文言传》所谓"利者义之和也"的文字，说"利者和合于义"，能理解为存在所谓义的道德规范，在和合于义的范围里产生利的样子。然而其意思并不单纯需要一些说明。即我想伊川文字的下句，所谓"和于义乃能利物。岂有不得其宜，而能利物者乎"一语中的"宜"终归不外乎是上述意思中的"义安处"，和合于义之安处即是利。《遗书》(《二程全书》二○)"夫利和义者善也。其害义者不善也"这句话也可与此同样理解。当然，朱子也提及《程氏易传》这里的解释当时解释得不够清楚，上述《遗书》所谓"义安处便为利"一句的方面，反而认为是清楚的(《朱子语类》六八，又李退溪《自省录》中有《答黄仲举书》二篇，说利义能领会程朱的意思。这里用"顺遂便益之名"来称呼利)。如果像上述那样，和合于义的意思只有道德规范，能够在和合于义的范围里考虑利，就出现有带超越性的道德规范，如果不是与之相符合，就可能产生不能说是利的想法。现在，伊川的思想(参考后述)，在继承它的朱子学这里，这种思考有进一步展开的方面，正因此才容易抓住其特色。然而这与以上叙述过的事情自身有不同。依据伊川(《二程全书》一九)，所谓利，本来意味着顺，《孟子》与《周易》所说虽没有不同，但因为《孟子》区分义利，不相信孟子者说不应当以利为错误，相信孟子的人变得不能接近利了。然而，因为人如果没有利就不能生存，利是基于人类生存的事实，具有必需性。例如，像椅子那样，人坐在上面就安稳无外乎利。但是如果追求安稳而不停止，以至于无所不为而起争夺。这是追求利而破坏利者，是偏向利的弊病，利虽然只是一个样，但随着人怎样使用它而不同。孟子因此拔本塞源而敢不说利。《外书》(《二程全书》三四)中也可见"子罕言利，非使人去利而就害也。盖人不当以利为心。《易》曰：利者义之和。以义而致利斯可矣"。于是，所谓利，用别的话来说，像上面书写的那样被称为顺。所谓"顺"是什么呢？那是顺着存在的法则。是像自身性质那样生存下去。朱子说所谓利如同顺，是说明其自然的趋势，不是有矫揉造作然后那样的意思(《孟子集注·离娄》)。这很好地领会了伊川的意思。所谓利就这样与见于孙子等那样意思的利，即圆转流利的利相近。如果像上述那样安民之道在于衣食，顺从符合人类要求衣食的自然性法则，必须注意到其中施行的调和。所谓永嘉功利之学属于伊川系统并不一定不可思议。

伊川将礼置于人性内部深处的思想已如前所述。伊川为《礼》作序，所说的"礼仪三百，威仪三千，皆出于性。非伪貌饰情也。……然则礼之所以为礼，其则不远矣。昔者颜子之所从事，不出乎视听言动之间，而《乡党》之记孔子，多在于动容周旋之际"（《二程全书》六七）也是说这事。然而，在伊川这里，他没有将世世代代有损益的古礼内容就那样视为人性强制遵奉的意志。因此伊川说"礼之本，出于民之情。圣人因而道之耳。礼之器，出于民之俗。圣人因而节文之耳。圣人复出，必因今之衣服器用而为之节文。其所谓贵本而亲用者，亦在时王斟酌损益之耳"（《二程全书》一八）。

大概对于伊川来说，重要的是礼合乎人的性情，必须随时损益（《二程全书》一六）。那么，进而考察其意思在哪里的话，能认为不随时损益就不能合乎人的性情。伊川知道"学莫贵于知言，道莫贵于识时，事莫贵于知要。所闻者所见者外也。不可以动吾心"（《二程全书》二八）。朱子说，尽管伊川年幼时常常述说严格作为古制的井田封建的必要性，但到了晚年，承认其难以施行（可见于《畅潜道录》），认为这是伊川经历世故多，能看到事势不可行的原因（《朱子语类》九七）。但是，那里不仅因为伊川经历世故多，而且必须考虑到真正了解时势、透彻事理的睿智在起作用。尤其是通过《周易》的研究，伊川知道所谓时势是如何重要。世故的经历印证其知识给予其直接性。但是，在伊川这里，所谓随时绝不是随流俗的意思。说"徇流俗非随时。知事可正，严毅独立，乃是随时也"（《二程全书》一六），又说"礼，孰为大。时为大。亦须随时。当随则随、当治则治。当其时作其事、便是能随时"（同上）。因此，通常虽然称随时为和同，但如果只是随时，那与上面说的随流俗相同，难说是和。既然称和，就必须合义（所谓合义的意义令人想起已经记载的地方）。因此学者的忧患在于不能识时，随着它而心动。《中庸》写有"溥博渊泉，而时出之"，按照伊川，认为在里面有溥博渊泉（广大而静深），方才能够出来（以上，参考《二程全书》一六）。自然而然地生存下来，绝不是人随自然那样流出来，而是顺应存在之理而生存下来。可知这里伊川所谓"只归之自然，则无可观，更无可玩赜"（《二程全书》一六，如果只是单纯归之于自然，就没有值得看的，进而没有值得玩索《易》所谓赜——深奥道理的地方）的话有很深的意思。按照伊川，"随时"与所谓"时中"意义相同，"中字最难识。须是默识心通。且试言：一厅则中央为中，一家则厅非中而堂为中。言一国则堂非中而国之中为中。推此类可见矣。且如初寒时，则薄裘为中，在盛寒而用初寒之裘，则非中也。更如三过其门不入，在禹、稷之世为中，若居陋巷，则不中矣。居陋巷，在颜子之时为中，若三过其门不入，则非中也"（《二程全书》一九）。伊川大致考虑这样情形的事情，显示出不容易认识"中"的意思。大概伊川说，如果执过不及的两端就是执中，那虽然也许是容易的，但那便像孟子说的那样是错误的。即虽然将至于摩顶放踵、利天下则为之的墨子兼爱的立场，与即使拔一毛利天下也不为之的杨子为我的立场折中，而出现执过不及二者之间的子莫执中的立场，但其实如果执中而不通变，执一而不动，与固定了无异。我们既有将摩顶至踵其自身考虑为中的时候，也有将即使拔一毛而利天下也拒绝考虑为中的时候（同上）。在这里，想到孟子所谓权的思想。所谓权是秤锤。如同秤锤按轻重确定物品的重量，权按照时间地点决定行为的内容。按照伊川，《春秋》书中作为标准的是所谓中庸，因为中庸必须是时中，为了了解它以权为必要。然而，所谓权最终是义，而在义以上则难以言说。想必，所谓义是与上述利相适合意思的宜。于是在伊川的思想里值得注意的是，论述权与经的关系。伊川指出，权多被误用于与变诈、权术相同的意思，认为所谓权绝不是那样的东西，而是经所达不到的地方，是权量轻重而使合于义（关于义参考上述）。即不外乎经的时地活用。因此说，说权不是经是错误的（《二程全书》

一九）。于是根据时地的事理研究成为必要（《二程全书》一六）。上述伊川解释《中庸》的语句认为"溥博渊泉"者在内方才能够出之，想来因为如果不是查究这样的事理而知道它附于身的人，就不能理解时中的行为。此时，注意到伊川的态度里对深远客观性的考虑给予注意。"以物待物，不以己待物"（《二程全书》一六）。"识得则事事物物上皆天然有个中在那上，不待人安排也。安排着，则不中矣"（《二程全书》一八）。这样真正客观地把握事物才能达到支配事物。因此说"物各付物，则是役物"（《二程全书》二〇等，还有参考后述）。

第二，尤其从理作为具有道德规范性的事情方面来考虑的时候，那对于伊川来说成为重要的事情。这种规范的道德法则符合自然存在的法则，是就人类经营社会生活上产生的东西，伊川无疑相信人类社会的伦理法则是不能逃避的。在伊川这里，不管任何人都不能没有父亲，作为人难以逃避家族生活（《二程全书》二二）。即使不以父母为父母或不承认家，也不可能逃出世间。伊川驳斥释氏，因为认为如果说出世，成为不戴天，不履地，否则即使说出世，也不能免除渴饮饥食、戴天履地（《二程全书》一九）。门人杨龟山的《二程粹言》（《二程全书》四〇）里面，认为耳闻、目见、饮食男女的欲望和喜怒哀乐的变化都是人性的自然，断绝它们就扰乱天性。想来这是以伊川这里的想法为根据。这样，从居住与饮食问题出发的人类家族社会生活成为伦理思想的基础，符合其事实的理，是上述所谓寓居于用的体。伊川所谓"释氏谈道，非不上下一贯。观其用处，便作两截"（《二程全书》三八）的话要求上述全体大用场合的用，贯穿现实的所有事物，穷究其各自的内在性，符合它而行动。这样的思考到朱子，在政治的场合里，成为具体的设施即社仓法。在学术的场合里，使人想起成为礼制研究，其意思很明白。所谓必须避免"道之外无物，物之外无道。……故滞固者入于枯槁，疏通者归于肆恣"（《二程全书》五），虽然作为明道之语出于《近思录》及《朱子语类》（九六），但其旨趣完全与伊川这里的思想相同。入于枯槁是指陷于体的虚无而丧失用，归于恣肆是指放任流于用而丧失体，这样一来与道相远离，换句话说就是丧失了上述全体大用。因为这样与人类生活难以相离的其理、其道是基于人性，所以那并非与人本来存在的样子不同的东西。

通常，据说颜子在陋巷一箪一瓢，不改其乐的生活被认为是乐道的生活。然而，按照伊川则成为所谓"若说有道可乐，便不是颜子"（《二程全书》三五）。这作为体现伊川真面目的话，使当时人感叹其造诣之深（同）。想来，因为将道置于人性内部深处，人本来与道为"一"所以连"乐"也难以言说吧。据说一寺之门墙上有"要不闷，守本分"。这个按照伊川，只说尽分（尽本分）就好，没有必要说要不闷（《二程全书》一九）。据说明道称这句话是好话。从这里可以看出明道降至卑近以给予头绪的亲切，与伊川纯粹观察理的严肃。对于门人尹和靖读《大学》篇有所体会，说心广体胖只是自己快乐的话，伊川说到这个地方连和乐之字也不能着。这无疑完全说的是与上述颜子情况相同的心境。伊川认为所谓理障说是自己与理分离为二，是错认了作为人类存在的根本条理的理字的思想（《二程全书》一九）也是出自这里。

如上所述，人类家族的、社会的生活如伊川所说，基于其自然性，只是通过将其与人联合，可以说是根据其自身的自我限定的自我扩张，对人类存在必需的东西，如果没有它，人类就生存不下去的东西。其后特别论述这点的，是胡五峰《知言》的"天理、人欲同体而异用"及"同行而异情"的思想，采用其"同行而异情"之说，并做了周密论述的是朱子的《孟子集注》（《梁惠王下》"王曰寡人有疾，寡人好色"云云的注之外，以"愚谓"记载者）。即那是前述意义的利。曰："此篇自首章至此大意皆同。盖钟鼓、苑囿、游观之乐，其好勇、好货、好色之心皆天理之所有而人情之所不能无者。然天理人欲同行异情，循理而公于天下者，圣贤之所以尽其性也。纵欲而私于一己者，众人之所以灭其天也。二者之间，不能以发而其是非得失之归，相去远矣。故孟子因时君之问而剖析于几微之际。皆所以遏人欲而存天理。其法似疏而实密，其事似易而实难，学者以身体之，则有以识其非曲学阿世之言，而知所以克己复礼之端矣。"

然而，这样的原委到底还是为人类睿智所支撑的东西，对于现实的人类来说这样意义的性，基于它的人类家族社会的共同生活来成为功夫是难以避免的。下面所示伊川《四箴》是讲述这一事实严肃性的东西。

视箴

心兮本虚　应物无迹　操之有要　视为之则　蔽交于前

其中则迁　制之于外　以安其内　克己复礼　久而诚矣

听箴

人有秉彝　本乎天性　知诱物化　遂亡其正　卓彼先觉

知止有定　闲邪存诚　非礼勿听

言箴

人心之动　因言以宣　发禁躁妄　内斯静专　矧是枢机　兴戎出

好　吉凶荣辱

惟其所召　伤易则诞　伤烦则支　己肆物忤　出悖来违　非法不

道　钦哉训辞

动箴

哲人知机　诚之于思　志士励行　守之于为　顺理则裕

从欲惟危　造次克念　战兢自持　习与性成　圣贤同归（《二程全书》六二）

我们读了《四箴》发现的东西是，想要克服人类自身内部所藏的矛盾而努力的苦恼。所谓程朱学比起提倡良知的陆王学，在这里追求更复杂的功夫（关于此功夫后面论述）。那么，由上面的情形，理或者道在很多的场合成为理念，通过困难的现实指导人类。伊川伦理思想的严峻立场出自这里。如前所述，伊川慎重考虑作为存在性而从宜意义的利，又注意看到从追求它不止所产生的利己立场的偏向，想要避免它。伊川举出汉董仲舒的"正其谊（义）不谋其利。明其道不计其功"的语句，认为"董子所以度越诸子"（《二程全书》二八）就是因为这个。伊川还断言比起生命更重视义（《二程全书》三八）。甚至留下了"饿死事极小，失节事极大"（《二程全书》二五）这样的说法。伊川一生为此信念所支撑而行动。后来，朱子也是那样，并不吝惜承认这种理想主义的思想指导此学派人们的优秀态度。只是这时候，义的内容游离于上述宜的立场，仅成为观念的道德规范，在体用相即的掩盖下，隐藏其偏倚的姿态，成为对于一般人们的严峻要求的时候，产生了很多不合理的事实也是不能忽视的。程朱学的缺陷在这里，其责任的一部分不能不在于伊川。阳明学避免了这一点的不合理。这门学问虽然是唯心论，甚至到了说仁义礼智也不是性（阳明这里与心相同）本身，不过是其表德（名）的程度，想必因为建立超越各自内容的生命的想法。不管怎样，认为伊川像上述那样只想见到义是否适当。于是，将自己命运寄托在里面。"命谓正理，失正理为妄命"（《易传》讼九四注、又参照姤九五《象传》注）。韩持国被罢免门下侍郎时，恰好在讲官之职的伊川前往见他。持国惊讶说"子来见我乎。子亦危矣"。伊川说"只知履安地。不知其危"。《遗书》（《二程全书》二二）传达了像这样的逸闻。不得不说上述《易传》的语句就像这样被实践了。因此义实际上甚至是宗教信条。更进一步来看以下的话。"只有义命两字。当行不当行者义也。得失祸福命也。君子所处，只说义如何耳"（《二程全书》三九）。此外，二程与其友张横渠的往来议论是乘着当时学术兴隆气运的一大佳话，像明道似乎高度认可其意义，但横渠中止了相互的议论，说不如闲居养成学者的时候，伊川所回答的是"义当来则来，当往则往尔"（《二程全书》一一）一语。我们禁不住惊讶于伊川一心一意彻底向义生存的态度。只是利与义不知不觉相分离，从这边仅仅将和合于观念的义迅速地决定为利的危险悄悄进来也是必须记住的。

伊川的春秋学虽也是与上面关联而论述的，对于《春秋》，伊川以为普通说的褒善、贬恶之外，还存在经世的大法。于是，述说其微辞隐义，因时制宜的难知，以为其中有制事的权衡、谋道的模范，唤起《春秋》研究家的注意（《二程全书》四九《春秋传序》）。如果那样，伊川对于此经举出怎样的事实呢？现在试着指示其一两个例子。"《春秋》凡用民力必书。其所兴作，不时害义，固为罪也。虽时且义，必书，见劳民为重事也。后之人君知此义，则知慎重于用民力矣"（《二程全书》四九《经说·春秋》）。"然有用民力之大，而不书者，为教之意深矣。僖公修泮宫，复閟宫，非不用民力也。然而不书二者，复古兴废之大事，为国之先务。如是而用民力，乃所当用也。人君知此义，则知为政之先后轻重矣"（同）。这样在伊川看到的《春秋》里面，使用民力是重大事件，不仅必须得时与义，而且即使得时义也要慎重。此外，有使用民力的大事而不能避免它的。说必须理解那是国家的首要事务，应当使用民力的原因等情况。这样不论哪个也是一个见识。我们与其说伊川相信什么是国家的首要事务，倒不能忘记所谓对于国之先务敢使用民力是可以的想法。

这里还想追加一两个事例。其一是礼的学者张横渠在礼院做官时的故事。横渠在当时虽然决定了龙女（那是哪一处的河神吧）的衣冠，但伊川对此是反对的。即对于治水应当考虑的是依靠上天、宗庙，以及吏士的功劳，不当说龙的功劳。而且，认为本来正是应当端正人畜的区别，不当把人的衣冠披在禽兽身上（《二程全书》一六、二二）。其二是伊川做讲官时的事。当时，伊川对司马温公，请求让范淳夫在讲筵。温公以淳夫现在处在修史之职，自有门路为由推辞。即淳夫有现在的职位，并不困难吧。对此，伊川所答，认为问题并非在于有没有门路，而是经筵里面需要他（《伊洛渊源录》七）。以上也是足以了解伊川的事情。

其次，伊川"体用一源、显微无间"的思想与老庄、法家等的思想相关联而产生的理由如前所述，伊川思想里面另外有比起静更尊重动的倾向，此倾向也明显以超越老庄为动机。伊川在《易》之《复卦》里，复于一阳之下的地方见天地生物之心，说"先儒皆以静为见天地之心，盖不知动之端乃天地之心也"（《易传》复卦象传注，又《二程全书》一九有"动而见天地之心"）。伊川之师胡安定也说明与阴肃杀万物相对，阳生成万物，天地以生成为心，所以常任阳而生成万物。复卦是一阳生而潜于地中的样子。虽然尚未发见，但在这里知道天地生物之心的意思（《周易口义》），因此伊川的说法虽然也许有所依据，但至少是与先儒王弼等的主静说不同者。

不过，如果依据《遗书》（《二程全书》一九），伊川在述说与上面《易传》同样的话以后，针对这是不是在动上求静的质问，说确实是那样的，然而这个最困难。这种情况虽然也能够像朱子那样，将此理解为所谓未发的存养（参考后述），但如果从伊川在这里举释氏之定与圣人之止的地方来看，伊川承认的静是止（从上面再三所论述的止于理）。又伊川虽说重视动，同样这时候，如伊藤东涯说的那样（《周易经翼通解》），并非轻易断定伊川与之前的周濂溪以及之后的朱子存在差异。

二 心、性

依据朱子的看法，伊川关于心的思想不免为不完备（《朱子语类》九五，同《文集》六七《已发未发说》）。即有将心置于已发的倾向（《二程全书》二七等）。然而，伊川在与横渠门下的英才吕大临的问答里，对于这点已经辨明。对于伊川，大临提出的疑问，在于伊川说凡是言心都指已发（已经发动者）而言，难道不是应当考虑未发前心之体，已发处其用吗（《二程全书》六三）？大概这是来自大临之师张横渠的"心统性情者也"（心统合主宰作为体的性与作为用的情）的思想。对此，伊川的答语里面有"凡言心者指已发而言，此固未当。心一也，有指体而言者（寂然不动是也），有指用而言者（感而遂通天下之故是也），惟观其所见如何耳"。这里插入一句话指出应该注意的点，伊川所谓依据上面所见如何，不过所指不同这些话决不能与兄明道或者陆王诸学者的这种言论同样理解。虽然后者是在这样的言语里表达了浑一的立场，而在伊川这里不仅浑一，常常是不失分析的见解。《文集》（《二程全书》六三《与吕大临论中书》）里面从各自适当处建立命、性、道的名称而有区别，作为体的大体，作为用的大道，同时因为体用自身有不同，说明应当分为二。而且，伊川说"中即性也"一语不稳妥，所谓中是用来形容性的体段，如果说中即是性，就与好比说天圆地方时，不可说方圆即是天地一样没有不同。我们想承认伊川特别是知的分析是可以的。在这点上，后来的朱子、其门人陈北溪等方才可说是了解伊川立场的人。伊川考虑的心是主宰身的东西（《二程全书》一九），性内在于其中。（见于《遗书》——《二程全书》一九的"心即性也"一语实际上并非将心直接说成性）。此外，伊川区别发于形气的人心与发于义理的所谓道心。所谓人心是私欲所以危殆，道心是天理所以精微，灭私欲则天理明是伊川的想法。（《二程全书》二七、《遗书》——《二程全书》二三里以心是道之所在，所谓道心为微是从道之体来说者，说心与道浑然为一。上面的"心即性也"之语的意义也可以从这里理解）。伊川这样将人心直接视为私欲的看法，为朱子所不满（参考《朱子文集》三二《答张敬夫书》，以及《钦定书经传说汇纂》三《大禹谟》）。

那么，说内在于心的性发而为情。伊川拿孟子及汉儒的思考来说性的内容，拿孟子的四端（恻隐、羞恶、辞让、是非）来说情的内容。成性者里面，所谓仁是从人以爱情发露而行的公的方面，所谓义是从宜、权量轻重的方面，所谓礼是从分别的方面，所谓智是从知的方面，所谓信是从通贯这四者而认为信实的方面来说的（《二程全书》一○）。因为信横贯这四者，上述被认为五性（此语已见于《颜子好学论》——《二程全书》六二）之发动的所谓情（四端）里面没有特别所谓信的发动。更进一步试着来听伊川所说吧。伊川说"性即是理"（《二程全书》一九）。又说"性即理也"
（《二程全书》二四）。在伊川的这种思考里面与孟子性善论一样，有以善为
先，将其向最本源思考的立场。即将善、吉、是、成、得等，置于恶、凶、
非、败、失等之先（《二程全书》二四、又大有象传注）。这也可说是通贯
老庄、儒教的乐观倾向。（即使通常被称为性恶论者的荀子也一边承认现实
人性的邪恶，一边也没有否定其根本处有善性）。然而，直接以理为性是有
什么样的意思呢？那是从五性的内容明白的那样，确信为社会生活基础的
人类性质，终归认为不外乎本来的人性。于是，伊川以仁相当于《易》的
四德（元亨利贞）之元，"偏言则一事，专言则包四者"（《乾·象传》注）。
就这样，仁是五性之一的同时，又指出其中任何一个都为仁所包藏。此外，
如先前所说的，仁表示人类以爱情之发露而行的公的方面。又说"仁者，
天下之公，善之本也"（《复卦》六二《象传》注）。这里的仁不仅是公，将
人类以爱情的发露而行作为条件一事作为伊川的见解不能忽略过去。伊川
说"仁者公也，人此者也"（《二程全书》一〇），认为不是以公字就那样称
为仁，从公而以人体认（《二程全书》一六）称之为仁。即因为仁是人类的
爱情兼照物我而发动，成为所谓恕（同情之心），是其根本的存在（《二程
全书》一六），所以将公与人合起来说。如果物我兼照之中，自然没有恻怛
慈爱的意思，就不能说是仁。同时恻怛慈爱的意思就意味着发生。意味着
活泼流行。此事与伊川说生道相应。如果以五谷的种子等待阳气而生比喻，
必须说心如谷种，生之性便相当于仁（《二程全书》一九），伊川从天地生
物之心也在人这里被继承出发说"心生道也。有是心，斯具是形以生。恻
隐之心，人之生道也"（《二程全书》二二）。因此即使像桀或者盗跖那样的
人也不能逃脱此例，好杀人者被认为不符合做人的道德规范。

　　要注意伊川这样在凡是生物处观察贯通天人的人性的面目。而且，要
一并注意的是伊川将上面论述的性与情大致明确分解考虑。虽然如上述那
样，伊川将仁作为性，但因为仁到底是性，爱（伊川说"恻隐固是爱

也"——《二程全书》一九）是情，所以决不能以爱为仁。因此，虽然仁者固然博爱，但博爱本身就不能说是仁。伊川认为，韩退之说"博爱之谓仁"是错误的。（《二程全书》一九）。又伊川对于《论语》所谓"孝弟也者，其为仁之本与"之语，说仁是性（或者本），孝弟是用而非性。因为仁以爱为主，所以爱亲之孝弟是为仁之本（《二程全书》一九）。这作为此人有特色的思考必须记住，不过，伊川如例子所示并非只是支离地理解。他说："称性之善谓之道。道与性一也。……性之本谓之命，性之自然者谓之天，自性之有形者谓之心，自性之有动者谓之情。凡此数者皆一也。圣人因事以制名。故不同若此。而后之学者，随文析义，求奇异之说，而去圣人之意远矣。"（《二程全书》二六）著者之前举出伊川论述浑一的同时，分析地立言的必要理由的话，这里一边承认分析地制定名称的必要，一边述说存在是浑一的事实。伊川的意图是明白的。我们决不能偏颇地解释。

其次，依据伊川，未应接事物的心冲漠无朕（虚寂而且没有任何迹象）。然而，不仅仅是无而且万象（一切的情形）森然包含于其中。因此，难以划分尚未应接以前与已经应接以后。正像百尺的树木是根本枝叶一贯的东西。上面一段原本无形无兆，不是说等待人的安排而此理方才产生，道理才能出来。同样现在，人心成为处事道理的东西，也只是与这上面冲漠无朕之间已经具备的道理并无不同（《二程全书》一六）。朱子巧妙地与前述"体用一源、显微无间"之语一并说明这一思想，依据朱子的文字，可知当时对于体用的问题存在种种议论（参见《太极图说解后论》，还有《朱子语类》九五）。《程氏遗书》（《二程全书》三九）里有伊川以钟声比喻这里的消息，喜悦门人说的"其未撞时，声固在也"的话，并容许之的报道。明王阳明更详细地援用此比喻。依据上述伊川的思考，社会共同生活的道德根植于人类的本性，寻求其权威与普遍性，反之，可充分理解凝结了想要树立不将道置于上述人类生活以外的立场的惨淡苦心。因为事物之理、条理（所谓途辙）充满通常被认为像空荡的东西那样内在于人的性，

109

所谓性应接事物无外乎这种道理的自我显现。我想这就是之所以说寂然不动、万象森然已经全部存在（《二程全书》一六）感而通。与拿外面一件物来这里使之感不同（同）的原因，因为感只是自内感。

性其自身是善，是明。然而不能无蔽。伊川以才的思考来说明这里的情形。才是什么呢？依据伊川，就是禀受于气者。性即是理，无论任何人都是一样，才禀受于气，气有清浊，因此材质有厚薄，产生贤愚（《二程全书》一九及二七）。伊川以树木作比喻来说明它，如下考虑。即才是材料。木有曲直那样的性质是所谓"性"，或为轮辕、或为梁栋、或为榱桷者即是这里说的"才"（《二程全书》一九及二四）。这就人来说，才是所谓天性柔缓、天性刚急等，即指生来禀受者（《二程全书》二七）。才像这样无外乎人的资质（《二程全书》二四）。人虽然各自资质不同，但是"性"内在于其中。那样内在于"才"的"性"相当于被称为气质之性（《二程全书》一九）的东西。即意味着告子所谓"生之谓性"之语的性指气质之性。伊川想要从生的差异、即禀受的差异来说明人与犬的差异（《二程全书》二七）。《论语》里面所谓"性相近"是指气质之性，所谓上智下愚是指才。我们这时候不能漏掉伊川与明道不同的倾向。即，相比于明道说"生之谓也"，说"性即气，气即性，生之谓也"，尤其浑一地来观察性，伊川将"生之谓性"的性作为从所禀受立言的东西（《二程全书》二七），与《中庸》所谓"天命之谓性"的性，即本书中至此来说的内在的性相区别。由此，在伊川这里，天命之性说起来作为本性确实存在于内（"人之于性，犹器之受光于日，日本不动之物"是伊川之语——《二程全书》四），人类现实的、具体的性成为气质之性。

伊川相对于告子所谓生之谓性的性，说孟子的性（言善者）为极本穷源之性（《二程全书》四）。这样的看法明显是伊川的特色。伊川就这样不懈怠地对世俗所谓人性的复杂性、其危机予以注意。虽然前面提到了伊川将"人心惟危"云云的人心直接理解为私欲的看法不能为朱子所赞成，但是所谓过分的人性里私欲也多是使伊川发此言的东西。对于这样人性的查明，以及从这样的人产生的社会生活纠葛、其波澜等，人生邪恶相关的研究，可以说是从伊川至朱子一系思想里引人注目的方面。（例如朱子的社仓法，还是这个作为根本。这通常考虑为观念论的程朱学，实际上是显示如何能观察现实的所谓实学——此语出自伊川的《三学看详文》、朱子的《乞修礼书札子》、同《中庸章句》卷头引伊川之语等。只是对此要详细讨论——吧）如刚才论述的那样作为现实存在的性不能离开气来考虑。而且本性内在。因此下面具有重要意义的话登上场来。

论性不论气不备，论气不论性不明（一本此下云：二之则不是）

（《二程全书》七）

（此语《朱子语类》九九、《孟子精义》全都作为伊川的话。恐怕真的是那样的吧。只是《朱子文集》四四《答方伯谟书》及《朱子语类》六二门人的话中虽然作为明道的话，但现在不从。）为什么这话重要呢？大概，如果论性（天命之性——本性）而不论气（气质之性），就会漏掉上面所述的现实层面相争不止的人的丑恶面，其论述是称不上完备的。因此这里追求完备的精神从这方面将观察人类的性恶论者荀子的话包含在里面，可说是攻击到孟子性善论的不完备。然而，如果论气（气质之性）而不论性（天命之性——本性），人生前进的道路就不明白了，会迷失在黑暗中。因此，这里追求明了的精神难道不可以说是内在拥有孟子性善说的立场，以攻击荀子性恶论的不明吗？伊川上面的话由这样的原委构成，不论在人生怎样的事实里也不蒙蔽眼睛，而且超越它前进，是表现所谓在人世间活下去的求道者的样子。像以上这样伊川与横渠一样努力变化气质复归于性（《二程全书》一九，以及六〇《论经筵第一札》）。像以前说过的那样，充分了解现实复杂情况的伊川决不认为变化气质是容易的。只是人涵养与由各自环境决定的习惯等相纠缠的气质，熏陶德性，如果用一句话来说，那么伊川只是对变化气质的可能坚信不疑罢了。前述《四箴》的意义实际上在这里。将《四箴》的立场与明道《识仁篇》的立场来比较的话，到底还是巧匠的惨淡经营，不能不感到其苦心。被称为坚毅刻苦的朱子学立场便继承了这个。

三　功夫

通常，关于功夫的问题，伊川与兄明道存在两点不同，这就是：其一，明道不论从哪个方面来说都是说静坐的方面为多，而伊川多以敬来替换静。其二，伊川除了敬的功夫之外，特别强调穷理的功夫。这事虽然姑且突出，但绝非能够简单承认的东西。承接《遗书》（《二程全书》一二）的"中者、天下之大本。天地之间，亭亭当当，直上直下之正理。出则不是"这一句的功夫是敬，即是"唯敬而无失最尽"一语。这是刘绚所记明道的话，《近思录》中也系于明道。然而可见于《遗书》（《二程全书》一九、刘元承编）的伊川与苏季明的问答中，伊川的答语里面，写有"盖人万物皆备。遇事时各因其心之所重者，更互而出。才见得这事重，便有这事出。若能物各付物，便自不出来也"，于是说出敬，作为涵养心之未发前的功夫。在这里，所谓"出"字的用法，以及前后的思考，兄弟都很一致。伊川也许是以明道的话为依据（万一上面词句的写法有误，则另当别论）。这是述说敬的功夫的重要资料，因此不拘泥于明道说敬的次数多少，不能轻率地同意上述第一点。至少敬的功夫的本质在兄弟二人这里并非不同的东西。只是在其手段上，伊川有创意，并传给朱子。在第二点上，似乎可说是那样的。当然，"穷理"这个词原本出自《易》，与此相关联的"格物致知"这一文字是出自《大学》篇，明道也使用这些词语，说"格，至也"（《二程全书》一二）又或者说"圣人致公心，尽天地万物之理，各当其分"（《二程全书》一五），接近伊川穷理的思想。尽管那样，想来还是将穷理特别系于伊川为适宜，因为伊川在这点上所说的更加周到彻底，而且与敬相并列为两翼两轮，成为功夫的中心。

伊川说"涵养须用敬，进学则在致知"（《二程全书》一九）。所谓"涵养"是人逐渐存养自己的本性。然后，应当注意的是，那并不是寻求本性具有的中于"心"之未发前。为什么呢？如果成为在未发前求本性之"中"，那就不免不自然。涵养的真意只在于平日协调保养，如果保养长久，喜怒哀乐发动自然中节（顺应时间和场合来调和）。所以，涵养虽然像静的功夫，但不是静（《二程全书》一九）。人伦（家族社会生活之理）必须总是充满于内。功夫最困难的情况潜伏在这里。所谓敬的功夫就这样被说出。

因此必须说，伊川在这点上到底还是超越其幼时之师周濂溪者。这里有一句想涉及的问题。对于苏季明"观于（喜怒哀乐）四者未发之时，静时自有一般气象，及至接事时又自别"（《二程全书》一九）的问题，伊川回答"善观者……却于喜怒哀乐已发之际观之"（同），上述，将复卦的下面一画，便于动处见天地之心这一自己的立场自负为前人未曾涉及。后来，通过胡五峰（参考其著作《知言》，及朱子的《知言疑义》中，对于欲为仁，先识仁之体云云论述的条目）传至张南轩，由南轩传朱子，朱子的所谓中和旧说，即构成其关于中和未定之说的学说（依据《朱子文集》三二《答张钦夫书》，这在于学者应当先察识心发动之端，然后，加以存养的功夫）渊源自上述伊川对季明的答语，可见似乎是继承其动的立场。如果那样，通常被认为接受禅的动的立场的上述胡氏及张氏一派所谓湖南学派给予朱子的影响与其说是什么的话，不如理解为根据伊川是顺理成章的。只是，如前所述伊川也在复见天地之心的立场里肯定了"莫是于动上求静否"的提问（《二程全书》一九，但是，并非简单地肯定，试着将说"然最难"——此文字的意思已经记述，以及这里的静并非释氏的定，是艮卦的止，是物各付物的意思等合起来考虑就明白了）。因此，如朱子说的，复是静中之动，伊川的意思也能够视作那样的（《朱子文集》三二《答张钦夫

113

书》)。如果现在来看《程氏易传》，"蒙以养正，圣功也"一条有"未发之谓蒙，以纯一未发之蒙而养其正，乃作圣之功也。发而后禁，则扞格而难胜。养正于蒙，学之至善也"。如果那样，以已发未发为一件，无时不涵养省察，而且以静为本的功夫（上述《朱子文集·答张钦夫书》），即作为朱子定说的敬的功夫确实来自伊川（虽然伊川的话明显是根据《学记》）。如果那样，所谓敬是什么呢？伊川说敬是主一（《二程全书》一六）。所谓"一是"什么呢？说是无适（同）。所谓无适是心不被任何东西夺走，邪不能入，在其意思里，成为虚的，换句话说，是真正树立起心的主体性来。（如果在禅语里面寻求，接近临济"随处作主"的意思。只是在伊川这里，心到底就是充满社会的、道德的本性。浅见絅斋在《论语讲义》里面说，所谓主一是不离其事。因为心即内部存在事之理，所以主体性被树立与不离其事并无区别。然而，这里儒释两者的差异存在问题。还请参考后述）。"主一"之"一"无外乎体用一贯而活泼泼的活动心，充满生命的心。不被任何东西夺走的心，方才对于任何东西也不停滞，能够发动。伊川说"人心常要活，则周流无穷，而不滞于一隅"（《二程全书》六，这话依据《遗书》，虽然不清楚是二程哪一位的话，依据《朱子语类》九六，则为伊川的话）。如果所谓"主一"仅仅是停住固定在某一物一事上的话，那就成为滞涩不畅通了。滞涩就不能周流无穷了。依据伊川，说"主一"之"主"中有意（《二程全书》二七），又说"其始安得不用意"（《二程全书》一九）。敬的功夫如果不是要内心有纠葛的现实的人根据意志来实行，就很难实行。然而，伊川又说"忘敬而后无不敬"（同），教导敬的功夫随意志行为，适应它，不知不觉去超越其自身的重要性。即敬的功夫在最终必须是自身的功夫。即作为意志行为也是不可以固定的。伊川引用孟子的"必有事焉，而勿正，心勿忘，勿助长"之语说明敬，说避免功夫的亡失与助长（《二程全书》一九），是泄漏含意而忘，忘而意，随本性去活用心的妙境。本来，敬如前所述，意味着冲漠无朕而万象森然的心本来的主体性的树立。因此与其仅仅否定其中所谓意志行为那样的人类行为，倒不如认为随本性自身去行动重要。所谓"忘敬"即是这样的意思。伊川说"忘物与累物之弊等"（《二程全书》四），说"要息思虑，便是不息思"（《二程全书》一六）。攻击学佛者多求忘是非，是非作为人的立场是必需的东西，心无论到何处，都是将生活在社会中的人的事藏在里面的，因此敬作为树立心之主体性的功夫，通过在事之中止于其理，物各付物（使事物各自为事物）那里反而真正役使物，支配它的立场成立（参考《二程全书》一六，同一九，同二〇，以及《易传》艮卦），伊川发表了以上这样的见解。

　　伊川所谓"敬则自虚静，不可把虚静唤做敬。居敬则自然行简。若居简而行简，却是不简（《论语》中那样）。只是所居者已剩一简字"的思想通过敬来活用心的本性，很好地表达了想要使人像人那样，也就是说解脱的原因。这样一来，伊川避免用"静"字而采用"敬"字（《二程全书》一九）。无妄卦的《易传》里面说"虽无邪心，苟不合正理，则妄也，乃邪心也""所谓无妄，正而已。小失于正，则为有过，乃妄也"，《程氏外书》（《二程全书》三九）里有以说"无心"为不是，应当说"无私心"。据说当时对伊川抱有敌意的文豪苏东坡说"何时打破这'敬'字"（《二程全书》三八），明末刘念台（蕺山）说的心本来有主，只有以主还主，原来是主一，那样方才真正能够打破"敬"字（《刘子全书》三《学言下》）是最能了解伊川敬的思想核心的情况者。伊川说禅伯是天下最忙的人（《二程全书》二四）。推测这是从上述的道理出发指出脱离了心本来的主体性，积累行住坐卧的行为的矛盾，其不自然。被贬至涪州的伊川渡过汉江时，在河中船几乎要倾覆，船里的人都号哭起来。只有伊川像平常一样安坐，所以船一到岸，被同船的父老问其缘故。伊川以只是心存诚敬回答。父老说"心存诚敬固善。然不若无心"（《二程全书》三九，以及《伊洛渊源录》四）。这明显是从信奉老庄或者佛教的人那里听到的对敬的功夫的批评。被称为了解宋学的我国泽庵和尚的《不动智神妙录》里面虽然也承认敬，但也流露出其不是至境的表达。(实际上敬的思想至少在尊重心的活泼泼地方面的意思上,比起老庄有更近似于禅,尤其是临济禅的东西。此事实虽然也成了追溯纵横编织成宋代精神境界的儒、老、佛三思想经纬之线的端绪,这里想让给他日论述)。如果从这方面的人来看,可说伊川才是忙碌的人。虽然实际上随忙碌而去安住的地方有伊川的敬的功夫境界。但总之,敬将理藏在里面。因此敬依据集义方才得以成为完全功夫的想法需要深思熟虑。伊川说只知用敬,不知集义的话,就成为全都无事了(《二程全书》一九)。然而,单纯那样的话,上述敬之为敬的面目就没有了。当然,《易》里面虽然有"君子敬以直内,义以方外",但伊川说这里内外是一理,不是在事上求合于义(《二程全书》二)。在这里,敬义作为心之功夫必须一贯来说。因为伊川说"有诸中,必形诸外,惟恐不直内。内直则外必方"。这样敬义合一。(《二程全书》一九,游定夫所录,明道之语也有,释氏虽有敬以直内的方面,但欠缺义以方外的方面,吕与叔所编有,无义以方外,则敬以直内方面也都不是这一条也出自《朱子语类》九六)。与叔所见优秀的定评是正确的。总之,这点,明道所见,与伊川相同的东西由刘绚所录——《二程全书》一二——见合内外之道也是明白的。

敬,即主一无适的功夫通过无或者静的功夫。因此,实际上必定是最微妙的功夫。其中虽然内部存在切合人类具体内容的行为、社会生活的行为,但下一着就损害自然,可以说有丧失心的妙用的地方。然而,伊川将敬的功夫从实践的线索方面移到极为具体的方法来说了。这就是所谓整齐严肃。即,对于认为主一之一难见,难下功夫的人,伊川陈述所谓一不是别的,只要整齐严肃,心就那样为一的看法(《二程全书》一六)。虽然这似乎是以整齐身体的礼节为主(《二程全书》一九及三九),但又说动容貌、整思虑则自然生敬,也有身心一起关涉到的地方。总之,使这种礼节拘迫就不好,因为拘迫则难以持久(《二程全书》一六)。而且伊川认为那只不过是取得的手段(同)。这是按文字那样取得的手段,那以上的意思,那以下的意思也并非应当放在这里。然而，取得的手段不一定容易。伊川的"事神易，为尸（代神灵受祭者）难"（《二程全书》四）语是体验了这种礼节困难性的人的话。

伊川企图使所谓敬的心的功夫通过整齐严肃那样，可以说外在的功夫带来（敬的功夫到这里加上程门谢上蔡、尹和靖的设想，到朱子确立为程朱学的功夫）对于相信内外一理，拥有丰富礼传统的思想家来说是相应的。上述《四箴》的序里，举所谓"非礼勿视，非礼勿听，非礼勿言，非礼勿动"的克己复礼四条目，将其考虑为身的作用，认为"由乎中而应乎外，制于外所以养其中"，很好地表述了其旨趣。

像以上那样，敬的功夫在其本质上虽然不一定是与明道不同的东西，但在其手段上，伊川这里也有伊川的特色。

其次，到穷理的思想，可说更加显现出伊川的特色来。伊川不认为仅以敬的功夫是充分的，他是确信穷理这种知的功夫为必要，并详细考察其方法的人。伊川对于穷理的态度是积极的。不过伊川这里，也不是没有根据敬，自然天理明白起来的这种想法。即使由《遗书》（《二程全书》一六）里面所散见的来看，根据敬确立主体性，是"但存此涵养，久之自然天理明"，敬为根本。因此在伊川这里应当是一心一意贯彻敬的这种议论也成立。明王阳明的"致良知"说真正使敬与穷理的功夫成为一本。阳明虽然以敬为多余，但如果观察其透彻纸背的精神，这难道不是从不区别穷理的场合的、敬的本质本来有与王学立场相通的地方来的吗？然而，伊川与敬的功夫相并列来说穷理。上述"涵养须用敬，进学则在致知"的立场不可动摇（立刻明白致知意味着穷理）。其后朱子比喻两者难以偏废的原因说，虽说是一个，但像踩着这头那头便动一样，又像步行左足起来右足自然跟来一样（《朱子语类》一一五）。到所谓程朱学这里，这种关系被认为是重要的东西。如果那样，所谓穷理是什么呢？这虽然像上述那样，是人们也知道的《易》的词句，但伊川将其相应于《大学》篇的"致知格物"来说。

117

致知格物是什么呢？人推致自己具有的知，穷尽它就是通过格物来实现致知。然而格物是什么呢？依据伊川，格是至。必须理解成"致知在至物"。凡是一物上皆有一理，要穷致（至）其理。这样即物穷致（至）其理是格物。（《二程全书》一九）。此外，伊川也说"物，事也。事皆有理。至其理，乃格物也"（《二程全书》三一）。事与理虽成显微，但事理一致，显微一源，善学者能够通达透彻这里（《二程全书》二八）。此时所谓靠近事物穷理，根据《周易》来说，因为理无形，所以由象以明理（《二程全书》六三《答张闳中书》）的去向是重要的。伊川举穷理的例子，说"或读书，讲明义理，或论古今人物，别其是非，或应接事物而处其当"（《二程全书》一九）。礼制是人类社会生活的现象，是一事。其研究是伊川委托横渠门下的吕与叔等的领域，这成为所谓实学的思想，由朱子及继承朱子遗业的清代专家产生庞大工作的立场，也可以说在于想要即事物把握此理。朱子学在清初或者我国幕末，产生与西方科学连接的例子的情况也可以从这里来考虑。这是关于穷理由格物而实行，应当注意的一点，其次需要注意的是穷理里面"思"被认为非常重要。伊川说"学者要先会疑"（《二程全书》三八，这在《近思录》里视作系于伊川是可以的。《宋元学案》也是一样）。疑问，真正理会其地方等被认为是学者之先务。为此，"思"当然是必要的。所以写有"学原于思"（《二程全书》七）。《外书》（《二程全书》三三）有"穷至物理无他，唯思而已矣。思曰睿，睿作圣。圣人亦自思而得。况于事物乎"这种说法。二程哪一位的话虽然没有确证，从《遗书》（《二程全书》一九）有类似的话来看是伊川。关于这一点，伊川留下许多有趣的说法。"思曰睿，睿作圣。致思如掘井。初有浑水，久后稍引动得清者出来。人思虑，始皆溷浊，久自明快"（《二程全书》一九）。"人思如涌泉。浚之愈新"（同）等。这无疑是倾注一生的心血写作《易传》的学者经历过的事实。伊川这样的想法虽然乍看起来似乎算不了什么，但试着将其与不承认"思"里面积极意义的学者，例如陆象山弟子杨慈湖等来比较，在理解当时思想界情况上就领悟大半了。

那么这里存在问题。穷理是内省呢，还是外观呢？伊川对此的回答可以如下理解。即，虽然察之于身应该得其尤为切要者（《二程全书》一八），但并非拘泥于内外。然而，所谓身是什么呢？门人提问道"观物察己，还因见物，反求诸身否"。伊川回答道"不必如此说。物我一理，才明彼即晓此。合内外之道也"（《二程全书》一九）。伊川这样说，进而说大至天地之高厚，小至一物之"所以然"都应当了解。又对于致知先求之于四端怎么样的提问，回答道：求之于性情固然切近自身，但因为一草一木都有理，所以必须观察（同）。又或者对于"格物是外物还是性中之物"的提问，伊川回答道：不要拘泥于此，凡是眼前没有不是物的。物都有理，火之所以热，水之所以寒，直到君臣父子之间都有理。这样一来，格物的"物"成为涉及一切身心、事物，通达内外而行了。然而，进一步有疑问。那就是知内在于我心，虽然是我固有，但是要由穷理而致（推致，尽之）是什么意思呢？如果依据朱子的《大学补传》中遵照程子意思的地方，就成为由已知的理，更加穷究，追求达到其极致了。大概，认为在作为气质存在的现实人类这里，内在之知的发见是不完全的，因此追求完全。然而为什么特别依据穷理是可能的呢？依据伊川所说，所谓穷理，是说要穷尽天下之物吗？不是那样的（《二程全书》一六）。当然，必须要普遍寻求，才能够通晓（《二程全书》二〇）。但是，那并非格（至）一物就通晓众理，而是认为"今日格一件，明日又格一件，积习既多，然后脱然自有贯通处"（《二程全书》一九）。对于《论语》里面成为《近思录》名称出典的所谓"近思"一词，伊川说"以类而推"（《二程全书》二四）。就事物，以类而推，去逐渐穷理的时候，达到贯通处。然而，上面说的贯通并不仅仅是在事物的理的方面到达与其相通的最高的理。以事物的理的穷通为契机进行内在于人心的理的穷通，真正达到除去内外的范围而一理作为全体显现其自身。所谓穷理是理发现其自身，即在给机会与理的自觉的地方有意义。

所谓自得或者觉、觉悟等无外乎这一自觉。

伊川说"学莫贵于自得。得非外也，故曰自得"（《二程全书》二八），说"脱然自有悟处。然于物上理会也得，不理会也得"（《二程全书》一八）。总之要点在于理发现其自身。《遗书》里面，说觉的地方绝不少。或者写有"今人欲致知，须要格物。……自一身之中，至万物之理，但理会得多，相次自然豁然有觉处"（《二程全书》一八），又或者写有"学而无觉则何益矣"（《二程全书》一九）。伊川将这种觉与释氏的觉相比较，似乎将自己所谓觉考虑为孟子"以先知觉后知，以先觉觉后觉"的觉（《二程全书》一九）。即认为这种场合的觉是"觉于理"，举"共君一夜话，胜读十年书"的古语，认为如果说完立即就觉悟，何止读十年书。孟子这里的觉是否相当于伊川的觉虽然存在问题，但我想将觉的思想追溯到孟子是正确的。在此书里，所谓深造自得与其相近。时代稍降一点，《庄子·天道篇》的轮扁的寓言等分明说悟境。中国悟的思想的产生想来是在这里。不管怎样，伊川的穷理思想是求致知，所谓致知可说是理的自我呈现，意味其自觉吧。如果使伊川复生，虽然不知道是否容易首肯。但《朱子语类》（二八）里说格物致知，说梦觉关。此思想最终难道不是落到这样的地方吗？

这里有想要附加的地方。那就是自得的境界为人带来自在的这种思想。伊川认为扬雄的话蔓衍不断，优柔不决的原因就是因为他欠缺此境界（《二程全书》一五）。自得为什么带来自在呢？那是因为各自的行为作为最根源者的工作来做的缘故。如果用孟子的说法，是因为取之左右，常逢其源。

能够知道寻求觉或者自得的动机在哪边是宋明学者公认的东西。前面论述作为对穷理为必要的东西能考虑"思"。那时候，先举出伊川的话引用了"思曰睿"这一《书经》的词句，对于思，要求睿（深）想来因为上述那样意思的觉悟或者自得是穷理所朝向的目标（《二程全书》一九）。然而思虑勉强它也没有效果。思虑长久以后，睿自然产生（同）。

杜预《春秋左氏传序》所谓"优柔厌饫，使自求之，使自趋之，若江海之浸、膏泽之润，涣然冰释，怡然理顺，然后为得也"这句话是伊川所喜爱的（《二程全书》二六）。反之，如所谓"非明睿所照，而考索至此。故意屡偏而言多窒。小出入时有之"（《二程全书》六三，《答横渠先生书》）（因为不是依据明亮深刻的智慧，而是依据考索达到的缘故，意见常常偏颇，言语丧失自由，多少有出入）为伊川所劝诫。因此，我们就能够以平心阅读下面的文字。曰"不深思则不能造于道。不深思而得者，其得易失。然而学者有无思无虑而得者，何也？曰：以无思无虑而得者，乃所以深思而得之也。以无思无虑为不思而自以为得者，未之有也"（《二程全书》二六）。这样，我们就知道继承周初以来的传统，由儒学之徒来尊重的"思"的思想乃由伊川兴起。这在当时思想界里，也是一件起了很大作用的事情。

四　知行

伊川提倡敬与穷理，不得不说在承认知的重要性这点上是出色的。按照出自《伊洛渊源录》（七）的吕希哲的说法，据说伊川从年少时就擅长说话，笑世人专门尊重行而不论见识。又据传社会上说，某人只是能说而不行动等，但伊川称能说好话也非常难。像已经记载的那样，明道也乐意与张横渠讲论，也承认激切论辩的意义（《二程全书》二）。然而伊川的立场更尊重知，这是应当承认的。依据伊川，致知与力行可说是构成学问始终的东西（《易·文言》，"知至至之"的《程传》）。其意图毋宁在于退却没有见识的力行。见识不足、不能明确说出是非的人，纵使有尾生的守信、曾参的孝顺也不能为伊川所尊崇（《二程全书》二八）。这样的立场从当时思想界的状况来说，想来也起了重要的作用。同样这时候，所谓知自然向行发展是伊川的信念。所谓"以识为本，行次之"（《二程全书》二八）是识被认为是指导行的东西。所以说"知之必好之，好之必求之，求之必得之"（《二程全书》一八）。只是这里所谓知，必须是真知。真知是什么呢？伊川说知有深浅，有真知、常知，他举了一个例子，曾经被虎伤者一听到虎的事情，神色就变了，说明了真知、深知。（参考《二程全书》一九，及二，在卷二里面，以此故事为例子来说明真知与常知之间的差异系于伊川是可以的。）朱子在《大学或问》里也提出此故事。只有像这样的体验知才是真知、深知，安和定才得以可能。大概，依据伊川，人是不致知就不能行动者，勉强而行者不能够持久。只要照理明亮，自然乐循理。人是从其性本善处出发，循理而行者，顺理之事不困难。只是在伊川这里有人是因为不知才故意安排，说行之困难的想法（《二程全书》一九）。世间虽以像特立独行那样为难得，但对于伊川来说，难得的并非特立独行，只是一个见识。此见识不通透的地方是问题。世上说要力行的意见不过是浅近的话。为什么呢？因为如果人已经有见识，必然能行。一切的事都应当做，不必等待勉强留意做。才留意做，便是一个私心。伊川大概这样考虑（《二程全书》一八）。因此，伊川不相信凭一点意气做事也能够持续很久（《二程全书》一八）。

这里还有想附带说一下。伊川说"知至则当至之，知终则当遂终之。须以知为本。知之深，则行之必至。无有知之而不能行者。知而不能行，只是知得浅。饥而不食乌喙（毒草），人不蹈水火，只是知"（《二程全书》一六）。这虽然是上述伊川的立场的确应当有的，但其口吻也使人想起王阳明的知行合一论。尤其像黄梨洲评说伊川这里已经有知行合一说。只是，阳明的知行合一论是认为知里面有行，行里面有知，知行成为一个整体的构成，与伊川不同。不过只是当说明此事实的时候，论述知作为经验知方面的部分，其语气与伊川相似罢了。

五

伊川选择上述五个作为人类社会共同生活的原理，并使其归于"仁"之一字。这经历长远的年代，事实上可说是作为维持中国社会生活的民族基本伦理感情来培育的东西。从这五个内容出发更进一步，许多内容的东西根据各种关系被演绎，直到成为强制的标语而产生困难。这是上面所论述的。相信统一于一个的五个东西成为在人心的先天存在，从内心来说道德，努力谋求其自律，伊川的事业就在这里。这样人性的自我显现是致知，以其自觉至事物为契机而行是穷理，自性的唤醒无外乎敬。这样将道德置于内心的立场继承子思、孟子以来的传统。（尤其如果从说五个数目的性的地方来说，虽然必须举出汉儒，但孟子已经在五个里面说到四个，子思说率性之道也是众所通知的）。因为这样共同生活的原理被作为人心固有的性来考虑，由这里起来，与这里关联而行动的是最自然的人的立场的思想产生了。一般来说，知道贯通物我的理的内在性，认为由其导出的立场才是人类最自然的态度的伊川思想的根本在这里。按照伊川，必须认为这才是在最平淡、真实的意义里最自由的立场。这是便《祭文》（《伊洛渊源录》四）所谓"淡乎无味，得味之真"。或者《画像赞》（《朱子文集》八五）所谓"布帛之文，菽粟之味"。前面也列举过，伊川还指出，人思虑多而不能自己安宁是因为心失去自主性不安定。心为了保持安定自主性，只有止于事，具体来说止于事之理、其法则就可以。例如，为人君止于仁那样。试着思考舜诛四凶人之事，四凶人已经作恶而舜从而诛之。因此舜的行为是自然的，不拘泥于任何东西。专止于事，贯彻其理。这是"物各付物"的立场，即让事物负担责任的立场。物各付与物的立场正是役使物，支配之的自由立场。这样就能理解伊川说如果人无心那并不好，若不是无私心就不好（上述）的精神。我们想起上述伊川说只是当来则来，当往则往的话。伊川相信这样的境界是所谓"公"的境界，述说其义。"人才有意于为公，便是私心"（《二程全书》一九）。曾经，有在典选之职（推举人才之官）的人，虽然其儿子关系到磨勘（核定功绩）应当移动官职，但是顾忌自己的职务而犹豫移动它。伊川对于这种人，评价是其心自以为"公"，其实不知不觉反而陷入"私"，提及兄明道推荐人才时的态度。（此事实际上见于《二程全书》一八，以及四一等，明道推荐了弟伊川与亲戚张横渠。这作为

123

真正公平的行为似乎受到时人的赞赏。）所谓李下不正冠虽然是人因为知道其弱点而采取自我约束的态度，但无论如何，还是有不能离开自己的地方，这也是伊川考虑的。同样依据《遗书》（《二程全书》一八），伊川被劝说加礼于天子左右的贵人的时候，伊川以下面的言语回答。他说："何不见责以尽礼，而责之以加礼？礼尽则已，岂有加也？"使我们在这里还是能感到见识的透彻。如果说这是一心一意希望顺着人之为人的道而奉公，不顾其他的哲人言语，也是可以的。

六

想来，伊川是努力向学的人。据说贤母侯氏在兄弟年幼的时候，已经预料到兄明道这里殿前及第，知道弟伊川一定是停留在处士上（《二程全书》六六，《上谷郡君家传》）。伊川始终是忠实的学者，是七十六岁的生涯一心一意向此道前进的人。四十岁以前诵读，五十以前研究其义，六十以前反复细绎，六十岁以后著书。著书是不得已的事情（《二程全书》二七）是伊川留下的话。据说四十岁以后记忆力越发增进了（《二程全书》三九），说不学习便老而衰（《二程全书》八）的伊川从涪州的贬谪被赦免归来，气貌、容色、须发，都胜过往常（《二程全书》三九）。于是对问这个的人回答"学之力也"（同）。又或者向门人张绎说"吾受气甚薄，三十而浸盛，四十五十而后完。今生七十二矣。校其筋骨于盛年无损也"（《二程全书》二二）。想是似乎来自伊川以这样忘掉健康、忘生徇欲为深深地耻辱（同），还有采取慎重生命，不要恣意，"其于外事思虑尽悠悠"（外事绝不烦恼思考。《二程全书》一六）的态度。其著作《程氏易传》潜心很久不轻易下一个字，到七十岁还不懈怠推敲。据说那是由于始终希望学力少进，等待发现老迈方才想传给门人的考虑（《二程全书》一八、二二，以及《伊洛渊源录》四"伊川遗事"）。事实上，尽管此书传与门人张绎是在临死的日子（《二程全书》四〇）。但是，这样苦心的结果，伊川认为"只说得七分"，进而希望后人应当自己体究（《二程全书》三八）。

伊川自信笃厚，对于质问的学者，如果有不合的地方直接断言不是那样的（《二程全书》三八），同样这时，劝告门人们不要就那样放置问题，应当更进一步自己凝聚心思追求（《二程全书》六三《答门人》）。伊川所指在于与其相信自己不如相信理（《二程全书》三八）。伊川说农夫也好，百工技艺之人也好，甲胄之士也好，各有其职业，自己生活在这类人士的恩惠里，闲过日月是天地间的一个蠹虫，功泽不及于民，别的事又做不得，只有补辑圣人的遗书以求有补于世（上述《遗事》）。像以上这样，确实不得不说是实践居敬穷理之实的学者面目。朱子评价明道、伊川二兄弟，如下说道："明道之言发明极致，通透洒落，善开发人。伊川之言即事明理，质悫精深，尤耐咀嚼。然明道之言一见便好，久看愈好。所以贤愚皆获其益。伊川之言乍见未好，久看方好，故非久于玩索者，不能识其味。此其自任所以有成人材、尊师道之不同。明道浑然天成，不犯人力。伊川功夫造极，可夺天巧。"（《朱子文集》三一《答张敬夫》）不得不佩服以平正的批评能力读精密之书的朱子其人所见的深刻与论述文字的巧妙。

到了最后，还想说明一事。如前所述，譬如说系生命于理，根据理进退的伊川的态度严正是当然的。曾经有被称为当时的贤者宦官张茂请诸位讲官饮茶观画。虽然也邀请了伊川，但伊川说自己平生不饮茶，也不识画，竟然没有去（门人杨龟山举此，说这是伊川才做得出来。《龟山全集》一三《语录》四）。

伊川被赦免贬谪自涪州的归途，经过襄州。守令杨畏招待他很厚待。伊川说"某罪戾之余，安敢当此"。杨畏说"今时事已变"。伊川说"时事虽变，某安敢变"（《二程全书》三九）。在讲官之职的伊川的严正诚实的态度与其见识相期待，是企图使当时只不过是点缀工具的讲书之官真正成为天子教育者的人，提高其地位不使动摇。又或者相比于遇见明道的人，感受到坐在春风中，伊川虽然让侍立于前的门人傍晚就宿舍，但那时门外雪深一尺多的故事流传（《二程全书》三九，《伊洛渊源录》《伊川年谱》）。伊川受到不通的评价其原因就在这里（《伊洛渊源录》四《伊川遗书》，又想起兄弟会饮的故事）。伊川知道自己没有温润之气（《二程全书》二四）。伊川是严格的，看起来似乎没有从容，欠缺融通。

　　然而，不能忽略过去的是，我们在伊川这里感到有一种机锋。横渠之弟张戬曾经有在政事堂与王安石（介甫）争辩的事。因而举经语引证。安石对此放了一箭。质问张戬："我不能读书，你能读书吗？"戬不能回答（在了解王安石之学养的人这里，张戬不能回答也并非不可思议）。听到这事，伊川说："却不向道，只这个便是不会读书"（《二程全书》二〇）。此外，《遗书》（《二程全书》二二）出现以下的故事。"韩公持国与程子语。叹曰：'今日又暮矣。'程子对曰：'此常理从来如是。何叹为？'公曰：'老者行去矣。'曰：'公勿去可也。'公曰：'如何能勿去？'子曰：'不能则去可也。'"这样的问答里面到底还是有锋利度。想来这在明道与安石的问答里面却似乎是感受不到的东西。明道也可说是悠悠天地气象。（王阳明这里显著的机锋也引人注目。这也成为阳明的特色。）伊川这样的锋利也充分体现在锻炼人才的场合里。门人谢上蔡叙述自己的经历，说伊川有锻炼人的才能（《二程全书》三九，及《伊洛渊源录》九）。如果那样，这样的机锋是从哪里来的呢？那在伊川的场合里，想来有不仅仅是生来的素质的东西。伊川的锋利常常伴随着其见识的透彻，在那点上有打动人的东西。《伊川源源录》（四、《伊川年谱》注）里，谢上蔡举出伊川这里不仅有守正的方面，还有通变方面的证据，若不是有学识的人就不能说伊川这一言语。因此想来伊川的机锋难道不是来自能确立主体性的心，深察事理而应机，成为石火般匆促谈话的地方吗？于是对于使伊川达到这里是《周易》的研究参与而有力量。依据《遗书》（《二程全书》二〇及六六《家世旧事》），任长安之职务的谢师直这个人与下级明道讨论《易》，不能为明道所许可，将这事说与伊川的时候，伊川说师直、明道都是深知《易》的人。为什么呢？因为如果上司屈节问属官，属官不敢阿谀上司，那么这必定是知道易道的人。伊川的这一见解也是直接述说自己关于《易》的知识。

伊川这里的机锋是在活动之相中述说抓住事物的易道体验。虽然读者已经察觉到明道也有这样体验的事情，但那不是像伊川那样体现在表面，反而如上面记述的那样使人感受不到锋利，难道不是因为此人是天才，所以这一体验更浑化，超越了彼我的对立吗？那么《易》虽然是在活动的相中把握事物的，但又在与其一起树立伦理方向的事上存在坚定的态度。即使人想起《系辞传》里有只有知道进退存亡，不失其正才能成为圣人的原因。对巧妙地投入必然之机的卜筮之书《周易》进行伦理解释的地方有作《十翼》的儒教徒立场。在这点上，伊川无论如何也是儒教学徒。依据伊川，《易》之辞是使这里的消息明白。《易传序》"吉凶消长之理，进退存亡之道，备于辞。推辞考卦，可以知变，象与占在其中矣""予所传者辞也，由辞以得其意，则在乎人焉"这一文字很好地表明了著者的立场。伊川斥责查阅机事说"阅机事之久，机心必生。盖方其阅时，心必喜。既喜，则如种下种子"（《二程全书》四）是知道人心的弱点，有所告诫。又说"多权者害诚"（《二程全书》二八），"君贵明，不贵察。臣贵正，不贵权"（同）。不用说，这样场合的权都意味着临机通变的处置。伊川说老子之书入做权诈上面去了，论述申、韩的思想本于老子，责难鬼谷、苏秦、张仪等人的揣摩之术（《二程全书》一九）。在观察活机这点上，并不一定与伊川不相合的王阳明在苏秦的活动里面见到良知妙用的想法是伊川所不屑的。对于像《阴符经》，虽然伊川也不是不知道其窥测天道的地方，但说"未尽者也"（《二程全书》一六），说"盗窃天地之机"。这与写作《阴符经》注的朱子态度不同。伊川不肯学习友人邵康节的易学，其动机也在这里。伊川的易学不是尽象之隐微、数之毫忽的术者之易学（《二程全书》六三、《答张闳中书》）。从伊川来说，虽说康节的易学，也是推数而接近达到理（《二程全书》一九），但与以义理为第一的伊川之易性质不同。伊川之易纯

127

正。浅见絅斋将继承康节的立场而直至与伊川成为别派的朱子《启蒙》以及《本义》的易学视为易之正脉，将伊川的易学视为错误或失其本源者（《启蒙序师说》《启蒙师说》）的话相对于其他的经书，在突出《易》的特色这点上，是独具只眼者。《易》至少是不承认根据数的卜筮的立场就不免不完备。然而伊川的纯正易学作为其自身禁不住赞同。因此像伊藤仁斋、东涯父子那样的人高度评价此书是合理的，降至如熊本实学派之一人平野深渊，想依据《程易》来解决人生诸般问题的学者出现也是有趣味的事情。即使是上述絅斋也在同意"《程易》是与《论》《孟》相并列的书"（上述《序师说》）的基础上，敢说"并不是《易》"（同）。又进一步比如说在人们将读《论语》等那样"吟味平生义理"带进《易》来，却忘了"顺利的事情是人情自然之所欲""《易》是那样顺利，使不为恶之教"的地方起差错，"柳绿，花红"的"那里听其自然"（以上引用句，同）行不通了。即见不到造化之妙用、阴阳自然了。认为那是丧失《易》之根本立场是絅斋的想法，作为对《易》的见解，必须说确实是这样的。只是如果将其与前述从物各得其宜处产生的安稳调和，视为"义之安处"，称其为利的伊川《易传》思想合起来考虑，这里絅斋解释的义理与《易传》中的义理多少有些距离，能产生《易传》只有絅斋的读法难道不是不够的疑问。

第六节　程门

宋学到二程子出现，真正占据独特的位置来。在这里才开始能够说日益产生宋人的自觉、宋人的哲学。这样的思想界状况随着上述二程子，即被称为河南程氏两夫子（朱子《大学章句序》）的巨人的逝世而减其色彩并残留追随者之徒（参照《伊洛渊源录》七，以及《朱子语类》一，一页）。他们的光芒被包含在作为其母胎的思想圈里面变稀薄了。然而二程的事业总是由这些人来维持，到其二传、三传（罗豫章、李延平）再放光芒，终于产生了宋学的集大成者（朱子）。程门诸子中最受期待的人似乎是吕与叔（名大临，与叔是其字）。此人在从学于程伊川之前，在重视礼的张横渠之门，其为人深潜缜密，据说曾经就陕西诸公所删定礼的名数受到伊川的委托（参照《二程全书》一九，《伊洛渊源录》四"伊川遗事"）。又依据《朱子语类》八四，可知与叔有过以《仪礼》为主要内容，搜集诸家之说以说礼的构想。这实在是与多年以后由朱子编纂的《仪礼经传通解》的构想相通者。因此，关于此点，虽然能够认为与叔的意义很大，但是超过这个的种种说法没有确证。我们只是限于与朱子一起哀伤与叔的短命〔不过在吕与叔这里另外有前述《考古图》之著书，依据其《考古图后记》（《皇朝文鉴》八三），其立场到底还是在于观古器而诵其言，形容仿佛以追三代之遗风，深探制作之源而补经传之欠亡，正诸儒之谬误，因此推测上述礼制研究的旨趣恐怕与此并无不同〕。

谢上蔡（名良佐，字显道，一○五○——一一○三）

上蔡与吕大临、游酢、杨时一起有"程门四先生"之称。上蔡继承其师明道、伊川的穷理之学。（虽然不是不能将上蔡的穷理思想仅仅系于明道来说，但是必须认为《上蔡语录》所谓"有知识，须是穷理"云云的一节里也有伊川风格的地方。对于明道参照后述。）所谓穷理是什么呢？那是寻求一个是的地方（《语录》中）。是的地方超绝主观。因为有我则不能穷理。而穷理不需要就物物都穷之。必穷其大者就可以。上蔡认为通过穷一处之理触处皆通，将恕（类推）作为穷理之本（同上）。如上述那样，上蔡的穷理述说舍弃我而避免陷入主观的偏见，这里对于所谓理，需要注意的是其具有应该说是内在于人的自在力量的性质这点。穷理必须知天理。天理被称为"自然底道理，无毫发杜撰"（同上）。即上蔡说的天理是与《孟子》所谓怵惕恻隐之心融为一体来理解的。老师明道说的"吾学虽有所受，天理二字却是自家体贴出来"意味着这样自然而不能移易的理的自悟自证。

上蔡与怵惕恻隐之心融为一体来理解天理的观点因其内容而与传说不一定相合（同上）的同时，因为尊重自然性的缘故也不能不与张横渠礼学的立场不同。对于上蔡来说，礼只不过具有次要意义。上蔡说横渠的礼学教育导致后来门人之间产生了沉溺于刑名、度数之间者，行动困却，欠缺见识，像吃木札一样没有滋味，最终带来困倦而其学无传者，将此与明道比较，并指出明道之学的优点。依据此见解就产生了横渠之教以礼为先与明道使学者从敬之功夫进入是否不同的疑问。然而依据上蔡，明道的敬的功夫里面，因为内在于心的自然之理到底是作为自觉的知识被涵养的，不得不说与以外在的威仪为主的礼不同。（关于这点，朱子对上蔡之说不满。参见《朱子语类》一○一、一二页正面）。总之，上蔡提倡敬之功夫，其中可窥探一个特色。那即是将敬作为心地上的功夫贯彻到底。虽然也能够像程伊川说的那样，将敬作为整齐严肃来受用，但心如果昏昧没有理之自觉就不能说是敬。上蔡说敬是常惺惺之法（《语录》中）即是因此。"常惺惺"之文字与瑞岩禅师的主人公"惺惺否"的字面相似而重视心之主体性的倾向强烈，上蔡的场合意味着对内在于心的共同生活性的唤醒。上蔡接着说因为心斋是事事放下与这里所谓常惺惺其理不同，其实就是触及了这点。虽然所谓"心斋"是《庄子》的词句。

注

《景德传灯录》一七《瑞岩师彦传》不见此语。出现在雪窦重显的《明觉禅师语录》三，无门慧开的《禅宗无门关》一二岩唤主人的公案等里面，对此作为玩弄精魂者向来表明反对的是玄沙师备（八三五—九○八）（参见《玄沙师备语录》中，同《广录》中，又前《明觉禅师语录》）。法眼一派之祖清凉文益属于师备的系统。如前所述，如果认为法眼一派与大慧宗杲的临济禅不相符合，这边也许就潜藏着思想史上的问题。

上蔡也承认在人这里所谓性为本体，显现于目视、耳听、手举、足运等作用者是心。上蔡认为如果将此与佛教思想相比较，则佛之论性如同儒之论心，佛之论心如同儒之论意。然而，"性"并非仅仅是静的本体。那是应当称为自然力（前述天理）的东西。只是与"心是发用处"不同的东西。依据上蔡，自然而不得易者是道体，其在我身上的场合称为德，从有知觉识痛痒处称为仁，从运用的时候皆适当处称为义，这些大体是一事，不过是一事之内有分别罢了（同上、上）。这里德是从性得之于身的方面即其内在的方面来理解的东西，将自然而不得易者特别从发用处来说就为心。上蔡重视这种意义的心，以仁来解释它，活处视为仁的本质。曰"心者何也？仁是已。仁者何也？活者为仁，死者为不仁"（同上、上）。身体麻痹不知痛痒为不仁。桃杏之核也是可种而生者称为桃仁、杏仁，那表示有生之意志。这样视"活者"为仁的思想以"觉"说明仁并非不可思议。上蔡说因为仁是所谓四肢不仁时的仁，仁是识痛痒之事。儒之仁相当于佛之觉。（《朱子语类》一〇一，八页背面有对于以知觉说仁的上蔡思考的详细批评。）那么如上述上蔡的思想总是采取活泼泼地倾向。因此从听到无学之人的好恶虽然直接做得，但到儒者决定道理的时候，方才那样得以停止的意见的上蔡说真儒这里无窒碍，不能变通的是腐儒，认为被汉高祖谩骂的就是这样意义的腐儒来看的话，称以英发（《朱子语类》一〇一）是理所当然的。还需要注意的是，以生意为主的上蔡的学问绝非允许陷入放纵，毋宁说是具有深切的内心功夫。老师伊川举上蔡之为学是切问近思就是说这个事实（《二程全书》三九）。又说学问绝不是口头说话就完了。上蔡述说在程门受到锻炼的经验特别警告此点（《语录》上）。只是说功夫说锻炼，也当然绝不是意味着正（预期）心与助长。为什么呢？因为生意如果不是依据自然的功夫就是难以培育的流动微妙的生命，不是能用预期与助长的人为技巧培养的东西，与孟子的浩然之气一样。这样的想法可以说是显示上蔡能继承其师明道的思想的东西。

游鹰山（名酢，字定夫，一〇五三——一一二三）

鹰山在说《论语》的"颜渊问仁"章时，说因为仁不外乎人心，所谓得仁是得人之本心，本心即心之本体是喜怒哀乐之未发者，进而如果战胜人心之私而返回道心之公，视人如己，视物如人而心之本体显现。鹰山认为由此亲亲、仁民、爱物都是随其本心之物而显现者，所以克己复礼为仁，所谓礼不外乎"性之中"。而且此场合下，心之本体为一，则就一事一事而为之，不是就一物一物而爱之，又说不当日积月累而后至（想起顿悟的思想），一日，返本复常，则万物一体，无适而非仁（"一日克己复礼天下归仁"的缘故）。又其事是一身充足，不籍于外（"为仁由己，而由人乎哉"的缘故）。这样至于中心安仁，则纵目之所视更无奸声（想起列子之语），无思，无为，寂然不动而最终通天下之故。通天下之故，则发育万物，弥纶天地而所谓"克己复礼，三月不违仁"就不足道了。这正是圣人之能事，被称为"博施济众"者。因此，操为仁之人心的贤人，与那样纵之的圣人，大抵有守一，一成为与纵横自在有别吧。鹰山的思想存在什么样的倾向自然明白，比如朱子就责备其违背师说（《朱子语类》一〇一）。

尹和靖（名焞，字彦明，又德充。一〇七一——一一四二）

和靖视《论语》的特色在"句句是实"处，得到老师伊川的称许，还被劝导要善自涵养（《和靖文集》六《师说》上）。可以认为所谓实即是诚吧。和靖以诚来说所谓曾子的三省，同样被伊川褒奖见到紧要的地方。又对于颜渊问仁章，说由"一日克己复礼"而天下归仁的缘由是到那个"诚"处，天下自然归仁（同上）。这样实或者诚才能成为表达和靖学问的东西。而得到它的功夫无外乎敬。依据程伊川，敬是主一，是整齐严肃。然而和靖说明主一而说人到神祠中致敬时，其心收敛更不得附着毫发的东西（参照同八、《师说下》，又《二程全书》三九）。这是能讲述和靖之虔诚态度者，敬之功夫的体段到伊川、上蔡、和靖大体上做完了。（此前上述程明道也认为由不断的敬能够对上帝，伊川也在其《易传》震卦彖辞注里，述说人致诚敬，只没有比得上宗庙祭祀的意思，和靖虽然也不能不说是继承这些师说者，但此人的思想倾向是自身将注意投向这里的。）和靖以天地为万物之父母，以父母为人子之天地，在其中建立起一贯的东西（同七，《师说》中），不能不使感到其通过张横渠《西铭》的思想摄取的宗教色彩。即使听到人伦的学徒和靖留下以诚敬拜观音，或者又看《光明经》一部，有问之者，则回答说母命不敢违背的逸闻也决不应当感到惊异。

杨龟山（名时，字中立，一〇五三——一一三五）

龟山学于程明道，据传明道送其归说"吾道南矣"（《伊洛渊源录》一〇）。明道殁后学于伊川，即使老师之立言垂训成为世之大禁，也独自担任斯文之责任。

这样的情况，以及从门下出现罗豫章，使龟山在宋学传统中的地位加重了。对于龟山的思想引起注意的一点是，立足于儒的立场而对佛教思想之吸收，及与之相调停的学风。龟山知道如果不是使用所谓"非操戈入室"即进入佛教的屋子，夺其戈而攻之的手段，则攻击不易的情况。又说即使张横渠的博辨精深也不能使佛教屈服而为城下之盟，除此之外不论也行（《龟山文集》一六《语录》）。龟山这里有泄漏我方秘义的追随者之徒的身影。然而如果不是此人，宋学也会濒临危机吧。

依据朱子所云（《朱子语类》一〇一、一页正面、又三三页背面），龟山的乡人有东林的常总，龟山关于性的思想从此人有所得。然后此直到流传成为胡安国、胡五峰等胡氏一派湖南学派的性论。这种性论的根本想法在于所谓本然之性浑然至善，不与恶对。我们在说胡五峰的《知言》思想的时候再回忆这个看法。

133

一 静的功夫及其伦理性

程子作为重要功夫列举孟子的话有

> 必有事焉，而勿正，心勿忘，勿助长。

一句，龟山将其解释为循其自然而顺养，无加损（《龟山全集》八《经说》）。又以陶渊明之诗冲淡深精、出于自然，无论怎么着力也不能够为不可及（同上一〇，《语录》）。举老子的"公乃王"之语，认为私意去尽，然后可以应世。不待说这里所谓自然之文字为老庄之语。老子以自然为宗，龟山则成为所谓"不作"（同上一四）。进而请看以下一段。曰：

> 夫至道之归固非笔舌能尽也。要以身体之，心验之，雍容自尽于燕闲静一之中，默而识之，兼忘于书言意象之表，则庶乎其至矣。反是，皆口耳诵数之学也（同一七《寄翁好德其一》）。

所谓"燕闲静一"是心身全都不知不觉、休息静止的姿态。切实真挚的体验虽是通过二程门下能看见的特征，龟山在上述那样静的功夫里理解此体验，这对于继承此思想流派者来说是难以忽视的事情。然而静的功夫有一处错误，即堕入虚无，常相伴随着陷入否定人的危险。龟山的功夫在这点上不是回归静之功夫的旧态，而是追寻微妙的脉络以继承其师之未竟事业，能够体察到想要维持人伦立场的苦心。因此在龟山这里，所谓忘心待物之感是因为有心感物则其感应的范围狭窄，希望使之宽阔无所不应罢了。又，在龟山这里所谓"无思"不是思维被否定，是不以思维为事的意思，即不拘泥于思维。这样，天下之事无论哪一方面都无外乎保存感通之妙。对于将"人"视为络马首、穿牛鼻的庄子，龟山认为这也是天（自然），说如果络牛首、穿马鼻，那就不是天的立场，保持着置天人一致于人伦的儒学传统。静的功夫，到哪里都是在这样的意义里为了去"私"立"公"的东西。胡安国所撰龟山《墓志铭》（《伊洛渊源录》一〇）里，引用陶渊明的"心远"一语，叙述龟山在人世的态度，无疑是将渊明所谓"此中有真意"的"真意"视为人伦之事（参考同上《龟山志铭辨》）。

龟山对其高足弟子罗仲素（豫章）讲述学问的方法与目的，斥退想要博通古今，穷尽文章的人，为忠信、愿悫，不为非义之士，指示学问在于通过闻道学圣贤之所为，斥责东汉的处士逸人与名节之士，说与古圣贤毫不相似，认为其原因是在道上无所闻。所谓道，是本于人伦即天命的人类共同生活的原理，此原理之追究，即所谓穷理是学问的宋学立场可以说是龟山所与闻。

二 对《西铭》的疑义及其解决

如前所述，张横渠依据《西铭》述说贯通天人的仁爱之道。龟山以此思想说"体之一"而不及"用之多"，认为是陷入兼爱，破坏儒教仁的立场者，呈送书信给老师伊川请教（《龟山全集》一六《寄伊川先生》）。伊川的答书以其说为非，指出《西铭》之本旨在于理一而分殊，龟山申述《西铭》之书以民为同胞，以其长为长，以其幼为幼，以鳏寡孤独为无兄弟可告者是所谓理一，认为其流弊最终至于墨氏之兼爱，依从伊川的指点，试着根据理一分殊解释《西铭》。即依据此解释，则理是一而分为殊。圣人称量物之性质，顺着它，均施而得其平（《易》谦卦早就道破此义）。这里仁之至极就成为义之尽处。因此亲疏远近各当（所谓称）其分，所以施之，其心（精神）为一（所谓平施）的这种关系成立。一的仁爱之心各附于物，在各自场合下实行，即随其他物之亲疏之分而行，真正保持所以一。例如孟子说于物临以爱，于民临以仁，于亲临以亲一样，随其分不同而所施不能不有差等。我们在这里不看体用之分离，必须看到用未尝离体。因为各个物

135

超越亲疏其他之分而采取机械地等分是在真正意义上欠缺公允。因为返回一的爱之精神，究竟从最初施之平正方面来说可称为仁，从称于物方面来说当于义。而且以这样意义的仁为体，则义为用。龟山最初怀疑《西铭》之点，是那里虽然有作为仁的体，却不及作为义的用。如果过于仁，其蔽无分，无分则妨义。又如果过于义，其流陷于自私，自私则害仁。这样杨氏之为我与墨氏之兼爱成立，尽管其所失不同，所以得罪于圣人是相同的。龟山是这样思考的。龟山以为疑问的地方得到伊川的指点而大致消解，由上述《寄伊川先生书》的手记也能承认（虽然根据《伊洛渊源录》一〇引、祁宽所记尹和靖之语，伊川不一定肯定它。又按照《龟山全集》一二《语录》，龟山似乎将《西铭》与杜顺的法界观相比较。虽然在这边也还残留有问题）。大概龟山站在即体而见用的立场上，由一的仁爱之心在上述那样意思里达到极致，自身多的作用产生的想法上，似乎是相信能解释此问题的人。还有，一之体作用为多之事，在龟山系统的学者里，考虑即心之本体而考虑人伦秩序之立场的倾向产生之事实的时候，其意义有不浅者。龟山再传弟子李延平给予宋学的完成者朱子的人伦立场坚信便是这一倾向的结果。此倾向即一之本体产生作为多的作用去发挥各自存在的这种思想（内容上仁是产生作为义的作用而虚无超世的思想"老子释氏"与功利卑俗的思想"管子、商子、申子、韩非子"被扬弃而具有抽象性普遍性的同时，具体地特殊地起作用，深奥的同时成为平易，最高理念被实际社会实现）是从宋末开始经元至清代朱子学的显著观点。全体大用的思想不外乎此。

第四章　宋学后期

第一节　静思想的深化与朱子的先辈、师友

罗豫章（名从彦，字仲素，一○七二———一三五）

　　杨龟山的思想由其门人罗豫章、豫章门人李延平相传而产生出一个特色。特色是什么呢？这就是静的思想之深化。被称为"清介绝俗"，又被称为"潜思力行，任重诣极，如罗公盖一人而已"（全都《朱子文集》九七《延平先生李公行状》）的豫章，被称为"潜养思索"又被称为"涵养得自是别，真所谓不为事物所胜者"（《朱子语类》一○三、一页背面）的延平，由此二人的力量，静的思想增加其深度，不久就唤起了朱子的思想。

　　按照李延平所记，延平从学于豫章时，终日相对静坐，只说文字，未尝及一杂语（《延平答问》上）。豫章所作《春秋指归序》（《罗豫章集》一二）里说因为程伊川的《春秋传》由尹和靖传授，将其考合于经文，验之于心，参之以古今之学问而得十之五六，进而引前述所谓"雍容自尽于燕闲静一之中"的杨龟山之语，岁月力久，期待所谓优游厌饫而使自趋之。这样一来可以知道静的功夫是支撑豫章学问的东西。然而，豫章的场合，静的功夫同时有"着实子细去理会"（《朱子语类》一○○、一四页）的地方，这成为此人与在龟山门下说禅的陈默堂等不同的特色，朱子在这点上，通过老师李延平也受到成为其学问转机程度的启发（同上）。由着实理会静之功夫被印证的东西，能够与豫章作的《韦斋记》所显示合起来考虑。即依据此《记》，《中庸》之书是世之学者尽心以知人性，躬行以尽此性者，

其始说未发之中，其终（经纶天下之大经，立天下之大本，知天下之化育）以"夫焉有所倚（偏倚）。肫肫（恳至貌）其仁，渊渊（静深貌）其渊，浩浩（广大貌）其天"之语结束。而后回答这是怎样意思的问题者是《大学》之道，即是"知所止"。即由静之功夫沉潜于人内心深处、知道其中本于天道之人伦，必须那样作为着实的功夫受用。所谓俗学，这样一来就从根本上被克服了。以上这样可以解释《韦斋记》的思想。因此豫章说"静中，看喜怒哀乐未发之谓中，未发时，作何气象"（《延平答问》上）的时候，不得不说其中显示只是为了逃世而求静的错误。不是与世间的事物相离，销去各个物具有的各自生活而主张自己的超越性，毋宁说是从内心树立这些，为了与这些相亲而贯彻存在的深处。我们如李延平说的，想象豫章通过罗浮山中静坐的功夫，读《春秋》也深入了，直至比起这门学问的专家胡安国，不一定输一筹（参考《延平答问后录》）。

> 彩笔画空空不染，利刀割水水无痕。
>
> 人心但得如空水，与物自然无怨恩。
>
> （《罗豫章集》一二《勉李愿中五首》之一）

静止像空水一样的心，就那样断绝与物的恩怨而超越之，无非就是亲密相接近的心境。自注里写有"吾道当无碍于物"。无碍于物与除去物的立场完全不同。

> 今古乾坤共此身，安身须是且安民。
>
> 临渊履薄缘何事？祇恐操心近矢人。

像战战兢兢靠近深渊一样，像踩薄冰一样谨慎之心绝不是从单纯的静之功夫产生。必然依据其中沉潜于自己内心深处去的东西，一定有知道显现于真正的人性——家庭社会的共同性——人伦中的天命者。以上这样静的思想是豫章的特征，不久导出李延平。

李延平（名侗，字愿中，一〇九三———一六三）

延平思想里重要的是体用相关的考虑。即根据所谓本体的悟得，一下子将现象视为幻影的立场，变为更沉静绵密的功夫，来考虑本体与现象的关系，尤其是后者的现实性、具体性、多样性。延平在教导门人朱熹（子）时，以所谓讲学必须恳切深潜缜密。深潜缜密方才气味滋长，蹊径不差的意思（《朱子文集》九七《延平先生李公行状》）无外乎此。于是延平接着这个，以"理一来"概括，警示不察其"分之殊"的学者。如果用经典资料来说明所谓"理一分殊"，会是怎么样呢？大概仁是博爱，是对于众人的爱。进而也可说是对于万物的爱。然而因为这样普遍爱的立场如果将其弄错就会丧失与根据家族、社会等人类现实要求的生活之切实关联，有仅仅成为博爱主义、堕入空虚的嫌疑，所以产生了义的思考。延平选取的立场与龟山门下萧子庄、李西山、陈默堂等说禅之徒的玄妙立场相反，着实仔细去理会的罗豫章（参考上述），又压住正年少气锐、学禅的朱熹（子）的悬空笼统、宏阔，好同恶异，喜大耻小，一心一意想树立一理的口说，只是努力在日用之间着实下功夫时理会，思考分殊之难（《朱子语类》一〇一，一四页背面及《延平答问·后录序》），意味深长。

注

　　按照《朱子文集》七一《偶读漫记》，据说尹和靖对于问《伊川易传》切要处的人，以"体用一源、显微无间"回答，而延平说见得六十四卦、三百八十四爻都有下落处，方才说得这话。所谓吾儒于事上必须各有条理（《延平答问上》和版四一页正面）是延平的想法。伊川体用显微一如观点的重要性，知道这个的和靖之言的好处，当然即使

139

延平也并非否定此者，但是与敢于通贯《易》之全部卦爻的沉着放置重点的延平思想理解理一、分殊的关系的重要的同时，特别指出分殊的困难是一样的，据说使弟子朱熹（子）悚然，开始知道前日空言无实全不济事。对于留意后半朱子全体大用思想作为礼制研究发展的情况的人来说这是难以忘记的事实。

延平符合社会具体生活的道之理解，即"蹊径不差"，如前所述，必须通过深潜缜密的功夫获得。而且此功夫不悬空地以主观的心情为本，也有严谨地读书，（同上和版二九页正面）同时要考虑以下的内容。（一）不是理解为传统的、表面的、固定的观念，而是寻求真挚的体验。延平不满足于以衬贴解释《孟子》"养气"一章所谓"配义与道"的"配"字（尚且为两物的缘故）认为气与道义只是一滚发出来（《朱子语类》五二，一五页背面）。认为浩然之气作为体验而受用正是人类之元气与道义真正为一。虽然朱子也承认衬贴之字作为配字之注是适当的。（二）这样的体验是依据什么获得呢？无可争议，深潜、缜密的功夫是沉潜于自己内心深处的静的功夫。从杨龟山、罗豫章传来的静的功夫到延平，有暂时到达一顶点的样子。延平教导"学问之道不在于多言，但默坐澄心，体认天理"（《延平答问》上《与刘平甫书》）。朱子在延平《行状》里写道"危坐终日，以验夫喜怒哀乐未发前之气象为如何，而求所谓中者"。这是延平从老师那里所继承的地方（参考上述）。由此私欲退而光明生，钻研学问方才得力。

注

一、若林强斋对于这里所谓"体认天理"之语不理解为停留在体之于我。这是说对于我不失不离。恰好视为"对上帝"那样的体验（《延平答问书入》）。强斋的理解不得不说真正深刻。

二、《延平答问》里接着此条又提出所谓依据静坐体究"人伦必明，天理必察，于日用处着力，可见端绪在"这一同样给刘平甫的书信，能够考虑为根据日用处着力，说明兼体用的功夫者，但这绝不是功夫分为二段而是只有深潜且缜密的一个功夫（又，参考《延平答问》上和版三六页背面）。

曾经《中庸》说未发。所谓未发是人心本体，喜怒哀乐未发前的纯粹性。求人世之道终归无外乎培养这样的纯粹性。而且作为培养的手段延平之所示，与其在发动之际体察之，不如在未发之际涵养。相信未发之涵养是有主宰存养处的原因，所以使在静中，体认大本未发时的气象使分明，其结果，处事应物，自然能够中节被称为是龟山门下相传旨诀（参考《朱子文集》四〇《答何叔京书》）。例如在仁与义的关系里，作为本体的仁自然由知觉而行，就那样合于义。这正是本源体用兼举处，人道之树立，实在于此。道德本性的确出自这里（《延平答问》上和版三一页背面、三六页正面）。

注

　　《朱子语类》一〇三、和版五页正面，辨别延平的"终日危坐，以验夫喜怒哀乐之前气象"及"于未发之前观其气象"与伊川及杨龟山的"体验于未发之前"的异同。朱子一边也承认比起伊川，延平的功夫稍稍有所偏，一边说在延平这里静之功夫至极，有独自的觉处（领会处）。（又，参考《朱子语类》一〇二、和版一页正反面。）

只有用这样的功夫才道理融释。为什么呢？因为只有用静的功夫，道理才能成为自己本体的表现。这样意义的心之本体同时是宇宙之本体，这里方才能够成为真正客观的。被称为洒然或者洒落的真义即此。延平喜爱黄鲁直所作《濂溪诗序》中的"胸中洒落，如光风霁月"之句也是因为这个。

大概认为如果没有这样意义的洒然冰释处，纵然努力持守，也只是避免轻微显而易见的尤悔（表面的责难）罢了（同上一七页正面）。如果不融释就没有由于贯穿客观透过存在而得到的着落。根据以上这样静的功夫的道德本心的确信，社会道德的体用兼备的思想与《春秋》的思想能够产生关联是前面在罗豫章之条中叙述的那样。在静里的道德性的显现不是除了人伦的显现以外的什么东西。人伦是尽君臣、父子、夫妇所谓三纲之道。延平的门人朱熹（子）绍兴壬午（三二年）想要上封事而请求师说，延平的答书教导此义，说明王安石以来，诱于利的缘故只趋利而不顾义的人心，本于这样人心的国家的弱点，改正它的急务。这样的言论由朱子祖述彰显。

朱韦斋（名松，字乔年，一〇九七——一四三）

胡籍溪（名宪，字原仲，一〇八六——一六二）

刘白水（名勉之，字致中，一〇九一——一四九）

刘屏山（名子翚，字彦冲，一一〇——一一四七）

朱韦斋是朱子之父。曾经与李延平一同在罗豫章的门下，通过老师继承了从杨龟山开始追溯的程子之学。韦斋的生涯短暂遇上寇贼之乱，最终没有达到成就世用（所谓利用安身之志）就结束了，《朱韦斋集》里面能看见显示与佛氏之徒的来往，与老庄思想接触的东西。其中静虚的思想被酝酿出来是自然的。然而其静虚思想与上述杨龟山、罗豫章同一系统，不是脱离儒学特色的东西。韦斋接二程子之学而说致知诚意绝非不适当。韦斋在答庄德粲秀才的书信（《朱韦斋集》）里说《大学》欲明明德于天下者在致知格物以正心诚意，认为其说与今世士大夫之学大不相近，指出世方系于俗学而不可攻击（婴）。这样劝勉进入《大学》之门，进而踏入《中庸》之庭。《大学》《中庸》之表彰始自程子，其思想解释最重要的倾向在于知识的获得同时成为意味着人性（那又是天德之精绝者）的涵养、显现的东西，树立基于此的道德理想主义。此原本接续孟子的思想，采取排击功利的立场。韦斋也论述天下国家兴亡之根本大计，说国势、兵力、土地三者虽不一定与兴亡之数无关，但这些并非兴亡所系，以一顺民心，二任贤才，三正纲纪为更重要（《朱韦斋集》八、《试馆职一道》）。关于正纲纪的主要事情是百官各随其职。为此莫若发明君臣之大义。何况忘身殉国所以必须更加尊重此事。韦斋屡屡致力于发明大义的原因就是这个（《朱韦斋集》七《论时事札子一》，同八《上李丞相书》等都论述此事。据此我们能够了解当时此思想被触发的民族情况）。对韦斋来说，主恩之父子，主义之君臣，这是天下之大戒（庄子说的那样），是在天地之间不能逃避者。这样的大义不是沉溺于所谓俗学者所知的。因此纠正俗学之误发明大义的首要手段为设立学校，大概韦斋考虑由教育而功利的人心被重新锻炼，人性不得不变得纯粹了。这样的想法为儿子朱熹所继承。

注

> 《朱子行状》里说"自韦斋先生得中原文献之传，闻河洛之学，推明圣贤遗意，日诵《大学》《中庸》，以用力于致知、诚意之地。先生蚤岁已知其说而心好之"。此外《朱子续集》八《跋韦斋书昆阳赋》里说想起少年时期，父亲韦斋手书苏东坡《昆阳赋》与其子熹，为说古今成败兴亡之大概的事情而深深感慨。

刘白水依据《墓表》可见寄心于伊洛之学的风貌。据说见过刘元城与杨龟山，又听说涪陵的谯天授曾经从学于程子，兼深于易学，前往叩问，尽得其学之本末。

胡籍溪也从胡文定而听到程子之说，也学《易》于谯天授（《行状》）。

注

> 关于谯天授与伊川之《易》的关系，朱子在与汪尚书的书中述说

从胡、刘二氏听到的事实（《朱子文集》三〇）。据此则天授的易学似乎不是纯于师者。

韦斋之子、朱熹（子）依父亲遗命跟从白水、籍溪及屏山，跟从籍溪最久。然而这些人对佛老的思想也抱有相当的同情，不得不说，朱子作为宋代新儒教徒站起来，为了成就宋学集大成的伟业从这些人所得到的，与从李延平那里得到的相比起来存在很大差距（《朱子语类》一〇四、和版九页背面。又参考王白田《朱子年谱考异》隆兴二年之条）。然而，这里面对于刘屏山还不得不说一句。屏山与佛教徒交往在上述《朱子语类》里也提及，又同四、和版一三页正面可见此人用佛书说伊川气质之性的消息，《大慧书》（乾）里有二通回答刘通判的书信。刘通判即不外乎是屏山。根据此书，屏山长年做静胜的工夫（所谓"静胜"是本于《老子》四十五章的"静胜热"之语吧。或许只是意味着静寂胜景的土地），可知大慧宗杲不认可屏山静胜之工夫，述说当为静闹一如（还有参考同《答刘宝学》，宝学字彦修，屏山之兄）。要说大慧抓住的静胜工夫是什么的话，可以说是接近前述通过杨龟山、罗豫章等静的功夫的东西。因此由朱子对于临济禅风思考的不满（此事后述）也许已经从这边准备着。只是如果详细说，屏山著有《复斋铭》（光绪刊本《屏山全集》一《圣传论》颜子之部），朱子所撰《墓表》里也说将"不远复"之词句作为三字符。这三字成为入德之门，据说一开始接触佛老之徒而喜欢清净寂灭之说的屏山到后来知道了吾道之大，其体用之全。此外《圣传论》在子思的地方攻击了李翱《复性论》的灭情说。《易》之所谓不远复的思想是见静极而动的天地之心，带来深入到人心内部的功夫，在那里委身天命之复起者（参考《复卦·大象》）。朱子十六七岁的时候，屏山写给他的（参见《朱子文集》八二《跋潘显甫字序》）"字元晦祝词"建立在此思想之上。曰"木晦于根春容晔敷，人晦于身神明内腴"。凡有所充实于内而显现于外者才珍贵。曾子称其友说有若无，实若虚，自身不懈怠三省之行。陋巷暗然，说志向，只想不夸耀的颜回最终达到其光芒烈烈。日新之德得自纯亦不已的内心功夫。所谓内心功夫绝不仅仅是虚静，而是存养诚心。以"宜养于蒙（程子《易传》以未发解释蒙），言而思悉，动而思蹟，凛乎惴惴，惟曾颜是畏"一句结束上面的祝词。不能忍受这样功夫的人决不能说是学问之士。我们必须思考此祝词对于朱子的思想如何意义深远。(参照《朱子文集》七八《名堂记》，此《记》里列举上述屏山所谓"木晦于根，春容晔敷，人晦于身，神明内腴"一句，后来服侍延平李公先生，有先生所以教熹的东西不异于三先生——籍溪、草堂即白水、屏山——之说，其所谓晦尚且如同屏山之志。这里应当注意的是，所谓晦绝不意味着黑而意味着白，有东西南北、玲珑透彻而虚明的意思。即在那里就那样深远地，人伦秩序明显宽广地站立——此事请参考《朱子语类》一二、和版二三页。因此晦的意思只是未发、深远等)。

注

一、这样内心的功夫根据的直接资料是《中庸》的卒章，"诗曰：衣锦尚絅，恶其文之著也，故君子之道，暗然而日章"云云一句。

二、《朱子文集》八五有《刘屏山复斋蒙斋二琴铭》。其《复斋铭》如下说道，完全与上述《祝词》的思想旨趣一致。

匪金匪石，含玉真兮。雷伏于腹，闷其神兮。砰然一作，万物皆春兮。我觌器宝，怀若人兮。主静观复，修厥身兮。与时偕诎，而不及其伸兮。

第二节　湖南学

这里所谓湖南学指由居湖南岳麓之下的胡安国及其子致堂、五峰等提倡的学说。

胡安国（字康侯，谥文定，一〇七四——一一三八）

胡致堂（名寅，字明仲，一〇九三——一一五一）

胡五峰（名宏，字仁仲，一一〇二——一一六一）

据说胡安国接触杨龟山及谢上蔡而读程伊川之书有所得。（参照《朱子语类》一〇一、《宋元学案》三四《武夷学案》）大概安国的思想是与伊川之"理"及上蔡之"心"的思想具有关联的《春秋》思想。尤其对于《春秋》来说的话，是传承龟山，追溯至伊川的春秋学（参照《先公行状》《伊洛渊源录》一〇）。原先王安石讥讽《春秋》为断烂朝报（破碎的政府公报），废弃之不列于学官，下及崇宁，虽然防禁越来越严，但安国自少留心于此经。依据安国，《春秋》是先圣孔子所亲自笔削之书，如果使人主不能闻讲说，使学士不能相互传习，就成为乱伦灭理，以夷变夏之本。《春秋》无非就是传心之要典。即此书虽是依据鲁史之旧文者，但由于孔子而成为传心之要典。孔子借鲁史寓王法，确信比起载于空言不如见于行事为深切著明。根据安国，因为五经之有《春秋》，犹如说法律有断例一样（而且又说传为案，经为断，当考察传之所载而见其由来所致之渐——文公元年《胡传》），学习此是穷理之要。而且虽说世有先后，但人心之所同然，如果得其所同然则无异于见圣人而亲炙。也就是说《春秋》的权度终归在于我。

如果那样，《春秋》为主的地方是什么呢？曰（一）尊君父讨乱贼，（二）辟邪说，（或者存天理）正人心，（三）以中夏变夷狄。即此（以上依据《春秋传序》及《先公行状》）。

大概以上这样的地方是《春秋胡传》的立场。现在稍微论述一下细节吧。此书是受到异族的压迫而偏在南方的国家命运激发出来的产物，已经如诸家指出的那样，在这里已经不用赘言。

一

《春秋》曰：

元年春王正月

按照安国所解释的，即位一年必称元年是阐明人君之用。乾元是天之用，坤元是地之用，成位于其中而与天地参的是人君，因此体元是人君之职，调元是宰相之事。那么元即仁，而仁是（人）心。安国在治国的场合里考虑先从正君心开始，远近都为正（《春秋传》一隐公元年），立万法，酬酢于万事驭万夫，统理万国，都是心之用（参照《春秋传》三隐公十一年，还有《先公行状》引、《正心论》）。而且在这种心的功夫之上展开其理的思想，所谓道术归于一，国政归于一的春秋大一统的主张从这里产生出来（参考同隐公十一年、又襄公二十九年之条）。这样天下定于一。所谓尊王之大义即说此。（同一一僖公五年秋八月里有"春秋道名分，尊天王而以大义为主。夫义者，权名分之中而当其可之谓也"）在封建制度里，臣下虽然与诸侯及天子处于二重关系之下，但当从此大义，则臣下与诸侯别无所异。然而不问为直接与为间接，臣下全都必须守其义。此能够考虑由父子之关系带来。同时，《春秋胡传》教导，君臣父子之间的道决不当只责难臣子一方，君父应当各尽其对臣子的道德责任。同样认为天子，所谓天王在必须尽其道德责任的意义下，必须是实行天之意者。

147

二

《春秋胡传》里重要思想之一有华夷之辨，华夷之辨之所由成立在于明确族类划分内外（同一四、文公八年）。即从汉民族存在的根本感情而来。然而考虑所谓中国之所以为中国，安国认为在于礼义（同一二、僖公二十三年十一月，同二四、昭公十二年里说中国之所以为中国只是信义。而且参考同二一，襄公七年十二月之条）。

三

重视对于君父之道的《春秋胡传》提倡为了君父复仇之义。（《春秋传》七，庄公元年）。伊川的《春秋说》反对不依据义理是非的单纯复仇，虽然安国也赞同此（《胡传》一五、文公十年春王三月之条），但如果根据此书（《胡传》），忘记复仇之义意味着废人伦、灭天理。像前面提及的那样，这种复仇论特别成为南宋学者的强烈主张，想来是因为时势触发的缘故。（参考《朱子文集》七五、《戊午谠议序》）。

四

安国作为被灭亡之国的例子列举以下种类。（一）被敌人抓捕而死者。这不是死难之节，也没有克复之志。是贪生畏死、甘于就辱者，其罪重。（二）即使出奔，也有兴复之望，托于外国而被礼遇者。其罪轻。（三）灭国而死其位者。这是得正而毙者，合于礼。只是时节不幸。安国说，在这样的场合里，《春秋》的书法如《公羊》说的那样，不惜同情。

五

据安国所说，春秋学彻头彻尾是义理之学而非利之学。僖公二十九年四月晋及齐宋秦的联合军与楚战于城濮而破之。这是将中国从披发左衽（夷狄的风俗）中救出来的光辉胜利，但对此的经文报道很简略。安国说明其理由，举所谓"仁人明其道不计其功。正其义不谋其利"之语。昭公五年的《胡传》，也论述治国修己的同时当不以利而以义，说以利则上下交相取利而国危，患得患失而无所不至。这样在《胡传》里屡屡反省天理、人欲之分。然而《春秋胡传》在最后相信义理之胜利而不疑（同三〇，哀公十三年）。大概义理由人力而立。认为人由于依从义理而得天命吧。曰：

"圣人以天自处。贤者听天所命。《春秋》之法以人合天，不任于天，以义立命，不委于命，而宇宙在其手者也。"（同二十四年昭公四年夏之条）

总之，《春秋胡传》的思想尊重人心的功夫，是将命运系于义理的严肃道德主义。所谓拔本塞源的立场即此事。（上述同一一僖公五年，同二四昭公十二年，将中国之所以为中国置于父子君臣之大伦或者信义，除了这种立场以外没有什么东西。）因此虽然此思想的彼岸耸立着天之信仰，但作为行为的功夫不陷入宿命论，保留天人相待的思考。"获麟"之条中《胡传》

的思想，想来确实像是表达宗教之依赖与道德之精进的浑然一致。这是说"何以绝笔于获麟。其以天道终乎。圣人之于天道，命也。有性焉，君子不谓命也。是故《春秋》天子之事，圣人之用，拨乱反正之书"的理由。像曾子说的那样，出乎尔者反乎尔，像老子说的那样，佳兵者不祥之器，其事好还。以力胜人者人亦以力胜之。安国指示吴越楚秦汉的兴亡是充分透露此间消息者（同三〇，哀公十三年之条）。

注

　　《朱子文集》八一里面，题《跋胡文定公诗》而提出安国赠予僧人的五首诗，说儒释之间，有所谓毫厘之差者，读之者如果能够辨别此点就近于（孟子所谓）知言。上述，杨龟山的地方说的那样，朱子虽然考察了禅僧常总、龟山、胡安国等，湖南学派之间传承的（人）性论，也不得不说承认此诗里注意到儒家特色。此外子、胡致堂的《先公行状》所引安国《答赣川曾几书》里，以穷理尽性为圣门之事业，物物而察是知之始，一以贯之是知之至，理无论到哪里都存在，心无论什么东西都有。物物而致察，宛转而归于己则心与理不昧。这样以知循理为士，以乐循理为君子，以一以贯之为圣人，排斥佛之超悟说、理障说、灭人伦说。（关于上述，物物而致察，宛转归于己之语《朱子文集》七〇有题为《记程门诸子论学同异》之文，与程子相比较。）关于上述性论后面再论述。这里先列举上面五诗中的一首。

　　　　　　手握乾坤杀活机，纵横施设在临时。

　　　　　　满堂兔马非龙象，大用堂堂总不知。

　　其中，应该注意的是"纵横施设在临时"一句。虽想唤起读者的注意，但现在只说这些就停止吧。

据说胡致堂从父安国那里继承了《春秋》之学，著其《读史管见》。从此书之文字后来被收录于朱子《资治通鉴纲目》里的地方不少来看，在考察上述《纲目》渊源的场合，这成为不能遗漏的典籍。然而《读史管见》的目标所指在哪里呢？致堂的侄子、大壮之言（《读史管见序》）里，如果将明理立场的经与记述实事立场的史分开来考察，则史为案（议事），经为断（判决）。所谓史论是用经义断往事者。这样的见解确实道破了《诗史管见》的做法（例如《读史管见》一六隋炀帝仁寿四年之条里说，经，所发明者理。史，所纪者事。以理量事，以事考之于理，则如影响之应形声，有不可诬者）。致堂在这样的根本立场里面对史实，在此发挥道德批判之笔。《读史管见》被称为继承安国《春秋胡传》的原因便在这里。然而，在《春秋胡传》里，安国直接受上蔡的影响说"心"的方面虽然相当引人注目，但在《诗史管见》里，能注意到比较倾向于"理"的方面的地方。（同二九五代刘知远天福十二年之条那样——又参考《斐然集》二一《观澜道阁记》——明显也有绍述安国"心"之立场的地方）。所谓拔本塞源，在致堂这里，主要可以考虑有立于"理"之上的意思。致堂从理的立场出发排斥利（《诗史管见》二〇天宝九年之条里，叙述义理立场的坚固态度），排斥术数（同三建武七年之条）。论唐德宗说圣人之喜怒在物，众人之喜怒在己，知持志之方，由此凭借义理，告诫德宗对于藩镇的姑息手段（又同二〇，开元四年六月上皇崩之条）。致堂推崇的"学"，无外乎寄希望于人性之善，由讲明这样的道理，达到正心修身的结果（同二五，太和元年之条）。致堂论学之五失、二难（《斐然集》二〇《岳州学记》），同时认为道德有本，而不殄灭彝伦，性命有正，而不趋于空寂，幽明有故，而天地之外不复有天地，死生有说，而不取受形轮转、人兽同区之说，鬼神有情状，而当姓氏、言语、主掌之名，不在当接（同二一《永州重修学记》）。可以知道致堂如何顾虑老释，想要在不陷溺于此的地方里，放置善学者的意义。致堂论述所谓道理最终不过是本于人类生存的自然性的东西，只是符合于那里而有共同性、调和性。《斐然集》二〇《义斋记》所说即此。因天之高而载，因地之厚而履，依昼夜而作息，依四时而播敛，依万物之材而服役制作。同样因夫妇、父子、兄弟、君臣等之自然而产生正顺、慈孝、友恭、仁忠。凡是纲纪、法度、刑政、礼乐之用都是那样。那里彻底只能考虑通过作为自然者的共同性、调和性的自我展开——法则化。因此水之必湿、火之必热，各得其所宜罢了。即只是顾虑到打破湿热与他之间的共同性、调和性而不至于灭亡自己吧，说湿也好，说热也好，并非从外面附加的东西。这样的意思里，得其宜者是所谓义，君子、小人、华夏、夷狄、伯（霸）术、王道、圣学、异端的分别系于承认此义与否。这样的思考虽本来是儒教有特色的传统，但特别留意于此点是湖南学的功绩，特别是通过胡五峰给予朱子的思想以影响（参考《孟子集注·梁惠王章句上》，引用胡五峰的天理人欲同行异情之句的地方，这在后面详细论述）。下面试着就致堂所说稍稍举出其细目。

一

司马涑水曾经提倡王霸无异道之说，认为两者之间没有黑白甘苦相反那样本质上的差异（《读史管见》一一，甘露元年之条）。对此，致堂论述帝王之德以格物致知诚其意，以正心正身正其家，推之而带来朝廷百官下民为正的结果，不知王之异于霸为不知圣学者，接受据说涑水笃学力行而不知道的议论，认为有《疑孟》之作的原因也由此可以理解。不得不说充分显现出宋学的知的立场。

二

致堂与文定同样不认为天之生人，本来有华夷之辨。他曾说，如果使夷狄做中国之事，这也是所谓中国（《读史管见》七，大兴元年之条）。夷狄之为夷狄的地方在于不仁不义（同）。但是根据致堂，夷狄之人固然有君子，虽然能够与义，但圣人谨慎华夷之辨的缘由是说其大体"非我族类，其心必异"（同九，晋武帝大元十一年），引所谓"中国而用夷礼则以之为夷"的韩退之的话，以为是孔子《春秋》之旨。到底还是存在种族思想倾向。

三

司马涑水推在汉代五德之生胜，以秦为闰位，指出以霸而不为王的正闰论是无意义的，论述自上相授受者，在中夏居住者，全都以之为正统，以其他为闰的不当，舍弃正闰尊卑之辨，采取只依据其功业之实花费岁时，识事之先后的立场。不特别以昭烈为继承汉之遗统者。致堂对此表明了不满（《读史管见》五，文帝二年，四五页背面以下）。

四

易之几是动之微、吉之先见者。如果有陷于灾凶悔吝者的话，想来那是因为不能见机。说理的致堂也没有忽视这样的事实。然而根据致堂，吉凶是合于理、当于义者，与世俗的所谓福祥不同（同八，兴宁五年之条）。就这样，致堂说田野里耕筑也好，立而为相也好，都是伊尹傅说之吉，为父师，为王子的同时，为囚奴，谏而死也是箕子、比干之吉，驳斥了以父师、王子为吉，以囚奴、谏死为凶灾（同）。

五

致堂在人类的责任之事中考察道德。"尽人事，听天命"（尽人事而待天命。同八，五四页正面）是致堂的话，他每每从此立场出发论事。然而，所谓"尽人事待天命"，最终无外乎将命运托于道德的精进。这里有真正作为人的安心。圣贤安于义是因为知命（同一一，大明二年之条），命以义之可否而知之。义尽则命正，不知义则难以安于命（同）。这样的所谓宗教可以说是道德之极致。意气势利皆有穷而只有义理无穷。道德为永远。致堂关于郭子仪的议论（同二二，唐代宗大历元年之条）触及此情况。那里评论此人对于鱼朝恩采取的态度，叙述其尽己尽人，裕然有余，以君命为主，以天命为断，完全听之于命而智术两者皆忘，威力并弃，直至使疑我者和恶我者都不得不服从，不得不平。

六

　　关于致堂，难以遗忘的是，看了《斐然集》也那样明显（例如卷一九，《知京语录序》，同二一《罗汉阁记》等）与佛教徒并非没有因缘的此人的著书里，留下了排斥佛教之书《崇正辨》。前面涉及了父安国已经驳斥了佛教的超悟、灭人伦、理障等思想。致堂论述秦汉以来的儒教，及于知道之儒有几人的问题，感叹学问、德义、节行之士虽然不少，但没有能够深窥道体，说之当行之而得其传者（《读史管见》一五，仁寿三年之条）。说起来——致堂接着说——达到工巧、技艺之精通熟练有不可思议者。何况人之所以为人当然有比这个更大者。老佛之徒因为知道这个而繁荣。所以老佛轻贱儒术，以为自身是道之所在。一方面以儒为业之徒专精于诵数，刻苦于词艺，多闻博识而淹该，辨析同异而详审，或记谱族、谱系之差殊，或考郡国、方物之名数的情况。然而这如果从所谓"为己"的立场来说，就不是能够满足者。如果涉及《论语》的"默而识之"，《孟子》的"欲自得之"，《论语》的"行藏""卷而怀之"，《易》之"寂然不动，感而遂通"，《中庸》（《诗》）的"无声无臭"等所谓深奥的哲学问题，便呈现出意塞舌举的丑态，反而拜于浮屠氏之前而面壁灰心，求彼所谓一超顿悟者。作为儒而至此，还不如能达到前面所谓工巧、技艺之妙者。致堂这样论述口耳章句、纸上之语不足以入德的原因。致堂的这番话尖锐地攻击了儒家的欠缺。然而致堂排斥老佛而追求儒。为什么呢？因为致堂相信求之于儒教中有余师。而且因为那样的时候，没有一定要舍弃中国而听从夷狄之教的需要。致堂的《崇正辨》根据与上述同样的立场而写作。《崇正辨》的排佛论与其《读史管见》的华夷之辨是彼此联系的（参考丘琼山撰《崇正辨序》）。如果那样，《崇正辨》所说是什么呢？曰死生曰理障等。

　　认为近世的儒者尹师鲁、张子厚、邵康节等在死生之际，虽辞气不乱，安静而逝但其实比不上曾子易箦之正（程伊川也那样说）。大概从圣人来看则生死是人分内之事，没有值得畏惧的东西。因此将此置于问题之外。佛

153

氏从畏惧死出发，将其作为一件大事（《崇正辨》二）。致堂这样考虑，于是提倡舍生取义、杀身成仁的儒教立场。而且佛教以心为法，不问理之有无。根据心而决定理之有无。理与心为二，以理为障，以心为空。在圣人这里心即理，理即心，一贯而不为障。是是非非，曲曲直直，各得其所，物自付物，真正客观的关系出现而主我则埋没其身影。这是《崇正辨》攻击理障之说的原因（同二）。而且致堂针对佛教的禁断思想述说儒之道。即对于饮酒树立不乱，对于食肉树立不放纵，对于男女树立礼，对于生杀树立恕，对于利用树立义，其中有中庸之道（同三）。

注

一、《朱子语类》一〇一，和刻本四页背面有对于《崇正辨》的批评，朱子将此书与胡五峰的说话相比较，称其所说明白。

二、关于致堂的排佛论还有下面的资料。

（一）《斐然集》三、《以〈崇正辨〉示新仲》

（二）同一七、《寄秦会之书》

这是关于秦会之信佛，手抄《华严经》八十卷者，攻击佛之道以人伦为假合，以人世为梦幻而不考虑实理，从其教者舍家国而居山林，以死为一大事，轻视家族社会的道德这点。

（三）同一九、《传灯玉英节录序》

这里所论更加需要注意。根据致堂，意由心生，但意并非心。心由性有，但心并非性。然而在佛教论心的场合，不过勉强及于意，在其论性的场合，不过勉强及于心。即使说见性也并非真的见性。于是，以世界为幻，以性命为欲，以秉彝（民持守的常道）为妄，以事理为障。虽说清净寂灭，不着根尘，但大用大机，以不足于《易》之所谓"开物成务"。只是以擎拳（举起拳头）植拂（树立拂尘）扬眉（抬起眉毛）瞬目（屡次眨眼的做法弄机锋）为究极。这并非天地之纯全、中庸之至德。读者想起上述《朱子文集》引用胡文定公（安国）的诗。注意到儒教徒对于佛教的不满在哪边，正逐渐变得明确了。

关于胡五峰的思想应当了解的大概是以下诸点。

一　道的体用相即

据五峰所说，所谓道是体用之总名。仁是其体，义是其用，合体与用者为道。老子说的"大道废，有仁义"是错误的（《知言》一）。五峰这样将道的绝对无、广大的性质与其具体的性质合在一起说。朱子曾经病卧于山间，虽被亲友和仕于朝者以书邀请，但赋诗辞退了。曰：

> 先生去上芸香阁（胡籍溪先生除正字，赴馆供职），阁老新峨豸角冠（刘共父自秘书丞除察官）。留取幽人卧空谷，一川风月要人看。

又

> 瓮牖前头列画屏，晚来相对静仪刑。
>
> 浮云一任闲舒卷，万古青山只么青。

此诗传而到达五峰，五峰说与门人张南轩。"观此诗，知其庶几能有进矣。特其言，有体而无用"（《朱子文集》八一《跋胡五峰诗》）。这样记载了五峰为了规谏警戒朱子而作的一首诗（同）。检查《五峰集》又有二首。现在依据《五峰集》来列举。

> 朱元晦寄诗刘贡父，有风籍溪先生之意，词甚妙，而意未员，因作三绝

云出青山得自由，西郊未解如薰忧。

欲识青山最青处，云物万古生无休。

幽人偏爱青山好（偏原作徧，今据《朱子文集》改），为是青山青
不老。

山中云出雨乾坤，洗过一番山更好。

天生风月散人间，人间不止山中好。

若也清明满怀抱，到处氛埃任除扫。

足以窥探出五峰以超世隐逸的思想为错误。

二 性善说的批评

五峰考虑的人性思想有难以忽视者。五峰说性广大而具万理，天地也
由此而立，说世儒说性者，大体只指一理而言之，尚未见天命之全体（《知
言》四）。如果那样，孟子、荀子以善恶言性是错误的吗？五峰不能不肯定
之。为什么呢？被考虑为天地鬼神之深处的性说成善也是不充分的。更何
况恶呢？对五峰来说，父亲安国说孟子说性善者是叹美之辞，不与恶相对
是理所当然的。

注

如上所述，按照朱子所云（《朱子语类》一〇一），据说杨龟山曾
经过庐山会见禅僧常总，听到本然之性不与恶对之言。龟山的语录里
也引用常总的话论述孟子的性善（《龟山全集》一三）。安国以性善为
赞叹之辞的思考其渊源在于龟山而追溯至常总。为了理解致堂、五峰
的性论必须知道此事实。

那么这样对于性认为无善恶的想法，将现实的人性从其根源，还原到那里同等看待了，就那样承认人类欲望的现实，采取避免将其用什么样的形式否定的倾向。目之于五色，耳之于五声，口之于五味，全都是性，不是外来的。因其性之所在，导之而由至善处有圣人的立场。因此老子想要遮蔽而不使看到人人应当想得到的天下之公欲的思想是错误的（《知言》一）。此外，好恶是性，什么人都有。只是小人的好恶以己，君子的好恶以道。天理与人欲之间的差异在这里产生（参考朱子《知言疑义》）。五峰有名的"天理人欲同体而异用，同行而异情云云"（同）的说法出现便是这个原因。总之，因为性在其本然里面无善恶，所以可说天理、人欲是同体的。只是在其作用里虽不同。而且即使同样是人类的好恶，在圣贤则为天理，在小人则为人欲，想是因为前者是公而有共同性，后者是私而停在自我。问题完全关系到是否有共同性。

注

朱子对于五峰这样的言说，以同行异情为是，以同体异用为非——《朱子文集》五八、《答徐居南书》。又参考《朱子语类》一〇一、和刻本三八页正、背面。《孟子集注》梁惠王下齐宣王问曰：人皆谓我毁明堂章末，王曰寡人有疾，寡人好色，云云之注外说"盖钟鼓、苑囿、游观之乐，与夫好勇、好货、好色之心，皆天理之所有，而人情所不能无者。然天理人欲，同行异情。循理而公于天下者，圣贤之所以尽其性也；纵欲而私于一己者，众人之所以灭其天也。二者之间，不能以发，而其是非得失之归，相去远矣"。（虽然此文也已经出现在程伊川之部，但是这里只想重新特别提示前半部分。因为想再次唤起读者的注意。）更进一步想参考朱子的《孟子或问》、倪士毅的《四书辑释》。朱子这样的思想在考察儒教伦理特色的场合，是触及其根本问题者，因而也可以说湖南学的一半价值关系到此主张。

然而虽说适应好恶之性，决不能拘泥于耳目闻见。如果拘泥于此，那只不过是众人。而且虽说不拘泥于耳目闻见，但也不能舍弃典章法度。如果丧失它，就是佛教徒。在众人与佛教徒这里，其心遍该流通，难以与其论性命之理而反之于"正"（《知言》一）。可见五峰是一边这样思考而按好恶生活，一边想依据家国之理来指导它的人。在这里所谓人道成立。

其次，依据《知言》三，五峰对于性、情、心大致持有以下的看法。视听言动无息之本里可探知性，视听言动不息之际里可观察体会情，视听言动、道义明著处能了解心（之自觉作用），视听言动、为物欲所引处能知人欲。其中，心关系到性情之德，那里在微妙的关联里起作用（主宰运用——依据《朱子语类》一〇一的解释。依据同《语类》及《朱子文集》四一《答冯作肃第四书》，朱子称赞了这样的心之思想）。性情之德里面的奇妙之心是仁。五峰教导说，欲为仁，则先识仁之体，在为仁之心的发见，即良心之苗裔处着功夫，养之充之，大而不止，至与天地同（《朱子文集》七三《知言疑义》）。朱子认为这是没有本源涵养的功夫，对于朱子学的成长产生重大的关系——参考《朱子语类》一〇一）。

注

五峰在《知言疑义》中的心性思考的内容是以性为体，以心为用，以性动的场合视为心，这招致朱子的不满。这在《五峰集》二《与僧吉甫第二书》里也是一样的，引证将未发系于性、已发系于心的程伊川（参考《朱子语类》一〇一，和刻本三〇页反面。据朱子说，此为伊川之旧说，后来改了，但五峰却守旧说。）。

三　佛教非难与儒学立场

之前提及五峰关于佛教徒的批评，五峰在《和马大夫辟佛五首》（《五峰集》一）里攻击佛教抛弃天伦（因为认他人之亲为己之亲），亡失三纲（此之有无区分华夷）。此外《与原仲书二首》（同二，原仲是安国的侄子胡籍溪）里说明天所命之五典，作为天性的五常，以为天下万物皆有法则的吾儒的实在立场而与佛教对比。即吾儒随着退而立命安心，进而开物成务，所谓退藏于密而吉凶与民同患，尽管寂然不动却感而遂通天下之故，体用合一，未尝偏颇。所以才备万物。如果不能备万物，即使说反身而诚也难以相信。释氏因为出家、出身，毁性命灭典则，以事理为障，可是，还谈论心地法门。这样私其身而物我兼忘不能与天下为大同。五峰的《皇王大纪论》（同四）里所说为如下。有保合大和，生育无穷之道。它无始终地经过永劫而行。事本于此道，道藏于事。天生人，人成就天，人道立。圣人说此人道。即说家族、社会之道。然而佛教脱离家庭、社会生活，以心为主而不知天道，体用分离而不足为所谓开物成务（通过开拓事物而为世务）。虽然戴天履地，渴饮饥食，经营日常自然的生活，但是谋求除去内在于人类共同生活的人道。这难道不是矛盾吗？

如果那样，儒之道怎么样呢？进而试着听《复斋记》（同三）之言吧。《复斋记》以为，适应家庭、社会之事物而活用之的立场，由事物而知所以迷失于事物的人类，去除外诱，不失其赤子之心，回复生来之妙，驱使事物而使为人世之用的立场，尽管不离事物，却超越之的立场，那无外乎依据它把握事物之理。详细来说的话，格物致其知。为此通过立志以定其本，居敬以持其志的功夫而精于知，视听言动，皆由至理，形色音声，唱和行止，无不有妙用，事各付事，物各付物，贯人与我而为一。应于物者化，在躬者神，至此则天命在我。五峰这样说明儒的立场。

第三节　朱子的交友

张南轩与吕东莱都是朱子之友。后述的朱子学是在与此二人的相互批

159

判间成长的。

张南轩（名栻，字敬夫，一一三三——一八〇）

南轩是胡五峰的门人，因此属于湖南学的系统，继承其学风。南轩因为此学风而对友人朱晦庵（子）初期的思想给予了影响。然而与朱子的切磋反倒使南轩自身的思想也产生了变化。["元晦（朱子）卓然特立，真为金石之友"是见于《南轩文集》二六《答陆子寿书》之语。还有参考《朱子文集》七三《胡子知言疑义》《南轩文集》二七《答舒秀才书》，以及《宋元学案》五一、南轩传后语等。夏炘的《述朱质疑》四论述南轩思想的变迁为癸巳——四十一岁——以后跟从朱子。]

南轩受教于五峰之思想，以"心"为重要出发点论学。大概依据南轩，孔子之仁是人心。所以在目视、耳听一切动作之际说道而以为有外是错误的。然而，此人心如胡五峰说的那样，是天理人欲同行异情（参考前述）的存在，恐怕当求仁之际毫厘之差会带来天地之误，必须思考求仁的方法。于是其方法是孟子素来所提倡的，知恻隐之心是仁之端，在这里求之是南轩的想法。事亲从兄、应物处事的场合，即在家庭社会等生活场景里发现人心之端绪。因此能默识于诚而存之，扩充而实现之，生生之妙，油然足于心中则能得仁之大体。及其至极而到达与天地合德、与鬼神同作用的广大境地。（《南轩文集》一〇《潭州重修岳麓书院记》，又参阅同九《桂阳军学记》、同三六《困斋铭》）。

注

上面《岳麓书院记》是南轩初年之说，朱子说与陆象山的思想相似（《朱子语类》一二四）。

因此观察所谓端倪（《南轩文集》二八《与曾节抚干第八书》，端倪是

《庄子·大宗师》篇之语）成为学问的重要功夫。南轩理解的"敬"的思想也建立在此见解之上。即心活生生地培育是敬，死非敬。惺惺地觉悟是敬，昏昏地停留不是敬（同二七《答戚德锐第二书》、又同三六《敬斋铭》）。这样，南轩的心之功夫首先偏于所谓发动的方面而欠缺沉潜之深度（朱子对于此事的批评参阅《朱子文集》三二《答张钦夫书》、同《语类》和刻本一〇三，七页正面，山崎闇斋编《中和集说》等）。然而如上述那样，南轩与朱子的往来在这样的思想倾向里也产生了变化。南轩以为：

> 某自觉向来于沈潜处少工夫，故本领尚未完，一二年来颇专于敬字上勉力，愈觉周子主静之意为有味。程子谓于喜怒哀乐未发之前更怎生求，只平日涵养便是。此意须深体之也（《南轩文集》二五《寄吕伯恭第四书》）。

又认为：

> 其惟敬乎！拘迫则非敬也，悠缓则非敬也。但当常存乎此，本原深厚则发见必多，而发见之际，察之亦必精矣。若谓先识所谓一者，而后可以用力，则用力未笃，所谓一者只是想象。何由意味深长乎？（同二七《答潘叔昌第二书》）。

注

一、依据南轩友人吕东莱之言（《东莱集》二〇《杂说》），据说胡五峰曾经作为学之手段说求仁，作为求仁的手段说居敬，作为居敬的手段说"心之在焉"。此外南轩（可见继承老师五峰这样的想法）说，心若在这里则称之为敬，进而说明当此对宾客谈论的时候别有所思，即使思为善，那也不是敬。才有间断则不可谓敬。这样心之生命，仿佛恢复其纯粹持续的地方里考虑为敬是通贯程子、谢上蔡、湖南学的东西，触及了敬之秘义及其本质。

二、《南轩文集》二九收录《答吴晦叔书》，晦叔的质问里说：

如果不注意省察心之苗裔便想要培壅根本，苗裔的萌芽尚未能够知道，却以什么作为根本来培壅呢？此正不异于闭目坐禅，虽未见良心之发却敢说我已经见性。这可以说是提出一大问题。南轩的答书里想要兼顾知心之苗裔与根本之培壅，可见涵养厚则发现必多，体察精则本根越来越稳固的主张。

三、《南轩文集》三六的《主一箴》说敬之妙在于主一，所谓一无外乎无适。朱子似乎不满于此《主一箴》，为了补其遗意而作《敬斋箴》（参阅《朱子文集》八五《敬斋箴序》）。然而南轩也有《敬斋铭》（《南轩文集》三六）一文，也像熊勿轩的《敬斋铭箴跋》（《熊勿轩文集》五）里面说的那样，能够认为朱子的《敬斋箴》不过是发南轩《敬斋铭》未尽之蕴。大概"后之学者见（朱子的《敬斋》）《箴》不见（南轩的《敬斋》）《铭》。但有矜持拘迫而无从容涵养之功。甚者以擎跽曲拳为敬。看得'敬'字多死而不活"（同）。即不得不认为朱子的《敬斋箴》由于礼的制御方面强出（虽然浅见絅斋在其《敬斋箴讲义》里说此为敬之工夫的明白实处）而南轩的《敬斋铭》方面，心之功夫有触及生命的直接性。还有上述勿轩的跋文也引用南轩的《敬斋记》而周到。对此请看一下。

那么南轩与陈平甫的问答（《南轩文集》卷三〇）也同样是能从上述南轩思想的归结处确立的。依据此文，南轩对于"奔逸绝尘存乎思"（《庄子·田子方篇》里有颜渊对孔子说的话。曰："夫子步亦步，夫子趋亦趋，夫子驰亦驰，夫子奔逸绝尘，而回瞠若乎后矣！"奔逸绝尘意味着急走，能认为是由于思维一下子悟得之事）一句，其语浮夸而不稳帖，所谓"思"

是沉潜缜密、优游涵泳，以深造而自得者。说奔逸绝尘就有臆度采取之意，有异端之一闻即悟，一超直入之弊，不是圣门的思睿作圣（由深思而成圣）的功夫。

南轩的心之功夫的第二项内容是采取敬与穷理必须相待的原则。南轩举孟子以集义为本的立场与程子以居敬为本的立场，认为用功只是克己、明理之二端，说居敬则克己在其中，集义则明理在其中（《南轩文集》二七《答李季修》）。此外说明体察恻隐、羞恶、辞让、是非，孟子所谓四端的功夫就成为艮止（《易》之所谓止，即止于人伦）之妙（参阅同三六《艮斋铭》，又同《敬斋铭》，又同《扩斋记》）。南轩回答俞秀才（同二一）说主敬穷理的重要，更进而做了以下的思考。即饥食、渴饮、昼作、夜息固是义，但是学者要识其真。孟子只在事亲从兄上指示是最恰当的（南轩所谓真是这样家族生活等的基本法则），释氏只认扬眉瞬目、运水搬柴为妙义而不区分天理人欲于毫厘之间。如果那样，天理与人欲在哪里区分呢？南轩考虑的义利之辨别是解决此问题的一个尝试。根据南轩，义利根据"无所为而然者"与"有所为而然者"区分。所谓"无所为而然者"绝不意味着无意识。而是意味着动机的纯粹性——公共性。因此省察是必要的，如果欠缺省察，则无论何事也无不为利。所以，利不只限于名位、货殖。一旦有"所为"，那只是浅深的差异，殉于自己是一样的（《南轩文集·孟子讲义序》，南轩此语依据朱子，认为其语意之深切，大概有前贤所未发者——《朱子文集》八九上述《文殿修撰张公神道碑》，又《大学或问》）。

以上这样居敬穷理的思想大体是通过胡五峰而受用程子者想必是明白的。只是最后应当说一句的是南轩特别说居敬与穷理的互发这点。"盖居敬有力，则其所穷者益精，穷理浸明，则其所居者益有地。二者盖互相发也"（《南轩文集》二六《答陈平甫》，此外参阅上述《扩斋记》）是其所说。这是与重视心的思想家相应的。

吕东莱〔名祖谦，字伯恭，——三七———八一〕

在东莱的思想中，兼取诸家的折中色彩稍强。这一方面也是与此人之家族得所谓中原文献之传的事实相关联。据说后来王深宁继承了这样的倾向。（《鲒埼亭集外集》一六《同答三先生书院记》）。

东莱说心与性的区别，以心为主宰，相当于帝，以性为本然，相当于天（《东莱文集》二〇《杂说》），说应当在心上作功夫，引用孟子"尽其心者知性"一句。如果那样，所谓尽心是什么样的东西呢？东莱对此的回答，认为因为心之体无量，所以尽之者稀少，必须与天地同。东莱这里有应当说是性格的一点。那就是推赏逊悌，说逊悌则心下（心不骄傲），心下则平（平静），平则至公大同之理自然显现（《东莱文集》二〇《杂说》）（不过东莱为了不流入异端，逊悌中理会等差节文，所谓致广大的同时求尽精微——《文集》一六《礼记说》）。或者"平正朴实"（同三《与朱侍讲》）"弘大平粹"（同四）"前面常要宽，莫教窒窄"（同二〇《杂说》）等文字出来。这样的文字也表明了东莱学问的性格。

那么东莱常常说持养、察识两功夫之并进（同五《答潘叔度》，又同《与学者及诸弟》），更加之以友辅仁，又说应当于事事物物上检验学力（同上）。因此言及敬与致知的关系，说明所谓致知是在视听言动、起居食息、父子夫妇之间见得此理，深入察识其所以然（使然者），识其所以然便（就那样）应当以敬守之（同一六《礼记说》）。也可见《大学》里本来致知是本。然而因为人之根性有利钝，如果未能致知也不能没有栖泊处，那就是敬（同上）等意见。这样东莱主张致知与居敬的并进，同样也主张致知与力行的并进。致知与力行原本交相发，工夫从开始就不能偏（同四《与朱侍讲》）。这无外乎东莱的立场。话虽如此，不能将致知力行作为两事，也有说力行是所以致其知的地方（正像磨镜是镜明的原因——上述《杂说》）。由以上也可窥见东莱的思想缺乏直截强烈的主张，保留可称为混合的状态。只是其间，不是没有无论何人也注意到的倾向。所谓倾向是什么呢？即

"实"的思想。东莱所谓"实"的意思并不固定，是考虑对于虚伪的真实性，对于空想的东西的现实性，或者对于观念的东西的事实性，对于世间不起作用的东西的实用性等（参阅同三及四《与朱侍讲书》、同六《陈同甫恕斋铭》、同二《大学策问》等）。尤其《大学策问》里论述讲实理、育实材、求实用的原因，驳斥空言。根据东莱，对于王道，必须能举其各条实事之纲目，对于佛老，并不仅仅是说清虚寂灭，如果说其乱真，必须准确说出其乱真者之深浅；对于申韩，不仅仅是说刑名、术数，如果说其乱正，必须准确论述其乱正者之存亡。这可以认为有实见的学者才能做到的。尊"实"的东莱采取响应现实形势的态度。例如一边教科举之业，抓住与世间学徒接触的机会，选其中性情好者开导之，想要诱导到成己成物的真正教育（同三《与朱侍讲》）。此外又说不能忽视学者的气质有利钝，功夫有浅深，应当随根性、识时节，适当对待，或者先指示方法，或者待愤悱（心欲求通而未得，口欲言而未能——《论语》）而启发之等斟酌而行（同）。东莱，与称为英伟明峻之资的其友朱晦庵（子）相比，毋宁推荐持养、敛藏的功夫，说如果那样就是斯文的幸运（同），趣味深长。

更进一步来说，则东莱的实的立场与重视有用相关联。东莱引用《易》所谓"利者义之和"的语句，苏老泉的"不可分义利为两途"之语，以义之和处即是利，以徒义、徒利的辨别为非（同一二《易说》）。又说"百工治器，必贵于有用。器而不可用，工弗为也。学而无所用，学将何为也耶"（同二《杂说》）。东莱殁后，婺州兴起事功学派也绝不是偶然的。

注

　　一、关于东莱殁后婺州诸学者的情况参阅《朱子文集》三五《与刘子澄第十一书》、夏炘的《述朱质疑》九《朱子借陆学以针砭婺学说》。

　　东莱与后述永嘉、永康的功利学派（所谓浙学）关系深厚。参阅

《东莱文集》五《与陈君举书》《与陈同甫书》及《陈龙川文集》一六
《跋朱晦庵送写照郭秀才序后》、同二〇《答朱元晦丙午秋》、同二二
《祭吕东莱文》二篇等。其中，上述《跋朱元晦送写照云云》之文里简
略叙述了相互立场的不同点。

　　二、后述朱子的思想一方面是与功利思想相较量者。上述《述朱
质疑》九《朱子同时浙学考》论及此。（还有关于浙学后面论述。）

在东莱重视实的思想里，不能忘记的另外一事是由此人产生的史学。
东莱作为观史的资料取从《书经》开始，其次《春秋左氏传》《资治通鉴》，
下及宋代典故，在那里面似乎也考虑一些伦理的立场（《东莱集》三《与张
荆州》），其著作《大事记》按照朱子所云"有续《春秋》之意，中间多主
《史记》"（《朱子语类》一二二）。

第四节　永嘉及永康之学

所谓永嘉及永康之学是兴起于浙江地区的所谓事功（功利）思想，后
述朱子一方面是通过批判此达到占据其地位的。据说其学派的渊源是程伊
川（《叶水心文集》一〇《温州新修学记》及《陈止斋文集》五二《陈公神
道碑》——楼钥撰等对了解此学派的源委特质是有用的。《温州新修学记》
成于嘉定八年一二一五年）。

注

　　上述《温州新修学记》里记载，从前，周恭叔（名行己）从程伊
川及其门人吕与叔那里开始听到学问，摒弃王临川的新经与古来的旧
疏而开拓了新的永嘉学派。又依据《陈龙川文集》一四《伊洛礼书补
亡序》，作为陈止斋之语列举了以下事实：永嘉的薛艮斋曾经从学于袁

道洁。据说道洁及于伊川之门，得伊洛之礼书，虽想将其授予艮斋，但因有事情而未实现。永嘉学的一大特色在于重视礼学，朱子学的一大功绩也在于礼制的研究，后者的礼制研究想来其渊源在于程伊川、吕与叔，因此永嘉学与朱子学在礼学这点上也认为是有接触的。然而像上述那样艮斋最终没有接受应当从袁道洁那里接受的礼书，周恭叔与吕与叔、程伊川之间礼乐的传承不详。而且也有伊川、吕与叔、朱子的礼制是《仪礼》中心，永嘉学派的那个是《周礼》中心的差异。

永嘉的思想以薛艮斋、陈止斋、叶水心为代表，永康的思想以陈龙川为代表。

薛艮斋（名季宣，字士龙，一作士隆，一一三四一一一七三）

陈止斋（名傅良，字君举，一一四一一一二〇七，止斋卒年根据《疑年录》。《疑年录》云：生绍兴十一年辛酉，卒开禧三年丁卯，史无卒年，据叶适撰《墓志铭》。然而《四部丛刊》本《水心文集》一六所载《墓志铭》里有嘉泰三年十一月丙子卒，《疑年录》错误吗？如果那样可以改为一一三七一一二〇三）

叶水心（名适，字正则，一一五〇一一二二三）

陈龙川（名亮，字同父（甫），嘉定十四年，一二二一年，叶水心作此人的《墓志铭》）

薛艮斋学于伊川门人袁溉。除精通六经之外，还至于历代之史，天文、地理、兵制、农业，而且不失统一，汉儒的器数、章句、形而下之学，与异端之哲学、形而上之学的两方面欠缺都有所补。即扬弃高沧于虚无，卑滞于物的弊病（参阅陈止斋撰《行状》）。

艮斋说义利之一致（《浪语集》二九《大学解》）是与作为永嘉思想的先导相应者。此外论《春秋》，阐明扬其善书其恶的无私态度，其终归在于直笔。即不应像三《传》那样褒贬抑扬而乱是非之正，到底还是实录重要。

那样《春秋》之道才成为治乱之法。在这样的立场里，以经释经处有以正归经的真正经解（同三〇《春秋经解要旨》）。这样可认为是与胡安国、胡五峰等稍稍不同的春秋学。

艮斋就道之体用说的话也充分表明其特色。按照艮斋，古来分为形而上、形而下的道与器决不应当相离，道总是存在于形器之内。如果将器从道分离而说不是道，则不仅仅不可能知器，而且也不知道（同二三《答陈同父》）。

陈止斋从游于艮斋最久而造诣最深。止斋的《行状》里可见"其为学，先于致知，充以涵养。……笃于躬行，周于人情事物，兼博约，贯精粗，不倚于一偏"。吕东莱与朱子的书信（《东莱集》三）里说止斋对于田赋、兵制、地形、水利的研究很擅长，而且据说并不一定是回避深究义理者。然而根据回答陈同甫（龙川）的第三书（《止斋文集》三六），对于龙川与朱子的论战不惜批判，其间也有泄漏自己意见的地方。止斋理解的龙川主张是，功成处便是有德，事到济处便是有理。这样一来，三代圣贤之功夫是徒劳。如果那样，有的东西只是人力而难以考虑天命，君主会忘掉兢畏之心。与此相反，朱子的主张是，功有偶成，不必限于有德。事有偶济，不必限于有理。这样的话，汉唐之祖宗近于盗贼。如果那样，人力不参与，能简单得到天命，下面会出现判臣。龙川、晦庵（朱子）的立场被考虑有给予骄君、乱臣以根据的不安。于是止斋所采取的既不仅仅是义的立场也不仅仅是利的立场。

对于止斋还有难以忘记的是重视《周礼》的事实。止斋依据诗书之义求文王、武王、周公、成王、康王之心而考察其行事，而且说多见于《周礼》一书（《止斋文集》四〇《进周礼说序》，还有《叶水心文集》一二《黄文叔周礼序》里言及止斋的《周礼说》）。因为此书曾经受到王临川的尊重，根据其理财思想，谋求富强之术，所以愤怒于夷狄之入侵的学者误解了使用《周礼》政策的失败。止斋可以说是为此经书雪洗其冤。

叶水心论述理财与聚敛之不同。按照水心，以古来理财，被认为是巧取于民而供上用的缘故，所以君子逃避理财之名而小人取理财之权。前者的道德主义远离于财，直至使天下之大计归属于小人。(《水心文集》四《财计上》)。水心的《习学记言》(《宋元学案》引。译者按：今查出自《水心集》卷四《财计上》) 如下说道：

> 夫聚天下之人，则不可以无衣食之具。衣食之具，或此有而彼亡，或彼多而此寡，或不求则伏而不见，或无节则散而莫收，或消削而浸微，或少竭而不继，或其源虽在而浚导之无法，则其流壅遏而不行。是故以天下之财与天下共理之者，大禹周公是也，古之人，未有不善理财而为圣君贤臣者也。若是者，其上之用度固已沛然满足而不匮矣。后世之论则以小人善理财而圣贤不为利也。圣贤诚不为利也。上下不给而圣贤不知所以通之。徒曰：我不为利也。此其所以使小人为之而无疑欤！

水心改正这样的缺陷，教导真正的理财。从而斥退严格区别义与利的汉董仲舒的理由是非常明白的。水心评论仲舒的"正其谊（义）不谋其利，明其道不计其功"之语为完全不切实际（同上）。按照水心，以利与人而不自居其功处，道义产生光明。如果没有功利，则道义成为无用的虚语。这样的见解可说是充分说明所谓永嘉功利学派立场者。水心推荐《周礼》也是为此。

水心说周道聚于此书（他经为散），周之经典在此书上最为切要（他经为缓），所谓公卿敬，群有司廉，教法齐备，义利均等，文武、周公之实政在此，绝不是度数、事功之学。（《水心文集》一二《黄文叔周礼序》）。而且《周礼》说道的场合，必兼艺，未曾不说其之所以为道者（使道成为道的形而上学的实在）（《易传》、子思、孟子，虽也说道，但都固定为某物）。后世开始有异说，再加上《庄子》《列子》，以及西方之学导致越来越乖离。水心这样考虑而采取道艺并尊的《周礼》。

注

　　《水心文集》一〇《敬亭后记》里面认为复礼是学之始，提出礼复而敬立之说（此文成于嘉定四年一二一一年）。按照此考虑，对于还不能够复归于礼者，以敬来责备是无理的。水心这样的立场早就被黄东发非难（《黄氏日抄》六八。如全谢山也指出这里颠倒了礼与敬的关系——《宋元学案》五九《水心学案》）。然而，这无非是充分显示水心思想倾向的东西。

　　水心主张《易·十翼》不是孔子之作而排斥它（同《学案》总述讲学大旨、《习言记言》等）。努力想要阐明因为那时由魏晋以来《十翼》被老庄释氏利用的情况及由周张二程压制佛教的锐锋，同样随着子思、孟子的新说、奇论而《十翼》的思想有所发明的经过。同时，说如果不省悟《十翼》非孔子之作，那么道之本统仍然不明，还说不知夷狄之学本来与中国不同。这里，水心的立场明确。水心是不认为所谓宋学里面重视的曾子、孟子是对的人（同，《习学记言》）。曾子说"笾豆（盛食物的礼器）之事有司存"是不得孔子一贯之道者。水心说孟子因为重心性，一切废弃古人的条目而专以心为宗主，废弃了内外相成之道（同）。

　　据说陈龙川与上述永嘉诸家一起，同样为浙学功利之徒。只是像全谢山说的那样永嘉诸家以经制（治国制度）说事功，渊源虽能够追溯于程氏（《宋元学案》五六《龙川学案》），而龙川专言事功，其学更有鲁莽奔放的样子。

龙川说复仇之义。(《龙川文集》一《上孝宗皇帝书》)。天地之正气，郁遏于腥膻(吃腥膻兽类的蛮人)很久而不得驰骋，以为将要有所发泄，天命、人心，固非偏方(南渡以来的宋那样偏的地方)之所可久系，因此在此时机里必须追逐复仇之义。龙川规劝此事，骂今世之儒士为风痹不知痛痒之人。即他们低头拱手安于君父之仇而谈性命。然而所谓性命到底是什么呢？此外，龙川说今之有才能的臣都是狂惑恣意叫呼之人。即不以暇时讲究立国之本末而骄傲地论富强。然而所谓富强究竟是什么呢？龙川发了这样的议论。

龙川怀疑书册不足以依靠，亲自观察土地之形势(同《戊申再上孝宗皇帝书》)。进而龙川主张所谓道并非出于形气之表者，而总是行于事物之间者，教导人们不靠自己的天资之高而只有勉力于其所当行是必要。按照龙川，董仲舒为武帝所舍弃的理由是因为其所谓正大之理是超越的。总的来说，如果正大之理者不达之于事物，孔孟之学就真正成为迂阔(同九《勉强行道大有功》)。又如齐宣王好色、好货、好勇，都被考虑为害道。然而孟子进而想要扩充之。好色是人类共有之心(所谓同心)。如果达之于民，至于使民皆得婚而无怨，勉强以行道使上述的同心满足。如果是那样，则好色也不必至于沉溺。决不能成为道之害。如果人心无事，即使孟子也没有顺应劝诱它的头绪，因此无论如何也不可能。虽然龙川相信有人心，并且其中必定有许多不洁净的东西(同二〇《答朱元晦书》，又《乙巳秋书》，此时朱子五十六岁)，但是认为无论到何处也努力要根据此而处理之。

龙川谴责友人朱元晦(子)仅尊崇三代而不取汉唐的态度。由伊洛诸公而天理、人欲被辨析，王霸、义利之说变得明白了。然而三代以道治天下，汉唐以智力把持天下的说法不能服人心。龙川对凡是这样的想法及依据此的近世诸儒的天理、人欲的历史观都不赞同。孟子曾经礼遇被称为不孝者的匡章是杂驳之中见得真心者，不得不说见识高。波流奔奔、利欲万端之中能察真心之所在方可贵。如果万虑不起，全体洁白处见真心之存在，则此为始学者之事。所谓一生辛勤于尧舜相传之心法，不能点铁成金，不免以银为铁，汉唐千五百年之间成为一大空阔，使人道泯息，夸耀自己的见识甚为孤高（同二〇《答朱元晦秘书》之中的《乙巳春书》）。龙川这样议论道。

注

龙川又说：

研穷义理之精微，辨析古今之同异，原心于秒忽，较礼于分寸，以积累为功，以涵养为正，睟面盎背则亮（龙川之名）于诸儒诚有愧焉。至于堂堂之阵、正正之旗、风雨云雷，交发而并至。龙蛇虎豹、变见而出没。推倒一世之智勇，开拓万古之心胸。（如世俗所谓粗块大脔，饱有余而文不足者，）自谓差有一日之长（同《又甲辰答书》）。此为淳熙十一年——一八四年之书。当时朱子五十五岁辩难浙学。（次年进而辩难陆学，可以窥见朱子学的成长。）

观察朱子的经济手腕与政绩的话，可以发觉龙川的豪言还是空疏。朱子的《语类》一二三里有朱子的龙川观，据此则朱子评价龙川说，譬如看见劫盗裁判之案文的场合，终见断其罪，不要防备禁制。只是要理会许多做劫盗的道理，等他学做一样的人。这充分表明两家立场的差异。可说龙川倾向于事实的理解，朱子倾向于道德的批判。

龙川的方针着眼于现实是无可争议的。而且其功夫是动的也是很显著的。动的这一点在与朱子的下面一文（《癸卯秋日书》）也证明之。龙川承认朱子弹劾唐仲友使一世震动，下面却说：

风不动则不入，蛇不动则不行，龙不动则不能变化。今之君子欲以安坐感动者，是真腐儒之谈也。孔子以礼教人，犹必以古诗感动其善意，动荡其血脉，然后与礼相入；未"兴于诗"而使"立于礼"，是真嚼木屑之类耳。况欲运天下于掌上者，不能震动，则天下固运不转也（同）。

相信以上能大体上穷尽永嘉、永康所谓事功学派的性格。

注

《宋元学案》六五《木钟学案》全谢山说永嘉学派思想的转向始自朱子门人叶味道与陈潜室二人。潜室名埴，留有《木钟集》十一卷。

第五节　朱晦庵（子）（名熹，字元晦，一字仲晦，
——三○——二○○）

一　世界观

朱子学从理及气两方面来考察世界。理之中名为所以然者称为物之根本因，即是所谓太极，朱子说明为什么称为太极时说"其究竟至极，无名可名，故特谓之'太极'。……至于'太极'，则又初无形象、方所之可言，但以此理至极而谓之'极'耳"（《朱子文集》三六《答陆子静书》）。

注

因为太极之极是这样至极之极，兼有标准之义，只限于关于'极'字之意义，那被认为是与《尚书·洪范》的皇极之极同义。看朱子的《皇极辨》（《文集》七二）则此旨趣非常清楚。

朱子在此文里，不以"大中"训"皇极"二字。这与孔氏传以下先儒（其中也包括给予朱子思想以深刻影响的程子）之说是不同的。（只有王安石的《洪范传》——《王临川全集》七六——里说"皇，君也，极，中也，言君建其有中，则万物得其所"云云）。朱子以皇极为君（天子）说"极者至极之义，标准之名，常在物之中央而四外望之以取正焉者也。故以极为在中之准的则可，而便训极为中则不可"（又参阅《朱子语类》九四、和版五页）。训此皇极为大中者，凡立事欲用大中之道，以含洪、宽大、至宽、至广为主，至于不分含胡、苟且、善恶，不采取至精、至严的立场，直到最后无外乎唯恐优游姑息、是非颠倒、贤否贸乱而祸败随之。这里表明朱子对于禅学、陆象山之学、婺州功利之学的态度。朱子考虑以皇极之一章为洪范九畴之本，所谓皇极是说人君以其一身树立至极之标准，一个表仪于天下而行无偏无党之王道，万民皆从其表仪而归一于此处，天子成为民之父母，以成为天下之王。（为此人君如《洪范》所云，聚五福而为建极之本，不用说必须实行敬五事，顺五行，厚八政，协五纪而包皇极等难事）。像这样是朱子自负为一破千古之惑（《文集》五二《答吴伯丰书》）的思想。曾经广为流布的门人蔡沈《书集传》里叙述此说。

老庄虽然也说世界的根本，却不做上述那样的思考。朱子学在这点上不同。然而意味至极之理的太极同时就是最包容的，必须在里面具备所有物。所以朱子说道，周濂溪的《太极图说》在所谓"太极"之字外，加"无极"二字说明理。作为世界根本因的理的确必须被认为"无极而太极"。据说周濂溪的《太极图说》按照洪容斋所修《宋国史·濂溪传》是"自无极而为太极"（《朱子文集》七一《记濂溪传》，又同三六《答陆子静书》），即使这是原文，在朱子学里面，到底太极如果不是无极，直接就没有意义了。即这样方才产生《太极图说》的历史价值。作为《太极图说》的观点此事正是最重要的地方，说朱子尽全力于这里的主张也不为过。因此"无极而太极"的想法，至极之理更没有出自其上的绝对者，就是那样追求放弃偏倚性的心。"不言无极则太极同于一物而不足为万化之根本。不言太极则无极沦于空寂而不能为万化之根本"（同上《答陆子静书》）。所谓"无极而太极"一句构成其语的精密微妙在此事之外难以解释。

这样考虑的理，即所以然从其作用来说，具有自身的性质。所以然生成世界，但那是自身行。只是，对于这样的自身作用，因为通过它大的目的被完成，所以然被称为天地之心（《朱子语类》一，和刻本四页等）。天地之心里有元（依据《乾卦·文言传·本义》，生物之始）、亨（同，通）、利（同，遂）、贞（同，成）四德，因为被视为开创物的元之德统合其运行，所以为四时之序而春生之气无所不通（《朱子文集》六七《仁说》）。天地以生物为心（同上。《朱子文集》三二《答张敬夫书》，五页，及《孟子·公孙丑上·集注》等）的思想是自《周易·复卦·象传》里面说"复其见天地之心乎"，《系辞传》以天地之大德为生以来，朱子通过胡安定（《周易口义》复卦之条）、程子兄弟（《二程全书》四、七、十二各卷，其他参阅《伊川易传》复卦之条，山崎闇斋《仁说问答》，大塚退野《言仁要录》）等继承的思想，到这里可说重要的儒学正旨被展开［特别是根据《朱子文集》三二，和刻本二〇页《答张敬夫书》，南轩似乎是反对认为元之意义专门以生为主，朱子说见《易》之《象》《文言》《程传》就应该明白，此外同书五页正面所谓"复见天地心之说，熹（朱子）则以为天地以生物为心者也"是朱子独特的表达］。如果将其就人心来说，则产生所谓仁（根据《朱子文集》七四《玉山讲义》是生的意思）、义（同样，仁之断制）、礼（同样，仁之节文）、智（同样，仁之分别），或者代表性地只是仁（同上。《中庸或问》，《朱子文集》七六《小学题辞》等）。

175

注

一、朱子将贞配人之智、时之冬（《周易·乾卦·文言传·本义》），使智本来藏仁、义、礼如同贞藏元、亨、利的意思在里面一样。如同冬藏、春生、夏长、秋收的意思在里面一样。从而知虽是知得是非，与仁、义、礼三者产生恻隐、羞恶、辞逊的三种作用不同，认为这三种作用有交付收敛的性质（《朱子语类》五三及六）而有建立所谓智藏之说的深层意图。虽然朱子说"穷理以虚心静虑为本"（《朱子语类》九、和刻本七页）"虚心观理"（同）等，但其实像上述那样智作为人能弘道的本体而受用方才产生真正客观的、真正公平的分别。（此场合也可以与圭峰宗密所谓"知之一字众妙之门"——《禅源诸诠集都序》——的思想相比较考虑问题。按照《朱子语类》六八、和刻本二页背面，也有朱子知道宗密此语的事实。还有根据《周易集解·乾卦·文言传》的注反对将贞配信，而配智似乎是始于李鼎祚）。

二、仁绝不是无差别平等的爱，是以家及国为本的爱。《庄子·人间世》篇里以爱亲为命运的东西，以仕君为道义的东西，说明此两件事情作为大法的原因，虽然与将外则以君臣，内则以父子作为人之大伦的齐大夫景丑氏的口吻（《孟子·公孙丑下》）相似，但对于庄子，形成父子君臣之关系的家及国，终归不过是人类生存之不得已的传统形态，实际上是以消极的关心去巧妙处之，因为在朱子的场合里面，这个是主要的基础，所以其意义变得更加积极。察觉离开家、国，中国民族会丧失存在根底的原因里面，有作为儒教徒的朱子的面目。朱子屡屡驳斥《人间世》篇的思想，将君臣之关系与父子一起彻底视为天性，因为不这样考虑则父子与君臣，家族与邦国之间就不能成为一贯巩固的存在（参阅《朱子文集》八一《跋黄仲本朋友说》，同八二《跋宋君忠嘉集》等）。尤其朱子重视对于君的忠的。说纯忠的韩子《拘幽操》的意义被承认，孟子之论被作为怪差（《朱子语类》一三、和刻本一二页）的朱子这里君与国不能相离。我国山崎闇斋编《朱子书抄略》，将君臣置于人伦之首有不必被认为歪曲朱子精神的地方。一般儒书讲以父子为主，教导五伦被作为主要意义。只是儒书之中，比较重视君臣者可以说是有关程朱学的书。如果将此与同样积极地建立在人伦之上的阳明学（《王阳明年谱》弘治十五年之条有关于阳明从爱亲的本性出发，省悟到仙释二氏之非的重要资料。阳明学的理解里回避此事则陷入重大谬误）特别重视家族中心的孝弟（《传习录》卷之中《答聂文蔚书》等）合起来考察，就追寻出意味深长的问题线索来（尤其在宸濠事件之际的王阳明无疑是为大义兴起的，忠孝两全虽然是王阳明晚年强烈的心愿，但可以说其学说的根本义里面不像朱子那样特别固执于树立忠——参阅《阳明全书》一三、《四乞省葬疏》等）。

所以仁爱常常与意味着其分殊的义相对待而说。（众所周知朱子说仁为心之德、爱之理——参阅《孟子·梁惠王章句上·集注》、又《论语·学而篇·集注》，说义为心之制、事之宜——同上，《玉山讲义》里面以为四性各自有界限，将"仁义"两字作为大界限）。同时，因为仁不是爱以外的东西，不能忘记与申、商惨核之科不同。这样一来，朱子学里面产生社会的东西，是与作为其根本存在的绝对者以家及国为本的人之德，进而是与道德法则关联起来的。那么，毋宁说家、国的道德法则是产生世界的东西，作为其真实存在，直至拥有绝对的权威。张横渠《西铭》的思想为朱子所重视也是因为其中家、国、宇宙之道表里相贴，显示充满森严而且充满情感的整合。

那么，先叙述一下在朱子学里面与理一起的气被考虑而形造世界观的另一方面。相对于理是生成世界之主宰的根本因，所谓气意味着成为其材料的东西。曰"天地之间有理，有气。理也者形而上之道也。生物之本也。气也者形而下之器也。生物之具也"（《朱子文集》五八《答黄道夫》）。而且自古以来认为这样的东西分之为阴阳，阴阳更分之为五行（水木火土金），五行创造世界。朱子也继承此传统。如果那样，理与气处于什么关系里呢？按照朱子，作为所以然的理是世界的根本因，非时间的（这一点也有复杂的问题）先于气即阴阳，产生气，依气而存在。理不是阴阳，又不是杂于阴阳的，是就阴阳而指其本体，不杂于阴阳而言（参考《太极图说解》，又《朱子语类》九四、和刻本五页反面，同一、三页正反面，同七五、一九页正面等）。然而理气决不能混融。"阴阳迭运者，气也；其理则所谓道"（《周易本义·系辞传》，又参阅《语类》二四、和版二二页）。这里应当注意的在于，朱子根据程伊川的倾向区分理气的地方。

朱子大概与明代诸学者（虽然通常举吴苏原等，但并不限于此人）或者我国古学派等不同而不采取浑融理气的倾向。如果说那是因为什么，一是理之至高而无偏党的原因，维持其在此意义里的绝对性；二是不放过此世界的差别相。以上成为动机。虽然朱子说明一者的存在，但同时绝不是轻视多者之相的人（尤其与论敌陆象山和继承其系统的王阳明，这些虽然其思想的性质有稍稍不同者，但邵康节、程明道、杨慈湖等在这点上与朱子显著不同）。

按照朱子，气的差别相是正视现实者必定不能漏掉的东西，同时理适应此杂多相，保持作为绝对者的尊严，前者在终究上归于后者。

二　人生观

在世界观里，理气分离的想法当说人时也成为朱子学的特色。按照朱子，称身之主宰者为心，称心之本体为性，称其用为情。于是心统合主宰性、情（不用说，那是就浑一者之中，指其体用，因为性情并不悬绝，离情而考虑性也错误）。上述理即所以然产生世界，依之而存在。在形成世界处的万物之心，成为其性。程子所谓"性即理"之说与陆王学的"心即理"的见解相反，是朱子学所固执的见解（参阅《朱子语类》一二六、和版一〇页正反面）。作为世界本体的理虽被称为"无极而太极"，但因为作为心之本体的性也浑然全体——一者就那样成为粲然而有条理者——多者，所以不允许做出空虚的见解。即作为一者的性——仁，同时是作为多者的性——仁（温和慈爱的道理——《玉山讲义》）、义（断制裁割的道理——同）、礼（恭敬撙节的道理——同）、智（分别是非的道理——同）及信

（实，真实无妄的道理，表示仁、义、礼、智的真实——同），即使像老佛之说那样，有虚空者而后产生此四者，也不是虚空者里面包含四者。其中有一个理似乎有界限而实际上并非有分别的极为难言的情况。因此孟子只在发处言之（参阅《文集》七四《玉山讲义》，同六一《答林德久书》，同五八《答陈器之书》，《朱子语类》六、和刻本九页等）。恰好相当于世界观中元与元、亨、利、贞的关系。

又如上所述从仁以家及国为本上，用仁义二字来表示。朱子说"人之性本实，而释氏以性为空也"（参阅《朱子语类》六、和刻本六页，又同一二六、一一页，《朱子文集》五九《答陈卫道书》，《别集》八《释氏论》等，依据这些资料说实说空意味着什么就清楚明白了）。学禅的朱子，当通过李延平从释转向儒的时候，如果说得力在哪里，毫无疑问在于正确识得仁义之性（参阅《孟子集注》牛山章，朱止泉《朱子圣学考略提要》十页等）。

注

不过，按照《大慧书》下《答汪状元第二书》，大慧曾经反对宗密圭峰以作有义事为惺悟心，以作无义事为狂乱心，而且义为义理之义，非仁义之义。大慧这里即使仁义礼智也是性。这一史实说明在禅宗内部产生了将手延伸至人伦思想的形势。因此如宋末元初明本中峰的《中峰广录》（二）那样明白提及仁义之内在并非不可思议。然而这时对于朱子来说重要的事情似乎是将性扩充至四性（加信为五性），而且塞进这里。当朱子引用《大慧语录》（五）之语批评作用是性时论及此事（参阅《朱子语类》一二六、和刻本一七页正面—一八正面）。

到有上述这样内容的性发而为情，成为像孟子说的四端。即成为恻隐、羞恶、辞让、是非（如同仁是性的代表，恻隐是情的代表）。这样仁、义、礼、智是性，恻隐、羞恶、辞让、是非是情，以仁为爱，以义为恶，以礼为让，以智为知者称为心（《朱子文集》六七《元亨利贞说》）。恻隐以下是情，一般来说，情包含喜怒哀乐等七情，那里面也有通常不能称为善的东西。这对于性是决不能考虑的东西（参阅《朱子语类》五诸条及李退溪《自省录》《退溪文集》一六《答奇明彦非四端七情分理气辨书》）。在以上这样的思考里，防止性与情的混合，而且对于心述说其虚灵知觉之妙用（《朱子文集》七六《中庸章句序》，《朱子语类》五、和刻本三页等）。

注

《中庸章句序》的原文，"心之虚灵、知觉一而已"之语也如谷秦山说的那样——《秦山集》二——应当在"心之虚灵"打顿号，在"知觉一则已"打句号吧。《论语·卫灵公篇》，"人能弘道，非道弘人"的朱子《集注》里，说人心有觉而人能扩大其道，将人之功夫系于觉是重要的。

朱子的《大学章句》里解释明德，也有"人所得乎天，而虚灵不昧，以具众理而应万事者也"。清凉大师澄观（七三八—八三九）也曾经说"无住心体，灵知不昧"（《景德传灯录》三〇《答皇太子问心要》），圭峰宗密（七八〇—八四一）接受之而说"空寂之心，灵知不昧"（《禅源诸诠集都序》），朱子指出其中欠缺具众理以下事这点而流露不满之意（《朱子语类》一四、和刻本一八页正面）。此外《朱子语类》一三二、和刻本一四页正反面也出现，大慧宗杲脱略所谓"天下之故"的文字，举《易》之"寂然不动，感而遂通天下之故"一句，被评为破句读书的逸闻。对于朱子来说通天下之故是不能脱略的吧。虽然按照《二程全书》（一六、和刻本一五页背面），程伊川也脱略之而举此句。

仁者"爱之理，心之德"之语（《论语·学而篇·集注》）离绝爱则仁之见处欠缺真实性（参阅《文集》三一《答张敬夫书》——《语类》二〇、和刻本一九页背面，被称为仁之滋味者是此真实性——还有参阅上述《仁说》，与程子对比，被认为朱子之独创——《北溪字义》论诸子言仁之差，在我国，朱子学者似乎也重视这点。例如参阅山崎闇斋《文会笔录》四之一，大塚退野《言仁要录》，宇井默斋《未发爱论争》等）的同时又意味着爱本身，难以直接说是仁。根据朱子，爱与恻隐同样是情而非性。爱父兄之意的孝弟并非仁之本，而是为仁之本，能想象作为为仁之本而有意义也是来自同样的精神（《论语集注·学而篇》，《朱子语类》二〇、和刻本一八页等，又参阅《朱子文集》四七《答吕子约书》，还有这虽是关于《论语》的"孝弟也者，其为仁之本与"之语句的解释，根据《七经孟子考文》，我国足利本似乎没有"为"字。如果这是正确的，朱子继承程子的此说在经典里面就失去依据了。然而也只是那个之事，在今天，对朱子思想的批评不能停留在这边）。朱子这样不懈怠顾虑实践的功夫，而且经常考虑支撑它的根本东西。这事是宋学研究上的重要线索。

所以然之理生气依气，成为人之性。朱子所考虑的理的另一方面，即所当然是本于此性的自然法则及人之道（参阅《大学或问》、嘉点本二〇页，《朱子语类》四、和版六页，同一八、三四页等）。如果忽视自然法则的部分，我想朱子学的解释似乎失于狭窄。尤其后述社仓法，其他朱子施行政事的实际功绩的说明中间就变得困难了（清康熙帝、我国佐久间象山等摄取西洋学的主张能够从朱子学中自然法则的思考中自己产生。象山的上书或《题一斋先生遗墨》之文等能讲述此情形）。然而上述自然法则实际上也在归于宇宙的生命、目的去的点上，终究不是机械的自然法则（又从朱子学的历史发展上来看，朱子所主，不得不认为在于一草一木之间也见性命之理——参阅《中庸或问》，因此大桥讷庵的《辟邪小言》那样，形而上学的理的解释才是朱子学正确见解的意见也成立）。《大学》之所止（参考后述)、《中庸》之五达道（君臣、父子、夫妇、昆弟、朋友）、孟子的人伦（父子之亲、君臣之义、夫妇之别、长幼之序、朋友之信）等是朱子考虑的人道中最主要的东西（参阅《大学或问》嘉点本一三页，《朱子语类》一五、和版一页，《小学题辞》，《朱子文集》四九《答王子合》，同七四《白鹿洞书院揭示》，《文会笔录》六《全集本》二八四页，浅见䌹斋《圣学图讲义》等）。朱子在《大学或问》里说"天生烝民，有物有则，是以万物庶事莫不各有当止之所。但所居之位不同，则所止之善不一。故为人君，则其所当止者在于仁。为人臣，则其所当止者在于敬。为人子，则其所当止者在于孝。为人父，则其所当止者在于慈。与国人交，则其所当止者在于信。是皆天理人伦之极致，发于人心之不容已者"。而且上述《或问》与《朱子语类》一六、和版六页里给予注意的那样，这里加上夫妇兄弟之道而大伦之目变得完备。其中，朱子如上所述，有强烈主张对于君之忠的倾向，此外同样上述《跋黄仲本朋友说》里与君臣、夫妇、父子、兄弟一起，也加上朋友作为系于天理的人伦，说明是重要的。

注

朱子说心，说其虚灵、知觉一而已，说明德的场合，与虚灵不昧同时，必定讲述具众理而应万事的必要，想用来与佛教对决是前面记载的。《朱子语类》（六三、和版二一页正反面，六四、同二六页正面等）更讲述被称为经礼三百、威仪三千的礼乐、刑政、文为（文章与事业）、制度，作为社会生活的真实处为人类的功夫所支撑，依据本体成为充满周足没有丝毫不是处那样，那里体用动静，互换无端——互相替换也没有影响，没有一点空缺，应当流动充满。即是意图说与佛教的无适而不在于道的立场不同者。至少朱子的意图是明白的，确立四性（五性），由其展开而社会共同生活的中正习惯、法则成立。朱子认为这不是道能弘人，而是人能弘道的事实，是人类的功夫。

朱子学里面所以然而不可易者与所当然而不可已者相待而理之意义方才穷尽。

那么，性本身是内在的所以然，称为本然之性。本然之性在内在于气的范围里受限制，称之为气质之性。想来，气尽管为一之理即所以然之所产生却是多。本然之性作为气质之性产生差别（参阅《大学或问》三页及《朱子语类》四的诸条）。它被比喻为一个明珠在水里，依据水之清浊而是否明亮（《朱子语类》四、和版一九页）。然而作为本然者未尝丧失。具体的性在气质之性之外是没有的，由气质之性出现个性的差异，常人之心里存在分殊的状态。存在所谓人心是危，道心是微的事实，精一、执中（详细观察而专一持守，使无过不及——《尚书·大禹谟》）的功夫成为必要。朱子非常了解现实人性的复杂性（参阅《中庸章句序》，《朱子语类》六二、和版八——一一页，《大学或问》三页，《朱子文集》七四《玉山讲义》等）。关于这点，韩子（愈）、扬子（雄）等的性论固然，荀子性恶论之所说也不认为没有一番道理（《朱子语类》四、和版二四页，同五九、和版一四页）。现实的人性绝不是单纯朴素的东西，人们充分研究其性质，如果不是尽坚苦的功夫（按照《朱子行状》朱子临终述说的教导是此二字。从《朱子文集》六四《答刘公度》里有"直卿志坚思苦，与之处甚有益"此二字想是"志坚思苦"的意思）就难以导出，朱子说"气强理弱"（《朱子语类》四、和版一七页）毋宁应当解释为对人类做真挚的观察（甚至像《阴符经》这样的书朱子都抱有关心。因为此书处于生杀密切相依的天地之间而不失自然之机，教导制御之的缘故。因此我国的朱子学者，例如，浅见絅斋、若林强斋，尤其山口春水等深入研读孙子——春水的《孙子考》是孙子注释书中的精心创作——似乎不可思议而并非不可思议。这些人，以为军事的目标虽为大义，当用兵时有不显示手段的地方，适应利己的人心而说诡道即无的兵法——诡并非虚伪，是像荻生徂徕也说的那样不守正规）。即使检讨朱子社仓法，其设施考虑得极为现实，切实于人心，适应于情况有应当惊奇者（参阅下述）。这样朱子想要回避沉溺于空虚（按照《朱子语类》一七、和版九页作为当时的思想指老、佛）。然而同时本性的存在，它作为宇宙的根本实在为不可变易者的想法，是因为要确立对于人道实现的信念，各人思尧舜也是人，自然安定而能够持续向上的脚步。像教育也不是从外部来强制的东西，而成为依据内心深处的要求（参考后述）。朱子一生的希望，就社仓法的场合来说，指导人心及事物现实性的理念，即朝向实现王道的信赖在这里。这样一来，朱子想要避免流于功利（按照《朱子语类》一七、和版九页指申、韩）。按照朱子，不溺于空虚，不流于功利是《大学》篇的根本思想（参阅《朱子文集》七六《大学章句序》，《大学或问》五页、同一〇页，《玉山讲义》）。所以程子所谓"论性不论气不备。论气不论性不明"（《二程全书》七《遗书》和版二页）之语的意义被承认。如果论性而不论气，则不足以解释现实，如果论气不论性，则人会失去方向而迷失于黑暗。在这种情况下重要的是，与性之内容成为在共同生活的原理——人伦里面展开的仁义之德相关联，特别是人性被称为善的必要原因。朱子批评《知言》的著者胡五峰对于性说"以善不足言之"而说"《知言》固非以性为不善者。……盖欲极其高远以言性，而不知名言之失，反陷性于摇荡、恣睢、驳杂、不纯之地也"（《朱子文集》四六《答胡伯逢书》，又参阅同七三《胡氏知言疑义》）。极其高远而言性者，在此场合里因为从尊重普遍性，包括性的倾向出发以性为超善恶者，成为与人世的伦理秩序没有关系的东西，为此，朱子认为与其在现实的场合里反而有堕入耽溺之丑的后果，不如明白说性是善的（此事似乎成为预言王门亚流思想倾向的结果。一般陆王学的思想具有与胡五峰等湖南学的思想相似之点）。如上所述，性是心之本体，是理，是善，其内容作为由仁义代表的人伦表现自己。然而心就不是理，也不是善。朱子从此观点出发将在灵活的心里面下功夫而不喜论性的陆学（《朱子语类》一二四、和版七页等）或者说性也将其与心视为同样作用的禅学（参阅《朱子语类》五七、和版一〇页，同六二、和版二〇页，同一〇一、和版二五页正面，同 一二六、和版一七页等。还有关于此问题后面在朱子门人陈北溪的部分论述）考虑为截然不同者。这样所当然之理即人道因为本于性而不需要安排，与自然不可已者一起，又被认为是超越现实指导它的东西，道决不能与单纯的事实相混同（在宋代最充分发挥此方面思想的，是朱子门人里面极力攻击陆学的陈北溪，在明代是先于王学而有势力的薛敬轩。前者似乎与陆学正相反，王学与后者正相反，其间酝酿出思想的纠葛。但在本书里，作为朱子学——宋学——的所行到停笔于陈北溪，先于阳明学，将其作为否定媒介的明学思想，尤其为了薛敬轩相互对照设计一项。就像敬轩也说"陈北溪论理切实"——《读书录》九，关于这点陈、薛两家的意见没有大的差别）。朱子不满足于前辈杨龟山以耳、目为物，以视、听为则，认为视听依然是物，其视之明、其听之聪始得为法则。而且朱子质疑如果像佛者所说，手之执捉是性，难道执刀胡乱杀人也是性吗？按照《孟子或问》一二的《朱子遗书》本二页正面，曾经胡文定（安国）不满于禅者以拈槌、坚拂（拈用槌子，竖用拂子）为妙用，说动容周旋中礼方为妙用之处。如果那样，想来朱子的想法是来自这边吧（《朱子语类》六二、和版二一页，同一二六、和版一七页正面，《文集》四八《答吕子约书》等）。但是这绝不是说人的天性、法则是离开形色之间而存在（《朱子文集》四二《答吴晦叔书》）。朱子的《中庸或问》极为明确详细地说明了如上的想法。人伦的思想最终到达此处。朱子学的严肃立场建立在这样的想法之上（以清戴东原的《孟子字义疏证》为代表的宋学反对派的攻击可以认为最后归于这边。即在于这样的天性、法则超越现实，从上压迫此者）。朱子在对婺学事功派的辩难攻击里，敢不为汉唐实力本位的俗论夺心，论述王霸义利之区别（《朱子文集》三六《答陈同甫书》）（但是，朱子绝不是主张用心于民产的无意义。毋宁说因为知道其极重要的原因，获得其方法的最好处理，注意到其动机必当在于仁爱的精神——《朱子文集》二五《答张敬夫书》）。又朱子著《资治通鉴纲目》，

185

据司马温公《资治通鉴编年》之成文，就史实加褒贬，不蔽于以功业之实为本的见闻之说，排斥私欲而重视动机之纯粹，依据大义下判断（关于此事，最得朱子之精神者是见于浅见絅斋的《靖献遗言讲义上》之说吧）。朱子同样根据理来论时事，鼓舞国家的士气。教导君臣、父子之大伦以根于人心深处者尽忠孝之诚的真正难以停止的原因，此外还极力想谋求国内舆论的归趣（《朱子文集》七五《戊午说议序》，《朱子语类》一三三、和版一三页）。这里以成败、利钝难以动摇的态度出现，没有见于鬼谷子等那样因利害而钓人心，乘其时的权谋、术数的手段可以被使用的余地。朱子的思想一贯建立在以家与国为基础的人伦之上。

三　功夫

人如何能够知道其性之所固有，职分之当为处而尽力呢。能回答此问题者无外乎学。朱子的著述、《仪礼经传通解》里与臣礼、钟律、钟律义（欠）、诗乐、礼乐记、书数（欠）一起列举学制、学义，认为古礼中没有关于此部分的成篇，全都认为是重大欠缺而补充之。朱子对于学问的异常热情贯穿其一生而未变。

那么，朱子考虑的学可从两方面来考察。朱子解释《大学》的格物、致知而取即物穷其理，至于贯通之域，则物我共明之意（《大学补传》）。格物是理之穷明就物而行，所谓要"实行到那地头"（《朱子语类》一五、和版八页）。要反复体验（《朱子语类》一〇、和版五页）深入透彻事理。朱子如何尊重讨论、研究的精神与对于是非的明确认识呢？下面的话说明之。"某不是要教人步步相循，都来入这圈套。只是要教人分别是非教明白，是底还他是，不是底还他不是，大家各自着力，各自撑柱。君尽其职，臣效其功，各各行到大路头，自有个归一处。是乃不同之同，乃所以为真同也。若乃依阿鹘突，委曲包含，不别是非，要打成一片，定是不可"（《朱子语类》一二〇、和版一八页），"人学当勉，不可据见定。盖道理无穷，人之思虑有限，若只守所得以为主，则其或堕于偏者，不复能自明也"（《朱子语类》一〇一、和版三一页）。朱子爱激切论辩希望相聚讨论（《朱子文集》六一《答林德久书》，《通鉴纲目》卷首朱子与讷斋赵氏论纲目手书等）。在读书上推奖像用酷吏之法那样深刻（《朱子语类》一〇、和版三页）。总的来说，让人想起表面看起来似乎灭亡的先秦论理思想的旨趣暗地里在中国精神里流传一样。这是理解中国人性格上的重要事情，此旨趣不能不为朱子所感受到（只是朱子到底说以书观书，以物观物，不可先立己见——《朱子语类》一一、和版五页，由于注意要随事讨论——《朱子语类》一八、和版四页，这点却反而，也许能产生与清朝考据学也相通的一面）。这是朱子学的穷理。如果那样，穷理为什么是即物而行呢？因为一般认为言理无所捉摸，物虽有时而离，但言物则理自在而不能离（《朱子语类》一五、和版八页）。事物之中最为充分表现人伦者莫如礼。喜好说理的朱子后来也变得似乎认为与说理相比说礼更精微缜密（《朱子文集》四三《与林择之书》）。虽然礼即是理，但相比于说理无形迹可言，为礼则有品节文章而易见（《朱子文集》六〇《答曹择之书》）。朱子晚年尽管在风力劲急之下，还是谋求门人们的合作而根据可说是民族精神之表现的诸资料的综合荟萃，编辑了礼书——《仪礼经传通解》，（参阅《朱子文集》一四《乞修三礼札子》，同二九《与黄直卿书》及朱在《跋文》等。此书的《续编》成于门人黄勉斋等人之手。通过《黄文肃公文集》五《与李敬司子直书》、同一六《复李贯之兵部书》等可知当时的情形）。这一事业的意义存在于根据格物的穷理的大规模尝试（清徐乾学的《读礼通考》，江永的《礼书纲目》，秦蕙田的《五礼通考》等全都有继承朱子遗意的地方。关于这些事情，后面再详细论述）。

187

注

　　说到礼，并不单单是狭义的人伦（家、国之道）。看朱子向门人陈北溪说的话吧。显示着知识如何能够周遍而浃洽通透呢。即其是广泛涉及《中庸》之九经、《书》之洪范、《周礼》之六艺，及其他律历、刑法、天文、地理、军旅、官职之类（《朱子语类》一一七、和版二八页）。

这里要留意的是，并非即物而穷物，而是即物而穷理。朱子排斥观心之功夫的立场也能察觉似乎来自这里。朱子相信物我一理，虽然从说作为理之内在的性这点来说，似乎允许观察包括理而管摄之的心，但按照朱子，本来，心若想观之则成为以此心观另外一个心，观得者停留于成为对象的心，即用当时话来说是所谓知觉。在其意义里，又不过是一物（在阳明门下强烈反对现成良知思想，想要矫正师说之过头的聂双江，说以闻见为学也好，想以知觉替换闻见也好，都是外而非内——《双江文集》四《送王惟中归州》——在所谓知觉的解释里近于朱子成为思想史上有趣味的事情原委。总之，从冲击宋学的明学风潮中又出现以宋学冲击明学的一个风潮，进而明末思想界的问题展开了）。这样因为至于二心、两物相待而不相舍（《朱子文集》六七《观心说》，又上述《释氏论》）而不得不陷入险途。所以与其以心观物，不如即物（也包含成为对象的心）而穷其理。按照朱子，察识此心虽然能够说是致知的切近者，但所谓识心并非只是欲识此心之精灵、知觉，即应该不过是欲识此心之义理、精微（《朱子文集》五二《答姜叔权书》，又参阅《朱子语类》一八、和版三四页）。那里方才超越物，产生支配它的崇高境界。按照这样的方法格物之理，就是心知至的原因。根据物格知至，道德的境界有效起来。所谓免为乡曲之常人、妇女之检押而成为自在（参阅《朱子文集》六〇《答曾无疑书》）。如果用孟子的话则到达"取之左右逢其原"的"自得"境界。朱子《大学补传》的所谓贯通无外乎说此。以上是朱子思考的学的一个方面。这样通过以格物为手段的穷理而获得的物格知至的境界成为内在之理的自觉。所以说"格物是梦觉关。

格得来是觉，格不得只是梦"（《朱子语类》一五、和版一八页正反面）。如上所述，人拥有其立场，即认为人能弘道是建立在这样意义的自觉之上者。朱子也说"浩浩大化之中，一家自有一个安宅，正是自家安身立命主宰知觉处，所以立大本行达道之枢要"（《朱子文集》三二《答张敬夫》）。

其次，为了作为人性的内在之理的爱护，朱子提倡涵养的功夫。大概观心虽然困难，因为不知心之灵而不存之的话，昏昧杂扰不能以穷众理之妙，此功夫被认为必要（《大学或问》二〇页）。此功夫是自程门的杨龟山到李延平相传的静的思想，进而追溯则可认为是继承发自周濂溪的主静思想之流传者。朱子辩论谢上蔡、胡五峰、张南轩之间相传的动的功夫（此似乎可想象与当时的临济禅或后来的阳明学有一脉相承处。大慧宗杲排斥静坐。例如《大慧书》里说执静坐为佳为拘泥之旨——《答李参政别纸》。王阳明的定说始自舍弃在滁州时代的静坐功夫）的错误而极力主张静的功夫。如果倾向于动的功夫而欠缺平日涵养的功夫则不免成为"其日用意趣，常偏于动，无复深潜纯一之味，而其发之言语事为之间，亦常躁迫浮露，无古圣贤气象"（《朱子文集》六七《已发未发说》，又参阅同六四《与湖南诸公论中和第一书》《论语或问》上九的《朱子遗书》本三页背面、四页正面）。说起来，在动的现象深处考虑静的东西，难道不是有宋代文化的精神，进一步可以说有触及汉民族根本性格之点吗？此民族的性格用老庄的言语来说虽以自然为主，自然即是静。当然此自然、此静也终归是大的生命，在其意义里可说为动。正是在其意思里为动，才从静之极发生超越对立的作用。"无为而无不为"即是说此。在思想界也是，老庄固然，如兵家、法家在活的世间居住者也，或者甚至连说人伦的儒家也素来可见其样子，实际上这里有中国精神文化最深层的问题，朱子学的精神也特别包含于此圈内（临济禅或阳明学虽是动的，但那是与老庄、曹洞禅、朱子学相比较之上，这些也不是不能被视作广义的静的思想）。然而朱子学中静的功夫的意义在于沉潜于其按照自然过程是心之本体，是宇宙的根本存在之理的地方。如此方才出现，从儒教的传统来说纯粹客观的立场（参阅《中庸》、周濂溪《通书》第一二、《周易·艮卦·程传》等），即《易》之所谓中正立场。此称为融释的境界。静之功夫可解释为希望上述境界，想要依靠根源者的力量到达这里的精神。"可欲之谓善，天机（天之机能）也，非思勉之所及也。……圣人妙此而天也，贤人明此而敬也，善人由此而不知也，小人舍此而不由也。虽然此几不为尧存不为桀亡，其始万物终万物之妙也欤"。这样说的无外乎静之思想的深意（《朱子文集》三二《答张敬夫》）。朱子为周濂溪的画像题赞词说"风月无边，庭草交翠"（《朱子文集》八五），祭祀李延平而说冰壶秋月（同八七）并非意味此二位静的思想家超越了构成共同生活形态的人世，而是称赞真正具有融释风格者。《通书》与《延平答问》尽管简朴却感触深长的原因在这里。哲学家张横渠之学，程朱以来被认为"非明睿（深层智慧的）所照，而考索至此"（《二程全书》六三《程伊川答张横渠书》）"强探力取之意多，涵泳完养之功少"（《朱子文集》六七《定性说》）是因为欠缺此功夫。然而静之功夫成为一味求静的话，反而至心也不能得静，因此朱子以敬来换静。只是朱子在以静为本上没有变化，尤其止于避免偏于静（参阅《朱子文集》三二《答张敬夫书》、同七八《名堂室记》《朱子语类》九、和版三页，又夏燮甫《述朱质疑》五）。如果那样敬具有什么性质与手段呢？那是尊重心之全体性的功夫。作为本体的性，以及作为作用的情，无论哪一个都是不偏的功夫，是对于作为本体确实存在，作为作用发露者严肃慎重的称谓。据程子说敬是主一无适，按照尹和靖是说其心收敛不容一物，其最重要者在于遇到动静之时，活用作为内含人伦全体的心的积极性。正因此，《大学或问》里说敬作为一心之主宰而为万事之根本（又参阅《朱子语类》一二、和版二二页等）。能表述这样意义的积极性的是在程子门人中被称为英发的谢上蔡的常惺惺（经常唤醒心）之法（《朱子语类》一七、和版四页里对于常惺惺之法辨别儒释的差异。关于禅僧瑞岩的主人公常惺惺的功夫已经论及，像与朱子学产生接触的大慧宗杲与上述玄沙师备一样，一边感到弄精魂的危险又一边承认其作为应病之药的意义——《大慧书》下《答李宝文》）。儒教的场合里毕竟意味着性命道理，即人伦的唤醒。像浅见絅斋在《白鹿洞书院揭示讲义》里说的那样，眼前日用人伦之为实是敬的场合。所以同样按照《朱子语类》一二、和版一八页，敬与义只是一事，无义之敬称为死敬。（又参阅《朱子文集》四〇、《答何叔京书》）。朱子对于上蔡的思想倾向尽管不一定满足，但是说到敬，直至晚年还使用"常惺惺"之字想是因为敬之本质是那样的。使心转光明的所谓"学有缉熙于光明（持续明而至光明）"的古人之语（《诗·周颂·敬之》）为朱子所喜爱的原因也被肯定。敬的功夫是以这样积极的真心的培养为目标者，性与情也像前面说的那样是浑一的，因为包括而主宰之的心是灵活神妙的生命，为了活用之保持其面目用不着有难下一指处（敬的功夫如果从作为心之生命的功夫这点来考察，它具有与湖南学或者陆王学动的功夫相通的一脉，从此方面也能够把握这些学问的共同性质。按照朱子，以心为生道的想法，即使说有陷入湖南学之偏见的恐惧，到底是不可废者——《朱子语类》一二、和版二二页。像前面也涉及了，王阳明以敬为蛇足——《传习录上》末尾——是要说没有必要从那个立场重新说敬，与否定敬稍稍意思不同。实际在《传习录上》从浑一的立场出发，与穷理相即而说居敬，吐露了独特的观点）。心之生命不在急迫，不在拟议，如果不是根据超越功夫的功夫来培育就死了。孟子可视为因为知道个中消息，说养气的功夫而言"勿忘，勿助长"（《公孙丑上》）者（《庄子》的《应帝王篇》里，有说七窍凿而混沌死虽然也是依据同样的情况，朱子考虑的心比起庄子的混沌更有积极性而且必须考虑为与人伦不相离者）。朱子顾虑这边，依据程伊川选择整齐严肃的手段（据说朱子不满于张南轩的《主一箴》而作《敬斋箴》——《朱子文集》八五——也是为此。又《敬斋箴》里出现已经论述的程明道"对上帝"之语表达敬对上帝的谨慎意思也与尹和靖的思想相关联，朱子尤其深得《诗》《书》里述说的先圣恭敬之心在《尊德性斋铭》里也是明白的。按照《黄文肃公文集》三所载黄勉斋的《敬说》，则勉斋举朱子以畏之字说敬而说"体敬之义，必欲真见夫所谓敬者，惟畏为近之也"，与上述的事实一并考虑才能充分理解。还有参阅勉斋之部）。"又况心虑荒忽，未必真能存得耶。程子言敬必以整齐严肃……为先……如此乃是至论"（上述《与林择之书》），"未发之前不可寻觅，已觉之后不容安排。但平日庄敬涵养之功至，而无人欲之私以乱之，则其未发也镜明水止，而其发也无不中节矣"（上述《论中和书》）。这样比起仅仅说虚静或者说存心，能显著获得亲切的功夫。因为认为如果能整齐严肃则有主而自存。然后如果能整齐严肃，其心收敛或者常惺惺等数条无不通贯（《朱子语类》一二○、和版七页，《朱子文集》四七《答吕子约书》等）整齐严肃可以视为最重要的敬之门户。然而，敬本来是活用心之生命的功夫。说到此功夫作为这样外表的功夫稍稍感到奇异。整齐严肃并不直接是敬，是所以为敬（《朱子语类》一七、和版三页），所谓荃蹄，从此意思来说虽然毋宁说常惺惺之方法近于敬之本质，但朱子对于此事述说"根本枝叶本是一贯，身心内外元无间隔，今曰专存诸内而略夫外，则是自为间隔而此心流行之全体，常得其半而失其半也"（《朱子文集》四○《答何叔京》）。这样的想法容易使人想到与礼之精神一致（从此来说，敬的思想与象山、阳明的心之功夫的入手处不同，确实能被视为维持伊川思想之面目者。实际上相信礼的不可思议的力量，应该作为来自中国本来的企图用外部完成内部的思想。例如《书经》的《仲虺诰》里有以礼制心，《孟子》也说以礼存心——《离娄下》）。按照朱子，当时的心之功夫是想要以一个心察识把捉另一个心，外面未有一事时，里面已经有三头两绪，不免着意、安排，有流入纷扰、急迫之中的倾向（《朱子文集》三一《答张敬夫书》，又参阅同四七《答吕子约书》、上述《释氏论》）。根据礼的敬与之不同。即根据礼的敬倒宁可说有勿忘、勿助长，真正自在之处，在这里，心逃离对立的状态，能够那样灵活地全体性地培养作为本性的人伦立场。"惟其操之久而且熟，自然安于义理而不妄动，则所谓寂然者，当不待察识而自呈露矣……然心一而已，所谓操存者，亦岂以此一物操彼一物，如斗者之相捽而不相舍哉……主一无适，非礼不动，则中有主而心自存耳"（同上《答吕子约书》）就是这个意思。[朱子有所谓"颜子之乐平谈，曾点之乐已劳攘了"之语——《朱子语类》三一、和版二〇页。这看起来与普通的想法相反。即难以理解所谓以在陋巷做礼之功夫的颜子之乐，比起说要浴于沂（水）、风乎舞雩（祭天祷雨处）咏而归的曾点为平谈。然而根据礼的人伦立场正是人类本来的正确生活方式，作为实际上真正淡泊的立场是程子以来保持儒教之旨的传统。因此像已经论述的那样，如胡致堂也举于死生之际辞气不乱、安静逝去的邵康节等诸人的例子，认为不及曾子易箦（临死换掉与身份不相应的铺的东西（《礼记·檀弓》）之正——官版《崇正辩》二、五页。因为曾子一心一意守礼而死，置死生于问题之外。朱子的思想引来这样的精神之流]。像以上这样是朱子考虑的学问的另一方面。

这样，朱子学由居敬、穷理之二端而完成。所以《大学或问》里有"人之所以为学，心与理而已"，说存心与穷理详细（在已经论述的地方明白的那样，存心与居敬并非不同的东西。又参阅《朱子文集》六四《答或人书》）。但是居敬与穷理相互发，二端而一本（《朱子语类》九，和版三页）。存养——想试着置换为居敬——之中就有穷理的功夫，穷理之中就有存养的功夫。穷理就那样，是穷那个能存者的意思，说存养也是那样，为存养那个穷得者的意思。虽说存养与穷理都要求达到各自功夫（《朱子语类》六三、和版一九页正面）。

四　教育

像以上陈述的那样，朱子以居敬与穷理说明学问之二端。其中敬的功夫被认为有与古代小学教育方针相同性质的地方。朱子在以小学的锻炼为主的基本教育上，开始实施以大学的知识为主的教育，讲"习与知长，化与心成，而无扞格不胜之患"（《朱子文集》七六《题小学》）而学问纯熟（参阅《朱子语类》七诸条等，与此事相关联，也可以深入挖掘论述朱子关于知行的各种思想。《朱子文集》四二、和版一七页《答吴晦叔书》是为此最重要的资料，此书之外有同四六、和版二七页《答王子充书》、同五九、和版四三页《答赵恭父书》及《大学或问》。想就此看一下。这里只是先提出简明的一句话。曰"知、行常相须，如目无足不行，足无目不见。论先后，知为先；论轻重，行为重"——《朱子语类》九）。但这全都是从主要的方面来说的，决不允许颠倒本末，小学里也有知的地方，大学里也有锻炼的方面。不毋宁说，由于在小学里根基已经深厚，到了大学，不过对于上面点化出一些精彩（《朱子语类》七、和版二页）。朱子认为这样大学教育与小学教育之培根对比可称为达支（《小学题辞》）（又参阅《大学或问》嘉点本一页，《朱子语类》八、和版三页等）。浅见絅斋说大学只是小学变得大，而精的程度没有增加（《小学大意讲义》）是很好地见到此意。居敬、穷理的学问两端是沿袭古代小学、大学的教育方针，想要复活其精神而被研究出来，尤其居敬被作为弥补当时小学教育之缺陷者。更详细说的话，如上所述小学、大学虽然全都有所主，但因为在以锻炼为必要上没有变化，敬作为成就学之始终者，而小学、大学共同根据它（《大学或问》嘉点本一页）。朱子认为作为此精神的教本的《大学》虽然已经流传（即《礼记·大学篇》），但《小学》之书现在其全书不可见，与门人刘子澄一起蒐辑《小学》一书。如我们已经讲述的，依据从格物、致知前进的《大学》篇的根本思想解释能够了解朱子《大学》教育的精神。又《小学书》的编纂方法，尤其将立教（若林强斋的《小学讲义》里说，想教导却像俗儒一样教导则损害气象。像异端一样教导则损害人伦。于是说效法天明——天之明命，遵循圣法，使老师知道所以教导，使弟子知道所以学习）、明伦（发明人伦）、敬身（尊敬、谨慎）、稽古（搜集古人之行，证实前人之言）的篇目，及此作为内篇，在外篇里也出现近代资料的嘉言、善行，扩充《立教篇》

以下，而且通过给予这些以事实的基础，在其中寻求亲近性、近代性、社会性、具体性。如果那样，也能够了解朱子小学教育的精神。此外，为了了解朱子学的精神，不能错过的是《近思录》与《白鹿洞书院揭示》。与《小学》篇目一起特别注重《近思录》篇目的重要性而想要深入把握朱子学的构造及其精神的是我国崎门学派的功绩（其中，如浅见絅斋的《近思录讲义》、若林强斋的《近思录十四目师说》是其中最优秀者。只是这样做是否与朱子的原意相符合是成问题的）。按照《白鹿洞书院揭示》，第一，学问在于本于人伦讲明义理，以修其身，然后推以及人，不是致力于记览为辞章钓名声、取利禄。第二，这样的学问如果知道其理之当然，责于其身以为必然是可以的，不是待他人设置规矩、禁防的用具而有所持循。所以说朱子特意避免古来惯用的"学规"之名而作为"揭示"（参阅以上跋文）。想要在老释思想的中心（庐山），兴起用来发明孟子所谓与三代共之的人伦之学而建立的白鹿洞书院揭示，充分显示出朱子教学的精神（参阅《朱子文集》一六《缴纳南康军任满合奏禀事件状》、同一三《辛丑延和奏札七》等）。

注

　　参阅《吕东莱文集》六《白鹿洞书院记》，这里讲述国初以来的教学变迁，白鹿洞书院的意义得以明白。参阅浅见絅斋《白鹿洞书院揭示讲义》、同《揭示考证》。

　　清秦蕙田《五礼通考》一七一四里可见关于书院的详细记述。

　　还有，如果再附加一言，朱子的佛教批评在当时的思想界里有相当有力的作用。明代，陈清澜指出朱子出而佛学衰的事实（官版《学蔀通辨》终篇下八页）。这是从禅学诸派及禅与儒之间的交涉纠葛，其他诸种情况出发思想转向之机成熟的时候朱子以英伟明峻的资质（如果用上述其友吕东莱的话）出现在学界，依靠拥有悠长传统的民族存在的根基，振起其新的自觉。

注

大慧宗杲在《答李郎中书》——《大慧书下》——里说禅无德山、临济之殊，法眼、曹洞之异。究竟从归宿处来说，确实是那样的，从当时的历史情况来说，此语反而可视为从内部泄漏禅门之论争者。禅、儒之间的事情先前在各处已经涉及。

后来也出现从佛教方面对于朱子及其他宋学家议论的反驳。金李屏山的《鸣道集说》是其一例。屏山的反驳是宋儒的攻击作为向着小乘教相者，没有深究华严圆极之宗、理事无碍之旨，到底是什么东西呢。

五 社仓法的设立与礼制的研究

按照朱子，格物、穷理的结果是，完全人心的本体、其大的作用显现出来。所谓完全人心的本体是由仁之理所代表的不偏立场，所谓大用，由爱之情所代表，无外乎向万事适应的广阔立场。依据这样的立场，朱子学企图纠正被认为当时之蔽的两大思想。即异学采取无或者绝对的立场（那很好。然而）动不动停留在空虚而失去社会生活性。朱子用爱情为代表的宏大立场挽救它。相反，所谓功利之徒重视社会生活的场合（那很好。然而）沉溺于权谋术数、流俗的卑近。朱子用仁之理代表的完善立场挽救它。这是朱子所谓全体大用的思想，其成果为社仓法与礼制的研究。换言之以朱子的《大学章句》为教本的一系思想在所谓全体大用的理念下，从宋末经元、明，经过清代实现了很大的进展。作为上述进展的结果产生的，其一在实际政治经济的层面，成为来自朱子的社仓法等荒政（救济凶年之政）设施的继承，其二在于学术的层面，成为来自其《仪礼经传通解》的庞大礼制（民俗、习惯、制度及其他）研究。然后，此思想的教本产生《大学衍义》（宋真西山）及《大学衍义补》（明丘琼山）等著述，构成广泛的政治技术及其道德的教育思想。在这种情况下，朱子的行动与思想相纠缠成为难以分离的一体。本来在中国，将思想从人这里切离来考虑就会杀死其生命，以所谓学问闻名的朱子其人也不在此例之外。

（一）

朱子社仓法等荒政是依据人类最不能把捉的广泛立场，即作为全体的、无的立场的仁之理，以同胞爱的实现为目标，符合事理的设施作为其大用（大的作用）而成立。

即在这样的意义上为了发挥同胞爱的精神，如果不经营适应于现实存在的周密具体设施就是不可能的，仅仅用爱心只会陷入空虚，相反只有其设施也没有意义，因为人会失去自由而成为现实性的奴隶，所以由此设施产生的利益就包括在同胞爱的精神里，必须是自己回到那里来。可以说，爱心出现在事业里而设施化是其根本的思考。如果那样，上述社仓法等的内容是什么样的东西呢？

朱子社仓的设施开始设置是宋乾道四年的事情。当时，家居在建宁府崇安县的朱子出于救济饥馑的目的劝豪门出所藏米，降低价格施舍之。接着，因为邻境盗贼起来，人情震恐，集聚的米也耗尽了，朱子告诉县当局请受常平仓的官米六百石配给乡人。其结果，乡中免于饥馑也没有参与盗贼者，不久归于安定（《朱子文集》四三、和版一八页《答林择之书》里述说当时的情形，书中应该注意的是"此学不明，则天下之事绝无当为之理"的坚信，是实地经验得到的结果）。虽然这个冬季有收获，上述的米也从民间归还，但是朱子请求延期归还常平仓，将此作为元米先储存在里中的民家，每年夏季，对于申请者以每石利息米二斗的规定贷与，以年末收容为定例，规定小歉收的时候利息米减半，大歉收的时候全免。大概，山谷之贫民无储藏之力，春夏之交，旧米已尽。于是不免出加倍金额的高利从豪

197

门贷食，另一方面，储藏在常平仓的官米偏在州县的要地，恩惠所及停留在市井之人，由于法规严厉，引起参与官吏的不管事主义，这样一来因为贷出的机会少，成为浮埃、聚壤似乎变得不能吃的样子，所以上述方法能够救济远方贫民的穷困，官米新陈代谢，有一举两得的长处。此社仓其后十四年间在最初借出的元米六百石归还常平仓的基础上，成为谷仓三间储藏米三千一百石。其后停止利息米而只收每石二千的耗米，朱子亲自与土官及土人数人共同管理敛散的时候请求府里派遣县官一人使监视出纳。这样，一乡四五十里之间虽说凶年也不会欠缺粮食，前后三十年间储藏米也达到五千石，取得里中无凶年的实际成绩。（以上，参阅《朱子文集》一三《延和奏札四》，同九九《社仓事目附文》，又同八〇《常州宜兴县社仓记》）所谓社仓事目（《朱子文集》九九）是遇到浙东地区之荒政的朱子，依据在崇安县的经验，制作实施的条目奏上，广泛颁布及于远处，而且作为谋求涉及长远者，成为以下这样：

一、每年十二月分割委任诸部落的社首（五十人为一组的社仓首长）、保正（十人组的头）、同副（以上全都是民间人士），整理名簿。如果账面上诸种隐伏者被发现，社首、队长（人数组之长）说于尉司（目付役）追捕引渡到县里，传讯之家（介绍者）也彻底追究处罚。由此，计算社内的实际人员数，如果次年三月中以新名册接受乡官的检查（有遗漏、增添的话，允许起诉人，审讯的基础上，说于县里根治）而无欺，就在其账簿里决算人口，指定米谷，大人若干，小儿以其半分的分量。贷出之日让各户每位自备请米状（后述），将其对照于名册证实，监官依据此状配给。

二、贷出在每年五月下旬、米青黄不接的时期做，在那个时候，预先（四月上旬）向府里申请选择派遣其县的清廉强干官（因不贪而清，因不怠惰柔弱而强）一人、人吏（帮忙的吏）一人、斗子（升取）一人，使与乡官共同担当事务。

三、等待上述主管人员的到来，一齐告示，各自定下日期分都（区域）

配给（远处为先，近处为后，一日一区域）。符合一日平均收入六百文以上者，或者自身有职业，不缺衣食者不承认资格。请求贷出者按照期限备齐状子（这里开说大小的口数），结成以十人为一组的保使相互负担责任，十人以下不递交。（各户）必须亲自赴仓请米。社员保正及同副、队长、大保长，以及各自赴仓，使首实验对照保的名册，确认没有诈伪之人或者重复之后，签押、保证。(社首、保正等人没有保证的富余时间者，掌首、即社仓管理的全部责任者保证是许可的) 当日监官、乡官一起入仓，依据上面的状况依次配给。保证允许起诉不确实，或者有徇私舞弊者，按照情况实行处分。其余不能擅自从旁边阻止贷出。同时，对于不愿贷出者不勉强他。

四、为了收支米，使用规定的量器公平衡量，在现场固定限制出入门内外相关联的人数，防止这些人乘混乱削掉请求，如果有不正当的话，允许被害者的告发而施加重罚。

五、如果当丰年有请求贷出官米者，则开两仓，残留一仓，遇到饥馑就开之，专门救济深山穷谷除耕田之外没有余业之民，这样谋求调节。

六、贷出的米到了冬天（不超过十一月下旬内）归还，先在十月上旬定日子呈报府里，上述的职能官吏偕同人吏、斗子来到，公共且无损益地收下。旧例虽然是每石缴纳耗米二斗，当前不缴纳它，只是每石缴纳三升，准备所谓折阅（减元米）或者关系人做饭用的米，其米也正确地记账日期而收支。

七、归还之时也按照贷出的时间取得手续，与货出之时相反，近处为先，远方向后转，以一日一区域。社首、队长通知各户相互劝诫，种植一样的干硬糙米（充分晒干的硬稻米），具状（同保共同作为一状使承担责任）赴仓交纳。监官、人吏、斗子等收下它，有时胡乱阻塞不通（阻塞、隔开）日期，超过数量不多取。其余的事依据给米的规定。因为今年收米的人吏、斗子必须知道经过，到次年贷出之时为止不换班。

八、如果收支了米，每日转上在其县所给的印历（票券之类，此与后出的牌子一起,《朱子别集》一○里,记载有朱子在南康军使用的雏形),在最后的日子,备齐总数告于府县,与那里的账面相核对。

九、收支之日,每次作为做饭用的米及路费对于上述派遣员、社仓主管人员及其他合计二十四人,供给合计三十六石二斗米。(按照各位人员的任务、停留的日子定差等)因为一年两次而成为六十石四斗。这里,为了每年的墙屋修补等,米九石,以上通计列入六十九石四斗。

十、规定制作上述十人一组之保时的章程。在那里面与某里第某都(区域)的社首某人、该都的大保长、队长一起作为编制排列的都内人口,书写一组大小人的口数,居住的地名,开说产户(商人)的产钱(一日平均的收入钱)金额。或者每户写上白烟(佣人)、耕田、开店、买卖、土著、外来(此写移入之年)。这里大保长署名、证印,队长、保正、同副、社首各自署名负担责任。

十一、其次,列举上述请米状的格式。保头(保正,或者同副)组内的各成员、大保长、队长、保长、社首等署名,约定借用的各数量及归还米的期限、性质、耗米的合计等,对保内的走失、事故负连带责任。

十二、收支的米石社首、保正、同副通知队长、保长,队长、保长通知各家各户,缺少队长时由各家各户就社仓请愿,社首公平补充之。(如果没有社首就通知前述尉司决定)。

十三、簿书或锁钥由乡官公共分掌,大口的收支要监官的检印,零碎的出纳委托乡官公共采取妥善处理。要致力于平均,不允许私事连同人情。

十四、遇到丰年农家不愿借米,至七、八月份在上述产户请愿者允许之。

十五、社仓内的房屋、什物守仓人平时迫切注意,不使毁损、借出、他用。在损失时乡官检查,追问守仓之人的责任,些许的损坏随时修整,需要大改造的时候临时备齐原因告于府上支出米石。

(上文之内,规定都、保等之正是以王安石的保甲法为本源。根据朱子的上奏下达诸路的社仓法见于《宋史·食货志》，此以十家为保，与上述朱子事目里以十人为保存在差异。）

依据关于上述事目之后朱子的《奏文》及《辛丑延和奏札四》（上述），愿意按照事目建立社仓的人里面作为元米出借州县的常平米，让乡人中的特别人士负担责任主管收散，每石收利息二斗其成为元米的十倍之时将元米返还于官，其后用利息米收散，每石取耗米三升，又富人家情愿申请出米作为元米者随其便，利息米满则使归还。又，乡土风俗不同者允许再随宜立约，告于官而遵守。这样方才成为久远之利。据说当时，不愿设置的地方，由于规定官司不得勒索，骚扰不到。（《朱子文集》八〇、《建昌军南城县吴氏社仓记》里叙述此意。）此奏请在淳熙八年末得到准许，下达各地，各处见到社仓的设置，现在这里引起关心的不是上述社仓事目内容拥有的社会经济价值，也不是这样方面的历史情况。如果那样是什么呢？那毋宁是，通过事目见到的朱子其人的想法。如果用朱子自身的话说，就是此人创立提挈社仓事目的规模纲领，使其条理精明，使总揽纤密（《朱子文集》八〇、《邵武军光泽县杜仓记》）的思想倾向。首先，见到上述社仓事目任何人也注意到的是这最终作为条款，注意不能像深地拔插那样安排吧（上面不厌烦逐一举事项，是为了表示此事）。如上所述，社仓法在其根本有同胞爱的精神。而且，考虑此精神——可以说所谓同胞爱的一个种子必须摆脱浑沦状态成为社仓法多枝多叶的树木而繁茂的地方里，有朱子读《周礼》旅师或者遗人之官，有感于其制度之详细，古人竭尽心思，而且又化其精神于法度而行实政之事的原因（参照《朱子文集》七九、《建宁府建阳县大阐社仓记》。朱子社仓法的根本理念可说已经在《周礼》），可见其思考的面目。那里全体无的立场作为大的作用方才显现，两者相即。所谓全体大用无外乎此。如果那样，同胞爱的精神为什么必须这样呢？袭击南康，其次浙东地区的饥馑给予在这些地方当政治之局的朱子，以所谓体访（此字数次出现）或者体察、询究（《朱子文集》一六、《缴纳南康任满合奏禀事件状》中的文句。依据体验穷究追问）的机会。朱子由此达到深知人心物情。见于朱子文集一六及二〇的许多奏状，见于同九、一〇两卷的诸公移完备地讲述此事实。如果依据这些，南康的灾伤是以历来政治家的常规手段祈祷或无诚意的巡视等，没有丝毫的感应和效果，呈现悲惨的状况。朱子反复说明此事，作为其救济方法，使种植荞麦、大小麦等补给食粮，随着兴起修筑石场的工事便于舟船抵达而给与饥民食物（尤遂初在题为《送晦庵南归》的诗里，说的"筑就长虹万丈堤"即此——《瀛奎律髓》中），禁止想依据米谷的涨价得利而收糴，又轻减税金，省军备，发常平、义仓之米，将富户的出米按照历头（参照前出，印历，这禁止抵押、借贷、出卖，违犯者，接受者与给予者一同写上受罚）牌子（参照同上）发放，又恳请对出米之富民的赞扬，而且极力主张援用勉强免于死亡的贫民（那不异于重新从大病站起来者）使恢复是重要的意旨。这里取构成社仓事目的几件细致方法，为此使用苦心于各种调查是引人注目的。例如，对于富家区别有粜出的富余者、没有者，调查各个的户数、富余的谷数、从事佃耕的农民等的姓名，为此的米数，对于中产者，调查虽然能自足，但是不能满足佃耕的农民等粮食者的户数，从事佃耕的农民等的姓名，不足的米数，此外，调查下户要求粜米者几家，其中作田者几家，户名、大小的人口，另外所经营的事业，不作田者的户名与家数，大小的人口，所经营的事业，作他人之田几家，各个户名、地主之名，大小人口，兼营的种类等。（参考《朱子别集》九、《取会管下都分当家及阙食之家》，又同《谕上户承认赈粜米数目》。这里列举着实际数量）又或者，每县作地图，画出山川、水陆、路径、人户住止的场所，对于不能赈粜（为了救济的出米）的家，能够的家，及需要赈济的家，分别以不同颜色的笔圈起来付上印，使逐一仔细地填写姓名、大小口数。（《朱子别集》九、《行下三县抄札赈粜人户》，同《行下三县置场》，又参照《朱子语类》一〇六。这里记有在浙东使用同样的方法）这样的调查如何适应实际情况，用意使实惠无误差地施行及于民在《施行阙食未尽抄札人等事》（《朱子别集》一〇）《审实籴济约束》（同）等里面也明白窥探到，如果有遗漏也不怕订正在《施行场所未尽抄札户》（同）里可以明白。又依据《朱子文集》一三《延和奏札三》，朱子其后当浙东荒政，说这样的调查因为官吏的自营（随意的动作）与富家的词说（牢骚）产生困难而难以得到实际数量。

以这样的调查为内容的对策依据实行灾害现场的周密检查更进一步增加确信。为此朱子采取的方法，首先检查现存的苗亩，其次检查灾伤的田段，在未及收割内先大致了解荒熟的分数，然后，细致检查除熟田以外荒旱的场所。又大约百亩之内，将三、五十亩成熟者入熟田之数百亩之内，下至一、二亩稍成熟者作为荒田使用。田面大概黄熟，其中有未出穗者，有出而青空者，有白死者，这些一并归入荒损的部分。注意不要忽视此区别（《朱子别集》九、《管下县相视约束及开三项田段》）。这样的调查体会法的意图而适宜施行的场合里，民众喜悦是在这里列举的事实。（只是朱子担心这逐一察看熟田的一丘一角成为繁碎的话，则反而干扰炎伤的人民，又期待公正的困难，看了同《检坐乾道指挥检视旱伤》一文就明白了）朱子这样调查灾伤现场贫富的实际情况，立于其上考察米谷粜籴的路径，上演南康地方救荒之手，其结果救济二万九千五百七十八户，大人十二万七千六百七口，小儿九万二百七十六口。（参考上述，《缴纳……状》，还有《朱子别集》一〇《奏乞推赏赈济上户》。这里大人的口数有一万的差别）奏上社仓事目的确信可说是在这里逐渐成熟的。然而此确信到朱子从事浙东救荒变得越发切实，社仓事目在那里取得成果。即，朱子碰上浙东地方的灾害，知道祈祷等一时应付的例行手段怎么也难办，赶上得到孝宗的知遇而振奋，建立新策略，注入心血尽其救济。依据《奏捄荒事宜状》（《朱子文集》一六），那里有指导此人行动的崇高态度（同胞爱——这成为在此时的朱子方面直接将天子之心体于身了）与本于正确知识的强烈信念，其态度确乎不拔。我们这里有兴趣的无外乎此事。（对于以民为同胞，以物为

203

吾与，提倡一视同仁之爱的张横渠的《西铭》思想，朱子抱有异常的热情，这充分表现在《语类》一〇六里。南康时代，此人在实际层面最关心的事情是作为同胞爱之实现的政治设施与依靠白鹿洞书院之复兴的教育设施二者。）清朝的朱止泉指出朱子行政爱民等实事与所谓循吏（做奉法无过失的官吏）远远不同，全体大用不可视为两事（同胞爱与设施成为一身同体）（《朱子圣学考略提要》），那是深刻洞见到朱子的事业性质者。

那么，爱同胞之心必须成为产生实惠的设施。虽然也有认为古代井田制是具有这样意义的学者，但朱子知道此制度是已经与时代不相适应的了（《朱子语类》一〇八）。朱子认为，在浙东诸州荒歉之中，绍兴府的饥荒最严重，与此相比，南康的饥馑还是丰年。即，在最熟的地方不及半收，其他有从七八分到不过十分之一的地方，也有完全没有收入的地方，论萧山等六县的话，平均收入不过十分之一。因此，朝廷出米二十四万七千石、钱九万贯，从衢、婺州的融通，义仓钱三万八千七十五贯一百文，明州的义仓米五千石到达，州县也日夜致力赈济，官吏稍稍懂事者都奔走，即使寄居的士大夫也不敢留意于安居的情形，仍然不能救济饥民（《朱子语类》一〇六也说当时的救荒政策丧失时机手段，实惠无及于民），其窘境及于上下，卖尽携带物品，比起价格能不能卖掉成了问题，想要质押质店里却没有钱，想要借钱却富家无力，有艺业者也无所用技，运营者也无所卖货物……死亡者也很多。这是因为什么呢？朱子求其原因。即，因为绍兴地狭，人口稠密，所产不足以充用，即使丰年也依赖邻郡。又，因为贷官钱于民而使纳绢的所谓和卖法偏重，无巨富之家，连遭水旱，兼失蚕麦，些许的积谷也在春初出尽，富家先已穷乏而贫民无所仰给，狼狈急迫，认为成为以上那样了。大抵饥馑如果为五分以下还能够处理。大概，因为五分之米给予十分之人了，还能活吧。然而，饥荒如果达到九分，则难以做到将一分之米给予十倍之人。更进一步，试着从计算上列举此情况，则成为以下这样。上述六县之田二百万亩，每亩米二石，岁收四百余万石，使用诸种统计的结果，六县的贫民约百三十万口，合并富家不下百四十万。（以上，依据《朱子文集》一六《奏捄荒事宜状》。又《奏绍兴府都监贾祐之不抄札饥民状》等知道有关人口调查的困难。尤其《朱子语类》一〇六里说苦于获得实际数量，直到最后采用了石天民的方法。）这是每年用四百万石米来供养。（除去上供及州用的话）这已经每天总计不及二升之数，即使所谓丰年也为无富余者已经信而有征了（信实有证据）。如果现在做十分之一的岁收，与未收之米约三百六十万石对比，收到的米只有四十万石，缺乏的石数如此大数量，不得不说所谓补助无策也还是信而有征了。在这里，从来处理的时候，得米一户一、二升，成为不过二合的比例，只是天子忧劳之意即使知道也不带实效。如果，又为了将百三十万的贫民完全用官司之手救济要百万石的米。这用现在朝廷的力量是不可能的。于是呢，本于见闻考验之实的施行事项成为必须。一之爱心成为许多详密的事项而不能展开。上述社仓事目是这样产生出来的东西之一，是其有代表意义者。社仓事目如上所述下到诸地方，尤其以合、婺等为始也逐渐产生实行此者。（参照《朱子文集》九九、《劝立社仓榜》及同七七—八〇、各《社仓记》。）后来在勅局的陆象山看见此事目感叹很久，直到最后编入广赈卹门（《象山全集》一《与赵监第二书》）。自己也与兄梭山一起行之（参照同八、《与陈教授第一、二书》。又、同九、《与黄监书》）。因为那充分发挥了道外无事、事外无道（上述《与赵监书》。我想这也是来自见于《近思录》异端类的程子"道之外无物，物之外无道"之语。关于此语，另外论述）的宋学有特色的立场，因为认为即物情的技术被完全条画（立程序而计划）。（但是，象山并不囫囵吞枣朱子社仓法，自己也考虑其缺陷，并也有所设想。那也见于上述《与陈教授书》。还有象山的高足舒广平的《舒文靖集下》有《再与前人论荒政》，就朱子浙东的条目，广平说自己在新安担任其事时候的经验得失。）说起来，象山真是朱子的诤友。虽然到其论《太极图说》，对朱子骂道"周道之衰，揣量模写之工，依放假借之似，其筹划足以自信，其

205

习熟足以自安"(《象山全集》二《与朱元晦第二书》），一点也不宽恕，但是对于社仓法采取如上态度，敢站在下风，想来因为朱子的揣量、筹划最终无外乎"实"。社仓法建立在事实上。因此，认为其筹划之绵密，有滴水不漏之气概即使越发成为发挥出其面目的原因也不能成为其缺陷。如果读了可怕的朱子弹劾台州知事唐仲友诸文（《朱子文集》一八、一九），虽说当时职责上不得已，又如《南宋官吏与工商业》的作者指出的那样，虽说仲友也有其原因（参照《食货》第二卷第八期），被其追究极深刻，正如法家检察之书，执拗无不至惊讶的同时，反而也有连不愉快的念头也不能禁止的人吧（虽然像陆象山赞叹此，说快于人心——《象山全集》七、《与陈倅书》）。然而，至社仓法等虽然得到太严的名声，但想来那不必成为障碍。那难道不是因为同胞爱的精神耸立于其上的缘故吗？关于浙东之政取得实际成绩残留有浙东之民、每户歌颂先生（朱子）之德的话（《朱子语类》一〇六），陆象山的"朱元晦（朱子）浙东救旱之政……浙人殊赖"之语（这想来确实是依据与浙中亲旧之书道途所传者。参照《象山全集》三六《与漕使尤延之书》）充分证实此事实。

朱子为了浙东救荒，尽所有手段彻底了解灾害的实情，编出与此相适应的救济方法。为此，通贯古今、检讨救荒的计策也是必要的，硕学朱子的知识在这里充分发挥其作用。当浙东救济的时候，朱子的态度从最初就有热情。据说平生轻易不折腰的此人当日单车上路。那是接触饥馑救荒的秘诀。朱子赴任的途中，见到苏东坡说熙宁年间荒政的弊病，费多而无益是因为救之太迟的帖子，接受铭记其说法，再三提及此是理所当然的。（《朱子文集》八二《跋东坡与林子中帖》，同《再跋》，又上述《奏救荒画一事件状》）本来，社仓法的制度据说创于隋代。只是当初用义仓之名兴起时虽设于乡社而有民利，但后来，因为移到县而失去了用于民众的利用之便，反而成为用于官司的集聚工具。此事虽是由前面《五夫社仓记》所叙述，但也有如下的事实。现在南康这里朱子在任之时，曾经当大旱之际虽有籴入的大量米，但米价很高，而且因法规不能减原价，因为也有其他入米的手段，最终失去粜出的机会，其后似乎很久成为南康官吏之害，朱子说先粜出，后呈报是应当等待惩处的，对于那样做的事留下后悔的话（《朱子语类》一〇六）。又南唐这里五、六万石，后来朱子成为知事的漳州这里达六、七万石常平仓贮藏的旧米有遭受虫害化为浮埃、空谷的事实（同）。比这更早，因为王安石的青苗法施行产生弊病，想要讲求古社仓遗意的士大夫素来所着眼的是上述缺点，其主要目标在于想利用民间人之手担负乡村间救荒的仓库。如胡致堂的意见（《读史管见》一五、陈纪、至德三年之条）应当说是其代表，论述远离民众的贮藏库之无意义。从《资治通鉴纲目》三六（南北朝陈隋乙巳、陈至德三年隋开皇五年五月之条）里节录此文来看，朱子无疑尊重此意见。于是，依靠民间之手即使僻远之地也至于认为在得便利的地方置米仓是必要的，魏元履的长滩社仓，接着称为几乎仿其规模的朱子的崇安县（五夫里）社仓出现了。但是，朱子社仓难说是纯粹民间经营。相比于友人吕东莱计划的是应当纯粹置于民间人士之手（《朱子文集》七九《婺州金华县社仓记》），朱子社仓稍稍有所不同由前述能够看出来。同时其经营的主体在于民间人士也不用怀疑。看了上述《奏救荒事宜状》，或者《社仓事目》后附的奏文此事是真实的。想来此奏文之意被使用成为"其敛散之事与本乡耆老公共措置，州县并不须干预抑勒"（参照《事目》后附）。实际上正是绍兴府的饥馑官司之力已经难以达到才出来社仓事目的。《朱子语类》（一一五）里出现朱子对于置义仓于乡下使官司时时巡视之方案的反对意见。其意思在于官司无闲暇及由于巡视干扰乡人。（至社仓事目及荒政的关系资料处可见公共二字是能说明其法的本心吧）如黄东发也看出朱子社仓与王安石青苗法的利害相反的原因，在于青苗法以官司行之，朱子社仓法以乡人这点上（《黄氏日抄》八七、《抚州金溪县李氏社仓记》）。这里东发言及叙述上面意思的朱子《吴氏社仓记》中的文字，主张社仓的经营必须归于民间，其后，王鲁斋也在其《社仓利害

207

书》——《王鲁斋集》七——里激赏此点）。这样，社仓经营的主体在于民间人士一事成为重要事项。中井竹山在其《社仓私议》里浅近地说明朱子社仓法之意云：

> 所谓社仓指在民间合作社贡献伙伴的米仓。那么，选择村方及地方的学者数人，定其官吏，平日无疏忽那样相互检查……社仓的事情，因为在民间，不在上之御用，像官吏在相斗时下手重的样子。根据此，即使在朱子社仓之法，用学者于其相关工作相互照顾。朱子之时，其各处的学者即使相应带有官位寄食，因为不在官吏之列，没有什么下手重的事情，而且平日把民事之事放心上是学者的职分。又忌惮名誉相守清白也是学者通用的作风，为了改正社仓米的私弊相当卖力。因为这个朱子总是那样用学者就被定置下来。

后来清朝的朱子学者李光地、张伯行实行朱子社仓法，朱轼请其建立之时，康熙帝说，所谓社仓，因为地方人士监督掌管其事，所以责任所在不明确，因而存在种种困难，不过仅仅能够实行于小邑乡村（《东华录》一二、康熙六十年九月之条），可见朱子已经意识到这点，他说，其范围狭小的场合虽然容易，但变得阔远的话就困难了（《朱子语类》一〇六）。即社仓在此时被认为有名无实，仅仅成为空有条文。因此，在朱子的设想里面成为以县为范围，委托乡里的聪明诚信之人实行之。因为聪明则不被欺骗，诚信则不忍欺骗人，昏懦之人被人欺骗，谲诈之人流于私（同）。又朱子记载宜兴的大夫高商老与邑人诸贤一起经营的社仓说"有治人无治法"之语虽然平凡却是至论，因为本来社仓将食物集聚在乡村荒闲的地方而不以任职的官吏主管它，不是以流徙的刑罚驾驭它，说必须聪明、忠言、明察之人士心合在一起，力往一处使，谨其出纳，杜奸。社仓经营的主体在于民间，可说越发增加了得"人"的必要。此事虽已是陆象山也指出的（上述

《与陈教授第二书》），看到黄东发、王鲁斋诸人之文（全都上述）就知道因为民间不得人，所以朱子社仓法崩溃的情形。如上述吕东莱虽然唯恐难遇有司之贤而非难朱子社仓法非纯民间经营的不彻底，建立纯粹作为民间经营建造社仓的计划，但是民间得人的困难并不比"有司之贤难遭"减少。其次，社仓法作为其参考有王安石青苗法也不用怀疑。对于曾经被程子那样反对（《二程全书》五五《谏新法疏》《再上疏》）的此法，朱子并不一定表示全面反对。岂止如此，朱子知道熙宁之法制更新为时势之当然，流露出元祐诸贤的议论也产生堕于因循后果的意见（《朱子语类》一三〇、和版七页背面、同一一页背面）。朱子以青苗立法之本意为善。然而朱子说给之以金不以谷，处之以县不以乡，职员以官吏不以乡人、士君子，其行之也以聚敛、呕疾之意，不以惨怛、利忠（同情于民众，严肃顺应它来）之心，——因为以上这样的欠缺，王安石虽然能够很好地行之于一邑，但不能行于天下（上述《金华县社仓记》。当然这是朱子的批评，对于青苗钱的真相也存在异议——参阅《文献通考》六、市籴二等）。而且，朱子这样理解真正能知道此法之病根，有中其要害者（《朱子文集》六二、《答张元德书》中的话）的自信，想来作社仓法的时候对于此点发挥考虑，努力要除去其缺陷。说起来，《郡斋读书志》（二）里面，论王安石重视《周礼》的动机说"至于介甫，以其书理财者居半，爱之，如行青苗之类，皆稽焉，所以自释其义者，盖以其所创新法尽傅着之，务塞异议者之口"的缘故。如前面指出的那样，朱子社仓法的根本理念在于《周礼》，对于此点朱子也好，王安石也好，虽然相似，与其说无论哪个有所为而附会于《周礼》，毋宁说此二人很好地认识到《周礼》这一书籍的本质，那是知道触及政事的机密吗？因此，当时一部分人对于朱子的社仓法，有散青苗（与王安石一样，是贷款青苗钱者）的讥讽，亲密的朋友张南轩相信朱子激于此讥诽辩护散青苗而呈上忠告，期望着周观、深察（《南轩文集》二〇、《答朱元晦秘书第十书》），这是误解吧。朱子绝没有从激于散青苗之讥讽的偏心出发辩解此法。南轩说王安石以在鄞县的经验想要行其法于天下是执一而不通天下务者而"立法无其本，用法无其人"（同），担心朱子以为应当取王安石之法的话，就与王安石陷于同一态度。但是，晚年的朱子使乡村拥有主体性，以此为单位，国家颁下它到诸地方使自主实行，这样方才开始产生社仓法通于时地之永恒性的考虑。而且，能够这样，无外乎因为此法被爱同胞的精神支撑着。特别是朱子社仓法在上述年限之间，取一定的利息米是朱子也已经知道有异议的地方（即使，其比率对于在米的青黄不接时期不得已支付加倍金额的高利借豪门之持米的贫民来说，并不一定是高额），对于上述魏元履的社仓不收利息之点，与朱子的社仓不同，此同门之友（全都是胡籍溪的门人）相互争斗议论不休，想来朱子虽然一方面承认元履之言有三代王政之余风，但最终不退让的原因是，他考虑利息逐渐增加社仓之藏米，扩大惠与，最终能够至于无利息，终归还原于民利。（《朱子文集》八〇《建昌军南城县吴氏社仓记》）在这点上，其旨趣与元履相同，后来朱子流露出不能忘记其友（元履）之遗教（上述、《长滩社仓记》）。上述朱子的崇安县（五夫里）社仓的经营成为事实那样的结果之事虽然也许使朱子认为证实自说者，但荒年持续的情形，到底能不能这样实行，陆象山已经对此抱有不安（上述、诸书），在黄东发的上述《记》里也说后来的社仓用朱子之法的名目课高利。总之，朱子社仓法沿着当时的实情，其特色在于改造实施古来的制度处。为此，实际情况的细致观察是必要的，上述诸调查虽应此必要而考察实行，但那里显露出来者是为自然的、物质的条件所驱使的人类生活的原委，是对此历来制度的无力。而且，在上面那样人类生活的原委之间的法则包含在朱子的所谓"理"，其调查同样包含在"穷理"（如果不这样理解就有产生妨碍朱子学理解的部分，此事已经再三谈到了）。通常，朱子学里面说的"理"被主观地认为不过是"意见"。但是，上述的"理"果真是那样的吗？又虽是浙东时代的故事，有一妇人，其丈夫不能养，按父母的意志想要回到娘家，县吏也允许离开。门人认为这不可，主张夫妇之义。对此朱子说"这般事都就一边看不得。若是夫不才，不能育其妻，妻无以自给，又奈何？这似不可拘以大义。只怕妻之欲离其夫，别有曲折，不可不根究"（《朱子语类》一〇六）。可想而知，这样的思考不是浮现于主观头脑的。

朱子再三提及医生的下药，名医因为看得症候极精而识病，由此能够果断地下药（《朱子语类》一〇七）。认为即使王安石在救活人的心上也是没有变化的，但其失败是由于误认病症（同一三〇）。注意到朱子在南康、浙东、漳州（此处之事虽未提及，但从其劝农之方法来看的话，考察蔬菜与土壤的性质而教授耕作技术，是显著合理的。又即使在处理农田的边界改正问题上，同样的倾向也引人注目，《宋史·食货志》里有"访问讲求，纤悉至备"是正确的）的政治的一面都是正确审察病症，适当下药的想法在起作用。所谓"理"，在此场合是指在事实中的自然法则。因此常反复说"实"字。但是，所谓事实是什么呢？在这里意味着经营社会的、经济生活的人类存在。（这样的人类存在如果用传统之语，关于所谓气的方面成为不能回避者。在这个意义上，朱子绝不是轻视气的思想家。）朱子探索这样意义的事实，想要洞察其不容易的性质、难以驾驭的倾向。像在南康地方贫民的困穷情况是其一例。即，朱子考虑请求从邻近的县移入米，谋求免税而顺利到货，但此米多囤积于米牙人（米的中间商）之手而出于店。在店里加入水搅拌增加价格，用小升斗卖出获得厚利，穷人之食变得困难了（《朱子别集》九、《约束米牙不得兜揽搬米入市等事》）。我们在这里不能不想起《庄子·胠箧篇》所谓，"为之斗斛以量之，则并与斗斛而窃之"一句）。又，城市的古井多为有钱之家独占，不使汲于众人（同，《约束质库不详关闭等事》）。或者也有，因旱伤而不能支付负债的穷人家畜或种子、豆麦之类被夺走，房屋、桑园、田地被兼并而流移于他地的人（同、《戒约上户体认本军品宽卹小民》）。对于如此之类，朱子一一立对策、讲措施，如上述虽有太严之名声而为识者所认识（上述，象山《与漕使尤延之书》）。

211

按照朱子回答友人黄子厚的书信（《朱子续集》七），说道某都（部落）之人到来而不懂伙伴的来历，一方面社仓的残米也变少难以广泛普及的样子，使社首、保正等结保，具状来请的必要难以欠缺的原因就能明白了。在唐石这个地方，朱子待野叟、樵夫如宾客，没有一点的歧视，在想要使民众尽情的同时，对于违法者，或者所谓免而无耻者以严面对。因为只有严才明白"实惠及细民"（《朱子语类》一〇七）。朱子上奏章检举官吏的违抗怠慢者，老病昏愚者移到闲职，上奏恻怛而爱民，有才力者应当不拘成法提拔（上述、《延和奏札三》）。朱子在照顾人上不允许有一点满足。此人作为人的现实性主张"气"（物质的、肉体的性质）之强，提倡见于《敬斋箴》（《朱子文集》八五）等那样坚毅刻苦的功夫，是因为了解难救于安易的人类存在的性质。因为根据这样人类的实际情况建立的设施是社仓法等，因此其内容自然达到极致。因为古代制度的此设施是这样的想法，适应时代改变样子，产生其意义了。朱子爱说恰好二字，说"凡事自有恰好处"（《朱子语类》一〇七）。又据说，每语学者"凡事无许多闲劳攘"（同）。如果顺着恰好的地方妥善处理事的话，平易淡泊，一点的劳攘也没有。朱子建立与事实、即人类的实际情况相应的设施如上所述。但是，这里不能忘记的是这样的设施作为爱同胞的精神必然要求实行，没有此精神的话就不行。上述《崇安县（五夫里）社仓记》《金华社仓记》都说此。尤其孟子的"徒善不足以为政，徒法不能以自行"（《离娄上》）之语的朱子注里说"有其心，无其政，是谓徒善；有其政，无其心，是为徒法"，引用程子说的有《关雎》《麟趾》（诉说爱情，歌颂诚实敦厚的古诗——《诗经》）之意然后《周官》的法度可行之语（《集注》）。只有本于生物并救活它的天地之心的爱同胞之心才是产生社仓设施的母体。那里可见，如果对于人类失去公共性、共同性，就会灭亡自己的传统洞察。《邵武军光泽县社仓记》（《朱子文集》八〇）里面，特别写出同时设置救护疾病者的设备，又，朱子写《江西运司养济院记》（同七九）的思想与各处残留的社仓记的数量绝不是别的乐四。这里是切合情况的立场，超出普通的利害立场、技术立场，而且包括它，有真正成为伦理的原因。如果不是那样的话，朱子在浙东荒政后特别极力辩难攻击所谓事功派（功利主义者）的理由就难以理解了。朱子在回答石天民（前面说过此人在浙东向朱子进言户数调查法）手书里说"平生为学，见得孟子论枉尺（一尺、小）直寻（八尺、大）意思稍分明"，至浙中，惊讶朋友之间的议论与此相反，对于义与利害是一事不可分别的这种说法感到吃惊。关于社仓法，残留在后世的实际成绩虽因时代而不同，但经常除去弊病是必要的，南宋以后，直到清代，往往被继承甚至在我国仍然可见其影响是人所周知的（参照柳田国男《时代与农政——在日本的产业组合思想》六及七）。

（二）

社仓法到底还是爱同胞的精神，可以说，是通过人类存在的事实向实际政治经济层面展开者，是其大用。然而以同样的意思作为其向学术层面展开而表现的，是在朱子学中的礼制研究。大概，像社仓法当然也能够作为礼制的一种来对待（秦蕙田的《五礼通考》等就是那样的），本来被称为礼制者的很多部分应该是曾经施行的共同生活的制度习惯。即，人类相互共同生存之心，自古以来用仁之名称呼者如果用上述言语来说，就是爱同胞之心，宋学将仁之节文（错综、调和、美好平安显现者）视为礼的思考（参照上述《玉山讲义》、又《朱子语类》二二、和版九页、一〇页等）是上面的意思。因此，礼制研究是从同胞爱的精神出发逐渐开拓出来的就容易理解。以礼为节文的理由，在于其特质，一个广泛的可以说全体无的东西显现出面目来，像网眼一样形成经纬，形成组织（《朱子语类》六四）。曾经，老子视礼为道之堕落，为忠信之薄、乱之首（下一），惋惜朴散为器（具）（上二八）。庄子说，在混沌这里凿耳鼻等感官因而招致其死亡（《应帝王》），其《大宗师》《知北游》全都是去掉世俗之礼或者礼，《胠箧》说舍去音律、乐器。然而，在朱子这里，与了解道、朴、混沌之珍贵一起

213

（看朱子执拗地持续主张无极之语的意义），只有在为礼、为器，有耳鼻等，整齐音乐的地方，才被认为具有全体、无的东西的大的作用，其相即的关系建立。上述，全体大用的思想即此。于是，上述那样意义的礼制研究是实现了的东西，即朱子的《仪礼经传通解》。如果那样，此书是根据什么目的，具有什么内容与特色，取得什么成果的书呢？这里想叙述的不是此书一个个的内容本身，与社仓法的场合一样，是通过内容能看出的思想倾向。说起来，古典儒学里最重要的东西是礼，是（音）乐。乐断绝无师承，律尺之长短、声音之清浊等，无知其说者，不知其为欠缺（《朱子文集》一四《乞修三礼札子》）。又，礼之学在宋代自熙宁以来，根据王安石的政策，在古代经典里面《仪礼》被废除，仅存《礼记》之科。因此，到了南宋，修《仪礼》的学者变得很少了。朱子的《谢监庙文集序》（《朱子文集》七六）里面监西岳庙的谢誉修《仪礼》之学被朱韦斋（朱子之父）发现，被作为当时稀有的例子。根据朱子，废《仪礼》取《礼记》是本末倒置。为什么呢？因为《仪礼》才是本经，《礼记》不过是其义说（说明意义者）（根据《朱子语类》八四，朱子敬畏的张程二子门下俊才吕与叔似乎已经有以《仪礼》为主要内容汇集诸家之说来说《礼》的构想。参考《二程全书》一九、和版八一页背面，《伊洛渊源录》四记载程伊川遗事等）。因此朱子对于乐，看出钟律之制，当时有得其遗意者（虽然关于其根据并不一定有确信），更进一步加上参考为一书，以补六艺之欠缺，对于礼，以《仪礼》为经取《礼记》及诸经史、杂书的资料附本经之下，一一列举注疏诸儒之说，列举涉及家、乡、学、邦国、王朝、丧祭的目录。（上述、《乞修三礼札子》《朱子文集》三八《答李季章第四书》、又参阅朱在《仪礼经传通解目录后记》）此时，因为缺乏关于乐的资料，又能够包括在礼制之中，不过成为此书的一部分。基于上述这样的缘故，《仪礼经传通解》是以《仪礼》为中心进行的礼制的综合系统研究。本来，《仪礼》是以难读著称者，但是朱子看到此经重复的地方很多，注意到根据通于伦类，辗转参照其先后、彼此去相互发明，久了自然能够通贯（《朱子文集》五九《答陈才卿第九书》）。又，注意到《仪礼》难读的原因，在于此经不分章，与诸解释文之间的关联也有不尽处，因此为了读它，除去这些弊端是先决条件（《朱子文集》五四、《答应仁仲》）。因此，《仪礼》按上述的读法，以其为本，作为中心，《礼记》等资料被整理。这样成为礼乐的全体，补其缺陷，疏通纷纭紊乱。清江慎修说"其编类之法，因事而立篇目，分章以附传记（注释），宏纲细目于是粲然。秦汉而下未有此书也"（《礼书纲目自序》）。所谓"秦汉以来无此书"是帮助朱子编纂此书的杨信斋以来的赞辞，虽然不知道是不是果真那样，但是作为礼制资料的整理方针，在当时无疑是最优秀者。那么，依据朱子，则《礼记》是秦汉上下诸儒解释《仪礼》的书。此外，虽然也有说它附益在其中间者（《朱子语类》八四）。"如《仪礼》有《冠礼》，《礼记》便有《冠义》；《仪礼》有《昏礼》，《礼记》便有《昏义》"（《朱子语类》八五）。"服议，汉儒自为一家之学，以《仪礼·丧服篇》为宗。《礼记》中《小记》《大传》则皆申其说者，详密之至，如理丝枏发。云云"（同八九）是朱子所说。《礼记》的资料都是在此意义下被处理而编入《仪礼经传通解》的，关于此的注疏之说等被列举，被批判，更进一步补充说明此的诸资料，例如《左传》《国语》等之文被引用。（但是，即使对于《礼记》，一律这样实行也有难处，因此朱子在斟酌同书诸篇的性质基础上，不懈怠给予细致的注意——参照《朱子语类》八四）这里制度、习惯获得其意义的阐明，所谓"实学"（上述、《乞修三礼札子》）成立。我之所以认为"实学"的思想重要，是因为它通过古来资料的文献学、实证的推敲，成为追究人类生活真实性的学问。

注

    朱子提到程子《易传》时如下说道："程先生说易得其理，则象数在其中。固是如此。然……却须先见象数的当下落，方说得理不走作，不然事无实证，则虚理易差也"云云（《朱子文集》五六《答郑子上》）。又说："人多把这道理作一个悬空底物。（然而）《大学》不说穷理，只说个格物，便是要人就事物上理会，如此方见得实体。所谓实体，非就事物上见不得。且如作舟以行水，作车以行陆。今试以众人之力共推一舟于陆，必不能行，方见得舟果不能以行陆也，此之谓实体。（明白实体作为事物、事情之本成为其自身之存在）"（《朱子语类》一五、和版八页正面）。如果那样，则这里所谓"实学"是实体之学，"实证"是求证据于实体。会泽正志斋说"先生（藤田幽谷）曾以《仪礼经传通解》授安——正志斋而使读之曰：朱考亭（朱子）讲究实学，其施于事业之志，当于此书见其本色。野中兼山曾命镂梓之。可谓紫阳之真面目"（《及门遗范》）。像幽谷是清楚地看到实学与《仪礼经传通解》之间关系的先贤之一人。

因此，推敲资料成为此书编纂上的一个条件。朱子真正作为自己企图编纂的礼书资料，说依据《周礼》，（实际上，朱子虽然也苦于使用作为全书具有难以分析性质的《周礼》，但作为说礼的条目者，评价此书重要——《朱子语类》八四）分经传，举《国语》、杂书，不多取迂僻、蔓衍之说，反之，屏退《周礼》使事无统纪，合经传使书无间别，多取《国语》、杂记之言，使传者疑，使习者蒙蔽者不是我的书（《朱子文集》七一、《偶读漫记》），上述，当作为《仪礼·丧服》篇的说明选择《礼记》记述，舍弃繁碎的《小记》篇而取《大传》篇（《朱子语类》八七）。又，怀疑《礼记·祭法》篇，希望能精择审处（《朱子文集》六二、《答余正南第五书》）。（只是现行的《仪礼经传通解》里引用有《国语》《家语》，尤其自己说是后世之书的——《朱子语类》一三七——《孔丛子》之文是因为其编纂有多位合作者，还有未完成的部分，未经过最后加工的地方也很多。本来，这样的不确者作为二手资料似乎也有打算使用的。尤其因为，即使《中庸章句》

这样经过严格订正者，也有参考《家语》的地方，不能一概而论。）对于资料的处理，需要注意的另外一事是，朱子以注疏补古经的欠略处，不可专任古经而直接废弃传注，又流露出未安时，当论其所疑，别作一书，以待后人的意思（《朱子文集》六三《答余正甫第三书》里面提出各种证据）。这是慎重活用作为宋代学术新倾向的对于圣经的批判态度者，不是有见识的学者就不能做的危险工作。作为这样事实的结果承认汉儒之学的意义是当然的。（关于此事，除上述之外，参考上述，《答李季章第四书》，同一四《乞讨论丧服札子》的《书奏稿后》等，《书奏稿后》里面，以《礼记·丧服·小记》为旁照，依据《仪礼疏》中所引郑玄之说，解释《仪礼·丧服·子夏传》之文，考察《仪礼》本经的缺略。）

注

> 还有《朱子文集》六九、《学校贡举私议》里有关排斥空虚，提倡实学，尤其一边承认汉儒的立场，一边还只以其守大拘（非常拘泥），不能精思明辨求真作为毛病。这可说是公正的态度。

于是，朱子的礼制之学后来引起清朝汉学家兴趣的一个原因，可说存在于朱子学自身里面。其次，《仪礼经传通解》从家礼开始，直至为王朝礼的体系，那来自依据《大学》的从齐家至平天下顺序的上述全体大用思想（《续篇》丧祭礼通过门人黄勉斋之手完成。位于篇首的朱在的记与信斋的诸序道尽此书的原委。尤其，朱在的记也有与《朱子文集》的记载不合的地方等）。此书，以《仪礼》有篇目者为主而依据它，无篇目者多依据它书补其缺略。尤其，重新搜集学礼，创立学制、学义、臣礼、钟律、钟律义、诗乐、礼乐记（清初的梁氏刊本改记为义，意思我们很好理解）、书数（这虽然现在欠缺，预定加入许慎的《说文序说》《九章算经》，梁氏刊本也补上此处）等是朱子苦心之所存。《仪礼经传通解》是以《仪礼》为主要内容的礼制大规模编辑，该书采取实证的态度。依据《朱子语类》八四，朱子赞扬某学者的礼学，说明斯学要实证，有证据，应当根据书籍，不能依据杜撰私忆。这有与社仓法的场合一脉相通的地方。不过只有社仓法是以冷静了解当代的物情人心为前提的，《仪礼经传通解》主要正确工整地整理过去资料的这种差异罢了。在这点上，虽然同样是朱子全体大用思想的产物，但是与《大学衍义》（真西山）及同《大学衍义补》（丘琼山）、《圣学格物通》（湛甘泉）等性质不同，是显著学术的。又不得不说，虽然同样是关于"礼制"者，但是与本于古经，应时俗，简而易行，为私家实用考虑编纂的朱子《家礼》其目的也不同。

这里更进一步想要论述的是此书编纂的情况。那是为了阐明此书的性质、进而朱子学自身的特质。关于其事，首先应当说的是，此书从最初搜集许多资料，是应当得到许多专门学者的协力而实行计划的事情。即根据《乞修三礼札子》（上述），朱子请求借阅礼乐诸书与招徕学徒十余人（根据《朱子语类》八四，按计划尽唤天下识礼之学者），让住在空的官屋数间里面从事编类，其诸杂费下功夫使不成公家之费那样照顾，但不久因为离开国都（《朱子语类》八四），此札子的上奏中止，朱子得到门人知己的协助，不得已以自身的力量从事此事业。夏炘在其《述朱质疑》（七）列出协助的人名（这里也有遗漏），这里必要的是，比起知道人名，不如了解朱子指导那些人协助的学术态度。朱子商量讨论资料（《朱子续集》八、《答冯奇之》，《朱子语类》九〇、关于余正甫的条目等）同一资料指示分派数位门人，使编修，等待寄回，择其中精者采用（《朱子续集》一、《答直卿》、又、《朱子语类》八四《论修礼书》之条）。此书是在朱子晚年免职、罢祠（停止养老金）之后，从当局遭受压迫的境遇下，开始着手编纂，其苗头里面，有触及忌讳被烧掉的忧虑恐惧（《朱子续集》一、《答黄直卿》诸书），又，畏惧反对派的所谓伪学之名而无帮助出力者，能够相助者居于远方，缺乏费用缺少雇人，这样苦于不能抄写（《朱子文集》五三、《答刘季章第二二书》)。不仅时局如此，其个人也处于衰老、疾病，朝夕不可保的状态（《朱子续集》《答黄直卿》)。但是，朱子排除万难，大体上完成其毕生之大业（《朱子语类》八四引、《与黄商伯书》在去世前二十二日——一本二十三日，到最后期望协助）。《仪礼经传通解》是穷尽以上那样的手段编成的。

说起来，朱子学的功夫被称为居敬、穷理。而且，居敬的端绪可认为是礼。即依据礼而人的生命得以正确培育。同时，穷理的端绪求于礼也必须是可能的。按照《大学章句》的思想，穷理是格物，即就物而行。凡说理无所捕捉，虽然也有离开事物考虑的时候，说物的话，理自在其中不能分离（《朱子语类》一五）。而且因为将物放在人类社会方面考虑者是礼，《仪礼经传通解》作为施行朱子穷理之学（上述所谓实学）的成果之事是允许的。此时，其内容是以《仪礼》为中心的，在研究方法是实证的这点上与汉儒之学相通。从而此事业为认识到汉学之新意义的清代诸学者所继承发展也是自然的。

注

《仪礼经传通解》有未完成的部分在前面也提到了。尤其现在，成为《续篇》的丧、祭二礼成于黄、杨二氏之手的原委见于上述杨信斋的诸序。即，朱子的遗业首先由二位门人继续进行。而且因为其成绩优秀，朱子赞赏黄勉斋所编丧祭的规模，改日，朱子取自己编纂成的家、乡、邦国、王朝礼等，期望勉斋全部以此规模更定（上述，信斋的《丧礼后序》）。大概，这样方才被认为是合乎此书编纂的原意来者。夏炘举《宋史·礼志》所载，朱子曾经以《仪礼》《周官》《礼记》为本，编次朝廷、公卿、大夫、士民之礼，尽取汉晋以下直到唐代的诸儒之说，考计、辨正，想要以为当代之典未及成书而去世之文，此指《仪礼经传通解》，认为不过是修饰上述《乞修三礼札子》之文字（《述朱质疑》七）像秦蕙田似乎相信这里是别有所企图的，不是指《通解》

者（实际上《宋史》之说虽大概是《仪礼经传通解》编修之事，是与上述信斋的丧礼后序所说的意思相混乱者）。即，当礼的专家蕙田历经三十八年的岁月完成其著作《五礼通考》二百六十二卷的时候，考察《仪礼经传通解》的意义，指出其不备而继承朱子的规模与遗意，希望完成其未完成之书（同书自序及凡例）。《五礼通考》里出现朱子的种种意见。也有据其纠正注疏之误的地方（卷一七〇、学记之条等）。蕙田说：蕙田案，自熙宁改制以后，《仪礼》久不立于学馆。士子所习者，仅《周礼》《礼记》。经文，较之他经为繁，以习者渐少的缘故，此有命。至《仪礼》，乃礼之本经，汉魏以来专门讲授，持续有其人，自王安石废罢《仪礼》，直至南渡最终又不立。虽有朱子想请求修三礼的札子但当时又不能用。不是朱子、勉斋、信斋诸公努力扶持绝学的话，礼教凭什么大明呢？（《五礼通考》一七二、二二页正面、绍兴二十二年以士习《周礼》《礼记》，较他经十无一二，恐其学漫废，遂命州郡，招延明于二礼者云云之条，文中，所谓此命，是命于州郡而招致明于二礼——《周礼》与《礼记》的学者）江慎修的《礼书纲目》八十八卷尽管同样祖述朱子，但认为《仪礼经传通解》成于晚年，前后体例不一致，王朝礼由众手编成，有节目变得疏阔等欠缺遗漏，此编是为了除掉遗漏作成的礼制研究。秦、江二氏上述两书出现之前已经有徐乾学的《读礼通考》（一四〇卷），规模义例被称为能够具备朱子的本意（秦蕙田、《五礼通考》凡例之语），上述蕙田的《五礼通考》因袭其体例（《读礼通考》里万斯同，《五礼通考》里戴东原，全都协助过）。只是乾学的此书只限于所谓凶礼的范围。以上三书全都是康熙时代的著作，更进一步下至乾隆期，由梁氏父子出现《仪礼经传通解》的考订增补本。此依据上述杨信斋的后序，说从朱子之遗命，全都用黄勉斋的规模做细致地更定，期待使前后划一，朱子之书的经义与注未合处，本来欠缺的地方等，或者订正，或者补充的部分颇多而用力完善，认为合理者也不少。所以，此书与前三书是不同意义，是《仪礼经传通解》编纂事业的继续。清末的曾国藩根据礼考察补救宋学的空疏与汉学的支离，想要以像上述《礼书纲目》《五礼通考》联络二学（《景紫堂全书》、第一册《苔芩尺牍》《复夏弸甫书》）。此不得不说有一番道理，能看出内情。曾经，朱子在修礼书之际对于门人，说明已经有头绪的此事业的重大意义，期待其完成（《朱子语类》八四）。像黄勉斋、杨信斋是先呼应此期待者，而且由清朝诸儒的努力，朱子的一大遗业在历来方法的界限上，到看见大致的完成。相隔岁月竟达五百年。

第六节　朱门的思想

蔡西山及其家学——从自然向道德

如上所述，朱子考虑的理这个东西有所以然与所当然两个方面。所当然主要意味着道德规范，所以然被认为是那样作为其本源的宇宙、世界的根本实在。此根本实在是周濂溪所谓"无极而太极"（上述），按照朱子的解释，那绝不是从无极而为太极，而是即无极而有太极。然而必定要说无极，同时说太极之必要的原因，无外乎注意到据此历来在老庄系思想里考虑的所谓"无"之语表达的绝对性，与同样在儒教系思想里考虑的所谓"有"之语表达的共同生活性（例如家、社会、国等）被综合的必要。那么强调上述意义的"无"就是倾向于拥有与对于人类是自然、目的的相反的无目的性质的自然来。但是此自然实际上也有大的方向，是有目的的生命，也应当称为灵者，在中国的思想中即使被认为最人性的孔子思想也在背景里具有这样意义的自然。中国的道德思想最终可以说归依于自然。作为其最有代表性的产物可视为是《周易》的思想。（只是特别《诗经》与《书经》等里面可见上帝的信仰，此事必须另外考察。)

《易》的思想被认为是适应命运之自然的道德之书。这是依据加入古卜筮的命运判断之材料里面的儒教徒的伦理解释而成立。此外尊重《书经》之天文、时节的思想，鲧、禹治水的传说，其中《洪范篇》所谓九畴的思想等也可说在于将道德扎根于自然的事实处。在加进老庄思想的东西里面这一倾向越发显著，其代表作有《吕氏春秋》。以汉代易学及老庄思想为本发展的在道德里面也尊重自然的传统强烈地持续下来。朱子与邵康节的先天图一起相信河图、洛书这样的东西，一方面，有人认为，因为成为其思想企图的直接资料来自与道教相关联的宋代特殊历史环境中（参考清、胡渭《易图明辨》等），一方面来自中国思想，尤其上述那样的儒教传统想法。朱子的著作，《周易本义》里面与邵康节的先天图一起记载着河图、洛书之二图。帮助朱子说明此图之意思的人是其高足蔡西山（名元定，字季通，一一三五——一一九八），《易学启蒙》虽然用朱子之名流传，实际上西山参与完成它的地方也很多。（参阅《朱子文集》四四《答蔡季通》和版一一页、同《续集》二《答蔡季通》等）。

如果那样，河图洛书的思想是什么样的东西呢？不用说，使西山从事《启蒙》编纂事业的是由于老师的劝诱，但其素养渊源于家学。即据说西山之父牧堂（名发，字神与，一〇八九——一一五二）向其子西山传授程氏《语录》、张氏《正蒙》的同时传授邵氏《经世》（《蔡氏九儒书》二传）。如果稍稍追溯考察牧堂的学问，那涉及天文、地理，在于讲说在自然现象之间的理法（同时也能认为是感应于人心的天道存在）的地方。这里将其天文思想放一边，对于地理思想发一言。牧堂在其著作《地理发微篇》里讲述的土地性质里面，例如刚柔，这是说土地的体质，说明混沌的天地由刚柔二体质的产生而生出山川之形的原因（那里分明有《易》或邵康节的理论，牧堂也引用以太柔、太刚、少柔、少刚配合水、火、土、石为地之四象的邵子之言）。或者又说动静，这是说土地之变通，刚柔不只是刚，而是像刚中有柔，柔中有刚，山川之间有动静、循环、流动的性质。这样例子所示的山川之融合凝聚虽在于天（自然），但其裁判在人，如有过者，则裁其过而使适中，如有不及者，则益其不及同样使适中。所以人类无不有当然之理，其开始不过目力之功、工力之具，其最终夺神工改天命，人与天无间，因此善者尽其当然而不害其自然。不善者泥于自然最终不知其所当然。道不虚行，存于其人的原因。在世间出版的多数地理书里面，牧堂《发微篇》被评为最纯正精简（陆桴亭、《思辨录辑要》三）也是适宜的。此书所说多是经验地直接就事象出发。那里有想要依据自然之理发明人道的立场。然而上述，牧堂给予儿子西山的诸书在都有尊重自然精神这点上与此倾向一致。西山继承其父这样的倾向，即使在老师朱子的事业里面，也特别协力援助这样方面的探求，使其思想发展滋长。只是那里出现与其父的地理学那样根据经验的直接事象者不同的地方。西山为了完成此工作，本于《周易·系辞传》中写有的"河出图，洛出书，圣人则之"（从黄河出图，从洛水出书。圣人则之而作易）之语句，直到用宋代道家系的资料，揭示所谓河图、洛书于《易学启蒙》。大概将见于《易·系辞传》与《尚书·洪范》的天地、九畴等数字分为阴阳描述，前后左右配置，相互经纬表里那样组合着。对此，黄梨洲的《易学象数论》以下插入异议是当然的，虽不免牵强附会，但前面举名字的胡渭认为，尽管对于古代的河图、洛书是什么样的东西，秦汉以来没有能说者，但因为是到五代末方才出现的，不可能一下子相信，他感叹学者不能痛绝图书之谬种。这作为对材料的批评确实是那样的。话虽如此，本来中国古代思想有在自然中求一般文化、其中伦理之本源的思考，此思考不得不视为形成了时代学问。即可以说到汉代带来阴阳五行思想的流行，产生易卦与五行的配合（《易图明辨》五），也与宋代道家相关联最终产生图书之学（《易图明辨》六感叹宋末元初《启蒙》之说盛行，说舍之而不以程氏——伊川——为宗就不能明白《易》。那虽是正确的，但时代有各自的学问，是不问东洋西洋、古今不变的）。

223

河图洛书在中央揭示五数之重要，发明主客、君臣之位，顺五行相生相克之序而辨体用常变之殊，合兼通易卦与洪范之妙而纵横曲直无不相值，虽应当称为精致，但明归震川唯恐其说过于精致。胡渭称道震川的见识（《易图明辨》五）。大概以称为本于自然却过分根据道教徒之作为来推论世之规定为浅陋吧。然而河图、洛书的意义这样的内容，并非其安排，而是在于这样企图的意向、精神。因此我们在这里想要避免记述内容而发明上面的意向。大概如宋程沙随说的，与本来主要以祸福为问题的阴阳家的《易》解释仅止于技术之书相反，如果考虑以道义配祸福为圣人之书是可以的话（参考山崎闇斋、《文会笔录》七引亢龙小注），那么西山事业的思想意义是明白的。即如果从精神来论河图、洛书，那可说无外乎儒教徒对于道教的扬弃运动。即虽然排斥单独的道德（不仅道德，而且尊重本于自然奥秘的坚韧），而且排斥单纯的方术、技术（不仅自然，而且尊重道德的正确）。（以上是命运之书《周易》由儒教徒加进伦理解释的根本立场，《十翼》是其结果）这样的立场从前文所述的大生命，也就是说作为宇宙之灵的自然一贯出来的场合，西山哲学的使命应当终结。因此我国浅见絅斋以置《易》之教于洁静精微的《礼记·经解》篇的思想解释《易学启蒙》，在那里看到与人道之书——《论语》《孟子》——不同的天地自然之书——《易》。

曰：

胡氏（玉斋）动辄说尊阳抑阴的，（阳）用全（阴）用半的，似乎想捏造说敬。《易》里面像是道理之事，说敬的应当理解为不入与顿。好像道似的，敬无论做什么，还是不能像注视燃烧的火一样就不是造化流行。那称为敬之事已经成为说的原因，成为所谓尊阳的，进君子的程子之《易》。即使一点说像日用似的也不好。虽然只必须日用，但说那个不好。有无里面《易》和自然一样贯通着的缘故，讨厌那样说。

那么就埋没鬼神了（《启蒙师说》）。

而且絅斋树立诞生万物，也作为造化的天地自然之主宰。说：

> 知道理之神明自然之妙号是对的。儒者嫌弃那样听而只说理之事，不是那样。是说主宰天地神明之物为显著活泼云云。

　　像这样不得不说是最能察觉作为气数之自然来把握《易》的《启蒙》立场（还有参考朱子《启蒙》序）。帮助老师作《启蒙》的西山思想立场在以上这样的地方有其难以停止的要求。

　　西山的著书《律吕新书》是取舍汉代以下直至宋的古今材料，重新建立律吕、音声之法则者（参考朱子序文及《律吕新书》二《律吕证辨》），其立场无疑还是企图本于自然决定律吕之法。例如黄钟之律定为长九寸（空围九分，乘积八百一十分）。根据西山，天地之数始于一而终于十（像河图由《系辞传》表示的那样）。其一、三、五、七、九是阳，九是阳之成。此外其二、四、六、八、十是阴，十是阴之成。因为黄钟是阳声之始，阳气之动，其数九，此九实际上的长度由什么决定呢？断竹制管，吹之声和候之气应（《律吕新书》黄钟第一按语），然后数始形。所谓九寸，无外乎此时所得的长度。周围九分，乘积八百一十分，都准于此。此成为律之本，度量衡也衡量此而受法，十二律由此而损益。

　　依据这样探求自然之理法，去规定人生之事情的西山，不只停留在现象界，而且常常触及造化的奥秘，即有着不得不说到性与天道之事的这种热烈要求。尽管据说孔子曾经不多说这方面的事情，但西山论述正应当以在此立教上为先（《蔡氏九儒书》二《与文公书》）。为什么呢？教人（以训诂文字为先），下学上达固然是寻常手段。然而因为这样只是治末而忘其本的方法，与佛老之间为伍而在宋代精神界树立一旗帜是不可能的，西山为

225

了使用所谓"入室操戈"的手段，追溯至宇宙、自然的本源，想要从那里出发说明人的真相。即用自本而支、自源而降流的方法防止功夫的枯竭，从作为自然的实在导出道德的内容来。想要使人心有对于道德的确信，即所谓定见（参考上述、与文公的书信）。

黄勉斋

朱子学在宋代思想界中的地位，在西山同门的黄勉斋（名榦，字直卿，一一五二——二二一）这里能够像下面那样记录。

（一）宋代新儒学的意义

根据勉斋，所谓儒教是由周代的圣人建立，那是以考察天人之相关，即因至显之象而验至微之理，就人事之当然而察天命之本然为本的道德。然而周之德已衰，而邪说兴起。说道者以虚无为祖，论治者尊崇功利，谈经者沉溺于训诂，工于文者叙述辞藻，经过千有余年（《黄文肃公文集》二〇《鄂州州学四贤堂记》）。到宋之世这样的倾向变化，尊道以儒，出治以仁，经术、文章全都基于理（同上）。因此宋学之意义在于长久被侵蚀的斯道复明。因为周濂溪的《太极图说》的思想是站在这样命运最前头的东西，所以与上述河图、洛书一起难以忽视。濂溪之学虽然传于二程子，但由于其微词、奥义，学者有未通达者。朱子出现的重要意义关系到由于其超然独悟与条画、演绎而"体用一源、显微无间"之旨（参考上述，程子之项）即周子、程子之道方才彰显这点上。

（二）全体大用思想的继承

勉斋思想里有特色的是说体用相关者。在朱子学中的此思考是始于《大学补传》所谓全体大用之语，这给后世带来重大影响，朱子门人里面作为与此思想传承有力的人陈潜室与之相并列（参考《朱子文集》五八《答陈器之书》）而能举出黄勉斋。勉斋按照朱子遗意编纂《仪礼经传通解》的《续篇》，是将礼视作与全体相即的大用现象的此思想之成果。不管怎样，勉斋对于体与用的相关论述在朱子门人中可说是有异彩者。宋末熊勿轩说的"我文公（朱子）体用之学，黄氏（勉斋）其庶几焉"（《熊勿轩文集》四《考亭书院记》）是恰当的。然而勉斋是如何考虑的呢？

程伊川曾经在其著作《易传》的序里，揭示上述"体用一源，显微无间"之语，依据勉斋，则道之在天下不过一体一用。体则一本，用则万殊，如果就人说此，一本者是"天命之性"，万殊者是率性之道。如果就宇宙来说，天命之性则是《中庸》所谓"大德之敦化"，率性之道即"小德之川流"（《黄文肃公文集·复叶味道书》）。前者同样相当于《中庸》的"语大莫能载"，万物统体一太极。后者相当于"语小莫能破"，一物各具一太极。万物统体一太极是就人而言，省悟到没有天下都相同的本性以外者，一物各具一太极是省悟性（即道）无不在之理。这样作为人的功夫的尊德性是所以存心而极道体之大，道问学是所以致知而尽道体之细。因为大概从性来看，则万物只是一样，穷理致知而万事万物之理方才开始贯通。成为所谓博（文）约（礼）之义成立的原因。以上就是勉斋的考虑。

此外，勉斋在关于体用的说明中认为，有体用则一动一静都为天理自然之妙而无一毫人为之私。知有体则凡是术数与辞章（仅仅人类的社会生活）不是道。知有用则虚无寂灭（仅仅形而上的思想）不是道（同上三、《中庸总论》）。大概有以上这样的思考构成。然而其中体用被认为是一而非一，是二而非二。为什么呢？勉斋说"知体用为二，则操存、省察皆不可以不用其力"（同上），教人功夫之必要，说"知体用合一，则从容、中道皆无所用其力也"（同上），说明功夫之自然，其心安定的原因，说善言道者未有加于此。这很好地发明了体用相关说的动机。更进一步，这里试着听一下评论老子"道生一，一生二，二生三，三生万物"之语的立场。勉斋指出此与儒之道的差异。即儒的一阴一阳之道即使一在先头，也不是有一而后有。此外，同样说易有太极的场合，易即阴阳，太极并非在阴阳之先。（即使说生两仪，也不是生一而后生二），大概太极难以名状，因阴阳而后显现。一动一静、一昼一夜、一生一死、一呼一吸，无论往何处也都是二，既然如此，因阴阳之二，求其所以为阴阳（原因）也不出二，二是道之体，正是本体之二使末流为二（同上一三《复杨志仁书》）。于是从二有本末，有终始处，分而为四。所以为四者也是道之本体，其自身为四所以使物为四（同上）。这样能够看到二与四，及天下之物无不如此的道体之本然。此场合，将二或四归于难以名状的本体，那就是接受老师朱子强调浑然全体而粲然有条理的思想。我们宁可要以勉斋体用相关思想的苦心为多。这样的思考能容易关联到礼的思想。因为礼如上所述，无外乎被考虑为体用相关场合里作为对于体的用的现象的样子（还有，作为关于勉斋的礼的思想有《黄文肃公文集》二一《赵李仁习乡饮酒仪》）。

（三）致知力行、作为畏的敬、敬义一致

宇宙的实在与人类、本性与道德法则即所谓体与用处在上述那样的关系，认识道德法则而执行之是人的任务。用另外的话来说则被称为致知力行者相当于此。按照勉斋，致知归根结底当移向力行不是将知识依据文字的讲说事先研究。那是默识实体，将上述体用真实的体段以身从内掌握，用一句话来说，则因为意味着所谓体验所以困难（《黄文肃公文集》一五、《答陈泰之书》）。因此致知可说是与力行形成一体者。那里只有切切"存天理，去人欲"的功夫，专心"检点身心"的功夫，所谓切问近思之意（《黄文肃公文集》一七《复饶伯舆书》）。勉斋认为以老师的著作《近思录》为先而以四子为后不是朱子之意，说尤其因为首卷立《道体篇》，近思反而成为远思，怀疑将《近思录》作为四子之阶梯的同门陈北溪说法的依据（参考同上八《复李公晦书》，又《北溪全集》四门一一《答李公晦二》）不得不说是理所当然的。

注

依据《朱子语类》一一七，"存天理，去人欲"之语见于胡文定安国给曾吉甫的书信，朱子也在注释《孟子》的场合，说"遏人欲而存天理"（齐宣王问曰：人皆谓我毁明堂章《集注》）。总之黄勉斋及其系统的人认为此作为门人何北山的言语之所传是明白的（《北山先生正学编》）。

勉斋的立场已经是像这样的。从而作为所谓道问学手段"致知"，作为尊德性手段"存心"不能相互分离来考虑，如果用上述的话，致知与力行不能相互分开考虑。然后作为总结，这里的功夫登场者为"敬"。敬是什么呢？那虽是程子以来直至朱子，各自补充说明来，但勉斋在朱子这里特别注意提起的是"畏"之一字（《朱子语类》一二里可见，敬只是一个"畏"字）。即人常常处在感觉鬼神、师父，临上，深渊、薄冰，在下，心之虚灵知觉者自不允许昏乱。即是所谓常惺惺，又成为所谓整齐严肃。这样畏才近于敬（参考《黄文肃公文集》三《敬说》、又同《论语集注学而疏义》）。

注

> 对于此事，在朱晦庵之部中，将朱子的《敬斋箴》与张南轩的《主一箴》相比较的时候也已经提到了。无论如何，程氏以来诸家的敬说依据老师朱子作为畏的敬自身导出，是勉斋所考虑的（《黄文肃公文集》三《敬说》）。元吴草庐那样的人称黄勉斋这样的说法其意尤切实（《吴文正公集》七《俨说》）。

关于敬还有应当说的一件事，是勉斋将敬义相即一贯来考虑。本来直内的敬之功夫（以心为主，收敛精神，使存于心者不为邪曲干扰）与方外的义之功夫（以事为主，裁度事宜而应事使无偏陂之病）无疑是两项功夫。（因为见于《易·文言传》的此文句之敬在佛教也允许，程子曾经将义作为儒独自的功夫发起问题，但朱子说其为一事——参考前文所述《朱子语类》

一二及六九）然而敬兼动，方外者即敬之流行，义以心为主的话，直内者即为义之根本。这样二者互相成用。总之，学者自当各用其力，必须活用此两方面（《黄文肃公文集·复李汝明书》）——这样说想来是勉斋的立场。

（附）关于勉斋，应当注意的是，此人的思想里说明体用相关的地方也可了解的那样，可说为相关或者浑一的思考也是引人注目的。《黄文肃公文集》一三《复杨志仁书》（本文引用此书先举老子批判之语句以下）里有"有形则斯有气。有气斯有神。有神斯有理。只是一物，分出许多名字。知此则心性情之类皆可见矣"。回复此人的次书里也说以心、性为两物之误。这不得不视为从勉斋的思想里有触及流动、具象的生命倾向来的（请参考《黄文肃公文集》八《复胡伯量》里说道体的地方等）。

陈北溪

朱子曾经说"思索义理，涵养本源"（《朱子语类》九），门人里面最擅长思索者是陈北溪（名淳，字安卿，一一五七——一二二三）。在北溪这里，朱子学的一个方面被充分伸长暴露其与陆学（陆象山学或者禅学）之对比。

注

关于北溪的学问，山崎闇斋的《文会笔录》一九里面，认为不待七十子之丧而大义已违背，以吴草庐、程篁墩议论此为正确。这是对于其著作《性理字义》而言的，与黄勉斋等的学问比较的话大致能够这样考虑。北溪尤其是思索方面的才华是引人注目的。然而那里自身朱子学的特色伸展，与陆学对比确立朱子学的地位无可争议。吴草庐、程篁墩的议论，也可视为对于北溪的陆学排斥从陆学同调者方面来的反击。

北溪的思想立场对于老师朱子思想势力的伸张似乎做了很大贡献。即北溪一方面打击陆象山的追随者，同时攻击禅学，为了朱子思想尽心竭力。攻击禅学又变成打击被相信依靠禅思想的陆象山追随者了。北溪的《严陵讲义》固然，《性理字义》、同《详讲》的编辑也可视为从这样的方针产生者。(《严陵讲义》是前往当时使用禅家意旨的陆学——象山学——尤其陆门高足杨慈湖、袁洁斋之学盛行的浙江省，逗留在严陵而实行者。参考《北溪全集》四门、一一《与黄寺丞直卿》、同《与李公晦一》、同一二《答赵司直季仁一、二》《与严守郑寺丞》。)

同样先于北溪的《性理字义》，由朱子门人、程蒙斋之手著有《性理字训》。《性理字义》等也好，《性理字训》也好，都是思索包含在朱子学里面的义理倾向所产生的，通过这些著作朱子学的术语被认为得到整理了。

（一）太极、道、极至、自然（非安排）之理

以太极说宇宙之本体是《易传》及周濂溪做的事。北溪以为说起太极只是混沦、极至之理（《字义详讲下》太极之条），不当以形气言。毕竟未有天地万物先必有此理。然而那最终是说理之极至者，不允许像老庄那样，认为一个悬空的东西在太极之先。有天地万物之理便有天地万物之气。于是理之通行者（古今人物在那里通行）是所谓道（同上），因此道与太极决不是二物。所谓太极也可说意味着道。尤其，道主要是"人事之理"（同上下、道之条），与路相似，人所通行方才称为路。一人独行难以称为路。所谓道是作为社会人的道德法则。《字义详讲》（下、道之条）里有"道之大纲只是日用间，人伦事物所当行之理，众人所共由底，方谓之道"。这样道并非一个外于人及物的空虚的东西，不离人及物，尤其人事，如果可离就不是道。例如离开君臣就没有义一样。北溪以此作为圣门的"实"的立场，认为与老氏的"无"或者"清虚"，佛氏的"空"或者"摒弃人事"的立场不同。

注

　　根据吴草庐，蔡节斋（西山之子）打破朱子的"太极在阴阳之中"的主张，在道之大本源处差了。说在朱门认识道理之本源的是黄勉斋，其次是陈北溪（草庐《吴文正公集》三《答田副使第二书》）。这是勉斋、北溪，其中，勉斋说体用相关相即的倾向很强，能认为吸引草庐其人的同感。调查《蔡氏九儒书》三所收、节斋的《太极图解》，如下说道。曰："阴阳之上，别有所谓太极常为阴阳之主，固陷于列子不生不化之谬。独执太极只在阴阳之中之说者，又为失其根底枢纽而有不识大本而已。其害可胜言哉"。

　　然而此道如果推原其来历，北溪说来自天。随着自天所受的人性即刻自然就有一个当行之路，不待人的按配、排推。所谓太极不过是将道视作浑沦一个理时的名称。作为此浑沦一个理的太极运存于天地，作为在人物生生之中的主宰而浑沦、极至、天地万物之理皆归一于此。此场合应当注意的是上述的归一绝不是意味着万物之理被抹杀而成为无差别了。因此道理流行而应事接物，千条万绪，能各自得其理之当然的话，那里又各有一太极，而且太极依旧只是一理，浑然太极的关系成立。北溪举一大块的水银圆散为很多的小块也还是圆的例子，引用杨龟山门人陈默堂（名渊，字几叟）的"月落于万川，处处皆圆"的著名比喻。

　　大概北溪对赋予人生最高的理想存在，使其绝对性，其实现的可能的信念保证的同时，教导那是无论到哪里都通于人类共同生活的秩序（例如家、社会、国、天下那样）而不能离开它的东西。

　　那么作为太极的理也像上面说的那样不能以形气说。《易》中说一阴一阳为道时，阴阳是气，是形而下者，道是理，是形而上者。北溪说儒者之中偷盗禅学者直接指阴阳为道，这是指气为理了（参考上述）。不允许这样混淆理与气。然而不允许气与道、理的混淆绝不是将道、理从形而下者分离，作为死的东西来接受。北溪的这个见解难以忽视。北溪说道之所在于天地间的流行与古代以鸢飞、鱼跃（《中庸》）证明的那样作为活泼泼的活物相似，说明颜子说卓尔（《论语·子罕》篇，颜渊对孔子说："如有所立卓尔，虽欲从之，末由也已"），孟子说跃如（《孟子·尽心篇》曰："君子引而不发，跃如也"）并非偶然的原因。

（二）关于天人等的思索

《易》以元、亨、利、贞四者说天地之理。可以说大宇宙中的此四者之理相当于小宇宙（人）中的理，即仁、义、礼、智。例如天之元，于时为春，生物之始，万物于此当萌芽、发露。所以为众善之长。为众善之长的元也兼有亨以下之理。即可以认为元是一个生意，亨只是此生意之通，利只是此生意之遂，贞只是此生意之藏（希望与上述太极之活泼泼地一并考虑）。仁兼统义、礼、智的理由，完全与上述元与亨、利、贞之间的关系一样。如果更就被孟子视为仁、义、礼、智之表现的所谓四端来说，四端之内恻隐之一端，贯通羞恶、辞让、是非之端而统之。北溪说，当四端不觉发动之初，真情、恳切之时，人就那样见得恻隐之情贯通羞恶以下的地方（《性理字义详讲上》仁义礼智信之条）。能明白北溪的立场是想要以恻隐为端绪把握天地之生理的情况。像这样虽然不一定是对于老师的思想有特色的东西，但北溪常有细致思考的地方。例如从造化之上来论，虽然天命之大目还是元、亨、利、贞，但对于此四者论述的场合里从气上来论述是可以的，而从理上来论述也可以。如果从气上来论述，尤其物之初生处是元，于时为春，物之发达处为亨，于时为夏，物之成遂处是利，于是为秋，物之取藏处为贞，于时为冬。所谓贞是正而固，从其生意已定者来说为正，从其敛藏来说为固。如果从理上来论述，尤其所谓元是生理之始，所谓亨是生理之通，所谓利是生理之遂，所谓贞是生理之固。北溪这样的思索由更进一层细致考察宇宙与人之间的关系而推进。以下就各自项目取出来看。

233

命

作为宇宙之主宰者的理，即太极或者元，如果分之来说，元、亨、利、贞之理称为天道。此天道流行而赋予人及物者是仁，或者分之来说如上所述是仁、义、礼、智。因为这时天道之赋予恰似吩咐命令（《性理字义上》"命"之条）所以名之为天命。这样意义的命无论什么人也不允许拒绝。北溪这样考虑，说道德的普遍性，努力将道德置于能够命令的权威依据。然而如果一切都根据理来衡量，在说明极复杂而怪异的现实存在的场合，不免遇着很多难以明白的事情。

因此北溪接受从张横渠到朱子的传统，企图带着气来解决这里的问题。

北溪教导说命里面，以理说者之外，还有以气言者（其实，理并非与气分离者，而是其主宰，是在其中成为枢纽者——《性理字义上》"命"之条）。首先人与物同是一气，而且人得气之正（直）（所以人之形骸与天地相应），物得气之偏。人得气之通（故为万物之灵），物得气之塞（故不通理义）。其次就人之品类来说，天之所赋都一样，随人所值又有气之清浊、厚薄、质之纯粹与否之不齐。北溪说流行于一身之间者为气，凝定、成形者为质（《北溪全集》第三门六《答陈伯澡问大学》），以质比起气来说是更具体的东西，认为由气之清浊及质之粹否而产生圣凡之差异，依气之高、厚、长、短等而产生贵、贱、寿、夭之差异（《性理字义详讲上》"命"之条》）。北溪根据此，说明例如孔子之圣（因为气至清，所以生知，因为赋质至粹，所以安行）而停留在栖栖一旅人的境遇，不过得中寿七十余（因为天地之大气到那时已经衰微了，所以孔子所禀受不高、不厚）。

如果以清浊粹否为主来详细说，得气之清者不隔蔽义理便呈露昭著，如银盏里满贮清水，透见盏底的银花子非常清楚，跟没有水一样。贤以下的差别由气之清浊决定。此外，一般人里面有禀气清明，也在理义上有所见，但行为不笃，不能够承戴道理，夹杂诡谲者。这是赋质不粹者。北溪由比喻说明这个事实。虽然贮藏在银盏的井泉清彻，可是因为或者出于淤土或者出于恶木根，所以其味不纯甘，煮白米则成为赤饭，煎白水则成为赤汤，烹茶则成为酸涩一样的东西，此虽是清水，但夹杂着恶味（《性理字义详讲上》"命"之条）。反之也有生来于世味一切简谈，所为虽甚纯正但只是到了道理处全发不来者。这是赋质即使纯粹，但是禀气不清。这按照北溪是井泉的脉味尽管纯甘、绝佳，但因为泥土浑浊最终不能透莹。正像司马温公虽有恭俭、力行、笃信、好古、正大之资质，但因为至清之气少，所以见识不高明一样（同上）。或者又有下面这样的人。即说道理甚好，只是执拗立自己一家之意见。这是禀气之清里面被一条戾气冲拗了。北溪比喻此说虽然泉脉出来甚清，但却被一条别的水从横的方向冲破了一样，又说或者为巉岩石头横截、冲激而不帖顺，反而成为险恶之流一样的东西（同上）。这样的比喻虽然也有不一定明白的地方，但总之，北溪苦心想要说明错杂多样的人类现实存在的实相。

北溪在《性理字义详讲上》"命"之条的末节里面回答"天之所命一样，而人之所受不齐是为什么"的疑问，说天之降雨一样，而江河受之的场合不同的缘故，溪涧、沟浍、沼沚、坎窟、盆瓮、罂缶、螺杯、蚬壳之类各自所受多种多样，或者又说治一片地而播菜子于此的场合，各自结果的不同，认为天之所命一样而人之受自身不齐，那是自然之理。

性

从付与天命即天道的方面来说者是性论。所谓性是什么呢？"性"字从生从心，人生来此理具于心者命名为性。其大目是上述，仁、义、礼、智四者。于是所谓仁是天命之元，成为在我者，所谓礼是天命之亨，成为在我者，所谓义是天命之利，成为在我者，所谓智是天命之贞，成为在我者。因此性与命并非二物，只是在天称为命，在人称为性。（此外加上信，称为五性，其内，信与五行之土一样，兼有贯通另外四者。即仁义礼智无信却不实，仁义礼智之实理无外乎信。）

更进一步。仁是爱之理，义是宜之理，礼是敬之理，智是知之理而内外能察，其中仁因为兼统其他四者被称为心之德（义、礼、智虽无疑也是心之德，但因为不是在仁那样的意义里兼统其他，所以不那样说）。这里可说以天地之生意贯通全体的宋学传统充分出现。所谓"仁是此心生理全体，常生生不息。故其端绪方从心中萌动发出来。自是恻然有隐，由恻隐而充及那物上遂成爱。故仁乃是爱之根，而恻隐则根之萌芽，而爱则又萌芽之长茂已成者也"（《性理字义详讲上》"仁义礼智信"之条）是阐明上述情况者。因此仁始终是心之全德而兼统义以下直至信的四者，四者无仁则不成立。而且"盖仁是心中个生理，常流行生生不息，彻始终无间断，苟无这生理，则心便死了"（同上）。这样，其待人接宾客场合的恭敬也好，处事场合也好，裁断也好，或者对于是非的知觉也不可能发。如果那样说礼、说义、或者说智者全部没有而所谓实理可能丧失（《北溪全集外集》所载门人陈沂的叙述里，也说仁是天理生生之全体，毕竟"天理"二字不能除去一个"生"字。这是触及北溪思想要点的正确看法）。

那么以上那样意义的生意，在人这里产生所谓恕的功夫。最深入理解恕的功夫的人是程子，于是依据以手足痿痹称为不仁的医书之惯用，从理（生理流行或者天地生物之意）上来说则以为天地万物是一体，无不在己。认得为己何所不至。于是作为谋求博施济众、极广大的仁之实现的功夫，教导己欲立而立人，己欲达而达人的同情心，即恕。恕的功夫可说是彻底于己，可说是去立己的方法。然而吕大临（与叔）作《克己铭》（参考《性理群书句解》三、《性理大全》七〇）以与物同体处为仁，同时有己则为不仁而彻底教导舍己的功夫。按照北溪，如程子以天理周流无间处为仁，视物属己之切，是必定推吾之所欲者流行贯注于物的立场，吕氏以与物同体处为仁，以己就物合之，是必欲与此大同而无彼我之间隔的立场。然而与程子恕的立场能够产生下面己欲立欲达、立人达人的天理流行之实事（人心直接的事实）相反，因为吕氏克己的立场是不与物立敌，虽然似乎是天下各自归于吾仁中，其实，天下归于吾仁中是不可能的，不过空想像一个仁中大的气象如此罢了。这不是孔子与颜渊当日授受精微之本旨。如果那样，程子这里仁之体立而用行，在我者有所统摄而仁为在内，在吕氏这里，仁有兼爱之蔽，在我者都无所统摄而仁不免在外。（百尺竿头，更进一步说，《庄子·天道篇》里说"兼爱，不亦迂乎"。无私乃为私，同《秋水篇》的郭注肯定自为的缘故）此时虽然或者认为能够以吕氏《克己铭》解张子《西铭》之意，但北溪不那么认为。为什么呢？《西铭》所谓理一分殊的立场尽管是"天下一家、中国一人"，然而推以吾亲为亲以仁民、爱物，以吾长为长者及于人之长，以吾幼为幼者及于人之幼的情况里面一统之内自有万殊，不会流于兼爱之蔽。而且尽管人各自以其亲为亲，各自以其子为子，但是万殊之中无不在一贯而不桎于为我之私。这样仁之体、义之用确实存在。吕氏《克己铭》是在清夜一省察之间直接剖破藩篱而为一大家，洞然八荒皆在我闳内，混天下同归吾仁中，那里已经无差等之辨又无天理周流之实（直接性、切实性）。如果成为这样，不得不说其为仁的工夫大概非常疏阔，于我尤其无主宰。这绝不是《西铭》之旨（以上依据《北溪全集》四门八《程吕言仁之辨》及《张吕言仁之辨》。又参考《性理字义详讲上》、仁义礼智信之条）。北溪的论述是接受程朱的思想，真正切实地讲述儒教的仁之立场者。那里可见打击墨子的兼爱，或者想要更深入打击老佛的无的同时避免佛教的所谓作用是性（后述）思想的努力。（此场合应当注意的是北溪意味的所谓己，终归无外于其内在于人的性——天理——天地生物之意志）（还有，关于此，参考后注及《北溪全集》二门二、呈朱子之书问内题为《详公而以人体之，故为仁意》之文。这里有仁是心之德而主性情，宰万事，本吾私身之至亲至切者。公只是仁之理，专说公则只是虚说理，不见其切己，故必有以身体之然后我与理合而谓之仁。北溪解释所谓人只是指吾此人身而言者。下面公而云云之语是人们也知道的程子之语）。

237

注

　　对于此程子之意与谢上蔡之仁说，接着与佛教的作用是性的思想的异同北溪做了论述。上述呈送朱子的书问的末尾，以及《北溪全集》三门二、《答王迪父问仁目》（六页正面）"仁以理言，知觉活物以气言，上蔡之病在于指气言仁而不及理，正佛氏作用是性之说"云云之条。请参考同（一一页背面）"生生不息，是心体本如此，然贯动静而无间，惟其生生所以能知觉，然可以生之性言仁，而不可指知觉以言仁也，仁是活底之理，谢氏所失只在于活物，而不及理，便是涉释氏作用是性之说"云云之条等。

　　北溪考察人性与人伦之关联以此尝试竖观、横观、错观之论（参考《性理字义详讲上》仁义礼智信之条，又，同上一贯之条，《北溪全集》二门一、对朱子的《书问·中·孝根原》、同《君臣夫妇兄弟朋友根原》、同《事物根原》等。北溪的工作是接受在《孟子·离娄章句上》里面，作为仁义礼智之实，提倡事亲从兄的孟子思想，继承在《大学或问》里，从仁义礼智演绎君臣、父子、夫妇、长幼、朋友当然之则的老师朱子的思想而发展之）。所谓竖观，是父子之间的亲、君臣之义、夫妇之别、长幼之序、朋友之信里面各自适用仁、义、礼、智、信。所谓横观，是以仁来说见亲、义、别、序、信都无不在此心之天理流行（即仁），以义来说见亲、义、别、序、信都各当理之宜（即义），以礼来说见实行亲、义、别、序、信中之节文的原因（即礼），以智来说见知此五者之当然不昧的原因（即智），以信来说见此五者实而有诚、无妄的原因（即信）。更加细致错综观察人性与人伦的关系的场合，称之为错观。例如以亲为亲虽是仁，有爱亲之诚的原因是仁之仁，谏亲的原因是仁之义，有温、清、定、省（冬使温，夏使凉，晚定寝具，朝省安否）之节文的原因为仁之礼。同样，从兄虽是义，有爱兄之诚的原因是义之仁，孟子的所谓常之敬在兄的原因为义之义。以下，列举义之礼、义之智、义之信。这样的构造对于礼、智、信也是能够的。北溪一一表示之（《性理字义详讲上》同上）。

这样一来，仁、义、礼、智、信之中有仁，有义，有礼，有智，有信的同时，仁、义、礼、智、信各自之中也被认为包含仁、义、礼、智、信来。

北溪的思索涉及细微处。《字义详讲（下）》里论道、理、性、义、德等区别的地方也能够看见。

这里应当先说一句话的是北溪做的一般作为家、乡（社会）、国等道德法则的源头的性之内在的主张以及特别是上面那样意义的内在主张的动机，其目的在哪里呢？即关于此点的北溪思想出现的纠葛、原委。大概北溪的主张考虑老佛及历来的儒教思想，是想要树立道德内在性的一个企图。北溪评论韩昌黎所作《原道》开头"博爱之谓仁，行而宜之，之谓义"的语句，说这全都是从外面说去者，韩公（昌黎）的学问没有源头处。如《原道》一篇叙述许多的节目。虽见得道之大用、流行于天下者分晓，却不知道其体本来具备于吾身。故其在反身内省处尤其没有绵密工夫，只是与张籍辈吟诗饮酒度日，其中自己无所执守。据说后来被贬到潮阳寂寞无聊的时候，终于被大颠和尚说道理打动了，这可说是当然（同上，下道之条）的，北溪说道。然而根据北溪，尽管老子所谓"失道而后有德，失德而后有仁，失仁而后有义"等恰好与韩昌黎是相反的，却又有缺陷。即在那里，内在之道被孤立考虑，德、仁、义全部分裂、破碎了。说扬子云（雄）取老氏之言道德，不取舍仁义（《法言·问道篇》）也是分道德、仁义为二物，全都作为不相交涉者了。

这样北溪说道德之体，与建立其内在性一起，说用，想要使其朝人类共同生活的动向导出来。而且此场合，不能忘记注意与谢上蔡的以知觉的仁之说明或者佛教所谓"作用是性"的差异是北溪的立场（参考前注）。

239

注

除上述之外，如果见到下面的话，则北溪对于仁概念发展经过的考虑如何精密就明白了。

自孔门后，人都不识仁。汉人只把做恩惠说，是又太泥了爱。又就上起楼起阁，将仁看得全粗了，故韩子遂以博爱为仁。至程子始分别得明白，谓"仁是性，爱是情"。然自程子此言一出，门人又将爱全掉了，一向求高远去。不知仁是爱之性，爱是仁之情，爱虽不可以正名仁，而仁亦岂能离得爱？上蔡遂专以知觉言仁，又流入佛氏"作用是性"之说去。夫仁者固能知觉，谓知觉为仁则不可。若能转一步看，只知觉纯是理，便是仁也。龟山又以"万物与我为一"为仁体。夫仁者固能与物为一，谓与物为一为仁则不可。此乃是仁之量。若能转一步看，只于与物为一之前，彻表里纯是天理，流行无间，便是仁也。（《性理字义详解上》、"仁义礼智信"之条）

（附）全集本《性理字义详讲上》"仁义礼智信"之条（三〇页背面）和版六页背面、和版《性理字义》（三四页背面）之文解释如下。知觉纯是天理为无己，与物为一之前纯是天理流行为无彼，无己、无彼为绝对。仁，是而已。然前者立彼而后者立己，为绝对之功夫。是作为功夫的仁而已。

性如上述那样，内在的道德法则即是理。从理来说的话，人之大本相同，故虽下愚也能够变而为善。然而作为其功夫不是容易的事。北溪详细讲述此间的情形。曾经孟子说性善。那是专从大本上来说，是不发出气禀之一段的。为此产生荀子的性恶论其他纷纷议论。尤其近世苏东坡与胡五峰等，主张性未有善恶（苏）或者性无善恶（胡）。那都只是含糊、就人与天相接处捉摸，不过说性是一个天生自然之物，曾经直截了当指定性，说不得这到底是什么东西呢。到程子发端于周濂溪的《太极图》而说"性即理"方才出来最简切、明白之语。然而如果只是这个，则与孟子之论无差别。为此北溪更进一步引用程子所谓"论性不论气不备。论气不论性不明。二之则不是"之语对于气禀之性的难以忽视唤起注意。大概论大本的同时及于气禀方才无缺陷而完备，与论气禀的同时及于大本方才不是只说得粗的方面，道理是明白的（同上、上性之条）。

心

北溪举邵康节的"心者性之郭郭"之语（同上心之条），又说张横渠的"心统性情"（对于此语，老师朱子称其说甚当，先儒所未致——《朱子语类》四、家藏写本一二页正面，但和版无，参考和版四之一三页正面），能认为重视"合虚与气有性之名，合性与知觉有心之名"之语句。即性来自理（表示形式、方向），不离气（表示材料、作用）。知觉来自气而不离理。合性与知觉终于形成此心，正好有心之名了。所以按照北溪，心好似器皿（同上、上心之条）。贮藏于此器皿里面的理便是性（如果以郭郭为心则那里面的人家即相当于心中所具之理）。

理具于心方才产生许多妙用。大概像上面那样依据虚灵知觉而为一身之主宰者是心（同上）。四肢运动、手持、足履、饥而思食，渴而思饮，夏思葛，冬思裘，都是心为主。于是心之妙用分为二。一是知觉从理上来者（此便是仁义礼智之心，便是所谓道心），二是知觉从形气上发出来者（这便是所谓人心）。然而人只有一个心，不应该有两个知觉。只是所以为知觉者（为知觉之本，使知觉为知觉者）不同罢了。北溪认为"饥而思食，渴而思饮，此是人心。至于食所当食，饮所当饮，便是道心。如有人饥饿濒死而蹴尔嗟来等食皆不肯受，这心从何处发来？然其嗟也可去，其谢也可食，此等处理义又隐微难晓，须是识见十分明彻方辨别得"。不管怎样，必须认为心是活动，不是帖静死定的东西。北溪引朱子《感兴诗》的"人心妙不测，出入乘气机"之语说明。"心之活处，是因气成便会活，其灵处，

241

是因理与气合便会灵。所谓妙者，非是言至好，是言其不可测。忽然出，忽然入，无有定时；忽在此，忽在彼，亦无定处"（同上心之条）。这样依据操舍或存或亡。于是，佛家之论性似儒家之论心。佛家被认为只是以人心的一个虚灵知觉者唤作性。这样的批评虽然不必等待北溪，但总之，北溪据此沿着先辈想要将一方面安定于性之静的意思与另一方面心为活物并存的言论努力。那里能察觉依据前者教导道德之绝对、尊严的原因，想要使不失其规范性、客观性，依据后者想要为人类将灵活的现实性与行为的功夫保存起来的企图。

情

以作为性的理作为心之体则其用是情。情之大目是喜、怒、哀、惧、爱、恶、欲七者与传统、一般的说法没有不同。恻隐等孟子的所谓四端，是情之端绪。依据北溪，情有从本性发者，与感于物欲而动而不从本性发者两种。后者固然不一定善，但不能就那样否定情。虽然有指情都为恶而退却，欲灭之而复于性者，但情难以消灭。

说情已经灭了则性为死性，不能起任何作用（《性理字义详讲上》"情"之条）。想来这是对禅家的攻击。

注

这样理解禅家存在异议。这毋宁说相当于老庄系的思想，例如王弼的《易注》（《坤卦·文言》）的"利贞者性情"一句王弼读为"利贞者性于情者"。这被认为是情的否定、李翱的《复性书》等。然而也有自己折中调和老庄的禅家的缘故不可一概而论。

然而情并非全都是不善，而产生不善之情即非与妄是由于什么呢？北溪与门人陈伯澡书，详细论述此问题（参考《北溪全集》三门、七《答陈伯澡问辨诸友情性之论》）。其一节说，"若便以理与气合言之，则性即是天理。然理不悬空，必因气赋形，生而寓其中。气形活物，不能不动而发于情。情则乘气而发者也。情之所以有不善者，由气有参差不齐，其发时从气之偏胜处差去。故气强厉者多怒，柔弱者多笑，其怒与笑岂能一一皆中节"。

北溪所想要说的在于将困窘处、恶的原因置于气。这与陆象山门下的杨慈湖等相比的话，其立场是乐天的，在快活这点上虽显著不如，但在慎重这点上远远胜过。在严陵这里，两思想引起纠葛是理所当然的。

才

所谓才是才质、才能。由于才质是说材料、质干那样的东西，所以以体而言。才能是能够做事的功能。孟子虽说才为善，但这是从性善大本上发来的方面看到的东西，如果完整来说的话，必须像程伊川之说那样，气清则才清，气浊则才恶。北溪这样说道（《性理字义详讲上》"才"之条）。

志

所谓志是说心之所向。北溪认为，"志有趋向、期必之意。心趋向那里去，期料要恁地，决然必欲得之，便是志"（同上志之条）。也就是说中间或作或辍有退转之意者不可称之为志。

关于志，特别重要的是其为高明正大之事。因为只有好资质而纯粹、静淡并不足够。北溪在利义的源头上明确志于义，更进一步追溯论述的话，劝诱在学问源头上明确志于圣人之学。此极相应于宋学的传统。但是北溪在《性理字义详解》（下、"义利"之条）里虽然论义与利、天理与人情的差别，不一定以货财、名位、爵禄等直接作为利而视为与义相对立者。建立适当的税制是国家经营不可欠缺者。只是山林川泽全都与民共之，一毫也不私取为已有，孟子所谓"行一不义杀一不辜而得天下也不为"，是人心上的大义。北溪说（同上）。因此有下面的话是理所当然的。"如货财，亦是人家为生之道，似不可阙，但当营而营，当取而取，便是义。若出于诡计左道，不当营而营，不当取而取，便是利"（还有《北溪全集》二门四、呈朱子的书问里面，有"利者义之和"一文。这里说，在事物这里，各遂其宜而无不为利，则在义上得其和，无乖戾伤严之病而说义利之调和）。

意

所谓意是心之所发，有思虑、运用的意思。大抵情是性之动，意是心之发，情是就心里面自然发动，改头换面（改变姿态）出来者，正与性相对。意是从心上发起一念而思虑、运用，要成为如此（等等）者，情之动是就七情全体上论，意是就起一念处论（《性理字义详讲上》"意"之条）。

现在，以上数者总括来论，则北溪考虑成为如下这样：即心、性、情、意，合数者来看的话，才应接事物时，便四者全部都呈露在面前。这虽是具体的存在，如果取出一件事物（例如当怒或者当喜之事那样）来接触的场合看，在内主宰的是心。动而出来，或喜或怒的是情。里面有一个物，能动出来的是性。要运用、商量而喜欢那个人、愤怒那个人是意。心向那个所喜所怒的人（喜欢那人则向那人）是志。因为喜、怒"中节"的地方又是性中之道理流出来，虽然是那样的，但其当然之则处是理。其使当然为当然的根源处是命（《性理字义详讲上》"意"之条）。于是这里不能忘记的是北溪以下的结语。曰："一下许多物事都在面前，未尝相离，亦粲然不相紊乱"（同上）。

北溪像这样费劲说明。听其关于理所说则更加能明白此特色。按照北溪，理有能然、必然、当然、自然处。

恻隐者是气。其所以能恻隐（原因）者是理。中间无理，则外面不得有此事。称此为能然之处。

注

　　但是北溪给予如下的注意。"所谓道者又……只不过人事当然之理……初非有幽玄高妙，悬空在万物之表与人事不相干者也。但推其根原所自来则出于天命之自然"（《北溪全集》四门二一《答西蜀史杜诸友序文》）。又参考后注，后注的所以然相当于这里的能然处。

　　此外见赤子入于井必恻隐。大概人是活物，感应之理必有如此而不能已处。不是那样则不过是槁木死灰。这样理成为有时而息。称之为必然处。而且当赤子入于井，理所应当为之恻隐。这是在人与人之间当然的事情，不那样做就违背天理，人类就要灭亡。如果这样考察，则称之为当然处。当然处有二意。一是就当为之事上直言其大义者（例如赤子入井当恻隐。或者为父当慈，为子当孝之类），一是广泛就事之中又细致以其是为是，以非为非，辨别当做处与不当做处（例如视所当视，不视所不当视。听所当听，不听所不当听那样）。同样，赤子入井而所以恻隐者都是天理之真流行发见，是自然而然者，从一毫的人为也没有干预其间这点来说称之为自然处。

245

注

　　另外，又如动静者是气，其所以能动静者是理。动则必静，静则必又动。其必动必静者也是理。事至当动，事过则当静。其当动，当静者也是理。而其所以一动一静，又无不在天理之自然。又如亲亲、仁民、爱物者是事。其能亲亲、仁民、爱物者是理。其见亲必亲，其见民必仁，其见物必爱。其必亲、必仁、必爱者也是理。在亲当亲，在民当仁，在物当爱。其当亲、当仁、当爱者也是理。而其所以亲之、仁之、爱之，又无不在天理之自然。（《北溪全集》二门二，对朱子的书信，理有能然必然当然自然之条）。

而且凡是能然、必然者理在事之先，当然者正就事直接言其理，自然者是贯事理而言之（《北溪全集》二门二、对朱子的问目之内，理有能然、必然、当然、自然之条，还有关于此意义的自然参考《性理字义详讲上》"诚"之条）。

以上四者虽然都应当兼赅，因为就事而言者见理最直截亲切，在人道有力，朱子的《大学章句或问》在论理的地方，专就当然不可已者而言是北溪的看法（又参考《性理字义详讲下》"道"及"理"之条）。可以说到北溪这样的思索大体上完成展开。朱子也批阅此书称许其非常完备。

注

只是朱子就所谓理之所以然附言是《北溪全集》三门四《答陈伯澡问论语》（一五页正面）"问民可使由之"章，"理之当然与其所以然"一条。又同三门六《答陈伯澡问大学》（一〇页）问或问致知章中云……莫不有当然而不容已与所以然而不可易者一条。

上面全都是提到所谓所以然的资料。还有参考前注。

功夫

北溪在《性理字义详讲（上）》作为功夫说敬。据说敬依据程子以主一说敬，无适称为一，朱子合之而说主一无适，这样，敬作为学者的切实功夫被想出来有程子等诸家的功劳。敬是什么呢？那是此心常存在这里，不走作，不散漫，常惺惺。谢上蔡所谓常惺惺之法作为就心地上做的功夫无疑亲切。那是使心常醒，是活物，无此功夫心就死了。然而此场合所谓唤醒、弄活心无外乎使万理森然在其中的意思。此事在保持作为名教的儒学特色上，说常惺惺为敬的场合是重要的。因此提倡者上蔡也已经不懈怠注意（《朱子语类》一二六、和版一四页正面有朱子对此语的批评）。

那么以这样的敬作为思想准备去研究事物之理是学问。

注

《北溪全集》三门一、《答郑尉景千问持敬》一书，依据前辈诸家之说说敬不仅详细，而且涉及敬与穷理、尊德性与道问学的关系。这里北溪举出程子认为，涵养以敬，进学以致知为必要，述说尊德性与道问学两者不可偏废。所谓不可偏废是两者相互加功，相互发出，相互前进。北溪断言不那样就不能上达。

于是作为研究方法的北溪所教，是所有日用之间千条万绪各自一一精察其理之所以然而实践其事之所当然，然后合万理而为一理。这样圣人浑沦太极之全体方才能够从此上达（《性理字义详讲上》）。尤其这个里面有一个想法必须说。即理无形状而难见，只是因为事物上一个当然之则是理，所以古人说格物穷理（至物，对此研究其理）那样，是就事物上穷当然之则。

所谓德——北溪更进一步考虑——是行此道（道并非与理不同的东西。只是能够从为主处立名）而实际上有得于吾心者的称谓（《性理字义详讲下》"德"之条）。

247

注

《北溪全集》四门四、《竹林精舍录后序》里说晚年的朱子专说下学，下学之内也提到致知的方法，说一一平实，循序而进，无非格物，又说所谓力行也必一一平实，循序而进，无一事之不周。这对于北溪的学问成为重要指示。

北溪接受其师（朱子）的学问倾向而思索整理之，这在以上做了大概的推断。这在一方面也有从对抗当时异学派陆象山学及佛教的论难的必要来的方面。北溪给予人们比起其人格在知性上更出色的印象也在这里。黄勉斋怀疑北溪以《近思录》为四子之阶梯的所闻如上面已经论述。朱子之教里面虽说尊德性与道问学哪一方面也难以废弃，但大段着力处却在道问学上。这与江西一派的陆象山学厌烦就简、偏在尊德性上不同（《北溪全集》四门一一《答李郎中贯之》）。然而北溪之所说绝不是停留在思索，尤其分析的、概念的思辨上。北溪上述敬之功夫的受用也是说此者，此人也知道，道必有人而后传，学必真亲炙于任道之人，而后能够质疑辨惑而不差（参考《北溪全集》二门一、《初见晦庵先生书》、又同四门一、《侍讲待制朱先生叙述》）。北溪也屡屡说"实"（《北溪全集》四门一一、《答李郎中贯之》）或者"实学"（同、《与陈持承师复一》等）。这意味着实行性、社会共同性等。而且举知与行大抵圣学以力行为主，以致知副于此，必须知道知与行只是一事不是两事。然而知行问题并不简单。北溪说："知与行其实只是一事不是两事，凡以知行为两事或分轻重缓急者，皆是未曾切己真下功夫，徒猎皮肤之故耳。真切己下致知功夫者念念每与行相顾，知得如是而行不去便就步头思所以窒碍如何而求必通之故。则知益精细而所行益缜密，真切己下力行功夫者步步每与知相照应。行得如是而不知其理之所以然，节目必疏，率不合圣贤之成法，须知其理昭昭在前面。则行去便无碍而所知益清澄。知始终副行，行始终靠知。正如行路目足相应，目顾足，足步目，无顷刻可偏废处"（《北溪全集》四门一六《与陈伯澡论李公晦往复书》，又参考同一四、《答陈伯澡六》，可知这里此书以陆象山学作为问题。曰："若瞽者，不用目视而专靠足履，则寸步决不能行。若跛者不用足履而专靠目视，则有空劳望想，亦绝无可至之处。陆学从来只有尊德性底意思而无道问学底工夫。盖厌烦就简，忽下趋高者"云云）。北溪的知行论与程伊川或后来王阳明的知行合一论不同，肯定是依据朱子。因为朱子说"知、行常相须，如目无足不行，足无目不见。论先后，知为先；论轻重，行为重"（上述《朱子语类》）。

北溪就读书称赞《左传序》有名的优柔厌饫、涣然冰释的态度虽与前辈诸家是同样的，但认为最紧要处是"虚心玩味、切己体察"两句（《北溪全集》四门、二二、《答陈遂父二》）。而且又说"册子虽讲究得详，然大抵有躁迫欲速之病，而无沈潜熟玩之功。未甚得观书之法"（同上、一五、《答陈伯澡七》）。北溪所以为目标的其实在于精微广大、缜密要切、狭洽讲贯（同上、一九、《与王生震》）的地方。

这样的倾向是接受朱子之学而通过与陆学派的纠葛、原委得到的特色。

礼乐

我想，见于《性理字义详讲（下）》的北溪的礼乐论也是应当考虑的。

按照北溪，中和是礼乐之本。然而对此有文。本与文缺一不可的是礼乐。礼之文是玉帛（诸侯交际、谒见之际采取的玉与丝绸）、俎豆（作为祭器的台与高杯）之类，乐之文是声音、节奏之类。有作为本的中和又文饰之以玉帛、俎豆、声容、节奏正好形成礼乐。只是偏守中和的意思不可称为礼乐。如果就心上论，礼只是恭之意，乐只是和之意。本来，这里面有敬与和之意。然而表现此意是通过宾客、祭礼时的玉帛、笾豆（高杯之类）、声音、节奏。那里内外、本末相副而正好礼乐成立。一旦外面虽有玉帛、钟鼓，但里面没有和敬之心充实之，则礼乐不成，里面虽有和敬之心，但外面没有玉帛钟鼓行之，同样礼乐也不能完成。

这样分化者意义的确认，可说是到北溪最明白。这是朱子学，追溯可视为宋学的目的地。按照北溪，礼与乐不是判然不相干涉的二物，礼被认为是序，乐被认为是和。北溪说有序始顺而和，失序则乖而不和，又认为礼乐无所不在，举出虽然盗贼也有上下之统属（礼之意），从而相和睦（乐之意）。行路之人二人同行就有长少之次序，便相和顺而不争。于是北溪认为这些事实不仅表示礼乐非二物，还表示礼在先乐在后（《性理字义详讲》

"礼乐"之条）。这也是依据宋学的传统（例如周濂溪的《通书·礼乐章》里写有"礼为理，乐为和，阴阳理而后和……礼先而乐后"）。

（三）向陆学与佛家的辩难

北溪极力辩难攻击陆象山（名九渊，字子静，一一三九——一一九二，参考后述）学的追随者即杨慈湖、袁洁斋等，以及禅学。此二学派本来是同缘者，其本质倾向被认为是与上述北溪思想不相容的。

注

　　《北溪全集》四门一二《与赵司直季仁二》里有"象山本自光老得之。今，杨门下多是引接僧道等人，来往以为觉者甚多云云"。所谓光老是大慧宗杲的弟子得光。所谓杨被认为是指杨慈湖。

要说北溪对佛学辩难的中心在于什么，那就是对所谓"作用是性"思想的不满。

注

　　朱子已经对作用是性的禅思想的进行过攻击是人们也知道的。然而此语之出典不一定明白。《景德传灯录三》菩提达摩传及《大慧语录五》（上述和版三页）里举波罗提尊者之言有"性存于作用……在眼曰见，在耳曰闻，在鼻辩香，在舌谈论，在手执捉，在足运奔。遍现俱该沙界，收摄在一微尘。识者知是佛性。不识唤作精魂"（二书可见有少许的文字异同）。这被认为是惹起朱子批判的材料之一。《朱子语类》一二六（和版一七页）里面举此。北溪的《性理字义详讲（上）》也引用批评了此语。

即据说佛教这里直接以蠢动、含灵为佛性，将运水搬柴考虑为妙用，但这难道不是只认气而不说理的思想吗？像达摩回答西竺国王说的那样（参考前注）。就目耳、手足、鼻口等作用而见性的话，则天地万物皆为吾法身而能超轮回。因此禅家绝灭天伦而只惧怕坏此灵活者。如果硬自把握之得定来则道实现，花街、柳陌里纵横放恣，或者吃猪头鸠子据说也全都不妨。这也许是将暮年气衰时那一切情欲的自然退减误解为功夫之达到者。

注

按照《答陈伯澡问性之目》（《北溪全集》三门二），北溪回答佛氏作用是性之说与虚无寂灭，去四大，除六根之说相反的疑问而提及儒佛之异同（又参考同一门一、《似道之辨》，同四门一一、《与陈寺丞师复一》）。

此外，因为作用是性的思想将饮食、语默、知觉、运动，一个活灵者作为性更不商量，所以也产生不合道理的地方。问题在于，运动是否合于本然之则？盗贼起偷窃作用的时候，运动虽然是运动，但果真可说是性吗？虽然耳之欲、声目之欲色是灵活者，但目见恶色，耳听恶声不可说为本然之性。只是认得一个精神魂魄而不知有一个当然之理，只是见得一个模糊影子，而未曾有确实的定见，直到使后生彷徨于天理人欲混杂之地域。这曾经也是告子犯下的错误（《性理字义详讲上》"性"之条）。这样北溪考虑儒重视在日用实事里面的人类共同生活机构、秩序其设施的立场，与佛求道于冥漠之内的超世间立场的差异（《北溪全集》三门二、问佛氏作用是性与虚无寂灭，去四大，除六根之说相反）最终产生理气分别与理气混同的结果。

注

按照北溪，虽然老说无，佛说空，大概相似，全都以天地万物为

251

幻化，全都以人事为粗迹，归于无或者空而以为得道。在儒学来说，道只不过是人事之理。形而上者是道，形而下者是器。虽然存在前者隐然不可见而后者显然可见的差别，但其实道不离器，道只是器之理。有人事形迹处是器，人事中之理是道，因为道无形状可见，所以程明道说道亦器、器亦道（参考《性理字义下》"道"之条。《同字义详讲下》"道"之条以下）。

虽然已经在这里避免提到，《性理字义详讲下》评论佛老的末尾之二条是简明说明此事情者（关于佛老二氏的异同势力的消长等参考《性理字义详讲下》"道"之条，以及《北溪全集》一门一、似道之辨，《性理字义详讲下》"佛老"之条）。

注

要了解北溪对佛教的攻击，也可以参考下面的文字。这里也知道经济社会的情况。

《北溪全集》四门二五《与李推论海盗利害》

同、《代王迪父上真守论塔会》

同二七、《上傅寺丞论民间利病六条》

同五门四附、《不允隆兴寺僧经疏》

附带《袁洁斋集》一〇《绍兴报恩光孝四庄记》里出现"佛教显行，缁徒日盛，高堂邃宇，不耕而食。古盛时所无有"。我国道元《正法眼藏·辨道话》里有"见在大宋仅临济宗遍天下"之语句，说佛教也可想象禅宗尤其与大慧相同的临济之徒的势力。

那么北溪认为接受佛教这样思想的儒学派是陆学。朱子之学被陆象山驳难，而北溪最激烈地反击象山思想。与禅学一起，象山之学尤其杨慈湖、袁洁斋的思想在当时的浙江地区很盛行，斥退读书、穷理，专做打坐功夫，求形体的运动、知觉以为妙诀。北溪说他们虽大抵取禅家的宗旨，却在表面上用圣人之言，牵就佛意而文饰之（《北溪全集》四门二《与陈寺承师复一》）。北溪对于这样的潮流是想要使知道"圣门之实学"（同上），《严陵讲义》（《北溪全集》一门一）表示其工作的内容。那么这样的陆学错误在哪里呢？慈湖专指"心之精神"（这是杨慈湖的标语，作为是非认识之主体的心）为圣是完全指气为理者，到底，不论道德仁义都是应当以理说者，以气作为此是错误的。因为这样应当明白的事情成为含糊、模糊，陷入错误，所以由读书、穷理要求使判然。即一本浑然之中，有界分而不相侵夺，又反之万殊粲然之中，必须知道有脉络相流通处。那样一来方才应该见得圆满，工夫充足，体用皆备无有不周。然而如果现在都扫去所谓格物一段功夫而不辨别，则与无星之秤、无寸之尺没有不同。只是默坐、存想而稍稍得仿佛就谓之悟道，悟后拿圣贤之言语来手里玩弄（《北溪全集》四门一九《与黄寅仲》。又参考《严陵讲义》）。这有极能说中象山学尤其杨慈湖思想弊病的地方（例如与慈湖的《己易》并读）。此外北溪的《与郑节夫》《答郑节夫》二书（《北溪全集》四门二〇）以及《答西蜀史杜诸友序文》（同上、二一）一书，可见几乎进入象山思想之室，操其戈而反过来讨伐之，以守护师说的大概，那里反倒有深入挑剔老佛、象山、慈湖诸思想之支离的地方。我们知道相互攻击者又是如何常常接受对手影响的。这是思潮，是思想的纠葛。总之，宋学在北溪这里难道不是可以说走到尽头了吗？

注

> 尤其北溪从天命、人性演绎道德来通贯纤悉、细微处，可说是完善展开老师（朱子）此方面的立场者吧。请参考上述，《性理字义详讲上》"仁义礼智信"之条，以及同上、"一贯"之条，《北溪全集》四门三《贯斋记》，同二门一、《孝根原》等书简。朱子看到北溪将在孝或

者君臣、夫妇、朋友、事物等之间的行为规范作为天命之自然来详论的书简，评价为非常精密（《北溪全集》二门一）。这里必须考虑的是，朱子这里对于纤悉、细微的所谓道德规范反省，那是在本体不周遍充足的场合里面，有以之为错误的想法（《朱子语类》六二、和版二一页正反面，同一二六、一七页反面、一八页正面等）。虽然这个北溪也注意到了（参考下述，"亲亲仁民爱物只是理一而分殊"之条），但是北溪似乎特别相信五伦亘万古而长久（《性理字义下》"论实理所以长久"之条）。为什么呢？那是成为人类共同生活之实的缘故。

按照北溪，所谓"理一"是统言其体，所谓"分殊"是分言其用。理一是包贯分殊的原因，分殊只是理一中的差等处而并非在理一之外。然而分殊之中如此，其亲、其仁、其爱，随所用而无不尽的原因，又全其体而使作为性处的分无有外的缘故，这里又成为分殊而推理一（《北溪全集》二门四《亲亲仁民爱物只是理一而分殊》）。

注

曰：理一者仁也。分殊者义也。仁者廓然而大公，义者截然而有制。理一而分殊，则仁中有义，其施有差等而不流于兼爱之泛。分殊而理一，则义贯于仁，其会有宗元而不梏于为我之私。此所谓，体常涵用，用不离体而非有二物也（《北溪全集》二门四、《亲亲仁民爱物只是理一而分殊》）。

又按照北溪，作为天理的生意作为元亨利贞显现自己，内在于人物而为仁义礼智（信），成为五伦其他一切日用间的条目（《性理字义详讲上》"一贯"之条）。于是那里从其浑沦一理来说的话，万理森然无不具备，从万理著见来说的话，即无不在此一理的关系，一贯万，万无不本于一的关系成立（同上）。因此作为受用此的功夫不应当越次擢升到所谓那个一，只是应当专门从事于其所谓"贯"。即凡是在日用之间的千条万绪必须各自一一精察其理之所以然而实践其事之当然。然后，合万理而为一理，圣人浑沦大极之全体从此能够上达（参考同上，还有《北溪全集》四门三《贯斋记》）。这样意义的体与用之一贯用朱子《大学补传》之语来说，相当于所谓"全体大用"。北溪也就心说全体卓然、大用流行（《性理字义详讲上》"心"之条）。

在这里，北溪的思想可说是接触到朱子很可能通过胡安定、周濂溪的思想想到，由其派别产生长期传统的全体大用思想的东西。

结　语

朱子所谓"全体大用"是心之体虚而具众理，所谓"大用"是灵而应万事。这是怎样的事情呢？大概所谓"虚"是在于周遍、包拥、避免偏倚性的地方，如果寻其立言之动机，其实与老庄虚无之论出现的情形并非不同的东西。这样被称为全体。只是在朱子的场合里，这样意义的虚又那样具有伦理性，总是想要避免仅仅作为超越的存在。所谓"具众理"即说此。是所谓"浑然全体之中而粲然有条"（《朱子文集》五八《答陈器之问玉山讲义》）。于是作为能胜任此目的者的"仁"被考虑（同七四《玉山讲义》）。仁本来是天地生物之心，是生生的意思（《朱子语类》六，又一〇五及《朱子文集》四〇，《答何叔京书》），因为人是被相互共同生育的，如果就人心来说，固然成为爱的作用之体，而且成为"义则仁之断制也，礼则仁之节文也，智则仁之分别也，正如春之生气贯彻四时"（《玉山讲义》）了。这样意义的仁周遍包拥，虚而具理，即被作为最具有全体的性质者。这样"异学之空虚"（《玉山讲义》）"溺于虚空"（《大学或问》）的态度被扬弃而获得新的生命。即那对于朱子考虑为"今日之大弊"（《玉山讲义》）的二事之一的"权谋术数，一切以就功名之说"（《大学章句序》）或者"流于功利者"（《大学或问》）或者急于功利而"溺而为流俗之卑近"（《玉山讲义》）者成为起到有力作用的武器。其次说灵说应万事的原因来自有活动，有作用的地方。说虚或无的思想因为是超越的，忧虑丧失蹈进人世力量的事实，是说灵，说应万事的思想之心。以所谓功利二字表达的思想可说是最积极地切合人世的思想。说人心之灵，说应万事的思想也在这点上与功利思想无异。这样被称为大用。只是在朱子的场合里，此活动、此作用并不是在人们相互共生的意思即仁爱体现于这个世界的事实之外。因此上述，一切以权谋术数为名的说法等被扬弃，这也是获得新生命。即对于上述被认为"今日之大弊"的二事之内另外一个"异端虚无寂灭之教"（《大学章句序》），务为简约"荡而为异学之空虚"（《玉山讲义》）者，或者"溺于虚空"（《大学或问》）者，同样成为起有力作用的武器。

全体大用的思想被推测主要是为了，这样一方面，暗中承认异学的虚无思想具有的广泛立场，譬如说无的、绝对立场的价值，由改造它来攻击当时功利思想的卑俗性，另一方面，暗中承认功利或者事功思想具有的人的立场的价值，由改造它来攻击当时虚无超世思想的游离性而想出来的东西。

这里要注意的是，所谓"全体大用"意味着体与用的兼赅，是必须与树立全面的体（这样现实常被反省）一起尽用（这样理想不得不总是作用于现实）（最能道破此点者是见于《朱子语类》六四、和版二六页正面及同六三、二一页正面的朱子言语）。所谓树立全面的体虽如上述是树立周遍而无偏倚的立场，所谓悉用是上述那样的现实性等的立场涉及所有的事，穷各自的内在性适合之而作用。为了全体大用，无论何处这样意义的体与用也必须兼举着。因此朱子评陆象山之学，说明象山专门理会一贯，理会一。然而像一贯只是万理一贯，内外、本末、隐显、精粗，皆一以贯之才能同归而殊途，百虑而一致，无所不备。说明现在却使人像这样不理会，只是寻求那个一的话，本末消失，一贯的什么东西也没有了的意思（参考《朱子语类》一二四、又同一七、和版二六、二七、二八诸页）。作为此思想的成果，除礼制的研究之外，真西山（宋）的《大学衍义》、丘琼山（明）的《大学衍义补》等出现是当然的。此外属于朱子学一系的文文山（天祥）衣带中的《赞》里，有"孔曰成仁，孟曰取义，唯其义尽，所以仁至"（《宋史本传》）。坚信"惟义之所尽仁之至"，以身殉祖国是真正放出宋学最后的光芒者。那么朱子的全体大用思想的构想虽如上述，但想来此思想除了通

257

过老释二氏的思想之外，还有直接受教于胡安定的明体适用立场（明了全体——永久不变者的伦理性格，举而置之于天下，能润泽其民）、周濂溪的《太极图说》（说无极而太极），此外，程伊川的以体用显微为一的思想等的地方。依据《朱子文集》四三的九页《答李伯谏书》——同四三的二〇页《答林择之书》里说，伯谏往昔溺于禅学近来稍稍知道其错误，里面说"来书谓，圣门以仁为要。而释氏亦言正觉，亦号能仁。又引程氏之说为证。……然儒者言仁之体则然，至语其用，则毫厘必察。故曰：仁之实，事亲是也。又曰：'孝弟也者，其为仁之本与。'此体用所以一源而显微所以无间也云云"。这里有孟子与程伊川思想的重要性。

全体大用思想的继承，朱子门人黄勉斋与陈潜室的系统参与有力。同样有通过门人詹元善一派留下很大的影响。此外不能忘记同补《潜庵之传》。特别如上所述，陈北溪也继承此思想。北溪自己前往严陵，批驳攻击陆象山追随者的思想最终可说是从作为全体大用的理的立场来做的。据说著《近思录集解》的叶平严接受陈北溪的痛砭而学问变得踏实了。平严有关说体用本末之兼举而不相离即是踏实的原因。宋学最终向以上这边前进下去。

第二编

明学部分

第一章　宋代陆学　作为明学渊源的宋代思想

第一节　朱子学的特色

在说明世界这一问题上，兴起于宋代的朱子学的大的特色是使理、气概念相关联。朱子严格区别作为本体的理想概念的理与作为作用的现实概念的气（《朱子语类》七四等）。

这样的特色当说人的时候也是一样的。朱子不允许混同作为人心之体的"性"与作为"用"的"情"（同上五）。于是程伊川所谓"性即理"之语是一不可动摇的断定。所谓心，如张横渠考虑的那样，是包含性及情而主宰之者（同上等），决不允许将心就那样考虑为理。大概动处是心，动者是性（同上）。如果以毅来比喻的话，毅是心，为粟、为菽者是性（同上）。所谓心以性为馅子的模样（同上）是此意思（还有参考《大学或问》"格物"章。对于此，有后述王阳明的批判。阳明不满于朱子分开心与理考虑学，使心与性相即，兼之也考虑性与理的相即——《传习录上》）。心的全体大用之论也沿着这样的想法被建立是明白的。请阅读上述全体大用的地方。

如果那样，为什么性即是理，而心却不是理呢？如果用一句话来说，因为性虽是静的（关于静的意思参考后述。因为朱子也在回答门人陈安卿的书里说"未动而动者为理"云云，所以即使说理是静的，不用说那不是瞑然不省者），但心也有动的（同上）的方面是其回答。因此谢上蔡说"佛之论性，如儒之论心。佛之论心，如儒之论意"（《上蔡语录中》)，陈北溪

（安卿）说佛家论性好像儒家论心。说他只是取此人心那个虚灵知觉者唤作性了（《北溪字义上》）是建立在这样的观点上者。（多年以后，明李见罗想要矫正王阳明追随者的弊病而特别对"心"举"性"——参考《正学堂稿》一七《答王汉治》，同二八《书问节语中》的《答刘国成》其他，此事在考虑阳明与禅学同样以"心"为主的时候，产生重大的意义）。这样思考的底子里潜入了一个动机。朱子维持所谓静之"体"的绝对性、客观性、纯粹性，与"用"的相对性、主观性、杂多性对比，想来一是求道德使任何人都负担的根据而说其严肃立场，二是企图说明内在有着落的深层功夫。"盖气则能凝结造作，理却无情意，无计度，无造作。……若理，则只是个净洁空阔底世界，无形迹，他却不会造作；气则能酝酿凝聚生物也。但有此气，则理便在其中"（《朱子语类》一）。而且"阴阳也，君臣父子也，皆事物也。人之所行也。形而下者也。万象纷罗者也。是数者各有当然之理，即所谓道也，当行之路也。形而上者也。……形而下者谓之器，物之物也"（《朱子文集》四八《答吕子约》）。更进一步看，写有"僧问佛：'如何是性？'曰：'耳能闻，目能见。'他便把这个作性，不知这个禽兽皆知。人所以异者，以其有仁义礼智，若为子而孝，为弟而悌，禽兽岂能之哉！"（《朱子语类》五七）。《论语集注》里面引程子之语，不以孝弟直接作为仁之本，而为行仁之本，区分作为性的仁与作为用的孝弟。

这样说理说性，显然具有形式化的倾向。于是此形式与儒教道德的传统内容结合，而且到哪里也被相信是维持作为指导现实之形式的严格性的东西。作为春秋学的《资治通鉴纲目》的根本立场在这里。以平日庄敬，涵养心之本体自然发而无不中节的主张（《朱子文集》六四《与湖南诸公论中和第一书》），根据格物而穷理必须被重视的主张，在这边全都有对于客观性的强烈要求，可以窥见上述朱子学的特色。

当然在朱子学这里，关于理其所以然、所当然的关系以及理与气之间的关系等有许多复杂的问题，即使内在于人物的理即性，具备天命、气质两方面而难以简单说明，以上所述那样意思的二元倾向正无外乎显示朱子学在世界人生体验中的严肃性与深刻性，甚至也表示在理论上的敏锐性。

注

绝不是否定朱子学里面二元最终也归于一元。

（参考《朱子语类》一，又《朱子文集》五九《答赵致道》等）。其他，如朱子对于胡五峰所著书《知言》的批评——《朱子文集》七三《知言疑义》——有指斥应该说也是五峰的一种二元见解的地方，这方面的问题很复杂。

朱子学具有作为伦理哲学的深刻意义、宋代精神史上的重要意义也主要在于此点。作为规范之学的伦理学在什么样的形式里不仅被认为是不得不触及这样的想法者，由于到建造宋代精神之根底的形而上学的性质，以及佛教尤其禅学思想的烂熟，作为摒弃它的一个自觉运动兴起来的朱子学由理解上面的性质方才能做出说明。

注

通常似乎说由禅等的影响而宋学产生，那虽然也不是没有理由，但单纯那样说是切离思想内容，是概念地比较思考的见解，如果突入动于时代深层的全体精神来观察，宋学能够说就是达到一个顶点的禅，成为划出一转机的姿态出现的宋代精神革新运动。如果不是那样，如上所述，大慧宗杲就不应该敢于排斥圭峰宗密的想法，即以为做有义之事是惺悟心，而且这里所谓义是义理之义，不是仁义之义的看法（详情参考上述《景德传灯录》一三、圭峰传）而出现与将仁义礼智信作为义理之义一样，作为性那样的立场（要看《大慧书下》，《答汪状元第二书》及《朱子语类》一二六。朱子知道大慧的此立场是明白的。

此事也在前面涉及。又《黄氏日抄》四二里记载着大慧以佛旨说《中庸》首句，使听者惊喜的事实——参考张横浦《心传录中》。我们要问，为什么使听者惊喜呢？当时的思想潮流，其动向其实关系到这点）。此外宋代朱子学作为新兴势力的原因，陈清澜所谓"朱子出而佛学衰"的情形（《学蔀通辨》终篇下）也难以了解。这样的地方里无疑有由于诸思想的相互纠葛导致的大的混乱状态、其思潮。

朱子学的二元思考类似于老庄的批判也有一番道理。只是在朱子学中的理像前面说的那样，到底是公共之理，即家、社会、国、天下等人类共同生活的场合里的道即礼制，与儒教道德教授的传统内容相结合。不能忽视所谓"无极而太极"的《太极图说》之语与"自无极而为太极"之语由朱子被严格区别，直至在朱子学这里，特别具有重要意义（《朱子文集》三六《答陆子静》及《太极图说解》）。由注意到这点，朱子学一边维持着老庄之道所拥有的形而上学的本体性、绝对性，而且一边努力想要保持儒教礼制内容的意图方才明白了。在此意义里朱子学到底还是扬弃老庄思想者。虚之学与实之学就这样能追求调和。

清儒戴东原加于朱子学二元性的激烈谴责（参考《孟子字义疏证》）在揭露朱子学的素材上虽也有不一定不当之点，但在理解其精神上，即在把握作为建立在历史关联上成就一个发展的人类精神的事实上不免有欠缺处（如吴光耀的《道学平议》在素材的指摘上虽也颇陷入附会，但想来这也是为了零零碎碎地比较词句）。

第二节　陆学的前驱　作为明学源流的宋代思想之一

代替朱子学中性概念的陆（象山）学的中心概念的确是"心"。心即理。(《象山全集》一《与曾宅之》。清代陆学者李穆堂的《陆子学谱》二〇举万苍承之语，认为"心即理也"一语只不过见于象山回答李宰的书信而对明代罗整庵的言说有所辨。然而这是堕于辨别，希望能合起来考虑上述李见罗想要通过采取性的立场救心的立场的弊病等）。

象山以前的宋代思想家里面，程子门人谢上蔡以心为仁，以仁为觉（《上蔡语录中》），或者以活者为仁，死者为不仁（对此参考朱子的《论语或问一》。朱子承认活者为仁，死者为不仁，只是以能识此活物则是知仁为错误，对于斥责此的原因，朱止泉的《朱子圣学考略四》中有说明，认为说知说识的地方有问题）是放置中心在心上的思想先驱吧。尤其要注意的是张横浦（名九成，字子韶，又称无垢居士。一〇九二——一一五九）的思想，先涉及王震泽（名苹，字信伯，一〇八二——一一五三）、林竹轩（名季仲，字懿成）、林艾轩（名光朝，字谦之，一一一四——一一七八）诸家，然后及于横浦（《宋元学案》五八《象山学案》全谢山序里认为这些人是陆学先行者）。全都是程伊川系统的学者。震泽对问"万物皆备于我"之语意思的人只正容回答"万物皆备于我"（《宋元学案》二九引《震泽记善录》）。然而此回答使提问者言下有省，那里想起后来陆象山与其门人杨慈湖之间问答的场景（参考后述）。

竹轩有下面的诗：

儒生底用苦知书，学到根源物物无。

曾子当年多一唯，颜渊终日只如愚。

水流万折心无竞，月落千家影自孤。

把手沙头莫言别，与君元不隔江湖。

（《竹轩杂著》二、《赠虞教授别》）

大概竹轩并非劝诱苦于读书者。如果由直观来把握根源，《庄子》所谓

"以火救火，以水救水，名之曰益多"的绝对境界显现。如果那样的话就成为人们在眼底下相会，与君原不隔江湖了。艾轩也不把重点放在训诂、注脚上（参考《艾轩集》附录、周必大撰《神道碑》、同刘克庄撰《兴化军城山先生祠堂记》）。按照艾轩，因为太虚中有此简易之理，《论语》的问答常常是根据事情说出这个的，如果见得太虚中真实有此理的时候，《论语》即不过其注脚（《艾轩集》六《与泉州李倅》）。同样，"致知格物"之"致知"是初学第一条（开端）而求之不能过深。现在，在日用之间一件一件求之而不止的话，归根结底能够察于天地。古人之所说全都求之于日用。曰："日用是根株，文字是注脚。须见得日用处，注脚自可晓"（参考同《与杨次山》，又同，《与范国录之乡》。此文说空江好夕，取《周颂》一二篇，除了注脚而琅诵使灵均——屈原——听则解脱）。不管怎样，比起经书或者其注释，尊重日用场合中的直接性的立场被发现是确实的。如果那样，横浦所说是什么呢？进而试着听一下这个吧。

横浦所重视在心。所谓"《六经》之书，焚烧无余。而出于人心者常在，则经非纸上语，乃人心中理耳"（《横浦心传录中》）是其言语。学问之道在求放心，琢磨、切蹉内外而求此心，心通则《六经》皆无外乎吾心中之物（《横浦文集》一七《答徐得一》）。理也应当说是得于心才有本的东西，因为只是得之于手难至浑然天成（《横浦心传录下》）。而且在横浦这里，穷一心之理就通于天下之理，穷一事之理就通万事之理了（《横浦文集》一七《重建镇州学记》）。如果那样，作为这样心的内容的是什么呢？那在最终可说是仁。横浦采取孟子以仁为人心的立场（《横浦心传录上》）。所谓仁是什么呢？是觉。曰："仁即是觉，觉即是心。因心生觉，因觉有仁"（《横浦心传录上》）。注意到横浦的立场是动的而有生命跃动之趣。

同时心以前在《中庸》里，被建立在未发之中与已发之和上论述。根据横浦，此建立方法不分于本体与作用二者，体立就成为用行的原因。中即（就那样）和，作事和于理，合于情自无违背（《横浦心传录中》）。或者能认为中则和。不中则必违背人情（同）。这样就中自身发出和是真正以未发为主的情形，与不认喜怒哀乐的不发，或者仅仅只认已发之和的立场不同（《横浦日新》）。此点，考察横浦的《中庸说》也是一样的，那里说从中自然产生和，对于戒慎、恐惧述说涵养喜怒哀乐未发以前的理的功夫。如此使想起老师杨龟山的思想，不如说有接近从龟山传罗豫章、李延平所谓"静一段之功夫"的倾向（上述）者。（朱子虽然在《杂学辨》里——《朱子文集》七二——辨别横浦的未发以前戒慎恐惧，无一毫私欲之语句说"未发以前天理浑然，戒慎恐惧则既发"，但其《中庸章句》里至少能认为不是那样将戒慎恐惧只系于已发了。还有关于此事请参考《朱子语类》六二、同《文集》四八《答吕子约书》、和版二二页。）这尤其也是存在于尊心的横浦思想里的老师（龟山）思想的影响。又或者横浦比起服于无心的世俗之论更取服于公的君子（《横浦心传录下》）。因为公则固然可说无心。横浦到底必须说收存于程子之传。然而此事不是抹杀横浦重视心，着眼于跃动者的特色。横浦赞扬见草而知生意，见鱼而知自得之意的程明道（《横浦日新》）。又对问"巧不如拙，明不如晦，进不如退，动不如静，其理如何"的人回答"如此则如顽然一石。当全去了不字则道理自在"（《横浦心传中》）。

那么横浦的心的思想客观上是仁。这能够成为以上述的中就成为和的形式而一贯内外活动的礼制论、政治论。所谓《少仪论》与《四端论》（《横浦文集》五）是一并表示此者。在《少仪论》里面，横浦论圣人之道本无大小。礼之以少为贵者是贵内心者，相当于所谓寂然不动之时、喜怒哀乐未发之时。所谓"敬以直内"即此。然而此过头而灭五常绝三纲，至有孤高之绝对而无敷荣之大用则得罪于圣人。反之，礼之以多为贵者是贵德之发扬者，相当于所谓感而遂通之时、发而中节之时（所谓义以方外即此）。如果从内心进而有得于此则尧舜等的功业、父子以下的大伦、天地日月的照用，兼天人，通本末，合内外，无不可循环、往复。"譬之于木，从元生本，从本立根，从根立干，从干发枝，从枝敷条，从条出叶。以枝叶而观本元，相去远矣。然枝枝叶叶皆元气也。有元气而无枝叶，不足以见元气之功，有内心无外心则无以见礼之大用。由是而推，一叶之黄，一枝之瘁，皆本根之病也。一拜之不酬，一言之不中，皆内心之不充也"（《少仪论》）。先儒虽训少为小，但在这样的意义里，小即无外乎大。有大而无小，则其用不显现。《少仪》有意义的原因。说洒扫、应对之意义，四端之意义的原因。与释氏的归根、反本的差异也在这里能够考虑。曰："推恻隐之心于天下则如春风，如和气，遇花则花红，遇叶则叶青，遇草则草绿，油然巧妙，非刻画雕琢所能致也。岂不优矣哉"（《少仪论》）。然而释氏之教比于此则雪霜凛冽、万木秃立，无从受其庇覆。子思之所谓洋洋乎发育万物，峻极于天是发明内心之理，优优大哉，礼仪三百，威仪三千，待其人而后行，是发明内心而进于外心之礼（此《少仪》之意）。横浦说这样从喜怒哀乐未发之前求所谓内心而有得的话，追求无止息发而中节之用，使进退、起居、饮食、寝处，不学而像孔子那样入《乡党》之篇。大概由这样做合内外之道，同时能够论圣人。然而应当注意的是，在威仪之间龃龉未合时，又必须求内心未达到的原因。进退、盘辟、仪章、度数这只是俗儒云云是横浦的话，可窥见其面目。

横浦的《四端论》论述发于仁心的政治而有光彩。仁正是通内在于人之节、肢体之血脉使知痛痒者，若知有我而不知天下四海，则不得不说血脉断绝。孟子曾经说乍见（"乍见"二字要紧）将入于井的孺子而起怵惕、恻隐（凄惨地想）之情，又举起性格庸鄙的齐宣王，虽说好勇、好货、好色兼好世俗之音乐，但见被牵去死的牛而发露恻然不忍之心。这是孟子在那里见人心内部深处之节，推之则决不为一己而与民同之的王道政治成立。这样，王道政治作为内部深处之节，即仁，端绪虽由不忍人之心出来，但那不仅仅是恩惠，到底必须依靠不忍人之政（孟子指出的那样）。横浦说，有不忍人之心却不能行不忍人之政是思虑狭小、识见卑陬。为什么呢？因为那里只为目前的供给而不为万世之利益。于是成为这样事情之本的"此心"（节、仁或者不忍之心）人皆有之，遇事而发，有欲罢不能处（那实在可说是天理吧）。从这点来说，视世间为梦幻，以彭祖那样的长寿者与殇死之子为一，齐物的释老之学，由于应该以入井的孺子之死生无所介于其心而不得不说是未知天理之运用者。而且四端（恻隐、羞恶、辞让、是非——四个端绪）与人之手足一样，当以运用，当以行止。如释氏无手足而只有腹心，因而不知运用行止之理。《四端论》说道，大概体认吾四端（此时学问能辨识四端之真伪）而推之达于人事之间，成就所谓扩充之业的话，能考虑是直至保四海者。

见《少仪论》而审其内容，见《四端论》而行其外，两两相待而圣人之心明白了。

注

（一）张横浦如人们所知的那样也学于大慧宗杲，《横浦文集》一八里有与大慧的书信，《大慧书》里收有与横浦的书信。因而可做出其倾向里能看见尊活机的临济禅影响的这种解释。按照《朱子文集》四二《答石子重第五书》，朱子听说此人的经解出版发行而将其祸害比作洪水猛兽。前述，《杂学辨》里有对于《中庸解》的详细批判。而且如上所述黄东发的《黄氏日抄》里引《心传录中》之语举其依据佛论的《中庸》首章解释并附记上述朱子之语。

（二）朱子门人陈北溪《与赵司直季仁第二书》（《北溪全集》第四门一二）里说象山得自光老（又参考同、《答黄先之书》），明崔铣说，达摩、曹溪，论越发切径。宋之大慧授之张子韶。其徒得光又授之陆子静（《湛甘泉先生文集》二四、《杨子折衷序》）。

第三节　陆象山（名九渊，字子静，一一三九一 一一九二）　作为明学源流的宋代思想之二

一　太极

周濂溪曾经在《太极图说》里想要以"无极而太极"之语说明宇宙本体的绝对性及其适应家、国、社会的具体性。这能够说是出自看到老庄"无"的思想的缺陷，是一种根据儒的"有"的思想扬弃它的深思熟虑的企图。因此这一句是表示宋代思想新倾向、新儒教运动要领的重要语句。于是认识此语句的重大意义，将此推荐于世者是被称为南宋思想界之泰山乔岳（《象山全集》三四）的朱子（晦庵）。然而陆象山极力反对朱子的这一态度。象山同意其兄梭山怀疑《太极图说》，举此图与被相信为濂溪之作的《通书》不相类似。《通书》的《理性命章》里有"一"。此即是太极，未曾在其上加"无极"二字。又梭山指出《动静章》里虽有"太极"之字，却无"无极"之字是对的。如朱子发（名震）说的那样，加"无极"之字于"太极"之上，是属于隐者、陈希夷（图夷）系统的老氏（子）之学。大概因为在老子这里认为从"无"之本体产生"有"之现象。《易》之《系辞传》里面写有"一阴一阳之谓道"，依据象山，如果像朱子那样，说以阴阳为形器而不以为道（同上《与朱元晦第二书》）则是错误的。道适应于一阴一阳。作为先后、始终、动静、晦明、上下、进退……出入、行藏（出世与隐藏），往哪个去都无非是一阴一阳（同上）。写有阴阳即太极，五行即阴阳（同二三《大学春秋讲义》"大水"之条）。此外还有"道外无事，事外无道……物各付物云云"（同一《与赵监第二书》。这里提及象山对朱子社仓事目的推举是理所当然的）。

注

    《二程全书》二〇程伊川之语里，可见"学佛者多要忘是非。是非安可忘得？自有许多道理，何事忘为！夫事外无心，心外无事。世人只被为物所役，便觉苦事多。若物各付物，便役物也"，同书"五"里面虽不清楚是二程哪位的话（《近思录·异端》篇里系于明道）列举有"道之外无物，物之外无道"之语。因为象山的话与这些相似，物与事是同样的意思（依据《近思录》）能认为是来自明道。然而如果看到又同时出现物各付物之语句，象山也许是沿着上面《二程全书》二〇伊川的话说的。如果那样的话这里由伊川的《易传序》也可窥见的那样，必须说有伊川、象山共通的想法。

    （依据同三四《语录》，象山似乎经常说此事。还有参考同三五《语录》。这里举禹治水之事。这也是当然的，能明白此语意味的内容）。只有这样即有见无的场合，不对，就是重视有的立场到象山的心的思想最发挥出特色。

注

    象山指出周濂溪的《图说》与《通书》不一致的地方，不一定恰当。例如《通书·诚下》第二章写有"静无而动有，至正而明达"，《思》第九章写有"无思而无不通，为圣人"，《理性命章》有"厥彰、厥微"。像这些与"无极而太极"是同样的想法。《通书·动静章》里，写有五行阴阳、阴阳太极，不说无极，与其说这是《通书》不说无极的实例，不如能认为是因为无极而太极，没有必要说无极的缘故。从《通书》里面以"而"字结合无的东西与有的东西的语法很多来判断，以为《通书》没有无极的思想，而且将"无极而太极"这一词句作为朱子的改作必定难以赞成。但是退一步，即使濂溪的原文像《宋国史·濂溪传》(《朱子文集》三六《答陆子静书》一七）那样写着"自无极而为太极"，朱子特别在"无极而太极"的形态里面承认《太极图说》的深意，从而在《太极图说》真正成为宋学根本理念这点上没有变化。即至少朱子解释的《太极图说》并非像象山说的那样，是将无极置于太极之上位，而是无极与太极处于同位，相待而表示理之性质，无极而太极之理被认为是与阴阳即气相区别的东西。将"无极而太极"之理与"阴阳即气"相区别的想法（或者以理作为性而与心相区别的想法）足以使象山产生对朱子区别考虑无极与太极那样的误解。而且即使象山说朱子置无极于上是误解，因为区别理于气并不是误解，而是朱子学的重要观点，必须说两者的论争并不仅仅是言语上的争论。

像前面说的那样，象山将建立"无极而太极"的思想作为老氏（子）之学。然而在其与朱子（元晦）的第二书里面说"所谓'太极真体不传之秘，无物之前，阴阳之外，不属有无，不落方体，迥出常情，超出方外'等语，莫是曾学禅宗所得如此云云"。一方面朱子也接连将象山作为禅排斥。以"无极而太极"为老氏（子）之学这点即使姑且了解，作为禅这点是为什么呢？如果禅的内容是一定的东西，两大家的相互排击并非误解的话，虽然互相有与有关禅的内容一致的东西，却成为无反省地攻击他人。然而如果试着检查两方的攻击内容，似乎可认为象山攻击朱子无的方面，朱子攻击象山有的方面。即此论争似乎可视为性或者理的立场的思想家与心的立场的思想家的论争。象山以朱子为禅与破曹洞默照禅的临济派大慧宗杲态度相似，反之朱子说象山为禅与从曹洞派批评临济系统的禅相似。现在《大慧书》里有证明宗杲盛斥朱子幼时之师、刘屏山无的立场的事实（参考与屏山之兄、宝学、字彦修书），也有朱子评论大慧门下张横浦为看话之法的事实（参考《朱子文集》七二、《杂学辨》《张无垢中庸解》）。

二　心

象山对问其所受学的人，回答读《孟子》而自得之（《象山全集》三五《语录》），又说"窃不自揆，区区之学，自谓孟子之后至是而始一明也"（同一《与路彦彬》）。（还有参考后述王阳明的《象山文集序》——《王文成公全书》四、《文录》七），大概象山的心之说本于孟子的同时又呈现别趣。象山在自己说成圣人复起也不改变我言论的自负之作《荆国王文公祠堂记》里面，以王安石卓然见到支撑孟子的尧舜斯道之精神为伟大。象山又认为在孔门只有颜子、曾子从里面出来，他人是从外面进来，今所传是子夏、子张的外入之学，曾子所传至孟子又不传（《象山全集》三五《语录》）。认为心学之所传在孟子中止了。孟子这里可见恻隐之心（《告子上》），心之所同然者（同），放良心（同），仁人心也（同），良知、良能（《尽心上》）等关于心的话语。朱子称子思说率性，孟子说存心、养性，大段说破（《朱子语类》一二四）的批评是理所当然的。

然而，孟子的良心说是必须与其性善说合起来考虑的，毋宁说可以认为重点在于后者，因此难以认为是以象山场合的所谓"心"为中心理念的（还有参考后述）。

对于象山来说，成为中心的观点彻头彻尾是"心即理"（参考《象山全集》一一《与李宰第二书》，又同一《与曾宅之》），不像程、朱那样是"性即理"。对于象山不喜欢说性，朱子认为象山的理念不曾分晓，恐人之问难，而且自为高大不肯与人商量，一气截断了。于是诘问学而不论性则所学是什么事情呢（《朱子语类》一二四）？这批评很好。然而象山的意图存在于别处。那通过点检心的思想自然就明白了。

注

象山之友朱子像已经论述的那样本于程伊川，把人"心"分为本性与其作用，认为作用虽不一定纯粹，但本性彻底是纯粹的，将道义的根据置于这里。这就是"性即理"的思想。这在大宇宙的说明里面也是一样的。知对于情意，合理的对于非合理，尊重学问对于尊重行动，道理对于力，静对于动，秩序对于混沌，理念对于现实，论理主义对于心理主义的立场等在这里。

对于象山来说，宇宙内事就是自己分内事，自己分内事就是宇宙内事（参考《象山全集》三三《行状》，又同二二《杂记》，同三六《年谱》），而且即使不同时间、地方而圣人出来也此心同，此理也同（同）。心只是一个心，我的心是我友的心（同三五《语录》）。这样的言语里可窥见一个倾向。那就是从浑一的且具体的、现实的，各人感觉自己心脏的跳动那样，作为活力能感觉的方面来观察心，在这样的意义里，心与理是相即的。

注

只是要注意的是象山这里考察充塞于宇宙的一理，说学者学习的原因也不是没有只是想要发明此理的方面。此时，象山引用明道的言语说此理比起天地为大，五典是天叙，五礼是天秩，五服所彰是天命，五刑所用是天讨，不可自人而说，不是自理来说的话，就不能说是比天地更大的（参考《象山全集》一二《与赵詠道第四书》。又同，《与张辅之》。同二〇《赠丁润父》）。又象山解《易》之"艮其背"云云之语说"艮其背不获其身"为无我者，说"行其庭不见其人"为无物者（《象山全集》三四《语录》），明白地叙述主客双绝的境界（参考同三五《语录》。这里有"有己则忘理，明理则忘己。'艮其背，不见其身。行其庭，不见其人'，则是任理而不以己与人参也"）。而且象山又驳斥《乐记篇》所谓"人生而静天之性也。感于物而动性之欲也"之语句，认为这是不知艮背行庭之旨者（同三四《语录》、李绂点次本四六页正面）。即相信上述的譬如天理自然、绝对的主客双绝的立场，绝不是建立在性情分离的想法之上，到底只能维持在浑一的心的思想上。象山这里对于充塞于宇宙的此理，有天地鬼神尚且不能违背，何况在人呢（同——《与朱济道》）之语，认为今之论学者与自己的差异，在于前者务添加人为的东西，自己只是减损它（同三四《语录》），说宇宙不曾限隔人，人自己限隔宇宙（同三四《语录》)? 还有以即使人自己想异于天地，那也是不可能的事情，说是平生得力处，自己能够受用的原因（同三六《年谱》，"乾道八年三十四岁"之条）。

如果从这样的方面来看，则全都有舍弃自我的旨趣。曰："某平生有一节过人。他人要会某不会。他人要做某不做"（同三五《语录》）。于是，难道不是象山虽说也不可苟且赞成老子、列子的柔之教导（那包含翕张取予的妙术），但又承认不可苟且诽谤的大致真理（同三〇、《常胜之道曰柔论》）吗？

象山的心是在各人那里活泼泼的心，是不能与性、才、情等区别的整体存在。象山对问性、才、心、情之分别的门人，感叹现在的学者读书只是解字，丝毫不求血脉是举世之弊，回答像情、性、心、才，全都是同样的事物，只是言语偶尔不同（《象山全集》三五《语录》）。此外引用《大般若论》的狮子咬人、狂狗逐块的故事，即如果以土打狮子就直接来咬人，如果打狂犬不过只知道追逐土块的比喻，说要不拘泥于圣贤之言语，理会其血脉骨髓真实的地方（同）。因为这样说的方面虽不同，但结局是归于一致的，如果借用《庄子·应帝王》篇之语，则心是混沌。然而比起混沌，越发就现实者那样推察。正是因此，象山以《乐记篇》的天理人欲之言根于老氏（子）而表明天与人之不同，认为非至论（参考同三四《语录》、李绂点次本二页正面，还有同三五《语录》，以及前注）。依据象山，《乐记》里面虽以人生而静为天之性，感于物而动为性之欲，但不能说静是天性动不是天性。同样《书经》"人心惟危，道心惟微"之语句的解释者多指人心为人欲、道心为天理也是错误的。为什么呢？心为一。人这里应该无二心。只有从人来说的与从道来说的不同，产生危与微（妙）的差异。区分《庄子》的小而属于人者，与大而独游于天者，而且像说天道与人道之相远，分明成为这样分裂天人而为二者（同）。象山不喜欢程伊川之语（同三三《象山先生行状》），怀疑有子之言支离（同），当然有其理由（在朱子这里，"有子言孝弟"一章的言语里有一些重复的地方，即是其诚实、践履之言，详细咀嚼这个的话，更加有味道了——参考《朱子语类》二〇及一二四）。

注

> 方虚谷比较朱陆如下说道。曰："文安公（象山）之学因已发之心而验未发之心，由其情以知其性。孟子所谓见孺子将入井怵惕恻隐，而仁之端倪于此呈露者也。见其恻隐之发焉，而知其本心之中，具有性之仁也。四端皆然云云。文公（朱子）之学存养未发之心而省已发之心。全其性而节其情。子思所谓人己俱不睹不闻之前，性之静也。有戒慎焉。有恐惧焉。而己所独睹、独闻之际，情之动也，则慎其独焉存养以保其中也，省察以充其和也云云"（《陆子学谱》七、《跋洁斋袁公年谱略》）。

这样的"心"是象山思想的中心，作为根本学问的陆学出自这里。象山与邵叔谊的书信（《全集》一）里面举人情、物理之变而说难穷究，认为如其枝节即使圣人也不能全都知道。而且其《语录》（同三四）里面有与家兄复斋的问答。根据这个的话，象山的功夫虽是在人情、事势、物理上做，但不将知道物价之低昂，辨别物之美恶、真伪之类纳入做功夫里面。功夫是在那以上述人情等为场合的心吧（据说象山因为做陆氏大家族制的掌库三年，由执事为敬，所学大进——《象山全集》三四《语录》）。这样的想法是以心为主的根本学问归根结底开拓与技术的物理之学相区别的倾向，后述作为陆学再认者或者集大成者的王阳明的"拔本塞源论"不得不说是继承这个（此性、此道尧舜与众人不异，其才不同是象山的话——《全集》三五《语录》）。最能表示以心为主的根本学问——陆学采取的此立场、其心之性质者没有比得上在富阳双明阁上与杨慈湖的问答。此时，想看象山与慈湖的一见面如何直截了当充满威力。《慈湖行状》《慈湖遗书》一八《附录》）及《象山年谱》（《象山全集》三六"乾道八年三十四岁"之条）里面，此问答像下面这样传述：

> 新进士及第的象山来到富阳，与那里的主簿、杨慈湖一夜会于双明阁上。慈湖乃问本心为何。碰巧扇商人的诉讼起来。象山云"且彼讼扇者必有一是，有一非。若见得孰是孰非即决定。谓某甲是，某乙非矣。非本心而何"。慈湖闻之，怀疑仅止此吗？象山竦然端厉，复扬声以"更有何也"一语回答。按照《慈湖行状》，据说慈湖最深深感动的是这象山再答的一句话。这是此人知道更云云就支离了。

这个故事仿佛传达象山所意味的心的面目似的。如果借用《吉斋漫录》的著者吴廷翰之语（钞本下），这不是在所谓流行发见之地见其心那是什么呢（还有参考前注）。因此象山对于其学问全无杜撰，千言万语只为根于这样的真实性，有自负处。对于象山，除了孟子所谓"先立其大者（即心）"一句，全无伎俩的批评责难敢为甘心接受（《象山全集》三四《语录》）。曾经以手指心所谓"某有积学在此，惜未有承当者"是《象山年谱》（同三六"淳熙十五年"之条）所传。这些全都显示如上述那样建立在心上者。因此象山之言说胜过其他诸学者而有打动人的东西（同、"淳熙十四年"之条）。此外再举证实此事的象山言语之一二。说："吾与人言，多就血脉上感移他。故人之听之者易。非若法令者之为也"（同三五《语录》）。又对门人说："某平日，与兄说话，从天而下，从肝肺中流出。是自家有底物事，何尝硬把捉"（同）。朱子也说象山有言谈的才能，其精神又能感发人（《朱子语类》一二四）。能合起来考虑由朱子邀请做的《白鹿洞书院讲义》感动听者的事情。能认为那里有不只是内容的高迈或者单纯讲话术的巧妙东西。尤其据说象山四岁静重，如成人（《象山全集》三六《年谱》"绍兴十二年"之条），不是没有对动求静，对外求内那样的态度。说"精神全要在内。不要在外"（参考同三五《语录》，或者《年谱》淳熙二年鹅湖之会、说谦卦的地方），又说学者能常闭目也好（同）。据说由于闭目之教导而门人詹子南（阜民）知道操存的功夫，于是为其师所称许。即象山对这样功夫的结果，至此心澄莹中立的詹子南，说此理已显现，但在此处称为此理者无外乎仁。清初的顾亭林说"专务虚静，完养精神，此象山之定论也"（《日知录》一八《朱子晚年定论》），同样陆稼书说"象山对朱济道言，收拾精神，自立主宰。当恻隐时，自然恻隐，当羞恶时，自然羞恶……象山主静"（《三鱼堂文集》四《读象山对朱济道语》）是从这边见到的东西。这样稼书将此与王阳明相比较，认为两家虽都以收拾为主，但阳明在不分动静这点上，与象山不同。然而如果只是那样的话，象山之学就接近于认为"神慧以凝寂常全"（《列子》张湛序）的老子之徒了。如陈北溪解释象山的思想原本由佛照禅师传来而全用禅家宗旨，只是终日静坐而求本心者（《北溪全集》四门一二、《答黄先之》）。而且依据北溪，所谓所以为（本）心者却错认形体之灵者为天理之妙，说做格物一段的功夫。即那是告子生之谓性的性，佛氏所谓作用是性场合的性，从而被认为相当于所谓人心，非道心，毋宁说被认为指气为理，人心、道心全都混杂，没有区别（对此，象山说本心为仁义也必须作为问题来考虑。此事后述）。实际北溪所见的江西之学——当时的象山追随者之学不读书，不穷理，只终日默坐澄心，正是用佛家坐禅之说（同二一《答西蜀史杜诸友序文》），或者又似乎"不读书，不穷理，专做打坐工夫，求形体之运动知觉者，以为妙诀"（同一一《与陈寺承师复一》)。北溪之师朱子这里也有提到象山的收敛功夫（静的功夫），指出其于身心不为无功的地方（《朱子文集》三五《与刘子澄第十一书》，以及同四九《答滕德粹德章第三书》）。像这样（重视静这点）虽是与朱子的立场相近者，总之在象山这里，静的功夫是作为养出动的东西的手段来说的（朱止泉的《朱子圣学考略》六论述在释、陆、朱三家思想之间的收敛功夫的内容各有分别，即使同样说收敛而不走作，释内外皆空，朱子主敬、穷理、内外合一。与这些对比，陆信奉禅空为宗，采取以知觉应事接物）。因此象山并非拘于静。同时已经不是得静中之功夫又别做动中的功夫，实际上是贯通动静，无论去哪里无不在此心。如果动静有异的话，这不得不说是有二心（参考《象山全集》四《与潘文叔》，又同五《与高应朝》）。这样考虑的话，象山所谓"不收拾又不得，收拾又执。这般要处，要人自理会得"（同三五《语录》）之语也未必不能理解。象山的根本倾向可说应当像上述那样来看。或者又能够像下面这样考虑。即象山"心即理"的思想虽然本来是动的，却残留着静的材料。一方面不仅说明其体质（参考同一《与涂任伯》）及所谓应病与药的手段，又象山因为生于可说为宋代尤其南宋思想基调的尊重静的、内在性的思想中，恰似与明代聂双江等的思想虽然是静的，却残留着动的材料，也是因为生于可说为明代思想基调的尊重动的、现实性的思想中，其情况难道不是相同的吗（"理"或者"性"作为宋代思想的原理，"心"作为明代思想的原理也可说是同样的）？

然而对于"心即理"的思想，为了发明象山所谓所以立言之意、其血脉（同三五《语录》）以为更有必要详细考虑。

现在将象山的心即理之语从理的方面与心的方面分开来看。

如果推测象山的意图，所谓"理"具有儒学传统的道德内容。也就是说使用"理"这个词无外乎保持儒教徒的规矩。例如象山说"仁即……此理也，爱其亲者此理也。敬其兄者此理也。见孺子将入井而有怵惕恻隐之心者此理也。可羞之事则羞之，可恶之事则恶之者此理也。是知其为是，

279

非知其为非此理也"（同一《与曾宅之》）。还有"古所谓宪章、法度、典则者皆此理也"（同一九、《王荆公祠堂记》）之语。于是上述《祠堂记》里写有"典礼、爵刑，莫非天理，《洪范》九畴——参考《书经·洪范篇》，帝，实锡之"，与赵咏道的书信（参考前注）中将五典、五礼等作为天叙、天秩是这样的道德成为基于天之自然而断绝私智者，是说明具有所谓天人合一性质者的旨趣。因而象山所谓"天之一字是皋陶（参考《书经·皋陶篇》）说起"（《象山全集》三四《语录》）这句话绝非马虎说得来的。以上不用说，是通古来诸家而一贯受用的儒家思想。只是在象山的场合，思考宇宙间的广阔而期望使规模广大（《象山全集》三五《语录》）。而且依据《语录》（《象山全集》三五及三四）也说"典常也。宪法也。皆天也""'典宪'二字甚大，惟知道者能明之。后世乃指其所撰苛法名之曰典宪。此正所谓无忌惮"。（还有，《象山全集》三五《语录》，象山对于王安石政治的评论，这里面有论述祖宗之法也有当不变者，利并非一定不可等卓见。要与《祠堂记》合起来看。依据象山——《象山全集》三四《语录》——有为者常顺时制宜。不顺时制宜者是一方、一曲之士而非盛德之事。然而所谓顺时、制宜并非顺俗、合污，禹、稷、颜子那样的即此。所谓"惟天下之至一，为能处天下之至变。惟天下之至安，为能处天下之至危"——同三五《语录》是象山之语）具有上述那样内容的理是所谓实理（《象山全集》三四《语录》。尽管也有评象山的思想为禅的人，但弟子包显道说"一洗佛老，的传邹孟（邹国的孟子）"（《陆子学谱》九《赞语》），同样袁洁斋在其师上，毋宁说看到儒释之所以区分（参考《洁斋集》八《象山文集序》及同、《题彭君筑象山室》，还有《象山全集》三六《年谱》"淳祐八年"之条包恢撰，《旌表门记》，以及同"十一年"之条同撰《三陆先生祠堂记》）无疑是因为在理的名称下说明如此明确的人类共同生活法则（儒学思想的要点在其主张）。李穆堂也说象山在论心的时候，却句句在说理，必诬蔑其专说精神近了禅学是道听途说之流，斥责陈清澜辈的无忌惮之说（李绂点次《象山全集》一《与曾宅之》、栏外）。这不以为没有一番道理。陆学在这点上被认为是与佛、老分开而能与程朱之学相伴者。象山依据本于经世即作为天理之内在的人心自身要求的规矩，以是否以人类的共同生活，经营家族、社会、国的生活为主，区分在此意义里的义利、公私，以义利、公私区别儒释之异同（《象山全集》二《与王顺伯第一》《第二书》。同六《与傅子渊第二书》)。对于象山来说只是公，所以经世，只是私，所以出世，与儒即使至无声、无臭、无方、无体也全都主经世相反，释穷未来之际，即使说此为普度，那也都以出世为主（《与王顺伯第一书》）。这样各自至少不免其为主处不同。象山说释为私的立场，所谓利的立场并非说舍弃此世而在天地之外别有乐处，只是因为不以经世为主，非《周易》所谓天地人三极之道。依据象山，儒之道是天下之常道而并非别有妙道。说典常，说彝伦者，天下所共由，斯民之所日用，道只是此一道。正是那里有被积极肯定的意义，决不能从第一义的妙道改头换面，将日用共同生活的伦理作为方便来说。哪怕是释只要作为人，虽然不能完全舍弃吾道即共同生活场合里的伦理（例如与王顺伯第一书里举仁义，又举彼所谓四恩），只是因为不以此为主，对此的违顺与得失，也不得不说不足以作为深造于彼之道者的轻重（《与王顺伯第二书》。本来在象山这里，所谓异端不一定是佛老的意思，异于此理者也被认为是异端——《象山全集》三五、一九页正面）。以上这样象山的批评难道不是极好地见到儒释之异同吗？（另外，参考上述《与王顺伯第二书》里面评论佛的"实际理地虽不受一尘而佛事门中不舍一法"之语的地方。此语出于《景德传灯录》九、伪山灵祐传及卷二〇、青峰山传楚传，《朱子语类》一二六、和版一一页背面有批评。由上述《传灯录》二〇的问答，合起来考察朱子的批评意味深长）朱子虽认为象山以义利区分儒释是第二义（《朱子语类》一七及一二四、一二六等），但象山以适应家、国、社会的日用彝伦为主，去建立此的地方可说与释不同，与朱子相同。更进一步依据象山的《语录》（《象山全集》三四）里面门人傅子渊之所传，

281

说象山对人先教辨志，其辨志的内容在于义，上述《语录》里面也出现"学者须先立志。志已立，却要遇明师"的话语。或者又象山的《白鹿洞书院讲义》（同二三）里面论述学者应断乎志于义。大概虽说由科举（官吏录用考试）任官相当于经世，但对此必须重新考虑义与利的辨别。为什么呢？因为如果仅仅计较官之崇卑、禄之厚薄，有不尽心力于国事、民隐者的话还是不免于利的立场。《白鹿洞书院讲义》作为恳切地击中学者的隐微、深锢的病痛者为朱子所称许想是适宜的（同《讲义后记》）。象山这样的立场对于婺州功利之学，能够与朱子学伸展协同的战线（夏炘、《述朱质疑》九、"朱子借陆学以缄砭婺学说"对于此事的论述）。

然而因此这样意义的理的方面至少与朱子学相对照时却也不是不能说难以彰显陆学的特色。只是象山这里，也有说异以行权，异顺于理，如同权之于物，随轻重而应，则动静称宜，以一定而不悖于理（《象山全集》三四《语录》）的想法。像这样一来，理本身就不能固定理解。

其次，尤其试着从"心"的方面来考虑。这里陆学忽然发挥其光彩。门人傅子云有祭象山文（参考《象山全集》三六《年谱》"绍熙四年"之条及《陆子学谱》一〇）。曰："世之学者，标末是求，而吾先生，自源徂流。世论一切，如鞭之刑，而吾先生，自源徂流。世论一切，如鞭之刑，而吾先生，允稽其情。世之于人，多察鲜容，而吾先生，善与人同。世之于善，迹似情非，而吾先生，诚实自持。世排异端，惟名是泥，而吾先生，即同辩异。世读古书，立论纷然，而吾先生，先实后言云云"。此言非深知其师者不能发，充分表示出象山的特征。如果在这上面加一转语的话，这样的特征出现的原因可以说在于其"心"的立场。

现在，不一定采取依据上述的话详述之的方法来试着阐明"心"的立场性质。因为这个明白了则上述傅子云的言论也自身能首肯吧。

第一，因为"心"，道德行为成为自己分内的事。即此心、本灵，此理本明（《象山全集》一〇《与刘志甫》）的缘故，依据讲解发明能够期待其效验（到这里朱子学性的思想也可说是那样）。不仅如此，讲明的功夫获得总结与线索。象山在与曾宅之的书信（同一）里面，劝诫无根之木、无源之水尽管有采摘吸引的辛劳，却盈涸、荣枯无常，又在与杨敬仲（慈湖）的书里（同五）指出，如果茫然无主，泛然无归宿，就马上有颠顿、狼狈之患，所以难至圣贤之乐处。反之，建立在浑一心上者，像有根源的木和水那样，自己分内有主的缘故，功夫自然占据不动的地步来。那会变得亲切。

　　第二，以诉诸疼痛那样的良心之知觉为道德第一义。无形迹，心术（同三五《语录》）被认为重要。人物的观察也被称为并非在言行、功过上，而是直截雕出心肚，连言语也不能出口的忠信、诚悫者被喜悦，谈论风生者却被厌恶（同）。依据象山，这样的心在对骨肉亲人之时，取得最坦率的表现。如耳之自聪，目之自明，事父兄而孝悌，如此不必有求于他人的必要。只在于自立（同）。如果有不知爱亲、敬兄者，那不过是为利欲所昏。因此只要通过指出其为利欲所昏处（关于此点，在象山这里也被推测有特别优秀的才能，因为《白鹿洞书院讲义》的后语里面，写有上述朱子所谓"切中学者隐微、深痼之病"。象山所谓"老夫无所能，只是识病"——《象山全集》三五《语录》——说此），对于亲与兄的爱与敬是任何人都知道的。只是就利欲昏处指出爱敬，使知道那就那样自己在那里。这是唐虞三代的实学，与后世不同。（同，又参考同一九《贵溪重修县学记》。如李穆堂指出此《学记》中的"孩提之童无不知爱其亲。及其长也无不知敬其兄。先王之时庠序之教，亦申斯义以致其知，使不失其本心而已"之语句认为是王阳明致良知说之所自出——《象山全集》栏外）象山这样考虑。其题为《鹅湖和教授兄韵》（同二五）诗里充分传达此意。曰：

　　　　　墟墓兴哀宗庙钦，斯人千古不磨心。

　　　　　涓流积至沧溟水，拳石崇成泰华岑。

易简工夫终久大，支离事业竟浮沉。

欲知自下升高处，真伪先须辨只今。

如所知的那样，这一首是将寸铁之刀对准一世博识的朱元晦（晦庵）咽喉的。

这样一来，道德上的喜悦终归至于成为来自哀心的喜悦。确实没有比这样意义心的喜悦更大的喜悦。"心即理也。故曰：理义之悦我心犹刍豢之悦我口"（同一一《与李宰第二书》）。"反身而诚。乐莫大焉。此吾之本心也"（同一《与曾宅之》）。《荆门军上元设厅讲义》（同二三）从这样"心"的立场，述说贯穿宇宙、天地、古圣王之教化、政事的大中之道（皇极），真的幸福在于心也被显示出来。《朱子文集》（七三）的《皇极辨》，同《语类》（七九、和版二六页正面）里面有批评。

第三，一般尊重"实"。所谓实是什么呢？那是与分解支离地把捉相反，作为全体而浑一地理解者，与根据思维被抽象者相反，现实具体地感知，被直观者，与虚（被假设构成者）相反的实（实际存在者），与出世间的东西相反，人类共同生活的场合（形体）具有其设施者，也就是适应家、社会、国者。大概有以上那样的诸义。于是这样意义的"实"如果不是根据以上述那样的"心"为本就不能获得是象山的意见。因此象山对于问荆门之政（象山是荆门军的官吏）以什么为先的人转用"必也正名乎"（《论语·子路》）这句话而回答"必也正人心乎"（《象山全集》三四《语录》）。如果和上述《荆门军上元设厅讲义》合起来考察，这是理所当然的。罗整庵的《困知记》（三）里面，引用象山与詹子南的书信里有"日享事实之乐"，同样与朱子辨无极的书信（第二书）里面有"（古人质实，不尚智巧），言论未详，事实先著"，说这里所谓事实者意味着识此心，因为心的解释是像上面论述的那样，所以特别称为实，"一实了万虚皆碎"（《象山全集》三五《语录》）确实是象山的说法。古人因为自得而有其实。又有说理则实理，说事则实事，德是实德，行是实行（同一《与曾宅之》）。因为陆（象山）学中的讲明以这样的心为本，所以不必一意以实学、空言为事，然后能够称之为讲明（同一二《与赵咏道》）。立于实上的学问，尊重上述所谓实学的心的思想，鄙视意见或言辞的倾向强烈。象山遇到与朱子的无极、太极之论争，对于朱子所谓"说无极而太极方才灼然实见太极之真体"（参考同一一《与朱元晦》引，又《朱子文集》三六《答陆子静》），反驳这样的言语是未曾实见太极者所说，是床上叠床、屋下架屋一样的东西，虚见与真见之言，固然不同。又说周道之衰，文貌日胜，事实湮灭于意见，典训芜杂于辩说，举"揣量、模写之工，依仿、假借之似，其条画足以自信，其习熟足以自安"（《象山全集》二《与朱元晦》）的孔门子贡之才。不用说，这是讥讽元晦朱子者，其当否这里虽然不能论述（同三四《语录》里面提出此语，写有此言切中晦翁之膏肓），从这样的方面能窥见重视直接的事实，以从外面把捉的巧妙，叙述那个的意见为浅陋的象山面目。说"千虚不博一实（不值得取）。吾平生学问无他，只是一实"（同三四《语录》）的原因。或者又要读象山说给门人黄元吉的言语。说那里学问不实的缘故，与朋友切磋也不能中的，不知要领所在，只不过泛说，告诫这样的人一遇到精识就被压倒是必然的（同三五《语录》。还有关于此事参考《陆子学谱》一〇《黄裳传》）。对于象山来说，心的学问就是文字的学问，与心的学问相分离的文字之学是不能想象的。所以六经不过是我（心）的注脚，如果我（心）注六经，那就成为颠倒本末了（参考同三四《语录》、同三六《年谱》，以及后述"三"。那里再一次检讨以心为本的象山学问）。

第四，陆学这里尊重自然的旨趣。象山说学问里面日新之功的重要，引邵康节的"当锻炼时分劲挺，到磨砻处发光辉"之诗，说通过磨砻、锻炼而此理明白了，因为自然进步所以不可死守固定，这样博学先于力行。而且防闲虽然也好，但注意不能像告子那样硬把捉，而说"某平日与兄说话，从天而下，从肝肺中流出。是自家有底物事。何尝硬把捉"（前述、

《语录》)。象山说"凡事不得胡乱轻易了"而告诫下象棋的人（同），引用《庄子》"其发若机括……""其留如诅盟……"之文，似乎称许《庄子》"势阴则谋，计得则断"（同），表示这样自身的旨趣不是丧失功夫的事实。这可说与上述说锻炼相同。"彘、鸡终日蓁蓁无超然之意。须是一刀两断"（同）也是其言。直至说"恶能害心。善亦能害心"（同），象山的立场彻底是心自身的，其尊重自然性是明白的。然而上述"有为者常顺时制宜"，如果不那样就是"一方、一曲之士"而非盛德之事。从象山说"惟天下之至一，为能处天下之至变"的立场出发，当然是不能拘泥于善的。因为善总

是应时处而在。不管怎样，象山所重在成为自身处。所谓

> 百喙吟春不暂停，长疑春意未丁宁。
>
> 数声绿树黄鹂晓，始笑从前着意听。
>
> （同二五）

是其题为《闻莺》之诗，很好地传达了上述旨趣。

以上这样的地方据象山说，如果不是依据上述"心"之自立就不能产生。那是深根于人心之无事的本来性者（同三五《语录》）。希望不要将所谓无事误解为否定事的立场。所谓道与事如前述那样相即。象山所谓人心本无事（同）之语的场合，所谓无事是心不停留于一事（同）。不滞泥于一事（同。同样在《语录》里面，也有专论事不论末，专就心上说之语）。凡事，一毫也不得累自家，因为每理会一事，心立其面目。心自立而血脉、骨髓全都在自己的手中，似闲散而全不理会事的人，不陷于事之中（同）。能这样说明象山其人所自任。而且象山驳斥后世说道理者的粘牙、嚼舌（说不清楚），说自己说道的坦然明白，无粘牙、嚼舌处而留下"吾于百众人前，开口见胆"（同三四《语录》）之语。这样的言说全都出自以"心"的自然作用为第一义的立场。《鹤林玉露》（地集一）里，以《礼记·射义

篇》所谓男子生而以桑弧、蓬矢射天地、四方之语句，作为表示男子有游于四方之志，那里父母之望子，称许将此视作教育第一义的象山言论的精妙绝伦。这一方面，虽然是依据洞察理而为精妙绝伦者，又说明里面没有多余的字，斩钉截铁（同三五《语录》），坦然明白，是从吐露内心的地方来的。象山担心使心生病最难医治（同三五《语录》）。使心生病，是心失去其自然无事的本来性，也就是说其生命，而涩滞固定。象山认为二程（明道、伊川兄弟）见周茂叔（濂溪）后，吟风弄月以归，有（孔子的）吾与（曾）点之意。后来，明道这里虽存此意，但伊川已经失去此意，诧异说起作为常人者，虽然没有不感动者，与谈学问者，或者至于为仇（同三四《语录》）。因为写有"元晦（朱子）似伊川，钦夫（张南轩）似明道。伊川蔽固深，明道却通疏"（同）是象山的心的立场，所以是讥讽信理坚固的程子与朱子的拘泥。

第五，"心"的立场产生自信。转却他人言语是因为自家没有主人公（《象山全集》六《与吴叔有》，又同一《与曾宅之》）。如果有主人公，完全其相反发生。象山说"学者不自着实理会。只管看人口头言语。所以不能进云云"（同三五《语录》），"自得、自成、自道，不倚师友、载籍"（同），"自立、自重，不可随人脚跟，学人言语"（同），"人生天地间。如何不植立"（同）等。又说"人之于耳要听即听，不要听则否。于目亦然，何独于心而不由我乎"（同）。想来虽说作为根本、本源的人类主人公即心的立场才是做真正选择的，但是相信不在自己之外，产生天地不换的强度。写有"这里是刀锯鼎镬底学问"（同），"今人略有些气焰者，多只是附物，元非自立也。若某则不识一个字，亦须还我堂堂地做个人"（同）等。在这里象山拥有异常的自信。朱子评象山，说子静（象山）之学只顾相信一个心为本来好的，如果识得一个心则万法流出。说他因为实见得这样的道理，不怕天不怕地，只管胡乱叫嚣（《朱子语类》一二四）的意思。而且将吕东莱比于象山，由于不似象山之直拔、俊伟，其追随者衰竭。反之也有说，象山之追随者实际看见心，唯我独尊，在是否看得到上即使父兄也不让（同）的意思。

第六，最重要的是与上述各项相关联的"行"的思考。象山洞见行的性质。知道不是以此心之判断与力量为主就难以得到明白的行为之事实。从行的方面来看，人类是这样的东西。象山认为如果承认行的重要，就不得不承认心的思想。当朱子本于程子而说敬的功夫时候，不轻视谢上蔡的常惺惺之法。朱子这样以敬一贯动静，想要建立尊重活的心之全体性的功夫（《朱子文集》五四《答项平父第一书》，同五九《答余正叔第一书》《第二书》等）。上蔡的此语，也像朱子说的那样，在根据彝伦这点上虽与禅不同，但本来像前文所述的那样有使想到瑞岩师彦之语的东西，也有被理解为禅宗思想的危险。清李恕谷等指出此事（《颜氏学记》四）。尽管有这样的危险，朱子采用了上蔡此语（只是排斥上蔡以仁为活者的见解）。大概想来如果不是充满生命的心的功夫，就有不能保持与实践相关联的情况的缘故。从这点来看的话，象山、阳明之学与朱子学可视为有共通的地盘。象山的《敬斋记》（《象山全集》一九）说本心的保持，阳明居敬穷理的解释（《传习录》上）不得不说独特而说得详细。但是象山说"持敬字乃后来杜撰"（《象山全集》一《与曾宅之》），阳明也以敬为多余（《传习录》上）。

行如果只在理论上，那么就有怎样也难做处。孟子也与知言一并说浩然之气（《公孙丑上》），又说志壹则动气的同时，说气壹则动志，又附加持其志，无暴其气。象山之《语录》（《象山全集》三四）里有对于此功夫的说明。孟子的论敌告子，说不得于言勿求于心，害怕知的考虑减少心的力量。象山之所以被评为接近告子便在于这点。据说象山死了的时候，朱子率门人至寺中哭之，已经结束许久说"可惜死了告子"的意思（参考《朱子语类》一一四，还有《朱子文集》五四《答项平父第六书》）。这对于了解象山也不是不能说是独具只眼者（虽然象山不一定承认告子，说其不动心不正确——《象山全集》三五《语录》——又称许为孔门别派——同）。

象山为主的"心"的内容，如上所述，虽然无疑是根据贯通天人的日用彝伦（常道）者，只是那终归必须是作为浑一力量建立的。按照《象山年谱》（《象山全集》三六）所记，与杨慈湖在富阳双明阁上的问答之际，对询问本心是什么东西的慈湖，象山引用孟子之语说"恻隐仁之端也，羞恶义之端也，辞让礼之端也，是非智之端也"，接着回答此"即本心"。然而慈湖没领会这个。大概如此常套之语是慈湖从小时候已经学问记得的事情。（根据《年谱》，绍兴二十一年，象山说仁义为人之本心，想来此是来自《孟子》，自幼读《孟子》——参考同"十六年"之条——接受其传统者）发生在这样经过里面的是以上述扇讼为机会的敏锐应酬。将此与慈湖行状所记合起来读的话，能推测象山考虑的"心"是什么东西。那想来绝不只是与日用常道相关，以《孟子》所谓仁义或者四端为内容，依据儒学的传统与朱子是同样的等等，可下简单的解释。据说朱子曾经寄书信于为其学者，说因为象山的教育专在尊德性上，游其门者多践履之士而在道问学处欠缺，自己的教育与此相反，因为道问学处多，践履比不上他，象山对这个的批评，在于驳斥朱子想要去两短合两长的立场，说既然不知尊德性就没有所谓道问学。即象山的学问无外乎是自身被包含在尊重人的德性里面的。于是正是"心"的立场使此事可能。对于象山来说，因为心的功夫之外没有道问学，那与尊德性融合成一体。知的功夫与行的功夫融合成一体。

注

但是象山说，"言论不合于理，乃理未明耳。非诚意之罪也"（《象山全集》一《与江德功》）。将此与王阳明说诚意与致知、格物的关系做比较。阳明是更加浑一的。象山说推寻、拟度的必要（同六《与傅圣谟》），区分讲明与践履，承认讲明为先，践履为后，注意到仅仅笃行是冥行（同一二《与赵咏道》。又参考同三四《语录》）。象山的知行思想也难以理解为表现出王阳明知行合一论那样的浑一立场，根据

《与项平甫书》（同五）、《与罗章夫书》（同一四）等，毋宁说接近于程伊川的思考，强调真知必进于行。于是程篁墩的《道一编》（五）里举上述《与赵咏道书》那样，认为陆子（象山）也说为学有讲明践履，试图调停朱陆。阳明的《答友人问书》（《王文成公全书》六《文录三》）里面，对于象山关于知行问题的立场与朱子一样，与阳明不同的地方的质疑有应答。然而象山在上述《与赵咏道第二书》的末尾，说"然必一意实学，不事空言，然后可以谓之讲明。若谓口耳之学为讲明，则又非圣人之徒矣"。因此对于与象山所谓"君子喻于义"的口义相关联的质问，朱子将象山与程伊川相比较，评论与伊川说深入明白之后喜好相反，象山说喜好而后明白（《朱子语类》一二四）。又朱子对于象山弟子包显道，说先知后行之义，但显道说江西之学（象山学）大要以行己为先（同一一九）。

总之，象山重视行是毫无疑问的。

象山之学简易、直截，应当说具有宁可断去知的功夫，直接以行作为目标的倾向（参考《象山全集》五《与舒西美》，又同《与舒元宾》等）。朱子立足于"性"，是因为遇到对于现实的规范性、客观性问题。追究考察这样问题的中国古典思想家，要以《庄子·齐物论》的作者为第一吧。其次说是晦庵朱子也不为过（虽然不谈先于此，还有程伊川）。朱子认为以象山"心"的立场，因为其具体性，如果不是有不能摆脱相对之境的弱点，就是陷入照原样肯定现实的自堕落（参考《朱子语类》一二四、和版一一页。于是朱子评象山之学，说不承认人类气禀之杂，取很多粗恶之气作为心之妙理，自然做持去。还有《朱子文集》六七里面有上述《观心说》。这直接是对佛教的反驳，可以认为朱子对于陆学心的思想，也大体上持有同样的想法。这样的想法到后世持续下去。例如参考《日知录集释》一八"心学"之条。但是这里《中庸章句》引用的程子的话，说孔门传授心法之类的话也一起被排斥）。必须大致承认对象山的本质倾向之批评的恰当性。不过，象山似乎不满韩退之《原性》以气质说为性这点（《象山全集》三四《语录》），也说依据学问变化气质的事情（同三五《语录》）。象山说喜好《荀子·解蔽篇》（同）不一定是对以气为性的荀子之说表达赞成的意思，反倒是以荀子指摘人的蔽处的功劳为多。这不仅是荀子，诸子百家都是那样，象山以之为好，同时否定其立场（同）。象山在了解人之弊病这点上也吐露自任之言语（同）。而且如果不是那样，《白鹿洞书院讲义》的时候等，就不能使人感动到那种程度吧。象山在人情上研究达到了（同三四《语录》）。那绝不是苛察的称谓，因为是为了研究得到发现扶持的手段，与察见渊中之鱼为不祥自身不一样，象山并非就那样承认现实。在与包显道的书信（同六）里面，说人的气有清浊，心有智愚，行有贤愚。现实的知行不一定一致。义与利（同《白鹿洞书院讲义》、同六《与傅子渊》）、理与势（同二一《与刘伯协》）的乖离也难以移动。必须看见象山加于门人黄元吉的锻炼是如何严厉，而且切中其病处。只是说"存养是主人，检敛（或考索）是奴仆"（同三五《语录》）罢了。或者又如果说象山完全不顾虑客观性，那是诬妄。为什么呢？象山像前面说的那样，说"天之一字是皋陶说起"（同三四《语录》），强调法度、宪章应当根据天是如上所述的，对于艮卦，道破主客双绝的境界也是那样的。不管以上怎么样，著者大致承认朱子批评的恰当，想要看到这里与朱子的对比。与朱子的知的立场对照的象山立场是行的，因为象山的行的立场是行，所以特别提倡心即理之说，象山与朱子争辩"无极"之字，驳斥以阴阳为形器，不得为道的想法是自身的归结（《象山全集》二《与朱元晦》）。即不承认无极是承认作为活动的实在的心，从而是成为主张实践意义的。

象山的本领在于以心即理的信念为基础的行的思想。象山确信心是根柢实在，其指示为道德法则，教导那样无顾虑行动。在这里能够获得自然无碍的行为。依据门人詹子南所录（同三五《语录》），据说象山面对子南，责备其束缚的态度，因而以下面的句子自吟道"岂不快哉"。曰：

> 翼乎如鸿毛遇顺风，沛乎若巨鱼纵大壑。

同样，子南也记录了以下的事实（同）。"某方侍坐。先生遽起。某亦起。先生曰：还用安排否"。

注

《朱子语类》一一六、和版一三页背面，以及一二四、同一四页背面，有对于象山的"自然作用，当下是认"立场的批评，对于前者，《陆子学谱》一三、辩论曾宅之的传里面记录之失真。周海门的《二程微旨》将象山当下的思想与程子结合。还有参考《象山全集》三四《语录》李绂点次本七页。这里提出象山"汝耳自聪，目自明，事父自能孝，事兄自能弟，本无欠阙。不必他求，在乎自立而已"之语。

这样象山之道易知易行，是真正成为所谓以夫妇之愚也可与知道的（《象山全集》三五《语录》）。象山说此道本为日用常行，因为注意到为道学之说者被人排诋（同三五《语录》）。

傅曾潭（名梦泉，字子渊，号若水。建昌人）作为象山门下第一流的原因确实在这里。即能想象在于其径要（直接说中要害）、简捷（利落不白费力）处吧。据说曾潭有擒龙打凤的手段（《象山全集》三四《语录》）和扬眉瞬目的机锋（《张南轩文集》二四《与朱元晦》），这全都意味着应接的敏锐。此人经过事，不凝滞于此（《象山全集》三五《语录》）。象山在曾潭请教时，给以《周易·艮卦》的解释，"无我无物"之说［《象山全集》三四《语录》。据说曾潭由此得以摆脱南轩、晦翁（朱子）之说］。又在从曾潭给陈止斋的书中，看见写有"是则全掩其非，非则全掩其是"之语句，教正其语病，同样看见书中之语，写有"阔节而疏目，旨高而趣深"，说"旨高而趣深"很好，"阔节而疏目"则子渊（曾潭）之好处在这里，病也在这里（同）。像朱子批评曾潭那样，那里面正是欠缺宽平、正大、沉浸、浓郁的意思（《朱子文集》五四《答傅子渊》），不得不承认有上述所谓斩钉截铁的趣味。然而象山的弟子中，其他的人或者追求更踏实的功夫，或者更期望澄明的境界。

三　学

象山想要以从人的内部深处流出者，即"此心"为基础讲学。这是与其他诸家不同的原因。"彝伦在人。维天所命，良知之端，形于爱敬。扩而充之，圣哲之所以为圣哲也"是象山的《武陵县学记》（《象山全集》一九）所记。在学校中的切磋、讲明，古典里面所教的格物、致知、穷理、尽性等，全都与通过各种各样的方法使此心去展开没有不同。那里方才成立木之有根、水之有源那样有基础的学问。所谓"孩提之童无不知爱其亲。及其长也无不知敬其兄。先王之时，庠序之教，亦申斯义以致其知，使不失其本心而已"（同一九《贵溪重修县学记》）。如果那样，致知依据什么呢？以为，依据格物。所谓格物意味着什么呢？曰："格至也。与'穷'字、'究'字同义，皆磨研、考索，以求其至耳"（同二〇《格矫斋记》）。如果说所谓物意味什么，那就是此物（《武陵县学记》）。所谓至此物是什么意思呢？那是研究此物之理。然而万物不堪其繁，如何能全都穷究呢？认为，万物皆备于我。只是要明理。但是理不是自己能明白的东西。那里产生隆师亲友的必要（参考同三五《语录》，又同二一《学说》。此文里面作为格物的方法举《中庸》的博学、审问、慎思、明辨，写有读书与亲于师友是学）。然而依据《语录》，象山所谓格物毕竟归于心之工夫。因此象山说读书，说只要见古注则圣人之言自然明白（同三五），入则孝，出则弟，没有传注的必要。因为学者疲劳精神在这里，担子越来越重了。说明真正的格

293

物只是做到减少心的负担的意思。如果不是那样的话，此人认为所谓格物也成为末了（同）。大概在象山这里，此心之灵、此理之明绝不是从外产生的。当然，在人类这里有气禀之蒙蔽、习尚之桎梏、俗论邪说之蒙蔽，虽然由剖剥磨切，灵且明者的效验出现（同一〇《与刘志甫》）。而且象山表明了只要存养内在于心之仁，不损害其本来的光芒，真正为主，则外物不能移，邪说不能惑，能一直朝向行动（参考同一《与曾宅之》，又同五《与舒西美》）的信念。在象山这里，认为这样的心的功夫建立在其信念之上，发起勇猛不退转的志向迈进才是重要的。曰：

> "此乃为学之门，进德之地，得其门不得其门，有其地无其地，两言而决。得其门有其地，是谓知学，是谓有志。既知学，既有志，岂得悠悠，岂得不进"（同五《与舒西美》）。

不得不说象山的学问这样一来就明白了。那确实是"心"的学问。

第四节　陆门的思想　作为明学源流的宋代思想之三

陆象山之后，对心即理的思想的传承，傅曾潭之传反而衰去（参考《真西山文集》三五《建昌三傅行状跋》），所谓明州四先生（杨慈湖、袁洁斋、舒广平、沈定川，全都是明州人），其中，只有袁洁斋、杨慈湖（尤其后者）所传趋于兴盛。清李穆堂说宋淳熙年间以后，庆元一路全都以象山学为宗，公乡、良士，都是杨、袁、舒、沈四君子的弟子（《陆子学谱》一七《袁韶传后》）。这与其像通常解释的那样（例如《北溪全集》四门、一一、《与陈寺丞师复》一）当作继承了象山思想的主要部分，不如说是心即理思想之一变，至明代，直到王阳明出现，上面所述的内容作为此思想的本质倾向，理解为使其影子稀薄想来是可以的。即这些人物，甚至连杨慈湖也不一定是传承老师真精神的人。上述四先生里面，通贯沈、舒、袁之思想的一大特色在于，虽然都保留陆学的面貌，但失去作为其要点的心的性质，能看到朱学等的影响逐渐显著的旨趣这点上。唯独杨慈湖比起这些人，可以说是与傅曾潭一起继承了老师的思想，但是无疑又有与老师不同的地方。

关于沈定川（名焕，字叔晦，一一三九——一一九一），根据袁洁斋所云是"嗜学如饥渴，考察精密"（《洁斋集》一四《行状》）。不过定川其初用意处与老师象山同样在于心的功夫（同上），读书也称道陶渊明的"不求甚解，每有会意，便欣然忘食"这句话，说这是真正会读书者，采取史籍、传记能传达至约（同上）。而且教导吾儒之学在于种植根株，不要胡乱疲敝其精神（《宋元学案》引、《言行录》）。所谓根株无外乎心。然而定川以心为主的功夫到晚年稍稍变化。定川似乎尊敬朱子，与吕东莱兄弟相切磋（参考上述《行状》及《四明丛书》本、《定川遗书》二《定川言行编》）。这样讲求周览博考的益处、世变的推移、治道的体统、明君贤臣的经纶事业，据说胸中所贮藏，有能胜任开物成务者（上述《行状》）。

舒广平（名璘，字元质，一一三六——一一九九）以沈季父所指示"易之极即心之极"这句话为"甚善"，说自己也致力于这里三十年，觉得日用非常得力（《舒文靖集》上《答沈季父》）。人都有的此极无外乎所谓本源（同《答袁恭安》），此本源已明，顺着从那里的流出，虽然人的身边，其生活是整齐的，但依据广平，为了发明本源不能取持敬之说。为什么呢？因为持敬像以篾来箍桶一样，或者像以藤来束薪一样，成为勉强束缚心，如果一旦断决散漫了，就不能够收拾了（同《答叶养源第二书》）。大概良心发见，在孩提之儿童也应当就那样致力，如果顺从事而不失约，即是此心不放，此理明白，圣贤事业也不是在此之外的。

然而袁洁斋所撰《舒元质祠堂记》（《洁斋集》九）里面可见说广平由张南轩有所开警，虽然亲炙于象山，但否定顿悟刻苦磨砺，改过迁善，日有新功的消息。足以推知广平的功夫在哪边。《谢傅漕荐举札子》（《舒文靖集》下）里面，讲述所听于象山的，立于心上进退，说安于义理之常。这里写有"穷达、用舍，安于理义之常，在上而与天地同流吾不益，在下而与草木俱腐吾不损"。知道广平之心安定处在纯乎为纯的义理之上，不是根据效验如何而动。像这样一方面可说深得象山之精神。只是此卷（《舒文靖集》下）有常平（仓）、义仓、茶盐（专卖）、保长、荒政等论述，能了解广平的经世学。特别在论荒政的地方提到上述朱子浙东荒政的事目，讲述自己在新安经历的事情。在这样的方面能认为与老师象山一起对朱子抱有同情。不仅如此，广平承认晦庵朱子是当世人杰，说其地位不可达到，害怕对此人轻率批评反而耽误人（同上《答孙子方》）。或者又来看与其同门杨慈湖的书信。告诫即使拿象山对有子、伊川之不满（参考上述）来轻易告诉别人，或者不得好结果，或者徒劳结束。这样的倾向到袁洁斋也同样不免引人注目（参考《鲒埼亭集外编》一六《城南书院记》）。

袁洁斋（名燮，字和叔，一一四四—一二二四）所主在哪里呢？洁斋以"此心之精神"作为治道的根源（《洁斋集》一《都官郎官上殿札子》。心之精神被称为洞彻无间，九州、四海无不照耀。还有参考杨慈湖之条。所谓精神也应当称为灵）。明主精神在自身，普天之下，事事物物无不成为精神。那是帝王之盛烈。"周虽旧邦，其命维新"的这种场合，所谓"新"意味着精神。一元之气，周流化成万物，日新而不已。那是天地之精神，等等洁斋考虑（同）。根据像这样精神的地方，与沈、舒二氏不同，想来似乎有接近傅（曾潭）、杨（慈湖）的东西。真西山撰洁斋的《行状》（《真西山文集》四七）说洁斋由老师象山的警策，豁然大明，书写以心求道的自得之语，又说与杨慈湖同师而造道也相同。洁斋否定经生（从事经典解释的书生）之学固非不可思议（《洁斋集》六《经生家学》）。这里所谓精神是已经论述的象山所谓本心，只是为了得此以细致的功夫为必要。洁斋说精思以得之，兢业以守之，又以能与天地相似（《洁斋集》九《丰清敏公祠记》)。又咏道：

> 浮世尘劳堕渺茫，真儒器业要韬藏。
>
> 谁知寂寞空山里，修省工夫未易量。

（同二四《赠毛希元第一首》）

洁斋与傅正夫书信论自得之学，一边承认自得之学开始大兴于杨慈湖，即慈湖日用其力，超然独见，开明人心而大有功于后学，一边更进一步，勉励学慈湖者的自得，以为改过迁善，日进不止则可谓善学（同七《书赠傅正夫》）。

到底洁斋说学问之要以为只是得其本心，追求念虑未萌，喜怒哀乐之未发，表里精纯，一毫也不杂（同一〇《静斋记》）。那是静之至（同）。

洁斋接着说，保养这样的状态，无时不然，酬酢万变而安静自若则本心不失（同）。那样一来"意"被极力排斥。因为意被视为不自然。如雷奋震，惊动百里而无意，人之动作也是天机之动，冬裘，夏葛，饥食，渴饮，日用之间，自然应时而行止无意，在其意义上为至静。洁斋说道。

这里应当注意的是，所谓静绝不是意味着槁木、死灰那样寂灭的那个异端、曲学，实际上是成为一贯动静的东西（同七《郑德源字说》）。这样一来，洁斋功夫的倾向有通过象山，接近朱子的旨趣。洁斋之学虽然是本心之学，不毋宁说因为是本心之学，所以在至静、未发上养心成为其自身流露，能考虑体用全体的浑融。

注

《杨慈湖年谱》"嘉定十七年八十四岁"条里，引《鹤林玉露》说明下面的事情。袁和叔说"非木非石，无思无为"。杨敬仲深爱其语。故铭其墓，曰"和叔之觉，人所未知。非木非石，无思无为"。

因此经世、济民也成为世用。所以《行状》写有"其所讲明者由体而用，莫不兼综。谓学不足以开物成务，则于儒者之职分为有阙"。洁斋研究六艺百家、史氏所记，与吕东莱、陈止斋交往，得到涉猎文献考订旧章等机会是证明此事实者。

如果那样，杨慈湖（名简，字敬仲，——四———二二六）是怎样的呢？

一　从象山到慈湖

慈湖的诗里说：

> 此道元来即是心，人人抛却去求深。
>
> 不知求却翻成外，若是吾心底用寻。

> （《慈湖遗书》六、《偶作之一》）

这到后来似乎成了私淑象山的人、王阳明之诗的底本（参考《王文成公全书外集》《咏良知四首示诸生》及《示诸生三首》。但是朱子的话里面也有上面那样的东西，虽然难以一概溯源于慈湖。朱子曰：天之所赋予我者，如光明宝藏，不会收得；却上他人门教化一两钱，岂不哀哉！——《朱子语类》一二一、和版二四页背面）。又慈湖屡屡引用的"心之精神，之谓圣"这一见于《孔丛子·记问篇》的孔子的话，虽然本来是树立心作为弄清楚物之形类、事之真伪者，但慈湖特别主张其重要意义而不停止（《慈湖遗书》二《申义堂记》等）。

按照慈湖，孔子这话必须与孟子以仁为人心的思想，舜的道心思想，或者所谓以平常之心为道的中庸思想合起来考虑（参考同五《铭张渭叔墓》。这里有在平常，起意始差，始放逸的这种思考。此事更待后述。《慈湖遗书》一九《炳讲师求训》里，将孔子的"心之精神，之谓圣"这句话与达摩的以心传心、即心即佛的思想合起来说，那还是与日用平常心并非不同的东西）。于是在这样的思想中，"心之精神之谓圣"这句话表示的思想是在日常共同生活场合的判断主体，说在人心者，即成为所谓人心自有之灵（上述《申义堂记》）。因此慈湖的这句话明显表示象山心即理思想的继承。

然而，慈湖的思想有不一定能那样简单说的地方。慈湖三十二岁在双明阁上与象山问答，据说那时候象山给予的相互问答触动其机密（上述，象山之条，此外《慈湖遗书》里有很多资料，毋自欺斋校本所附的《慈湖年谱》"乾道八年"之条里，辑有这些资料。又《杨子易传》五履上九、同小畜初九的传里有简明的记述）。只是《慈湖遗书》所载的《家记》五、《论论语下》、同九、《泛论学》诸文，或者同《炳讲师求书》（《慈湖遗书》一九）、《石鱼偶记》（《慈湖年谱》"嘉定元年六十一岁"之条引）里表达经过由象山悟得的前后，慈湖屡屡有所觉悟的事实。尤其上述《年谱》里也出现如《四朝闻见录》（一），说慈湖参于象山未至大悟，读《孔丛子》，至"心之精神，之谓圣"一句，豁然顿悟。

现在这里虽然不能谈到这期间的详细情况（请看下述），但慈湖这里在得到象山的相互问答之前已经有通贯一切而作为一体之境界的领悟，那想是由象山觉悟之后，也更加以新面目醒悟一样。如果那样，慈湖通过象山得到的东西是什么呢？如前所述，象山的心即理思想的特征在于其生命、其敏锐，在于充满力量的直率判断其本身。依据《慈湖行状》，慈湖自己说那个时候，最使慈湖感动的是象山再答的"更有何"一语，知道如果再说三道四便支离去了。即清明澄然、无渣滓的此心直接又有不疾而速，不行而至的神用，而且那我自身所有，自开始就没有间断的体认完成（《慈湖遗书》九《家记三》）。（这里作为内容能认为是孟子的仁等日常性的伦理——同《家记三》，作为当时，比起内容怎样心的浑一主体，其生命力更有意义是在象山之部论述的那样）。这样意义的心即理思想的根本倾向把握慈湖也

299

是事实。然而因为以心之精神为圣的慈湖，极力所说，是那无方无体，至静而虚明，有变化而无营为者，所谓其本静止，确实是那样的（上述《申义堂记》）。慈湖对于《大学》的治国、齐家、修身、正心，说因为分别身与心，支离之病已经显露（《慈湖遗书》一三《家记》《论大学》），对于《太极图》及《太极图说》，悲哀不应做太极之图与无极之多余（同六《偶作》之一）。上述《慈湖年谱》（"宝庆二年八十六岁"之条）引《四朝闻见录》一《慈湖疑大学》记载慈湖不取无极之说，认为道始于太极之一文。然而这又是通过其语气直接理解的那样，相比于象山，更做静虚的思考（虽然《四朝闻见录》将上述慈湖的见解追溯至象山来考虑）。想来虽然同样避免支离，但是象山具有的浑一而具体的生命力似乎变稀薄了一样。

二　己易

如同在象山方面"心"是根底存在的这种意义里面"我"是真实的存在那样，在慈湖方面作为宇宙变化的易也不过是自己的变化。因此，据为己有者是分开此者，据为己有者是自以为小者。一（译者按：指阳爻）也是吾之一，－－（译者按：指阴爻）也是吾之－－，曰："可画而不可言也。可以默识而不可以智知。一者吾之全也，－－者吾之分也。全即分也，分即全也"（《慈湖遗书》七《己易》）。"吾之照临为日月，吾之变通为四时，吾之散殊于清浊之两间者为万物，吾之视为目，吾之听为耳，吾之噬为口，……吾之思虑为心，吾之变化、云为深不可测谓之曰神，吾心之本曰性，性之妙不可致诘，不可以人为加焉曰命。得此谓之德，由此谓之道，其觉谓之仁，其宜谓之义，其履谓之礼，其明谓之智"（以上《己易》）。更细致来说，所谓己并非只是说血气形貌，而是指澄然清明的吾性、洞然无际的吾性而言。虽然并非离开六尺之肉体另外有妙道，对于目之能视，思考所以能视者（譬如说成为视的动作之主者），对于耳之能听，思考所以能听者。对于血气能周流，思考所以能周流者，对于心能思虑，思考所以思虑者。目耳及心之内脏可见，其能视、听、思虑者不能见。与可见者有差别不为一相反，不可见者难以为二。因此说不可见者在视而非视，在听而非听，在周流、思虑而非周流、思虑（同）。不忘记慈湖反复说只是所以这样视、听、周流、思虑者，即为神（用前面的话说是主）无体者（参考《杨氏易传》——"咸"，同一九"中孚"等条。若为有体者则被认为堕入禅家所谓识神）。

这样的东西贯通古今，通圣人与众人而相互没有差异。只是自己拥有而自己不察罢了。慈湖《己易》的思想里这样意义的己在其自身本来无昏也无明。虽然因为遮蔽之，二之，人自为昏，因为一之，人自明，其实明由昏而立名，没有昏，也就没有明之名。因此昏也好明也好都是人，都是名，不能说是天。这样承认昏明之相对，不得不说这是慈湖说玄同（在深处使调和）的绝对无。虽然因为这样绝对无的立场，慈湖像上述那样，攻击《大学》等其他的支离，又难以相信《易》之《系辞传》的鼓万物而不与圣人同忧之语句为先圣之言。为什么呢？说因为忧则是天，万物则是天，说继之者善也是离而为二者，如果离道以为善，则可说为陷溺于庄周虚无之学。或者又《中庸》里面，子思说道不可片刻离开，这不得不宁可换句话说道从还没开始，就片刻也不能离开（全都参考《己易》）。如果那样，更进一步要问，这样本来的样子被理释为陷于支离是什么意思呢？慈湖的《绝四记》是阐明这期间的情况的。

注

　　王阳明的《书魏师孟卷》（《王文成公全书》八、《文录》五）里有心之良知是谓圣这句话，想必是来自慈湖的心之精神之谓圣。又《传习录》上，阳明对萧惠关于己私难克而质问的答语非常像慈湖《己易》的口吻。阳明的《尊经阁记》也可视为继承《己易》。只是虽然阳明对慈湖是不满的。

三 绝四

慈湖说人心自明、自灵，人皆有至灵、至明、广大圣智之性而不假外求，不由外得，自本、自根、自神（《慈湖遗书》二《绝四记》）。然而因为意起、我立、必固出来，产生碍塞而有所蒙蔽，方才失其灵明。因此孔子与门弟子问答，告诫要绝意、必、固、我。所谓意是什么呢？依据慈湖，那被认为是起于微者，止于微者（即不是自然，而是不知为什么故意有所起止者）。如果从环境的场合来说它，如利害、是非、进退……体用、本末、彼此、动静、古今者（同）。所谓必是什么呢？那无外乎意之必。即说必如此，必不如彼，必欲如彼，必不欲如此等（同）。所谓固是什么？那也无外乎意之固。固守不通，固守不化者（同）。所谓我是什么呢？我也是意之我。因为意生所以我立。如果意不生则我也不立。自幼而乳处，说我乳，从长而食处，说我食。我衣，我行，我坐，读书、仕官、名声、行艺之类，成为牢坚如铁了。

如果那样，心与意是如何区别呢？慈湖断然，断言自此二者之未始，无不为一，即本来为同一。一则是心，二则是意，直则是心，支则是意，通则是心，阻则是意。心不必言，又不可说。不过有不得已而说。孔子不言心，只是绝学者之意，还说"予欲无言"。那是担心学者又起无意之意。因此离意求心也未脱意。直心、直意，不在合，不在离，诚实无他，道心独妙，学、索、粗、精哪一个也拨去之。这样即使一也成为赘辞。更何况二呢。暂时假借要说一贯之（同）。

慈湖的立场，心，不一定说，甚至虽说无意之意不起，那也是说不言、说不起的意思来看的话，难道不是一个矛盾吗？确实慈湖敢犯一个矛盾。只是犯矛盾的自然性使矛盾不成为矛盾。至少，不以矛盾为问题的自然性，将人从一层矛盾解放。这是本来拥有明白相信此心之神秘性的安心境界（参考同二《安止记》，同《永嘉郡治更堂亭记》）。那么慈湖认为上述那样一面敢犯矛盾一面去贯彻否定意的立场到底，无意的心之境界是自身作为与人类共同生活场合的家、社会、国的道德融合为一体的。慈湖在上述张渭叔墓的铭文或者《学者请书》（同三）等文章里面，重视日用平常之心，百姓日用而不知者，虽说因为在平常起意，起疑，差去，但平常心正无外乎是共同生活之心。《家记三》（同九、四二页背面）以忠信为平常实直的心也就是道，《饶娥庙记》（同二）里面说孝，在题为慈湖的诗（同六）里面说孝慈也不是不可思议的。在那里，绝意的人类自然之心直接被理解成为孝，成为慈而作用于日常的场合。慈湖之《家记》（同八）里面论《书经》认为《尧》《舜典》的典是常，《大禹谟》"惟精惟一"的"一"也是常，说常道的重要，像孔安国那样主张常道之外立大道的错误。曰：

> "人心即道心。心本常，故合乎天下之公心而为政。为事则其政可
> 以常立，其事可以常行。""（《洪范》的）荡荡平平之道即常道也，无
> 深，无奇，不怪，不异，平夷、简易而天下之道无越乎此。"

于是慈湖的态度成为积极地返回人世来。周公的日夜之思非意，孔子的临事而惧，好谋而成也不是意。在这里，慈湖朝向自然性的彻底，不是《列子·杨朱篇》说的那种刹那感觉的快乐、那个意义的自然主义立场，而明显是孔孟说的那样包括仁或者仁义礼智的理想主义立场。被此心之明照耀而善恶自明洪纤自辨。孔子说"不逆诈，不亿不信，抑亦先觉者是贤"（《论语·宪问》），这是光明所照，不是有以逆与亿所为的。像鉴没有美恶、洪纤，而有美恶、洪纤一样，吾心也无是非、利害，而有是非、利害。这正是说人心之妙，所以曲折万变，与那费思力索，穷终身之力而茫然者不同。慈湖对取伊川与濂溪的主一及光风、霁月二句给斋楼命名的人，说"光风霁月"之字虽然潇洒，但不免逐物，主一未离意，使更改为"复礼"二字与上面的思考一致（同二《复礼斋记注》）。在这样意义里面对于慈湖来说，礼彻底是内，不是成为《乐记篇》那样，以为乐自中出而礼自外作。

即经礼——大凡之礼——三百、曲礼——委曲之礼——三千，皆吾心所自有，在父母自然孝，在兄弟自然友恭，在夫妇自然亲敬，在朋友自然信，此外，事君之忠、与宾客相交之敬、在乡党之谦恭、在宗庙、朝廷之敬，也全都无外乎自然产生者，被认为是我自身所自有之礼（上述《复礼斋记》）。只是礼仪——上述经礼——三百、威仪——上述曲礼——三千皆道，虽说自心中流出，但假如不明而只执着于迹则必失道……，慈湖注意到天下之事不可执定而论。

注

　　曰：礼仪三百威仪三千，皆自道心中流出。人皆有道心，假如不明而徒执迹则必至失道。与《礼记·玉藻篇》的戎之容貌暨暨（果敢坚毅貌），言之容貌詻詻（教令严格貌），色之容貌厉肃，及《诗经·大雅·文王·皇矣》篇的临冲（临车、冲车）闲闲（徐缓意），攸馘安安（不轻暴）之容貌不同。天下之事不可执定而论也久矣。于是益信惟圣人之言礼贯通无阻。

这是难以忽视的话（《慈湖遗书》九《家记三》、四一页正面）。《真西山文集》三五，有题为《慈湖训语》者，引傅正夫所录，说明慈湖之学绝不是泯灭心思，废弃持守，谈论空妙，忽略事为者的原因。这是理所当然的。不过，西山与上述袁洁斋与慈湖相接触，作为朱学之徒是全体大用的思想家。

　　四　觉

在慈湖方面，静虚、明澄的"心"是根本存在。应当说是此存在之阴影的东西是"意"。于是绝意的功夫被称为"觉"。慈湖以仁或者仁知说觉的内容（参考上述《己易》，又上述《泛论学》，同《年谱》嘉泰元年六十一岁之条引《石鱼记》等）。尤其慈湖以知为觉之始，以仁为其纯，不觉则不足以说知。说觉虽非心思之所及但还不是精一。精一而后，可说为仁（参考同二《愤乐记》又同一五《家记九》、二页背面。这里讲述慈湖早、中、晚年之觉各有意义而最终由知到达仁的境界。还有并见下述）。以觉说仁的企图虽早就存在于程门，但以仁知为觉之内容有取于自身静虚、明澄的境界与共同生活之道相互整合为一体的立场可说是极巧妙的想法。因为作为人们相与共同生活的生命自觉的仁成为敏锐把握以克己复礼为仁的经典思想了。慈湖的诗里说：

> 个里包坤更括乾，精神微动便纷然。
>
> 桃红柳绿春无迹，鱼跃鸢飞妙不传。
>
> 菱浪岂缘风衮衮，荷珠不为露涓涓。
>
> 分明是了何言否，此事难容郑氏笺。
>
> （同六，《石鱼楼》二首之一）

更进一步要引《鹤林玉露（人集）》里举出的地方。曰：

> 杨慈湖诗云：
>
> 山禽说我胸中事，烟柳藏他物外机。
>
> 又云：万里苍茫融妙意，三杯虚白浴天真。
>
> 又六言云：净几横琴晓寒，梅花落在弦间。我欲清吟无句，转烦门外青山。
>
> 句意清圆，足视其所养。

看见这样的诗则慈湖虽为慈湖，但有自得处，取孔子之一贯而压制子思（同一四《家记八诸子》）也许有一番道理。

那么人由"觉"而绝意的话，因为其本来风光自然显现，所以杂多的存在如影如泡成为虚幻者。这不得不认为是与理弱而气强的朱子立场非常不同的思考。又虽说与象山同样以心为本，但那认为无论到哪里都应当从静虚的方面来看，则是慈湖思想的特色。

五

这样因为慈湖以心为本，又以其为静虚、明澄者，想要将现实的纠葛收存于此，其功夫的尊重自然性，与后面论述的王阳明追随者之徒王龙溪一派的现成良知说功夫的尊重自然性，在其结果上出现非常不同者。慈湖所谓自然主义避免陷入自堕落。曾经程明道相比于弟伊川，采取浑一的立场。在明道方面，性即气，气即性（《二程全书》一《遗书》和版一四页），器亦道，道亦器（同六页），只是明道这样的态度有难以与象山同样解释的东西。那与其说是理气合一意义的浑一立场，毋宁应当主张道或者理的绝对性，可以说是收气于理，收气于性者。明道依据以形而上为道、形而下为器的《易·系辞传》之语句考虑的场合，认为以清虚一大当作天道就成为以器说了，而不是道，对清虚一大之说加以反驳（同一二《遗书》、和版二页正面）。依据慈湖，明道的此批评可说是知道者。上述《系辞传》用形而上下区分道器，其实不是圣人之言，虽说明道随世俗之流传相信它了（《慈湖遗书》一五《家记九》）。尤其明道引《系辞传》上述形而上下之语及"一阴一阳之谓道"之语句等以阴阳为形而下，一面姑且分上下（如上所述慈湖对区分上下是不满的）说"元来只此是道，要在人默而识之也"（《二程全书》一二《遗书》二页背面），越发使其立场明了。所谓"万物静观皆自得，四时佳兴与人同"（同五四《秋日偶成》二首之一），心、性、气在上面的意思里，是歌咏与理浑融调和的世界风光。这点对于被称为风流人豪的邵康节的思想也有相似的地方。康节之风流建立在天或者理之上。康节这里并非拿天上之美来到地上之丑上，而是因为立于天上所以地上的一切映照得美丽。这样的思想与周濂溪的风格、罗豫章、李廷平、朱晦庵之间相连的"静"的思想也有相通者。

慈湖这里从上述地方来说，不得不认为与这些前辈有相通的地方（只是濂溪、明道、豫章，尤其延平这里更有镇静之趣味，朱子这里有真挚、坚苦的功夫。不要忽视这样的地方在慈湖的倾向里没有）。慈湖举濂溪、康节、明道之名，说"至矣"的原因在这里。不过慈湖一并也没忘记说其偏。这虽然想必是注意到他们与老师象山相比较，倾向于静虚吧，但是与象山认为康节是闲道人，无用（《象山全集》三四《语录》）不同。那里有泄漏慈湖自身思想性的东西。朱子推荐慈湖（《慈湖行状》）。甚至还劝诱慈湖与沈定川、袁洁斋一起从游于滕德粹（《朱子文集》四九《答滕德粹第十一书》）。依据朱子的《答潘子善第六书》（《朱子文集》六〇），朱子说慈湖之人物当简淡、诚悫、爱敬，不必取其议论、见识，因此关于这里虽然不能直接说支撑慈湖静虚的思想与朱子之敬的尊重静的功夫为同一志趣，但是朱子这样的态度与对于象山的场合自是不同。何况对于傅曾潭的场合越发不同来（还请参考《朱子文集》五四《答傅子渊（曾潭）书》。朱子指出其气象言语似禅家张皇斗怒，尤其没有宽平、正大、沉浸、浓郁的意思。上述《答潘子善书》里面虽然说慈湖之自信已笃，又不可与辩论，但其语调里似乎能理解为也有不同的地方。《陆子学谱》二〇，记载万承苍回答顺德的陈守这个人论《陆子文集》的书信。此书信里提出有对朱子此态度的问题。又讲述万氏说虚无，说寂静为象山所驳斥）。这样来考虑的话，认为慈湖与其老师（象山）比较，有相当不同点难道不对吗？"我不说一，杨敬仲（慈湖）说一"（《象山全集》三五《语录》）是象山的话，充分说明了慈湖的倾向。

慈湖虽由象山获得对于本心的觉悟，但似乎经历其前后屡屡有所领悟。此事如上所述。依据《家记九》（《慈湖遗书》一五、二页背面），慈湖由象山，得本心之觉后也抱有不能解决的病和问题。即由于将所谓纵心之所逝

307

原无不妙作为学者初觉之事，往往最终满足而不知进学。所以旧习难以骤然消除，未能念念不动。只是此道，又说无所用其思为，即使自己注意有过也不用其力，虚过岁月，最终不到精一之地。据说慈湖三十二岁微觉以后，堕入之病就是这个。

注

> 这恐怕是指在双明阁上，由象山给予的觉悟。（一并参考上述《家记三》、四二页背面）。

慈湖因此，到上述《家记九》里述怀后来十余年，年迈而德不进，殊为大害。大概通有无而视为一体的慈湖初期之悟（此事前面也涉及，参考《年谱》"乾道四年"之条，以及《慈湖遗书》一五《家记九》、一〇页背面。上述《家记九》里，说象与理，及其他一切物之间无分别，澄然一片），这触及象山的思想，想要保持其澄明那样始终避免支离，是即使过失也敢只顾向着要置之不问的方向彻底行进的。如果这样的话，朱子注意到的可说为象山思想的自然主义的自堕落产生也本来得其所。依据上述《家记九》（《慈湖遗书》一五、二页背面）之文，慈湖于是偶然得古圣之遗训而说系心于一，又似乎成为说至静了。《行状》的作者钱时，说此心澄然静明是在上面的意思里体认老师的精神者。此功夫错一步就陷入支离。慈湖的功夫并非分体用，而是由觉绝意，即用于体，而收存于此。其《年谱》里面引蔡国珍《慈湖易传序》，如下讲述道。慈湖注释益卦以为，善之不能为，过之难改都始于意，意本于我。知我本无体，则又欲何迁何改。注释震说，人只知恐惧、修省为学者之事，认为易道之精微不在这里。然而有此见解者不仅是不知易，而且又不知恐惧、修省。说起不能为，难改，恐惧、修省，何曾不先责人致力呢。只是在于要思虑其所以致者（方法）何思何虑，不失其为寂然罢了。大概用力于其根本，不泛滥于作用者。譬之操舟者顺流风帆，楫棹随之，瞬息千里。这是不操而操者，操越发努力罢了。说因为无操之迹而最终不能说不操舟（《四明丛书》本，《杨氏易传》一四、益，及一六、震之条）。又以慈湖苦心所存被推察。这难道不是也可以说是尊重澄然境界的慈湖初期的觉悟改其面目而成长者吗。

总之，象山思想与慈湖思想有不同的地方。后者难以认为一概是前者本质方面的当然发展。如黄梨洲说，觉虽是认识本体的称谓，但象山以之为始功，慈湖则以之为究竟（《宋元学案》七四《慈湖学案》"赵节斋"之条），虽然提到慈湖之失传，但还是将慈湖以不起意为宗视作师门之的传。这是因为没有在其动向上把握思想的过失，至少是语焉不详者。我国春日潜庵评慈湖之见地过高，穷理未精，笼统、宏阔，未到详处，不是陆子（象山）一个流派的人。以王阳明所谓慈湖，虽说不以为无见，但又着在无声、无臭之见上者为真知言（《潜庵遗稿》二《书杨慈湖集后》）。虽然潜庵等一见其性格的话，想必恐怕有通于慈湖者，但却舍弃慈湖取王心斋（同，《王心斋全集序》）。这样的事实在理解慈湖思想的场合，给予了一个线索。

象山重视心的浑一且具体的性质。所谓恶因为心的威力所以不是问题。慈湖重视心的纯粹、明澄的性质。所谓恶因为其自身为假象所以不是问题。的确，如果说在象山方面能显现敏锐的行动，那么从慈湖出发生出澄明的心境。像文文山——天祥——以广平之学当春风和平，以定川之学当秋霜肃凝，以洁斋为玉泽冰莹，说"瞻彼慈湖，云间月澄"（《宋元学案》七六《广平定川学案》引，又光绪丙申四明七千箸楼校刊、《舒文靖集》附录下所引，《文山集》《都学祀四先生文》）。这与慈湖非常相符合。

第二章　元代儒学　作为明学的准备及源流的朱陆两思想

　　虽然陆象山之学与杨慈湖之学如上所述存在差异，但是所谓陆学由慈湖之传扩大势力，经过元到达明初（依据《陆子学谱》五，像象山之子陆循之那样可窥见其思想颇近于慈湖的样子）。

　　象山之思想被说成到慈湖越发实现发展也在此意义里予以肯定。然而那与明王阳明的思想，到王龙溪更实现发展这种意思有不一定相同的东西。虽然后面的场合里面，最重要的倾向，其本质的倾向流动，但前面的场合里那样决定了就妨碍事实的理解。慈湖的思想是一元的同时，显著地往静虚的方面、明澄的方面前进。像其他明州的先生们有接近朱学的人那样，慈湖的思想有像杨龟山、罗豫章、李延平相传之旨的地方也是难以掩盖的。而且从朱子学派来看，慈湖也与象山同样，受到是禅宗之徒的怀疑（参考上述，陈北溪的《与赵季仁》。慈湖有将其口号、心之精神之谓圣一语与达摩的思想同等看待的事实虽在前面涉及了，但从此方面也能够考察两思想的接触。此外明州庆元府是曹洞禅之师家宏智正觉，一〇九一——一一五七，与天童如净，一一六三——一二三八，关系之地，依据后来咏道人空法亦空——《师备广录下》与《景德传灯录》二七，此诗似乎是本于肇法师之偈，提出说莫烦恼的无学祖元，一二二六——一二八六。能够考虑这样人们的禅风与慈湖思想的类似。只是证明接触之史实的资料没有知道这个的方法）。不管怎样，陆学丧失其本领与势力。如果从外面的情况来说这个，就像王白田说的那样（《白田草堂存稿》一《易本义九图论后》）宋理宗宝庆以后，朱子之学大行，门人也为世所尊信的情况，陆学的衰微加速，兴起所谓调和、折中之风。

注

　　参考《宋元学案》八四《存斋、晦静、息庵学案》引《谢山答临川序三汤学统源流札子》(《鲒埼亭集》三四) "同程月岩"之条，同九四《师山学案》。

　　如果从内部来说这个，宋代思想向着与陆学的根本性质不相符合的方向变化。这是从宋末开始，经过元，持续到明初的状况。元代朱子学盛行，像许鲁斋 (名衡，字仲平，一二〇九——二八一)，是其中心人物。《陆子学谱》里，引元虞道园的《送李扩序》，关于下面论述的吴草庐，认为其为陆 (象山) 学而不合于许氏 (鲁斋) 之学，出现停止将其推荐于朝的记载。然而，陆学即象山思想在这期间成为伏流，保持其命脉而流传也是事实。

　　作为元代的陆学者，最大者是吴草庐 (名澄，字幼清，一二四九——三三三)。草庐虽在上述潮流里乘机前进，却似乎相当理解象山思想的心髓。草庐这里有如下的思考。

　　　程氏四传而至朱 (子)。文义之精密又孟子以来所无，但其学徒，往往滞于此而溺其心。朱子既然以世儒之记诵、辞章为俗学。然而其为学的场合，也不离言语、文字之末。嘉定 (一二〇八一) 以后，朱门末学之弊而未有能救之者。说起来所贵于圣人之学在于保全天与之德性。德性正是仁义礼智之根株，形质、血气之主宰。(草庐关于德性与仁义礼智之关系的思考与朱子不同，明显使想起后来的王阳明。) 舍此理应另外没有学问。止于训诂之精、讲说之密，如陈北溪、饶双峰，与那记诵、辞章之俗学相去不能有一寸的不同 (因为草庐是双峰再传弟子，所以此语却意义很大）。自己也堕入此科臼（窠臼）垂四十年始觉其非（《吴文正公集》二二《尊德性道问学斋记》。此文章明程篁墩载于其《西山真氏心经附注》卷四，唤起朝鲜的朱子学者李退溪的注意一事产生有趣味的问题。然而这里回避此问题，仅止于先说篁墩是《道一编》的编者，《道一编》是唤起后来王阳明的《朱子晚年定论》的东西）。

那么草庐说理在气中不相离（《吴文正公集》三《答田副使第三书》），其意思即是，所谓理并非气之中另外有一物，而只是作为气之主宰者。不得不说没有理外之气，也没有气外之理（同二《答人问性理》）。草庐又讲述本心之学，指出陆象山之学出自孟子的原因（同二六《仙城本心楼记》）。然而所说"人之生也，以天地之气凝聚而有形，以天地之理付界而有性。心也者，形之主宰，性之郛郭也"（同），不一定与陆学同一旨趣。上述《本心楼记》之外，《王学心字说》（同五）里面也说心，有援用邵康节、周濂溪、张横渠等人的地方。草庐与象山、慈湖不同，不否定"无极"之字（同四《无极太极说》）。论虚静的价值认为是万世心学之纲要（同二四《静虚精舍记》），说"静"字里面周子、庄子所说最难，不是用功于圣学者不能为之（参考同三二《跋静安铭》又《老子首章注》《十二章注》）。

注

依据上述《尊德性道问学斋记》之文写有垂四十而始觉其非，全谢山也认为草庐虽开始出自朱子学——饶双峰之再传——其后兼主陆学。然而草庐之著书到底接近朱（《宋元学案》九二《草庐学案》）草庐的《自警诗》（《吴文正公集》四九，依据原注则为十八岁之作）已经明显歌咏陆学的功夫。

足以想象草庐的思想在时流里乘机前进的原因。弟子里面出现静虚之徒、柳从龙难道不是自然的吗（参考《陆子学谱》一八）？于是这一倾向在陈静明、赵宝峰之徒方面也明白看出来。依据《陆子学谱》（一九）静明（名苑，字立大，一二五六——一三三〇）的小传写有已得陆象山之书读之而喜悦，尽求其书及门人杨敬仲（慈湖）、傅子渊（曾潭）等人著书读之越发喜悦。又依据静明门下之一人、李俟庵的《墓志铭》（《陆子学谱》一九，危素撰），此人行于静明之下的时候，静明告诉的是"无多言，心虚而口实耳"之语句但尚未契合。其后又行。静明说"无多言，心恒虚而口恒实耳"。这样俟庵夙夜省察，始信力行之难而孜孜究明本心，自焚所著书内外十一篇。同样《学谱》所引，俟庵的上陈先生第二书里有"吾心之灵，本无限碍。本无翳滓。本无拘系。本无浪流。其有不然者己私贼之也。非天之所予者然也"之语句。这明显无外乎彻悟"本来、静虚"的思想。或者又请看同《学谱》祝蕃的《墓志铭》（李俟庵撰）。那里如下说道"县人有陈先生某（静明）者。独得陆文安公（象山）本心之学，蕃远（祝蕃之字）从之游。稍长，颇不羁。他日忽感悔，复求从先生，痛自刻厉。久而有省，……自是斯须不废内观"。

　　以上，我想能够推测静明及其门下的思想（关于出自静明门下的所谓"江东四先生"中，其他二人请参考《陆子学谱》一九）。

　　赵宝峰（名偕，字子永）依据其传（《陆子学谱》一九引，《宁波府志》本传及《宋元学案》九三），常读慈湖之著书而恭默自省，万象森罗，浑然一体，有见吾道所以一贯之意的地方。《宝云堂集》（《宋元学案》所引）里写有以清泰之妙为宝，由静坐说欲安之，知道似乎以虚静为宗。

　　宝峰的追随者残留在浙东（参考《鲒埼亭集外篇》一六所载诸篇），草庐、静明之余韵留在江西。而且其思想倾向，全都是慈湖的风貌，虽然以心为主，但可说带有静虚的色彩。不过草庐、静明一派不是不能想象具有比较接近于象山、曾潭等心即理的思想本质的立场者。明代陆学从这里产生出来。

注

> 全谢山云：
>
> 杨文元公（慈湖）之学，明初传之者尚盛。其在吾乡桂文裕公彦良、乌先生春风、向献县朴，其著也。是为慈湖四传之世嫡。……以后，如刘御史安颜、太仆鲸辈系统不绝云云（参考《鲒埼亭集外篇》四四，《与邹南溪论明儒学案事目》）。还有同一《横溪南山书院记》及《宋元学案》九三，《陆子学谱》一九等）。

第三章　明学前期

自永乐十三年（一四一五）任命胡广等人使编辑《四书》《五经》之《大全》《性理大全》，依据朱子学的经典解释，确立了道德思想的指导方针。这表现为国家考试、所谓科举制。以否定科举为方针以根据书院教育的人的锻炼为目标的宋学令人啼笑皆非地成了科举的工具（在一方面必须承认作为全体大用的思想有作用于社会的点）。出现方正学（——一四〇五）、曹月川（名端，字正夫，一三七六——一四三四）、吴康斋（名与弼，字子傅，一三九——一四六九）、薛敬轩（名瑄，字德温，一三九二——一四六四）、胡敬斋（名居仁，字叔心，一四三四——一四八四）、丘琼山（名溶，字仲深，一四一八——一四九五）等杰出的朱子学者（有康斋的《日录》、敬轩的《读书录》、敬斋的《居业录》、琼山的《大学衍义补》，同、《朱子学的》等著名的书。琼山的《大学衍义补》是补宋真西山的《大学衍义》，想要完全受用朱子全体大用的思想者，像蔡虚斋、罗整庵等，围绕着琼山的诸学者及同时章枫山的工作，全都在这个思想圈里面，不久由于王阳明的出现，与其革新思想的对比变得显著了）。尤其继承朱子《资治通鉴纲目》的精神，说名分的春秋学保持相当的力量（琼山的《世史正纲》也可理解为这种史书吧）。上述《纲目》及胡安国的《春秋传》经历正统、弘治、嘉靖而发现数种刊本。

第一节　吴康斋（名与弼，字子傅，一三九一——一四六九）

明吴康斋与吴草庐同其故乡出现有并非偶然的地方（参考《康斋先生

文集》七《赠吴玺北归序》，同一二《黄先生墓表》等）。康斋的思想相比其弟子胡敬斋，虽说同样信奉朱子学，却颇有陆学的旨趣。大概上述，浙江、江西的所谓陆学，舍弃朱学为了科举做的外在修学，重视杨龟山、李延平一脉静的功夫方面的场合，能容易与此结合。因此江西陆学到明初能够说强烈地反映在康斋这一有特色人物的思想性上。

然而康斋的意义在哪里呢？那在于通过处士康斋真挚、坚韧的性格（关于康斋的性格参考明陈汝锜的《吴康斋论》——咸丰重刊本《吴康斋先生集》卷头附录），当时的思想被陶冶。中国的思想作为人格表现的时候，最能使人感到其力量。有堕入静虚之风的陆学，以康斋为首，回复其力量来是当然的。

注

　　吴草庐的《临川县学记》（《吴文正公集》二〇）里有"前令，黄文肃公以朱子之学教临川之士流风未泯云云"。临川即属江西抚州治。黄文肃是黄勉斋，朱子之高弟。说起来勉斋在朱门是通贯各方面最具有浑一见解的人，注意到这点与同门陈北溪很不同的倾向。因此上述《临川县学记》的记述成了理解元明时代临川地方思想的一个线索。

康斋的功夫始于自我反省（《康斋先生文集》八《复曰让书》）。像康斋那样痛切地以身教导道德的功夫最后归于自省的人很少。

即使新民不是从明德推进，就只是劳攘而成为私意了（同、《日录》）。各人自我反省才是第一急务。于是成为自省线索的是"心"。题为《观潮记》的一文（《康斋先生文集》八）也充分说明建立在这样功夫上的康斋思想。这里康斋的志向在于以圣人为理想的人格完成。这可以说儒学传统的理想，考虑意味着否定科举这一考试制度的时候，忽然生出光彩。于是朝向圣人之道在于不拖累作为其源头的吾心之高明那样加以涵养的力量，涵养像潮流必定溢出来那样，必须戒掉助长之病。

注

关于康斋如何重视心请参考下述诸例。

乾坤那得有今古，千载斯人只此心（《康斋先生文集》二、《游孺子亭次朱子诗韵》）。千古此心同（同七，《自得亭》）。无极之妙充盈宇宙而该贯吾心（同一〇，《省庵记》）。但保寸心长似铁，何妨万水与千山（同，《宿西庙彭氏》）。

而且是否乐得自得之妙被认为存在于其人之力量。康斋残留的诗文，尤其"日录"无外乎此意义下的其功夫、体验的记录。但是将康斋之心比较于陆象山那个的时候，不像后者那样充满理气合一力量的东西，毋宁说像慈湖，接近虚明而静者。这里所谓虚明意味着道德判断的客观性与明白性，不一定将其意味着超越的绝对境（例如老庄那样）。物则、民彝——民之常道——本来粲然（《康斋先生文集》七《题弋阳吴茂宰双白轩》）的原因。只是在后述陈白沙也知道的那样，之这之间的关系很难简单说微妙。湛甘泉的《粤秀山白沙书院记》（《白沙子全集》附录）里面以为程子所谓"不假丝毫人力"是白沙所谓自然，都视为体认那个天理的手段。在白沙这里自然无外乎"虚明"。却说康斋的诗里说：

月色秋边白，人心夜半平。

一尘元不滓，高枕玩虚明。

（《康斋先生文集》二、《月色》）

病枕醒来镇不眠，起看星象听鸣泉。

寸心敛处能容物，始识天君本泰然。

（同、《中夜偶成》）

避免为了养心的助长而自然的功夫就是静。

注

> 与静的功夫并列，康斋说穷理的功夫当然也不能忽视（《康斋先生文集》二《次学者韵》）。因此，能考虑本来是朱子学者的康斋，建立心的功夫与陆象山一边以六经为心之注脚，一边说推寻拟度的必要（《象山全集》六《与傅圣谟》），说研究物理（同三五《语录》），恰好立场为相反。

康斋咏道"欲说男儿事，奇功未易收。灵台须静养，物理贵精求……"（《康斋先生文集》二，《次学者韵》）。只是对于康斋来说，毕竟静的功夫才是使此心为精白者，那是男子一生的事业，无外乎驱山塞海的勇猛心。曰：

> 驱山塞海未是勇，借问如何学日新。
>
> 敛收不可敛之气，伏枥安流勇乃贞。
>
> （同七，《勇》）

康斋亲自做的这样的功夫是几乎如何严肃的东西。如果阅览此哲人内心生活不说谎的记述，所谓"日录"就马上明白。其生活是除闲气、固守清贫的生活，是斩截日新（同一一《日录》），想要精白一心面对神明的生活（同）。

从收敛此心处，自然产生聪明睿智（同一《有悟》）。静的功夫像这样开始由于其内在性之名动不动不能免除被误解的惰弱、安易、逃避等讽刺。康斋因为知道上述原委，所以尽全力一心凝聚功夫（一边说有进修之渐，一边不忘说助长之害，指示所谓"妙境在其人"）。

食后坐东窗。四体舒泰，神气清朗。读书愈有进益。数日趣同。此必又透一关矣（同一一《日录》）之类的说法残留着。

那么在康斋的功夫上，引起注意的是一派和平与安定，显示出与其严肃性不可思议的融合这点。恰似深雪里悄悄吹芽的春草一样。此静之功夫一般依靠人性的内部深处，本于复归宇宙根底的信念，是因为心有安定。这样安定而和平的功夫，绝不是蒙蔽于现实而不知超越它，或者仅仅以一个现实的事实攻击其他现实的事实的功夫。那是崇高理想世界的体验。说"识得静中滋味别，始知禅客最为忙"（同六《昼梦觉后》），说"料得人生皆素定，空多计较竟何如"（同《日录》）来自这样的心。或者又试着读下面的诗。

> 长夏日已晚，归鸟皆投林。
> 幽独悦兹圃，把书行且吟。
> 花竹流芳净，蔬果生意深。
> 两间有妙趣，长契静者心。

（《康斋先生文集》二、《圃内》）

这样也能够深切体味到说"道理平铺在"（同六《题正心斋》，又《日录》。此语本于朱子。《朱子文集》三五《答吕伯恭别纸》），说"日用由来总是天"（同一、《书所得》）那样深刻的宗教归依。请看《日录》中所谓

> 淡如秋水贫中味
> 和似春风静后功

一联。那里面是知道的人才知道，绝不是简单的人的功夫的消息，也许是其秘义被泄漏。康斋这里有娄一斋、陈白沙这二位有力的门人。到这二人产生了各自有特色的思想的展开。

第二节　陈白沙（名献章，字公甫，一四二八——一五〇〇）

附罗一峰（名伦，字彝正，一四三一——一四七八）

依据吴康斋门下之一人胡敬斋，即使说见得此心之光明，那也是佛家之低贱者。如果从高贵者来说，心也必须一同全无了。现在陈公甫（白沙）已经到高处，克贞（娄一斋）尚未到那里（《居业录》一，敬斋对白沙的批评，除此之外请一并参考《胡文敬公集》一《复张廷祥》，同、《奉宪副张希仁》等。关于上述二封书信，后面论述）。这是成为怎样的事情呢？以下先通过检讨陈白沙的思想、接着娄一斋的思想内容来阐明此情况。

依据白沙，道至大，天地也至大。然而以天地视道则道是天地之本。作为天地之本的道，形容（说样子）它很困难。能够用言语形容就已经涉及粗迹。但是其方法也不是没有。那在于举一隅而总括其他三隅（归纳）（《白沙子全集》二《论前辈言铢视轩冕尘视金玉》下。附带，通过此文的上及中知道白沙之道的广大）。即在于由一方面的象征而概括表示三方面的意思、其道。然而（他人）考察由这样的方法表示的道（在原文所谓"按状"二字能在此意思里理解）实在成为难事。为什么成为难事呢？那是尽管在据一隅而反其三隅（依据一方面的象征，反复相证三方面的意思、其道）之外，没有考察道的手段，但是因为能够做这样事情的人难得。白沙知道非其人而与讲道则反而迷惑。这样，难以触及的道是"虚"。被称为"庖羲未画前"（同八《袁侍御夜过白沙》）。而且虚之道内在于我的心（同六《赠世卿其四》）。关于此诗的解释，参考门人湛甘泉的《白沙子古诗教解下》《赠世卿其四》）。因而洗我心是合一于道的原因。《洗心诗》（同六《梦作洗心诗》，此外《白沙子古诗教解下》，有《梦作洗心诗》）云：

　　一洗天地长，政教还先王。再洗日月光，

长令照四方。洗之又日新，百世终堂堂。

思考烦恼皆自心起（同六《司左言赠金宪王乐用归瑞昌》），为了要断灭此嗜欲之相必须求静。采取省事，除烦恼，端居而养静虚（同七《南归寄乡旧》）的功夫。这样说的样子里面成为说"虚"说静，那么在白沙的立场里，也产生与程朱学中的理、性、气之关系相似的地方来。白沙残留的话里，尤其说包罗上下，贯彻终始，全无分别，无尽藏之理而说"会得，虽尧舜事业只如一点浮云过目"（同四《与林郡博第六书》）等，也明白发现是继承程明道的东西，说性即理，揭示敬，尤其有使想到程伊川、朱子之言说者（同六《与民泽》）。弟子里面出现贺医闾与湛甘泉也不是偶然（医闾的思想是朱子学，甘泉随处体认天理的这种思想比于后述王阳明的致良知说，则近于朱子学。依据白沙给予甘泉的书信——《白沙子全集》三，白沙称许甘泉上述随处云云之功夫）。曾点风乎舞雩的虚之境界需要孟子所谓勿忘、勿助长那样微妙自然的功夫。因此白沙说若骤语之以曾点之见识情趣则一似说梦（上述《与林郡博第六书》）。朱子学派的胡敬斋承认白沙见处之高，似乎主要在于将一切以为无的异教立场（尤其上述《复张廷祥》及《奉宪副张希仁》二书），又如果与专以心为主者相比较，就能认为有接近朱子学的尊重客观性立场的东西。

然而，如果白沙的思想停留在这里，也许会陷入所谓支离而不能成为有明一代理学的先驱。然而白沙这里有孟子之聪明还于孟子，不必相信他人言语的见识，想要直接地自心上契合心传的境界（同一〇《次韵张廷实读伊洛渊源录》）。白沙这里受用为"一个人心即天"（同一〇《赠确还博罗》）。在这里静虚的思想转变其面目来。白沙想要断灭嗜欲之想，只是撤去障害天机者（同九、《随笔》）。

那么天机是什么呢？那是虚之道自然发动处之端，非静，非动，经过动静任何一个的时机。曰：

321

默而观之，一生生之机，运之无穷。无我，无人，无古今，塞乎天地之间，禽兽、草木、昆虫一体。惟吾命之沛乎盛哉（参考同一《古蒙州学记》，又上述《与林郡博第六书》）。

所谓天机是此场合的生生之机，正是指这个。那无外乎是感叹沛然盛哉者。然而程子在切脉处体认仁。所谓仁是人心。充此人心则保四海。如果那样，在那里一定可见天机。白沙说活水源头洗砚而书（同九《读定山集》）也被解释为说这样的天机者。所谓端倪无外乎此。由考虑端倪而白沙的功夫成为不仅仅停止在静者。即所谓为学是从静中坐而养出一个端倪来，始有商量处（参考同三《与贺克恭第二书》，又同三《与罗应魁》，以及同六《和杨龟山此日再不得韵》，《明儒学案》六《林辑熙记白沙语》）。白沙说道。这样此心之体隐然呈露而总像有东西，日用之间种种应酬随我所欲，体认物理考察圣训，各自有头绪、来历，成为像水之有源委一样的东西（同《复赵提学金宪》）确实是白沙经历的真实效果。大概白沙考察静虚本体的动静，当动静的时候，不失其本体则产生大的成果。如果失其本体则瑕疵百出。要领在于动静之机，把握它的手段是静坐。

注

朱子在其《答何叔京书》（《朱子文集》四〇）里面，说"李先生教人，大抵令于静中体认大本未发时气象分明。即处事应物自然中节。此乃龟山门下相传指诀"。清夏炘，同样，王白田对于将朱子此处所说，视作接近白沙静中养出端倪之说加以驳正（《述朱质疑》四）。然而因为白沙的《与罗应魁书》（《白沙子全集》三）里面明显承认作为从濂溪、伊川、豫章、延平相传的静坐入处的意义，所以此问题需要考虑。

如果更详细来说，学问比不上求之于书籍。在于求之于吾心，察于动静有无之机，致养其"在我者"。在于不以闻见扰乱之，去掉耳目支离之用，保全虚圆不测之神（《白沙子全集》一《道学传序》）。因而白沙与林郡博的书信（上述）里，说如果能够得此把柄以为手段，则随时随处无不充塞，那里本来性显现，要了结万事当然并非不可思议。所谓把柄指上述端倪。这时候，静坐（《白沙子全集》三《复赵提学佥宪第一书》，同《第三书》里做与佛氏的比较。以及参考同《与罗应魁》）被认为尤其必要的理由是因为养出端倪的功夫极尊重自然。

注

白沙的弟子贺医间，说"白沙答张廷祥诗所谓，吾能握其机何必窥尘编等语，不免有过高之意"（《贺医间集》二《言行录》六，此白沙之诗载于《白沙子全集》六），变成忧虑根据静坐的握机——把握机会——的功夫舍弃读书的媒介，一味流连向自然的倾向这点。

白沙考虑，所谓戒慎、恐惧（众所周知这在《中庸》里）的功夫，作为功夫，动不动毫厘之间有误是因为在这点上欠缺（《白沙子全集》三《复张东白内翰》）。白沙的诗里说：

古人弃糟粕，糟粕非真传。眇哉一勺水，积累成大川。

亦有非积累，源泉自涓涓。至无有至动，至近至神焉。

发用兹不穷，缄藏极渊泉。吾能握其机，何必窥陈编？

学患不用心，用心滋牵缠。本虚形乃实，立本贵自然。

戒慎与恐惧，斯言未云偏。后儒不省事，差失毫厘间。

寄语了心人，素琴本无弦。

（同六，《答张内翰廷祥书括而成诗呈胡希仁提学》）

白沙由以上这样的经过达到微妙的境界。穷阅载籍固然无补，因此连坐而老于蒲团也枯萎了（同八《次韵廷实示学者》）。所谓定性的功夫虽还难忘外物，于是求心的功夫依旧落于迷途（同）。因此有"弄丸（这是《庄子·徐无鬼篇》之语，据说市南宜僚善之而求解兵难）我爱张东所（名诩，白沙门人），只学尧夫也不孤"（同）。

注

邵尧夫（康节）这里有一动一静之间，求通动静的崇高立场的思想（参考《邵子全书》二、《皇极经世书》二、《纂图指要》下、《经世衍易图》及上面已述康节之部等）。康节投入白沙的虚静自然思想的影响很大（参考《白沙子全集》七《南归寄乡旧》，同《梅花》等）。白沙屡屡提到陈希夷（同七《秋梦万松草屋》等）。希夷与康节的关系如前文所述。

像谢上蔡那样不过是习惯危阶。曰：

> 事至绝安排，放脚踏高崖。
>
> 如何谢上蔡，旦旦习危阶。

（同九、《度危桥》）

在白沙这里，《六经》全都在心的虚无里面，万理都归于自然感应之中。《中庸》的思想如果不这样解释就错误（同一〇《与湛民泽》）。

> 卑栖一枝足，高举入云层。大鹏非斥鴳，斥鴳非大鹏。
>
> 卑高各有适，小大不相能。归去木兰溪，溪鱼美可罾。

（同七、《送郑巡检休官还莆》）

这里有说个个自得的程明道的境界。曰：

> 进到鸢飞鱼跃处，正当随柳傍花时。
>
> 今人不见程明道，只把"中庸"话子思。
>
> （同一〇、《次韵美仁夫留别》。随柳傍花之词句依据明道之诗）

所谓物我两忘，浑然天地之气象（同三《与贺克恭》）是说停留在此境地。于是白沙认为这般事情根据以静坐为机缘的一个觉悟而变得明白了（同四《与林时矩》）。这点与杨慈湖道理相同。

注

白沙在上述与林时矩的书信里说，"人争一个觉。才觉便我大而物小，物尽而我无尽。夫无尽者微尘六合，瞬息千古。生不知爱。死不知恶"。胡敬斋评此语，说这是"物我有二理"（参考《居业录》二，和版三六页及五四页）。白沙之学是心即理的立场，有采取形而上学唯心论立场的陆学痕迹也是难以掩盖的。如果从这点来看，王阳明当然接近白沙。

就是在这个意义上说疑为觉悟之机（《白沙子全集》三《与张廷实主事十二书》），以为学在于人之自觉，所谓才觉退即进，才觉病便药（同《与湛民泽第五书》）。

如果说白沙的立场是什么，到底还是理解为倾向静。罗一峰残留"白沙见大古，只丽之虚明"（《罗一峰集》九《丙申正月梦第一首》）一句。门人张东所写的白沙《行状》里面说"盖其学，初本于周子主静、程子静坐之说，以立其基。其自得之效颇合于以见大则心泰（周濂溪《通书·颜子》章中的话）之说"。

注

　　依据湛甘泉的《潮州改创濂溪先生祠记》（《甘泉文集》一八），甘泉看见濂溪思想的特色在于浑沦的思考，说白沙对于濂溪的宗尚似乎也在这里。又其《雍语》（同三）里面对于周、程（明道）写有"微二子，道其支离矣"。如果将浑沦解释为理气合一则与我国并木栗水等的濂溪解释（参考《宋学源流质疑》）是相同的。还有参考下节注。

　　白沙之门有湛甘泉。甘泉之系统有许敬庵，敬庵与其友李见罗相并列担任镇抚王阳明追随者之狂澜的工作，导出顾泾阳、刘蕺山（蕺山是敬庵之弟子）等人之学。这样来论的话，就知道王阳明没有说起白沙之学（《明儒学案》五《白沙学案》黄梨洲之语）是理所当然的（依据同二九引《尤西川纪闻》，王云野的话里面，据说阳明评白沙，一碗之饭，他人未曾吃，白沙吃了。但是，吃不了。这样的话白沙与阳明的关系虽深了一层，但缺乏证实它的资料）。

注

　　白沙的诗里说，窗外竹青青，窗间人独坐，究竟竹与人，元来无两个（《白沙子全集》九《对竹》，又《白沙子古诗教解》三）。这不知与后来王阳明研究竹之理有关系吗。又《白沙先生行状》（张诩撰）说："其后，惧学者沦于虚无寂灭之偏也。又恒训之曰：不离乎日用而见鸢飞鱼跃之妙"。这同样类似于阳明所谓"不离日用常行间，直造先天未画前"的诗句（依据《理学宗传》二〇"陈白沙"之条，薛侃注意到白沙此句）。

　　高景逸（名攀龙）承认阳明与陆象山、孟子的相似，白沙与邵康节、曾点的相似，认为阳明与白沙不同（《高子遗书》五《会语》）。这是妥当的看法。

与白沙相似的倾向在其朋友罗一峰这里也能够看到。

一峰在《安庆府学棂星门记》（《一峰文集》三）里面说，一旦入此门，天下万物都是我家的东西。这里我家的东西绝不意味着我个人的东西，毋宁说反而意味着将"我"扩展到万物。这样伏羲以来六经之教也都成为我家之教。其教之完成，人在家庭之分上，在社会职业上，各自保持平安的存在，天地万物也安其所。曰"庭草坛杏，红翠交映，天鸢渊鱼，飞跃上下，光风霁月，洒落无边，此吾家之景象也"。这是赵孟之贵、韩魏之富，视之如浮云的境界，此境界与汉儒训诂之学，魏、晋、齐、梁的老佛虚无、寂灭之教，唐儒文辞之技完全不同，仅仅由宋之诸子所开拓，一峰这样考虑。因此，一峰的思想接受孟子以来的传统，逼近张横渠《西铭》之旨，应该能视为到达道德的客观境（绝对境）。这一境界借用《庄子》的说法，无外乎所谓"无所待者"。曰"有所待者不能至其至也。无至而无不至者无所待也"（同六《万理说》）。想来一峰说澹为天下之至德（同《澹轩记》）也是为了表示此境界。

注

> 这样的思想与老庄思想的关联除《万理说》之外请参考《一峰文集》三《寄傲轩记》，同三《罗浮庵记》，与禅的关联参考同一〇《二十二日梦》，同《初四日梦》等。

一峰思想里面心之思想与静虚思想的浑融引人注目。那里无疑主要是想要调和老庄与儒教，不离开人类共同生活的场所那样来保持一的最高境界。

一峰在《澹轩先生祠堂记》（同四）里说功夫从自己出发的原因，在《与谢元吉书》（同五）里面指出治己为治心的原因，细致阐明心的诸病症与治疗这个的方法。同时一峰说诚的功夫（同九《梦立诚》）、敬的功夫（同《居敬》），进而静的功夫（同九《梦澄心》，同六《静楼岩》），教导把握上述至境。《一峰集》（九、《丙申正月梦三首之一》）里有：

> 虚中是神主，实中是人主。
>
> 如何主神人，起乃听神使。

还有先引二首诗吧。

> 一片灵台百染污，天将明月与君孤。
>
> 源头活水依然在，洗得汤铭一字无。
>
> （同八、《洗心亭》）
>
> 仓黄纸上闲言语，寂寞玄天独此心。
>
> 桐树未秋明月古，山童沉睡草堂深。
>
> （同八、《示万载彭用中陈镭》）

王阳明门下想要从静虚的立场矫正其思想倾向的后出聂双江及罗念庵，嘉靖二十八年，相与共同为《罗一峰文集》作序。据说前者从事此书资料的搜缉编次为全集（念庵《序》），念庵自幼时私淑一峰，知道其苦心领会（同）。这果真是偶然的吗？二家虽说有与一峰大致同故乡的事实，总之像这样的思想到王阳明出来，成为越发积极的，越发具体的，更直接，更加有力者。

第三节　娄一斋（名谅，字克贞，一四二二——一四九一）

与陈白沙的静虚相反，其同门之友娄一斋似乎是更加保持"心即理"的思想特色者。一斋的著书因为散逸，所以其思想之详细不能够知道它。

此外读了《康斋先生行状》等其他一两个作品，例如，见于《明儒学案》（四）的夏东岩，以及潘玉斋等一斋门人传下来的诗文也难以发现这样的特色。然而前面列举的胡敬斋的话想来是旁证上述事实者。更要注意在敬斋《居业录》（一一）里的以下文句。曰："娄克贞（一斋）、陈公甫（白沙），分明是禅，转见狂大"。在这里将白沙与一斋一起看待，对于一斋，还找到进一步的发言。那成为下面这样。

娄克贞看见搬木头的人得其法，他虽然说是道，但这与（禅门云）运水、搬柴之说相似，是指知觉、运动而为性者。如果那样，就成为无论到哪里道也存在吧。到底，假使所搬之木不合于义的场合里面，也能称其为道吗（《居业录》一、和版三二页，这说用言语得其法的所谓法是什么呢？虽然也有疑问，但这是搬运技术的巧妙，那个意义里的法则吧）？

如果敬斋的话是真的，那么能认为一斋与王阳明的关系有绝不是偶然的东西。

那么这里先概括一下直到现在讲述来的陆学思想。

如果问陆学创立的心即理的根本观念，其重点在哪里，那就是"行"。是活生生的人类行为。既非神之行（即理想的行），也并非禽兽之行（完全无规范的行），而是彻头彻尾为生存活着的人类活泼泼的行。而且中心问题是这样行的"功夫"（实践的努力，作为自己东西的苦心，为其切断烦恼）（"功夫"或者"工夫"二字是在宋明思想界里特别要注意的文字。像留守希斋的《语录译义》里引《困学纪闻》等说的那样，那出自《魏志·王肃传》，原本意味着土木的工程、人夫，后来思维、思索，尤其同书里面，千手旭山也作为按语加上的那样，被用于用力之义了。还有参考《晋书·范宁传》）。陆象山特别揭示具有浑一、动的、具体、实质倾向的"心"，抨击

329

以朱子具有的分析、静的、抽象、形式倾向的"理"为中心的立场就是来自上述根本动机。

然而象山追随者的思想，如其高足弟子杨慈湖的思想表现的那样，虽然同样论及"心"，但倾向于静虚的思想，导致离开作为祖师象山之要点的潮流。此潮流进入明代陈白沙出来，稍稍改变其方向，在娄一斋这里，又被想象为进一步者。

王阳明接一斋之教诲出来，遥远继承陆象山的思想（与象山的联系《王文成公全书》七、《文录》四、《象山全集序》最能表示此）。从这里开始，"心"的思想作为"行"的功夫复活，而且更实现发展了。

注

（一）依据阳明的《年谱》（《王文成公全书》附录），弘治二年阳明，经过广信，谒见一斋而讲宋儒格物之学，听到圣人一定可以学习达到的讲话，深深契合之。湛甘泉撰的《墓志铭》（同）里也记载十七岁，听一斋的圣人可学之语而受到启发（此外，参考门人黄绾撰《行状》）。在今天，一斋的一言是什么样的说法，是讲上述意思的东西吗？没有知道它的资料。如果是从心即理的立场出发指示朝向圣人途径的东西，那么其后阳明按照朱子所说来读书，苦于物理与心的支离，以为圣贤有天分而想要遗世、入山（《年谱》"弘治十一年"之条）就难以解释了。因而，一斋的话毋宁也许是从程朱坚信的"性"的立场来说的。站在作为人之本质的性上，开启朝向圣人之途，是通过程朱，其学问的根本精神，例如《二程全书》三九、《外书》一二、和版一页背面留下"二程之学，以圣人为必可学而至而已。必欲学而至于圣人"这样一句。这样一来，一斋给阳明的影响，不得不说不是从上述一斋的特色来的。然而，季彭山在《说理会编》（一六）里面，讲述阳明曾经与黄舆子（姓王，名文辕，字司舆，山阴人）这个人相交往，黄舆子读书也不被章句牵引，不相信朱注，不为时所入，阳明打破旧说，是根据此人，等等。此外耿天台说，阳明曾经与一布衣许璋相往来，璋访问陈白沙的时候，其友王司舆作诗送之（《天台全集》五《先进遗风》"新建伯文成王先生守仁"之条）。黄舆子与阳明的交往是事实吧（《年谱》里弘治十五年阳明三十一岁，以及正德十一年阳明四十五岁条里面出现王思舆之名）。交往的详细时期虽然难以确定，但成化、弘治的时候（借用上述《说理会编》的文字）阳明胸中对朱子学的不满逐渐形成，谒见于一斋的时候也在某些意义里不能说不触及有一斋特色的倾向。

（二）参考《王文成公全书》七、《文录》四、《象山文集序》，以及《王龙溪全集》一《抚州拟岘合会语》等，《明儒学案》四五、《诸儒学案》上三"张东白"之条里面，写有"其言'是心也，即天理也'，已先发阳明'心即理也'之蕴"。然而此场合的天理指生物之心，虽然触及与陆王学的心的思考相共通的一个性质，但不能认为是把握其主体。

第四章　明学中期

第一节　王阳明（名守仁，字伯安，
一四七二——一五二八）

一

根据王阳明，心以知觉为特色。阳明的场合，所谓知觉意味着知手足痛痒般道德价值的敏锐感知。这可说是通过陆象山继承孟子所谓良知的思考。然而，良知能特别以"知觉"一词来说的原因，在于那能作为活着工作的人类之心与道德法则、所谓理的合一态来考虑。其判断并非只是冷冰冰的形式判断，而是带着人心想要停止却难以停止的力量。阳明将良知比喻为船之舵柄，又比喻为滴骨血，此比喻最切实地表达出良知的特色。根据见于《南史》梁豫章王综《传》里的六朝时代的传说，据说以生者之血滴在死者枯骨上的时候，如果这个渗入内部便是父子，如果不是那样便是外人，相信根据这样的方法能检测出是否有血缘关系。阳明说"良知"二字确实无外乎千古圣圣相传的滴骨血（《年谱》"正德一六年"）。良知的判断也是这样温血的判断。将良知考虑为是非之心的阳明，同时解释是非为好恶，认为好恶就是尽是非（《传习录》下）。

但是，从与此条合并举出的《传习录》其他文字来看，人类好恶的感情无论在什么场合，总是考虑成为是非的正当标准必定有难说的地方。尤其所谓花间草章（《传习录》上）里面，对于事物，在以其为善为恶的判断源自肉体方面的欲求这种意义下，在依据心之好恶而起的场合里不承认它，心静的判断，也就是说依据心的本体之好恶的判断，在此意义里面虽然仅仅超越好恶的判断，但认为决定事物的真正善恶。然而那样一来与朱子学等对比，阳明的特色不免显著稀薄了。阳明一方面就是为此偶尔对不停留在这样境地者也不被那个拖累心那样给予注意。阳明知道是非与好恶有区别，而且人的生命陷于支离。《传习录》（下）里面也有说良知也不能离开口说身行那样肉体作用的地方（即使像阳明也认为的那样，任凭口说任凭身行是告子所谓生之谓性的主张，不免过失差错）。这样在阳明思想的解释上难以忽视良知与好恶相互缠绕，与肉体不相离的这种思考。因为那表示良知的自然性。阳明在答聂文蔚的第二书（《传习录》中）里面，说明所谓良知无外乎只是内在于人的道德法则自身明觉发见。只是一个真诚恻怛者，就是其本体。《年谱》（弘治十五年）里面，阳明曾经积极承认对骨肉亲人的真情，以之作为出发点而拥有思考人类立场的机会，这能看见成为向着儒学的转机，也可以说真诚恻怛的良知的真切笃实的体现是孝弟。阳明在这里回归到以家族关系为基础的民族传统。孝弟因为其最真切笃实、难以蔽昧的性质，成为做仁爱之本。真诚恻怛的良知以孝弟为线索而追求行动的场合里自然人伦成立。上述答聂文蔚的书信充分说明此事。大概良知像已经论述的那样，正是指这个内在于人的一个道德法则自然明觉发见时。只是一个真诚恻怛的东西被认为是其本体。也就是说，良知是浑然全体，只是因为其发露无外乎真实的同情心，一个场合里面的良知的发挥，就那样意味着其他场合里面的发挥。

良知只是一个，随其发见流行处而眼前具足。更无去来也没有必要假借。但是，其发见流行处，有自然处时适场，适应差别之相而轻重厚薄一点也不允许增减的东西。所谓天然自有之中说此。虽说这样轻重、厚薄一点也不允许增减，原来又只是一个，又虽说只是一个，其间，轻重、厚薄一点也不允许增减。如果能增减，要假借的话，则不得不说不是其真诚恻

333

恻之本体。以真诚恻恻为本体的良知这样作用于多却常在是一的地方存在其面目。只是因为良知就对亲对兄上，有最真诚笃实、不允许蔽昧的地方，所以从提省人的方面来说，凡是在语默之间，使发挥对亲与兄的真诚恻恻的良知，即成为孝弟发动的良知是可以的。通过那样做，国家社会之道自然完成。大概，世事虽多，只要根据发挥对亲与兄的一念、真诚恻恻的良知适应之，就丝毫没有遗欠渗漏。因为，阳明相信良知之发挥并不是在作为孝弟的良知之外。阳明的《示诸生诗》（《王文成公全书》二〇）里面，咏歌对亲与兄的孝弟那样的简易行为具有怎样重大的意义。

阳明虽然曾经根据陆象山之语说心为理，但由于想到良知思想，此说明可说加以亲切（《王文成公全书》六《寄邹谦之第一书》，又《年谱》、正德十六年）。说起良知，如上所述产生线索容易明白。阳明修改杨慈湖所谓"心之精神之谓圣"的标语，认为心之良知之谓圣的动机也似乎在这里（《王文成公全书》八《书魏思孟卷》，以及同六《答季明德书》）。像刘念台也指出此事（《刘子全书遗篇》二《阳明传信录》）。

那么，作为良知的心的立场尽管是根本的、绝对的，却是具体的、一而且多的立场。阳明的别诸生之诗（《王文成公全书》二〇）里面说：

> 绵绵圣学已千年，两字良知是口传。
>
> 欲识浑沦无斧凿，须从规矩出方圆。
>
> 不离日用常行内，直造先天未画前。
>
> 握手临歧更何语？殷勤莫愧别离筵！

这里面，到"不离日用常行内，直造先天未画前"这一句因为尤其有涉及这点，能有力起作用的情况，所以冯少墟、孙夏峰等明清之际的诸学者接连注意到这句是理所当然的（《冯少墟集》一三《理学平谭序》，同一五《答涂镜源中丞第三书》，《夏峰集》四《四书近指序》等）。大概，所谓

"先天未画前"表示心作为良知的绝对性。那相当于浑然全体，上述所谓一个。本来，内在于人的性质以仁、义、礼、智来说是孟子以来的传统，在朱子学里面强烈主张这个。因此，朱子虽有用"仁"之一字说明仁（爱之性）义（裁断之性）礼（节文之性）智（分别之性），但没有考虑由仁更进一步归于浑然一者。然而，阳明将人性（因为这在阳明是与人心难以支离者，即使说人之心，也可以说为上述良知）更进一步作为浑然一者来说的倾向强烈。虽然对门人陆原静，说仁义礼智是性之性、聪明睿智是性之质，喜怒哀乐是性之情（《传习录》中），将仁等视为人性的本质，好像近似朱子学的想法，但同样答此人之问，以仁等为已发，为人性的表德（别名），说在作为表德这点上不是与恻隐、羞恶等（孟子所谓四端）不同的东西（《传习录》上）。由心的视、听、言、动而目、耳、口、四肢完成。又心能视、能听、能动者，这是性，是天理。有此性才能产生此性之生理。这是仁。又叙述此性之生理发而在目、耳、口、四肢而能够视、听、言、动的意思（《传习录》上执斋本七五页背面、七六页正面，与萧惠的答语）。这样的想法在朱子学里面没有。接受这样对待仁等，作为良知的心的立场是作为更加根本的、更加浑然的东西，用一句话来说意味着是无的。这样无的一者就在那样不离日用常行之间（人伦立场）保持其面目的地方有阳明思想的重点。作为良知的心的立场是无而有的立场。因为是有的缘故其包摄人伦，以之为必需的东西而积极承认。

此外，阳明常常说学问不过是求尽我心。《题无槎奇游诗卷》（《王文成公全书》二四）、《重修山阴县学记》（同七）、《答季明德》（同六）等诸文全都是那样。尽心的最直截要求不在所谓自慊（自足）之外。不是朱子学那样根据其在人心内部深处的本性，而是直截了当地就人心考虑道德法则的阳明学，继承陆象山之传，可说是自慊之学问（虽然不用说，"自慊"是《大学篇》所说，朱子也在《大学章句》里面为了解释"诚意"使用此字）。这里有不被外部什么东西动摇的我的立场，发誓于天地而不换的我的立场。

335

然而，尤其对于晚年的阳明来说，所谓尽心的意思，又不是单纯的自我满足，就那样，自慊被抬高到与人相互生存的境界也不能忽视。又依据《传习录》下，阳明寻求舜薰蒸傲慢的弟弟象的原因而认为在于舜不格正象之奸恶的态度。因为这是尊崇自省的深刻精神的高度、心的纯粹性，所以是仅仅自我满足的人所不知道窥察的。人是天地万物之心。心是天地万物之主。心即天，说心则天地万物都被举出。而且又亲切简易（上述《答季明德书》）。所以人之为学与其说只是求尽天，不如说只是求尽心。

这样扩大心的立场，而且认为亲切简易的地方有阳明的苦心。《从吾道人记》（《王文成公全书》七）是关于一个人物不顾世之非笑，欣然从我所好的记述，此所谓我终归是真我，是良知（上述与萧惠的答语里也说真己）。

《稽山书院尊经阁记》作为这样意思的心的思想在阳明这里是最成熟的。依据此文，所谓经意味着经历时地而不变的常经。由于其场合的不同而称之为心、性、（天）命，遇到感应而恻隐以下，成为所谓四端之情，见于事情而父子之亲以下，成为所谓人伦。对于常道从立言不同的地方成立六经。所谓六经实际上不是别的东西，就是我心之常道，不过因为标识我心的方面不同，产生《易》《书》等六种载籍。因此对于六经，应当各求其意义于吾心而去应时行之。这样方才真正成为尊重六经（知道阳明怎样深入把握陆象山的"六经注我"之语的本意）。

阳明能够被视为，一方面说作为根本存在的心、其浑一的性质，对抗以支离、外索为事的世儒之学，或者混淆之的朱子学；另一方面，说切合家族社会国家具体生活的伦理道德，企图要抑制空虚的佛老之学，尤其禅学的人。

如前面论述的那样，作为良知的心的立场是具体的道理，那是因为其包摄人伦而积极承认它，但阳明的《重修山阴县学记》特别严厉批判这点。即因为丧失了学不过是求尽其心的这种信念，所以人伪行，功利、训诂、记诵、辞章之人，纷至沓来而起。然而，如果有随觉其误谬而大体上知道返归于心的本源者，又指为禅学一起讥讽它。这样心学复明无望。阳明从这样的观点出发，主张心学的同时，极力辨别心学与禅学的差异。阳明说禅学与圣学都是求尽其心，只不过有一丁点的差别。如果那样，其差别在哪里呢？按照阳明，那不得不说在于圣学的立场就那样不离开心的立场而彻底成为无我的原因。

尤其这个时候的阳明这里，程明道的"仁者以天地万物为一体"，对自己（《二程全书》二）的这种思想起了很大作用。虽然友人湛甘泉也特别写出阳明以此思想为宗旨（《阳明先生墓志铭》），但是阳明从良知的立场连带尝试说明此思想（《传习录》下诸条）。大概，阳明之前的宋代儒学家里面，特别主张无我的人是陆象山的弟子杨慈湖，正是此系统的思想形成连接宋元明初的静虚思想（那与老庄、禅学相调和，似乎成为直到意识不到相互差异的潮流）传统。

既然如此作为阳明初期作品的

险夷原不滞胸中，何异浮云过太空！
夜静海涛三万里，月明飞锡下天风。

那有名的《泛海》诗（《王文成公全书》一九）的思想实际上也是不出此圈内的，如果与上述《别诸生诗》等相比较，虽然不能说阳明的特色被完成，但这样无或者静虚的思想，由于在阳明这里通过上述明道万物一体的思想，更被深化，更为温和，成为新的姿态登上场来。可见评论慈湖虽不为无所见，但又着在无声无臭上（《传习录》下）的阳明，显然对慈湖思想的长处短处都知道。

当无我的立场求尽其心的时候，以天地万物为一体。尽管吾父子等之间有亲之类的道，如果天下有未然者，则不得不以为我心有未尽者。阳明这样考虑。又如下考虑。尽管我一家饱暖逸乐，但天下却有未饱暖逸乐者，那是因为对于亲之类的道的任何一个，吾心未尽的缘故。所以，那里面有纪纲政事的设施、礼乐教化的设施。凡是不过以裁成辅相（截断过处，补不及处而适度），成己成物而求尽吾心。心尽以成家齐、国治、天下平。所谓圣学无外乎尽心就是这个意思。

阳明答聂文蔚的书信更痛切地说明此意。认为，因为人是天地之心，（如《礼记·礼运》篇里说的那样）天地万物本是我一体，所以生民之困苦荼毒全都可说是疾痛之切于我身者。不知我身之疾痛是没有是非之心者。因为是非之心是所谓良知，所以只要致力于致其良知（后述），自然能公是非，同好恶，见人犹如己，视国犹如家，以天地万物为一体。古人之所以能见他人如自己，并非特意为之而求要信己，只是求致其良知而自足。当我疾痛之切时，无暇计较他人的嘲笑。看见其父子兄弟溺水于深渊，则舍身救之，不关他人怎么样。所以那谈笑于溺水人一旁而不知救的，只有行路之人、没有亲戚骨肉之情者做得出来。阳明这样，不顾陷溺之祸，不顾丧心之讥。何况不断绝顾虑人之信与不信者。天下疾狂的场合，我也止狂，天下有丧心者的场合，我也丧心，甚至毋宁说对于阳明来说是以为自足的地方。

可是，禅学也说心。然而，根据阳明，那到底不在所谓只是不陷入物的心之锻炼的立场之外。这虽然也是所谓尽心者，但一个劲地不陷入物的地方，其实反倒有陷入物的地方，已经不知陷于自私自利之偏。因此，外人伦忘事物，虽然或者能够独善，但是难以治理家国天下。这样，与圣学无人己内外，以一天地万物为心相反，禅学在上述的意思里面走向自私自利，在未免内外之分别的地方存在其差异。阳明这样考虑，以作为人伦之学的儒学立场，作为真正不陷入家、国、天下者。所以，去切合人伦终归是儒学的面目，是否说心不是拘泥的地方。沉溺于举业辞章之习的世俗学者因为心之立场讥讽这门学问是错误的。大体上这样的事情是《山阴县学记》想要说的，《与夏敦夫书》（《王文成公全书》五）里面也已经说那释氏外人伦忘物理而堕于空寂者，固然不能以之发明其心，同时，世儒致力讲求考索于外而不知将它本于其心者，也不能用来说穷理，说明阳明的良知立场虽然是心的立场，但不是空寂，尽管不是空寂，但与外求的立场不同的原因。这是阳明学的精神，对于历史地把握其在思想界的事业者来说，并非难以理解的事情。

与此书相同时候所写的《象山文集序》（《王文成公全书》七）里面，简明地讲述这样意义的心学立场，这里阳明声明了这门学问怎样与霸术功利之徒，以支离、外索为事的刑名、器数之儒（以上二者全都说所谓理却忘记心。刑名是法律，器数是礼制）一起，与空虚而遗弃人伦事物之辈（此虽然说所谓心却舍弃理）是不同的。大概，只有良知之学，是所谓心而含理，理而归心的。

那么，圣学虽然是养心的心学，但是不离开事物，不离开人伦。这果真可说是不陷入事物人伦的立场吗？依据阳明，如上所述，所谓不离开这样的相而不陷入这个，其实是陷入的，为了真正不陷入，无外乎不离开这个而顺应其天则自然。

佛，恐父子之累却逃父子，恐君臣之累却逃君臣，恐夫妇之累却逃夫妇（《传习录》下）。这就不得不说是以逃避执着于为了父子等认为必要者。因此，由于有父子则反之仁，有君臣则反之义，有夫妇则反之别，能够真正不着于这些相是阳明所思考的（《传习录》下）。良知之学这样一来不否定人类生活本身，就是以伦理地处理之为念头，无论到哪里都去维持人伦的立场。

其中，《年谱》（正德一五年）里面虽然出现阳明以父子之相是人类不得不着者那样说，但按照阳明，像这样被认为是人心的自然流露，一点故意作为也没有的东西。（这点，与重视对君主之忠的朱子学显然不同。当然，朱子学也不贬低孝，而阳明学也不是轻视忠）《传习录》（下）里面有所谓与愚夫愚妇相同者是同德，与愚夫愚妇相异者是异端。上述那样的人

339

类生活之相是与愚夫愚妇相同者。事实上，汉土之人的生存长期以来由此被支撑起来，想来在那里能认为看到手握一羽、足踏正路那样，平易平坦者了。因此，圣学的立场绝不是仙（老）、佛，虚无上加得丝毫的实、丝毫的有。良知发用流行就那样依然充满虚无的本色。然而，良知之学在承认人伦这点上毋宁作为是彻底地把捉于相的原因，虽然排斥仙（老）、佛，但那又到哪里也必须是超越彼我对立的高一层次的我的立场。并非仅仅是与仙（老）、佛相反的儒的立场。《年谱》（嘉靖二年）传达以下的话。

仙（老）、佛二氏与圣学所差不多，都有所得于人之性命的地方。只是因为二氏在性命之中，稍稍执着于私利，所以犯千里之误。对于现在观察二氏之作用，又并非对于我身无功者，是否应当兼取的这一质问，阳明不允许兼取。为什么呢？因为说兼取就已经是支离综缀的立场，不出作为之境。即阳明回答说，说兼取则不是。圣人极尽人性达于天命。此境界任何东西都无不具备。为什么要等待兼取呢？这里二氏的作用都是我的作用，尽我性达到天命里面，称完养此身的方面为仙（老），尽我性达到天命里面，称不染于世累的方面为佛。只是因为世间的儒者不见圣学之全，不过与仙（老）、佛二氏为二见。从与天地万物为同体的立场来看，那么说儒，说佛，说老庄，都可说是我之用。这是大道，自利其身只是小道。

阳明的诗里吟咏道：乾坤由我在，安用他求为，千圣皆过影，良知乃吾师（《年谱》、嘉靖六年）。这里表达与上面完全相同的精神。（又参考《王文成公全书》六《寄邹谦之第四书》）。阳明说狂者的心境也是来自这样的崇高境界。

因为阳明说在南京时期以前还有乡愿的意思（《年谱》"嘉靖二年"），可见其内心，觉得当时未忠信廉洁，媚于君子，同流合污，媚于小人，似乎不免行动。如果和编纂《朱子晚年定论》之事等合起来思考，这话也许不一定是自卑的话。然而，这样的态度被后来说狂者心胸的阳明完全被抛弃。也就是说，在现在只是良知，相信真是真非处。更没有掩藏、回护方才做得狂者。留下"使天下尽说我行不掩言，吾亦只依良知行"（同）这种说法。

不得不说阳明依据太虚的思想说良知的立场是越发恰当的。即阳明答门人南元善的书信里面说：

> 世之高抗通脱之士，捐富贵，轻利害，弃爵禄，决然长往而不顾者，亦皆有之。彼其或从好于外道诡异之说，投情于诗酒山水技艺之乐，又或奋发于意气，感激于愤悱，牵溺于嗜好，有待于物以相胜，是以去彼取此而后能。及其所之既倦，意衡心郁，情随事移，则忧愁悲苦随之而作。果能捐富贵，轻利害，弃爵禄，快然终身，无入而不自得已乎？夫惟有道之士，真有以见其良知之昭明灵觉，圆融洞澈，廓然与太虚而同体。太虚之中，何物不有？而无一物能为太虚之障碍（《王文成公全书》六）。

这样的想法，虽不能说不是因为南元善原本是关中人，与太虚思想的先辈张横渠同地方所以援用的教说，但太虚思想是适应当时阳明倾向的东西也难以怀疑。良知的本体没有存在。本体只是太虚。太虚之中不是什么东西都没有。而且，一物也不能为太虚的障碍。人心之本体也是这样的，作为说所谓四句宗旨时候的阳明之语流传（《年谱》"嘉靖六年"）。阳明说的

> （良知）无知无不知，本体原是如此。譬如日未尝有心照物，而自无物不照。无照无不照，原是日之本体。良知本无知，今却要有知；本无不知，今却疑有不知，只是信不及耳（《传习录》、下）！

之类的语句也与说太虚的思想相符。尤其，说目无体，以万物之色为体；耳无体，以万物之声为体；心无体，以天地万物感应之是非为体（《传习

录》下）那样，可以说彻底地将主给予客的想法甚至能理解为使阳明的思想离开陆象山，而有接近邵康节、程明道等人风貌的感观。

二

良知是心自身为是非的判断，自身为孝弟仁爱的作用，是从作为使人伦成立的根本的无的存在的方面来说的。因为这样意义的良知在阳明这里被认为是人及万物的根本、造化的精灵，所以可以说宇宙，由我而存在，满街之人都是圣人（《传习录》下）吧（参考上述与萧惠的答语）。这样，良知给予希望行为的人，易简而亲切的手段、自由而广大的立场。阳明的《亲民堂记》（《王文成公全书》六）、《书朱子礼卷》（同八）、《大学问》（同二六）、《书赵孟立卷》（同二八）等，是站在这样良知思想上说《大学》思想的，阳明思想的最高峰恐怕在这些里面。而且这些篇章写作时阳明的中心思想是站在《大学篇》解释上的万物一体观。大概如前所述，阳明是直接依据程明道获得此思想的。那又与《礼记·礼运篇》的思想相关联，虽从这篇文字被引用也是明白的，但在阳明的场合里，人，直至禽兽及物被认为是一体。

根据阳明，《大学》像从前儒者说的那样是大人之学。大人是以天地万物为一体者。是所谓仁者，其视天下犹如一家，中国犹如一人。隔形骸而分你我者不得不称为小人。为了成为以天地万物为一体的仁者，修己安百姓，以《大学篇》所谓明明德（发明己之灵昭不昧而为万理之所从出——《亲民堂记》——的德性）与亲民（依据阳明《大学旁释》则亲是爱）为必要。然而，明明德与亲民非二。为什么呢？因为明明德展开于亲民，亲民归于明明德。这样明明德与亲民是一物，是一个功夫。如果，才以之为二则明明德堕于空虚，亲民成为袭取（袭取在外者）。明明德是树立那天地万物一体之体者，亲民是达到那天地万物一体之用者，因此，明明德必在于亲民，亲民不过就是用以发明明德。曰："亲吾之父，以及人之父，以及天下人之父，而后百之仁实与吾之父、人之父与天下人之父而为一体矣；实与之为一体，而后孝之明德始明矣！亲吾之兄，以及人之兄，以及天下人之兄，而后吾之仁实与吾之兄、人之兄与天下人之兄而为一体矣；实与之为一体，而后弟之明德始明矣！君臣也，夫妇也，朋友也，以至于山川鬼神鸟兽草木也，莫不实有以亲之，以达吾一体之仁，然后吾之明德始无不明，而真能以天地万物为一体矣。夫是之谓明明德于天下"（《大学问》）。（通贯明明德与亲民来说明不一定是阳明独自的见解，虽然朱子学的《大学》解释，所谓全体大用的思想由《大学衍义》、《大学衍义补》等，成为经历宋末、元、明、清的儒学道德的大纲而形成经世的组织，直至在多个领域里面能承认其影响，但不像朱子学派以亲民之亲为新，而极力理解为亲爱之意，与朱子学毋宁说是理智的相反，有情感的维护，可说为阳明的特色）这样明明德与亲民并非二物。而两者的最高准则在止于至善。至善是什么呢？那是无私意，无小智，不加拟议，即，意味着没有空虚与权谋。这无外乎是良知。所谓沉空守寂与安排思索正是自私用智，在丧失其良知上是相同的。的确只有良知，能够成为明明德之本，而且不堕于空寂（即有家国天下之施，这点上与二氏之流不同），能够成为亲民之本，而且不陷于权谋（即有仁爱恻怛之诚，在这点上与五霸功利之徒不同）。这是见于《亲民堂记》，尤其《大学问》的阳明思想。门人钱绪山称《大学问》为师门之教典（《王文成公全书》二六《大学问后语》）决不认为是没有原因的。前面提到使明明德与亲民相关来说的必要是阳明学与朱子学相互共同承认的。只是当作为贯通此关系者说明上述至善的时候，朱子在《大学或问》说的话到阳明提出良知，越发亲切简易，可称为实践的。

阳明答顾东桥的书信（《传习录》中）中论述拥有各种知识技能的人相集聚形成社会国家的组织，以精一、执中（关于见于《书经》的此语的解释，阳明有独特的见解在《传习录》上卷可以知道）为大端，依据以涉及家族、社会、国家的人伦为节目之教，去私欲而相互合作，上述程明道所

343

谓以天地万物为一体之心，即实现仁道的理想。大概，能认为此心此理想是内在于所有人的东西，不过只是间于有我之私，隔于物欲之蔽，以大者为小，以通者为塞，人各自有心，至于有视其家族如仇人者的缘故，所以说由上述教诲克其私，去其蔽，以复心体之同然，那么此理想之实现是可能的。而且，这被称为"拔本塞源论"的原因是因为所有的人都能为上述良知之学，是与各人各种技能知识相区分，纯粹追求成为心之学。此事与阳明论圣人不置之于才力，只是置于其心之纯于天理处的想法（《传习录》、上）很符合。

依据阳明，因为复于心体之同然是依据人性之固有，是不假于外的，所有的人都能够做。在教育上也只是在成德这一共通基础上，适应于才能之不同，越发使精之于学校之中。到举德而任，不论用之者或被使用者，同心一德，只是尽力于民治。阳明赞赏古人不以照其才能那样不通晓自己的职务为耻，各自看他人能完成其任务，如同自己通晓于这个而说道：

> 盖其心学纯明，而有以全其万物一体之仁，故其精神流贯，志气通达，而无有乎人己之分，物我之间。譬之一人之身，目视、耳听、手持、足行，以济一身之用。目不耻其无聪，而耳之所涉，目必营焉；足不耻其无执，而手之所探，足必前焉；盖其元气充周，血脉条畅，是以痒疴呼吸，感触神应，有不言而喻之妙。此圣人之学所以至易至简，易知易从，学易能而才易成者，正以大端惟在复心体之同然，而知识技能非所与论也（《答顾东桥》）。

这样的精神虽由功利之毒入于人心而逐渐丧失，但阳明因为有信赖良知之明的地方所以避免绝望。

阳明的上述《拔本塞源论》，像上述那样完全是心学的立场，技能的知识虽然不否定它，但是作为特殊的东西被置于问题之外。根据这样的方法，圣人的境界被认为是人人学而能达到的。阳明心学的动机在这里。

这样的想法早就不会不见于程伊川留下的资料等。其中，《周易·履卦·大象》的伊川注（《周易程氏传》）所说，明显与该论述的语句相似。阳明虽不能说没有学于伊川这样思想的地方。然而，想来在伊川，尤其其后继者朱子这里，技艺的知识，广泛来说不属于道德范围的知识，也与后者相并列而承认其价值，积极地研究明白，其结果，形成朱子的社仓法，近处导出在清初与我国摄取西洋学的态度（康熙帝、佐久间象山等，应当注意的是先前指出来了）。因为阳明在上面的论述里是以知识技能为外，撇开这方面不问，彻底以道德性命之心学为主的，所以与朱子学不同了（但是，如果从以立在心上的德的成就为本，去精通各人才能的方面来看，阳明学也留下可说与朱子学是相同的余地）。心学与技能的知识一起，成为其根本的思想准备，是对于无论具有什么样的知识，什么样的技能的人也要求的，对于知识、技能不是作为一般必须者参与的。这是《拔本塞源论》的立场，其直接的先例思想想来的确是陆象山。看象山之语录（《象山全集》三四）及《与邵叔谊书》（同、一）等，就知道阳明畅发此人的思想。然而，这样一来的话，《拔本塞源论》的立场又不得已与阳明本来的浑一倾向不同了。也就是说，虽然其立场将知识、技能作为别的世界与之并行，作为拥有它的人的根本心情起作用，但如果此立场成为根底，并从此技能的知识不被绎出来的话，则想来难以保持浑一的立场。阳明绝不是没有注意到这点。对于询问名物度数是否还先要讲求的人，阳明说人只要成就自家的心体。则用在其中。如果养得心体果真有未发之中，自然有发而中节之和。自然没有不可以施行的（《传习录》上），尤其，古人随着才能之不同，各有所成就，成就这个的人也只是想要他的心体纯于天理。其运用处都是从天理上发出来然后称为才。如果到得纯于天理处，又不仅仅说是器就完了，以为使古人换技能而做也应当能做此。虽然对此，佐藤一斋下换技能不必拘泥（《传习录栏外书》）这一批语，是看到这里有问题，但是根据阳明本来的浑一思想倾向则此方面贯彻到底。还有《传习录》中卷《答欧阳南野书》《王文成公全书》六《答魏师说》等里面想要统一良知与见闻，或者人情与物理。又同下卷论古乐处，至日，子之时刻候灰管定音律的方法，也认为准则终究归于心。因此《拔本塞源论》的立场是与表示博大崇高的阳明晚年立场者一起，说心即理，说知行合一，与阳明学的浑一立场有不同意趣的地方。这里看到潜伏着超越这门学问的契机，尤其也能考察阳明晚年思想的性质。

三

那么，所谓致良知是关于像这样考虑的良知的功夫。本来，致知的思想是《大学》篇里面重要的条目之一。阳明的致知被认为是其关于《大学》篇的新解释。现在，除去这里面已经论述的部分，为了发明致良知说试着只举出致知格物的解释。此场合注意到的是，阳明极力保持功夫的浑一性，避免支离的立场。《传习录》（上、执斋本七〇页正面）里面出现阳明将居敬穷理作为一件事的功夫来说的地方。即像前面也涉及的那样，是就穷理专一处称之为居敬，就居敬精密处称之为穷理，认为不是一个完了另外又有一个。这样一来，所谓良知之学即阳明学也能解释为朱子学的彻底。根据阳明，因为《大学》里面所谓身、心、意、知、物者，是见到人的功夫所用的条理方面，虽然各有其场所，其实只是一物。所谓格、致、诚、正、修者，是见到其条理所用之功夫方面，虽然又都有其名称，但其实只是一事。即，身是心之充塞形体，心是身之主宰，意是心之发动，知是意之明觉，物是意之涉着、感应（触及那里而感应，其事）。（作为早期资料参考《传习录》上卷徐爱所录，稍后期里面参考，同下卷与陈九川的问答，同中卷《答罗整庵少宰书》，晚年的东西参考《大学问》等。又依据《答顾东桥书》，可以像下面这样说：心是身之主，心之虚灵、明觉是本然之良知，即，所谓知。其虚灵、明觉之良知感而动者是意。知，即有良知后，有意。

因此，知，即良知是意之体。意之所用必有其物。物即事）。

对于这样表现在各方面的一物，同样能使用作为一事贯通的格、致、正、诚、修的功夫。即，就物的方面称为格，就知的方面称为致，就意的方面称为诚，就心的方面称为正，就身的方面称为修。于是，正心、诚意、致知、格物成立，这能考虑为修身的手段（像这样说，并不一定是调停、折中、曲折解释古典，而是依据古典字面努力经营想说作为自己本领的浑一思想，我们毋宁当以良工阳明的苦心为多。至少不拘泥古典，不为追逐土块的狂犬之愚，必须学习狮子直接逼迫咬人的智慧。宋明学的研究里面这是重要的第一步）。最详细且简明地说明上述情况的是《大学问》。

阳明在这里，虽然其功夫条理、先后次序有应当说，而其体的"惟一"确实不当分先后次序，尽管其条理功夫、先后次序无可分，而想要发明其用之"惟精"，固然一点也不能欠缺的原因。与《大学问》一起要参考《答顾东桥书》《传习录》下卷先儒解格物为格天下之物条、同样四句宗旨条等。上述先儒解格物云云条里面，与《大学问》相同，以心之本体为善，或者至善，四句宗旨里面以为无善无恶。即见于上述《传习录》，以及《年谱》"嘉靖六年"条、王龙溪《天泉证道纪》（《王龙溪全集》一）、《绪山钱君行状》（同二〇）等里面的阳明四句宗旨说："无善无恶心之体。有善有恶意之动。知善知恶是良知。为善去恶是格物"。这里有无善无恶为心之体。这招致学者争执而成为学派分裂的原因，在思想史上产生很大的后果。根据门人邹东廓所传（《东廓文集》二《青原赠处》），此句作为钱绪山之言语为至善无恶者心，虽然担忧阳明思想之流荡的学者里面采取此意思的人很多，但其实至善就是无，与说太虚的阳明立场没有不同。阳明也说无善无恶，称之为至善（《传习录》上"花间草"章）。

四

这里对于阳明的格物、致知思想应当注意的是，第一，阳明与朱子不同，将格物之"格"字，不训为"至"而训为"正"，以格物作为《大学》的实下手处（《传习录》中《答罗整庵少宰》），认为彻头彻尾，自始学至圣人，只是此工夫（同）。如前所述，所谓正心、诚意、致知、格物都是修身的功夫，其中，格物是其用力处，日可见之地（同），即是应当称为功夫的日常具体事实的场所。

注

> 阳明说格物其用力处，日可见之地的语句里，"日"字在一本里面为"寔"。"寔"是实的意思。检查《王龙溪全集》（卷九《答聂双江》）、《聂双江文集》（卷九《答王龙溪》）等，或作"日"，或作"实"而说格物。本书汲取《答顾东桥书》等的意思从"日"，也试着包含"实"的意思说。

在阳明这里，事事物物就那样不外于我心。内心世界的功夫即是外界的功夫（关于这点，最猛烈批评阳明说的是见于罗整庵《困知记》附录的《与王阳明书》，与吴苏原《吉斋漫录》所说，也有通过这些反而阳明的立场分明。尤其《传习录》中卷出现对于罗整庵的详细辩解）。

在这个意思里面，凡就事情，去其不正而归于正称为格物。所以格物为行的功夫，学毋宁说从行开始。于是，如上所述，格物的功夫被称为贯彻始终，想来是因为那不是悬空，而是就日常的事实而行，有线索。

第二，是对于致知的解释问题。阳明以致为至，以知为良知。说良知虽是先天内在于人的东西，但因为其力量不能全面发挥是人的常态，所以考虑致至或者致极这个成为功夫，说致良知。阳明说：

> 千思万虑，只是要致良知。良知愈思愈精明，若不精思，漫然随事应去，良知便粗了（《传习录》下）。

又在那一天，教导良知，应当顺从开悟处，扩充到底（同）——虽然这不是后儒所谓扩充其知识的意思。

本来，朱子也说致知，说"致知者，须是知得尽，尤要亲切。寻常只将'知至'之'至'作'尽'字说，近来看得合作'切至'之'至'。知之者切，然后贯通得诚意底意思，如程先生所谓真知者是也"（《朱子语类》一一七），《大学或问》里面，更加反复讲述此意。因此，即使在朱子这里，致知也意味着体验知，不是所谓扩充其知识的意思，朱子的《大学章句》里面，将格物解释为穷至于事物之理（阳明在《答顾东桥书》里评论此解释为知的），对于致知，致是推极。因为知犹如识，认为是推极吾之知识而欲其所知无不尽，所以容易产生误解。然而在阳明这里常常强烈地主张体验知的意义。依据《书诸阳伯卷》（《王文成公全书》八）、《答顾东桥书》等，或者对于知事情当为的知，实际上致其功夫，实际上致其力，由行为实现它方才可称为致知或者致良知。不仅仅是空虚知道它。更进一步，阳明与陈惟濬书（《王文成公全书》六）里写有：

> 圣贤论学，无不可用之工，只是"致良知"三字，尤简易明白，有实下手处，更无走失。近时同志亦已无不知有致良知之说，然能于此实用功者绝少，皆缘见得良知未真，又将"致"字看太易了，是以多未有得力处。虽比往时支离之说稍有头绪，然亦只是五十步百步之间耳。

想来这是警戒不知从所谓百死千难中得来的良知说为学者至极的话，而玩弄这个的。像以上这样，是阳明自负为百世待圣人而不惑的思想，终归，来自建立在将思想贯彻到底的浑一生命上的知行合一论。此论其实不仅仅是在知必须是行的地方里面，有与上述朱子思想，或者其所根据的程伊川思想不同的阳明学特色（伊川这里，有知必然进于行的这种观点。这一观点也与阳明不同）。虽然阳明说出知行合一论是先于致良知思想的，但如果依据现在最详细资料说一句话，则知是行的主意（假如，将知作为行来看，那是行的目的方面），行是知的功夫（假如，将行作为知来看，那是知的方法、手段）。因此可说知是行的开始，行是知的成就（《传习录》上）。又可以说，知的真切笃实处是行，行的明觉精察处是知（《答顾东桥》）。或者又，能够如下这样考虑。即，当知的功夫（所谓，明觉精察的功夫），由于加以行（所谓真切笃实）的锻炼，知其自身愈发被锻炼。即，发挥明觉精察的特色。又当行的功夫（真切笃实的功夫），由于加以知（明觉精察）的锻炼，行其自身越发被锻炼。即，发挥真切笃实的特色。这无外乎因为知与行，是建立在成为一的生命的、成为根源的存在上的。所谓知行合一是这样浑一全体的存在（《王文成公全书》六《答友人问》、其他）。

因为阳明的知行合一论不拘泥于为这样的构造，应时而其另一面被强调，所以种种理解上困难点出来。致知被作为体验知来说的场合，在上述的想法里面视为置重点于所谓行的方面而立言者是可以的。不管怎样，阳明尊崇体验是无疑的。

刘念台的《阳明传信录》里面，评论阳明从其知行合一的立场出发，以为一念发动处（这通常被认为不过是知）已经是行，将功夫深达于自己的内心，称像这样说知行合一是真见丝丝血者，赞叹阳明学的真切。这将作为合一态的知行说成什么呢？那毋宁是在知的方面把握见到的。这一见解错误偏颇，不认为没有将阳明说的只是解释为所谓知的恐惧。这样解释的学者在这之前已经产生（参考《明儒学案》五一、黄泰泉的《论学书》，同五二、张净峰的《论学书》、顾应祥《惜阴录》三等）。因此，顾泾阳等那样，通过阳明学的新朱子学者，特别注意"致"字被点出的意义（《小心斋札记》四）是突出的。事实上，阳明也已经说因为后世致知之说只是说得一"知"字，不曾说得"致"字，所以是以知行为二（《王文成公全书》二七《与顾惟贤》）。

第三，是在阳明思想中对"诚"的重视。《大学》篇里面，致知的功夫成为诚意的先决条件，朱子学里面，诚意是有待于知的研究的东西，知识被推极，至其所知无不尽，吾意，能够为实（参考《大学章句》，《大学或问》《中庸或问》等。只是虽然如上所述，这里也有复杂的问题），阳明将这样以为穷理之极致而后为意诚的见解，认为有难以合于《大学》本旨的东西（《王文成公全书》四《答王天宇第二书》）。按照阳明，诚意是由于良知的力量，自然产生的。这被称为像灵丹一粒，点铁成金一样的东西（《传习录》下）。诚意这样依靠良知之力。然而，良知就那样要致极，又因为是本来先天的东西，所以能相信它不断地起作用。这样，也能够将功夫的重点置于诚意吧。阳明反复说此事。所谓

> 仆近时与朋友论学，惟说"立诚"二字。杀人须就咽喉上着刀，吾人为学当从心髓入微处用力，自然笃实光辉。虽私欲之萌，真是洪炉点雪，天下之大本立矣（《王文成公全书》四《与黄宗贤第五书》）。

虽然是阳明之言语，但上述《答王天宇第二书》《书王天宇卷》（同、八）等里面，说学问以诚意为主，格物致知无外乎诚意之功夫，《古本大学序》（同、七）里面，提出《大学》的要点在诚意，诚意的功夫得出格物。此外又写有圣人之学只是一诚罢了（《传习录》下）。我想只是一诚绝不是说学问之容易而毋宁是与诚意的重要一起，指出其困难。据说曾经，阳明给杨仕德的，"破山中之贼易，破心中之贼难"云云（《年谱》"正德十三年"），这句话作为这样拟刀于人的心髓上的功夫方才有意义。此外，叹息尽管所谓诚意之说是圣门教人用功的第一义，但是近世之学者视为第二义（《答顾东桥》），必须考虑阳明以诚贯天人，确立以诚为本的人伦思想（《王文成公全书》二四《南冈说》）的意图。尤其，前述，答聂文蔚的书信里面想出要尝试以真诚恻怛作为其本体的良知思想的展开。因此能够知道诚的思想对

于阳明来说，怎样起到重要作用。《大学》篇的解释里面，阳明采取的是以诚意为主，可以说以诚意支撑格物致知，将此放在其中，与在朱子学的知的立场里面，通过补充敬的功夫，仅仅用力于身心上的方面出来不同，是一贯的行的立场。因此为了它接受学者的疑问与批难是真正不得已（《传习录》上，又冯贞白的《求是编》二等）。像罗整庵也说的那样（《困知记》五），阳明的《大学》解释有被称为有《大学》以来无此议论的独特之妙是没有疑问的余地的。

五

那么，阳明依据《大学》篇的格、致、诚、正、修说明人的功夫，直至揭示其中以格物为日用之事实、始终之线索的致知、即致良知的功夫。阳明学的功夫，最终可认为归于致良知这一句。（《传习录》中卷有与门人周道通的应酬，说格物与致知的关系）阳明在《答聂文蔚第二书》里面，讲述致良知的立场，最简易自在，而且不堕于沉空、守寂的理由，在这点上与孟子的所谓勿忘、勿助（长）的功夫不同，相当于有事、集义的功夫。大概，所谓勿忘是不使忘却，所谓勿助是不使过于着急效果而焦虑，是所谓不助长，真正的功夫在于不忘不助处，即所谓有事。而且所谓有事是以集义（积聚汇集道义的行为）为事的意思。这虽说是孟子想出的微妙功夫，但阳明说明它。所谓必有事，只是时时集义。如果在此意义里面，时时用必有事的功夫或者有时间断，这便是所谓忘，于是，即所谓勿忘成为必要。又时时用必有事的功夫或者有时欲速求效，这是所谓助者，于是即所谓勿助成为必要。这样考虑的话，其功夫用于所谓有事之上，所谓勿忘、勿助只不过是对其间提撕、警觉。如果功夫原本不间断，就丝毫没有说勿忘的必要。如果本来欲速、求效，就丝毫不要说勿助。这样一来，其功夫明白简易、洒脱自在，现在却不用必有事的功夫，悬空守一个勿忘、勿助这种无内容的功夫，那就是煮空锅一样，不免破裂。阳明这样怜悯，悬空做勿忘、勿助的功夫，没有实质性地下手，沉空、守寂，才遭事便牵滞、纷扰，又不能那样经纶、宰制的人。这事要与上述阳明对老佛的批判合起来看。阳明，尤其晚年的阳明思想停留在哪一边，与阳明追随者之徒如何不同就变得明白了。于是，上述意义里的所谓有事只是集义之事，所谓集义这样才不与致良知混淆。

不仅如此，集义里面虽然一时未见头脑（参考后述），但因为成为致良知，马上就那样成为能用实际功夫了，所以专门说致良知是可以的。于是，上述《大学》的功夫能够归于致良知之一来考虑。即：

> "随时就事上致其良知，便是格物；着实去致良知，便是诚意；着
> 实致其良知而无一毫意必固我，便是正心；着实致良知则自无忘之病；
> 无一毫意必固我则自无助之病；故说格致诚正则不必更说个忘
> 助。"——这样，功夫归于"致良知"之一句（阳明说不仅仅是《大
> 学》的功夫。《书经》之"精一"、《中庸》之"慎独"等，都可用致良
> 知说。——《王文成公全书》二七《与陆清伯》）。

353

这里致良知的功夫被称为得头脑，想来似乎在阳明思想里起着重要的作用。因为那是虚灵不昧的主体，在那个意思里面获得中心了，在儒学系统里面是来自孟子、进而陆象山的思想。

注

朱子说："明德者，人之所得乎天，而虚灵不昧，以具众理而应万
事者也"（上述《大学章句》），又说："心之虚灵、知觉一而已矣"（同
《中庸章句序》）。更要看下面的话。曰："心者，人之神明，所以具众
理而应万事者也"（《孟子·尽心章·集注》）。然而，阳明说："虚灵不
昧，众理具而万事出。心外无理，心外无事"（《传习录》、上），又说：

"心即理也。天下又有心外之事，心外之理乎"（同，这是回答门人徐爱所谓"至善只求诸心，恐于天下事理有不能尽"的提问。此外《王文成公全书》七《亲民堂记》里面有"明德者，天命之性，灵昭不昧，而万理之所从出也"）。

由以上明白的那样，阳明的虚灵不昧众理具而万事出的字面虽是沿袭朱子，但实际上从点出心与理之相即来看的话，毋宁说是得于象山的思想。附带所谓"灵知不昧"四字本出自禅家，朱子虽然使用与此相似的文字，但想要在接着"具众理而应万事"的地方建立自家特色是前面论述过的。

阳明学终归是去积极树立仁爱孝弟之意义的人伦立场。这点到底还是必须视为与禅学的本质差异。这个稿子虽然稍微有探求阳明思想渊源的地方，但在产生阳明之精神这点上不满于历来的批评家，特别从此见解上来说的。这不见得是否定阳明的口吻里面有禅学的气味。例如，与《六祖法宝坛经》或《临济录》等里面的文句相似的地方也出现二、三。关于此事这里不论及。

孟子说"先立乎其大者则小者不能夺"（《告子上》）。所谓"大者"是心。象山对于自己的学问，受到除了"先立乎其大者"一句之外没有伎俩的评论时，愿意承认它（《象山全集》三四）。阳明以作为人伦之本源的良知为头脑必须考虑是从这里引出其血脉的。当然，如果除去人伦的内容则是不一样的。大概，因为道德的细目由于时地而变化，不能预先一一讲求之，也难以建立不变的格式。如果现在执着于当做之事而全部为之，执着于不当做之事而一概不做，就与《论语》所谓"无适无莫"的义的立场不同。良知之学正是义的立场，是无论处于什么，也自由灵活地作用的根本的、中心的立场，也应当说是孟子所谓源泉混混不舍昼夜的立场，或者取之左右逢其源的立场，深深悟入生命之根源的立场。对于良知的节目事变，还有对于规矩尺度的方圆长短那样的东西，节目时变的难以预定，与方圆长短的难以穷其究竟没有差异。所以，规矩真正建立的话，就不能欺以方圆，天下之方圆造出无数。如果尺度真地陈设，就不能欺以长短，天下之长短出来无数。同样，如果良知真地至极，就不能欺以节目事变，天下的节目事变不遑应接般地产生出来（《传习录》中《答顾东桥》）。阳明说致良知是学问的大头脑、圣人教人的第一义（同《答欧阳崇一》）等是因为像上面那样考虑。

　　阳明虽然说作为致良知功夫的格物，但是此意义的格物与朱子格物说轻视头脑不同，因为不是舍弃根本而寻理于事事物物上，所以是作为有本的学问，相信老而不衰。不过如果反过来讨伐阳明认为朱子学的格物即对于事物的穷理是无头脑者的批评，那么这样的想法倒也许被作为堕于主观而偏倚者，朱子的象山批评早就表示这个。又阳明与毛古庵宪副的书信（《王文成公全书》六）里面，将友人湛甘泉的随处体认天理之说，与自己的致良知说相比较，认为前者是使枝叶之生意茂盛而复之于根本者，后者是培养根本之生意而达之于枝叶者，像这样有能使二家的不同，进而阳明思想的特色清楚的地方。这二位相亲密的新思想家虽然同样是心的立场，但甘泉比较倾向于老师陈白沙的虚静思想，就是那反映朱子学的影子，与阳明浑一而且说那头脑的倾向逐渐疏远了。后来到甘泉之学派里许敬庵、其门人刘念台等出来，矫正阳明追随者之思想可说是自然的发展。

　　致良知的功夫成为所谓得头脑的思想，而且不说光景，不说效验，只说真切的心，其机、真机。所谓得头脑，绝不仅仅是固定一个标准的事情，而是不断去超越，不断去复归的流动生命之泉，是有中心的。虽然这样的立场，在现在里面自然包含过去与未来，但不是拘泥于其过去与未来，使现在的生命停滞者。阳明说圣贤只是为己之学，重视功夫而不重视效验（《传习录》下），重点在于一心一意想要去私心而成为万物一体的良知功夫其自身，由此主张不在所谓天下归仁的效验。如果着实凝聚功夫，即使不免有稍微着想安排、思索，许久而自定。这里有被称为得头脑者的不可思议的力量，如果才下得功夫就说效验，那就错误。阳明曾经承认只存得此心常见在处就是学，注意到过去未来之事思之也没有什么益处（《传习录》上）。又说功夫，只弄胸中之光影而不具有体验之实者不用说，甚至连说今昔所得的异同也不承认（同）。因为想来这到底还是变成说效验。这样一来，像程明道那样，说尧舜之事业如同浮云也不必以为是无忌惮者。必须知道阳明的道德思想，怎样与用功过格等期待善行之报应的民间风俗习惯不同，是纯粹心的功夫。正因此是像上述那样"破山中贼易，破心中贼难"。像这样把重心放在功夫上面的立场可说是由想到致良知更加发挥出来的。以为：

> 良知存久，黑窣窣自能光明矣。今便要责效，却是助长，不成工夫（《传习录》下）。依此良知，忍耐做去，不管人非笑，不管人毁谤，不管人荣辱，任他功夫有进有退，我只是这致良知的主宰不息，久久自然有得力处，一切外事亦自能不动（同）。

此想法虽也能够求其渊源于象山思想（《象山全集》三五），但阳明的场合更为亲切。那是因为揭示致良知的缘故。

上述所谓流动的生命之泉，即良知的流行是神妙无穷者，其萌动处被称为机。人的功夫如果透得此机，舍弃自己的聪明知解而浑化于其中，就能够达到充实光辉，此外，《中庸》写有至诚之道可以前知，如果有逃避利害的心而前知，那不必足贵。终归必须根据至诚之道。

然而，诚是实理，并非与良知不同的东西。良知之前知就是微妙。那可以说不前知而知。良知无前后，只是知得见在之机。阳明的上述《答欧阳崇一书》更加详细地论述此义。这里阳明，讲述良知正是见于《论语》里面的孔子所谓"不逆诈，不亿信，抑亦所以先觉"之旨。大概，世间的人情机诈百出。如果对此完全不加怀疑地面对，那么难免被欺骗。如果这样的话难道就是预先假定欺诈吗？如果采取期待对方不相信自己的态度来警戒，那就是所谓不纯。如果有既不被欺诈，也不陷入不纯，而且应机而自己先察觉人之情伪者，那就是贤者。这里能考虑人的睿知。所以，阳明以良知说这个，所谓不逆不亿而为人欺者虽然还不失为善，只是不如能致其良知而自然先觉者最为贤能，不得不说很巧妙。阳明进而，不断追求人人永久不欺骗自己的良知，人人深深依赖自己的良知。

六

良知是心的本体，致良知是去复于本体的功夫。阳明以《中庸》的"君子戒慎乎其所不睹，恐惧乎其所不闻"这一语句的"不睹不闻"与"戒慎、恐惧"，论本体功夫的关系而以为，人心的本体原来是不睹不闻的，即是无，而且原来是戒慎恐惧的，即是经常反省，追求自我超越的。然而，虽说戒慎恐惧，也不是在不睹不闻上做一点的添加。即是不损害其自然性。如果真能够看见此意，那么说戒慎是本体，不睹不闻是功夫也没有关系（《传习录》下）。

知来本来没有知。觉来本来没有觉。然而，所谓如果不知，最终会沦埋（《传习录》下），也是想在承认功夫的同时，教导其应当为自然的。往往无非是道，往往无非是功夫（同）。于是，这是来自良知的本质。能戒慎恐惧者虽然是良知（所谓功夫即本体），但能戒慎恐惧就那样忘掉它也是良知（所谓本体即功夫）。所谓承认不思善，不思恶的本来面目不过是禅学设计的方便。本来的面目即是良知，已认得良知明白的话，就没有像这样说的必要了。现在，如果不思善恶，而想要心之良知清静自在的话，这就是所谓有自私自利、将迎意必之心，孟子说夜气，也还只是为不失其良心之人指出良心萌动的地方，直到想要使他从此去持久培养。如果已经知得良知明白，常用致知之功，就已经不要说夜气。良知像这样能相信为自有功夫，既没有流于放恣，也没有涉及安排。这是阳明答陆原静的书信（《传习录》中）的意思。

"无善无恶心之体，有善有恶意之动，知善知恶良知，为善去恶是格物"（参考《传习录》下，又《年谱》"嘉靖六年"，以及上述）这一所谓"四句宗旨"的语句，由于对此阳明采取的调停态度而产生异议，直至派别之间产生分派是前面也说过的。本来，朱子学派对于禅学思想，又对于被相信与此有关联的象山思想，来战斗的武器不是人之心，而是将其内在于心的本性与道德法则相互融合成一体，譬如说根据理想指导现实的考虑，也就是性即理。所以，阳明能重新承认象山思想的意义，对朱子学派进行果敢地反击，不是根据人的本性，而是根据确立以心其自身为道德法则的象山的想法，即"心即理"的思想，想来是为了取得摆脱朱子学之支离的方法。因此心即理的思想总是具有否定功夫而尊重自然本来的倾向。然而，到这样的心用良知被说明而求致良知的功夫，心的思想一边保存浑一性一边脱离单纯的自然倾向而实现成长。因此，王龙溪那样虽然认为上述四句宗旨的思想不是根本的道理，观本体即功夫，使无善无恶，本来为无的心的立场彻底化虽然是继承阳明浑一倾向的精神，但像钱绪山那样，由此宗旨重视功夫的思想，也难道不能说是知道阳明经过长年累月的功夫逐渐达到致良知的苦衷吗？阳明将四句宗旨说为"此是彻上彻下语，自初学以至圣人，只此功夫。初学用此，循循有入，虽至圣人，穷究无尽。尧、舜精一功夫，亦只如此"，重申"二君——龙溪与绪山，以后再不可更此四句宗旨"（《年谱》"嘉靖六年"）也难以轻视。良知就那样无而表现有，就那样有而常复于无。其功夫至切，真有一棒一条痕、一掴一掌血之气概的同时，又自然行，有（杜诗所谓）水流而心不竞的趣味。

阳明认为拥有长期传统的动静功夫，也根据良知，方才得到自在而且亲切的解决。只有良知，不偏于静与动的任何一个，又不是混合它，可说是能够从更高层次的立场超越动静的功夫。虽然宋代以后，很多学者考虑以心之静为体，以动为用而立说，但在阳明这里，心成为难以单纯动静分体用者。为什么呢？心应时或为动或为静。然而，虽以静为体，即体而有用，虽以动为用，即用而有体。不得不想起程伊川早就说过的"体用一源、显微无间（《易传序》），冲漠无朕，万象森然已具。未应也不是先，已应也不是后"（《二程全书》一六）。这样心是浑然成为一体者。如果说仅仅当以静视其体，以动视其用却没有关系。虽然就浑一之中，成为认识体用的契机，但如果用另外的话来说就相当于动静。

阳明将以上这样的意思告诉薛尚谦（《传习录》上）。又将不分开心的已发、未发的理由比喻成钟声，说未叩击时也惊天动地，已叩击时也寂天寞地（《传习录》下），又说，人的本体是常感而通者，虽然未应但也不是先，虽然已应但也不是后（同）。这样的思考根据良知思想更加被详细论述。见于阳明《答陆原静书》（前出）的思想就是。

《中庸》所谓未发之中就是良知。是没有前后内外而浑然一体的。虽然可根据有事的场合，无事的场合，说动静，但良知不区分有事无事。由于寂然，与感而通，虽然可说动静，但良知不是区分于寂然感通的。动静只是应时之事，心之本体不区分动静。当有事感通的时候，固然可说为动，但并未为此给心之寂然的方面带来任何的增加。同样，当无事而寂然的时候，固然可说静，但并未为此给感通方面带来任何的减少。或者可以说是静中有动，动中有静。

阳明答伦彦式请问的书信（《王文成公全书》五）里面也讲述大抵同样的事情。即：

　　惟学而别求静根，故感物而惧其易动，感物而惧其易动，是故处事而多悔也。心，无动静者也。其静也者，以言其体也；其动也者，以言其用也。故君子之学，无间于动静。其静也，常觉而未尝无也，故常应；其动也，常定而未尝有也，故常寂；常应常寂，动静皆有事焉，是之谓集义。集义故能无祗悔，所谓"动亦定，静亦定"者也。心一而已。静，其体也，而复求静根焉，是挠其体也；动，其用也，而惧其易动焉，是废其用也。故求静之心即动也，恶动之心非静也，是之谓动亦动，静亦动，将迎起伏，相寻于无穷矣。

因此，成为必须舍弃一切而任凭良知了。阳明说：

> 良知明白，随你去静处体悟也好，随你去事上磨练也好，良知本体原是无动无静的。此便是学问头脑。我这个话头自滁州到今，亦较过几番，只是"致良知"三字无病（《传习录》下）。

根据《年谱》（嘉靖六年），五十六岁的阳明不得不惜别于故乡越的生活，踏上不复归的征途。那时候，阳明向集聚在螺川驿的旧游们说的话里面，留下"功夫只是简易真切，越简易越真切"这一句。致良知的功夫确实就是相当于简易真切的功夫（参考《王文成公全书》六《寄邹谦之第三书》，又同《寄安福诸同志》等）。

第二节　王阳明的交友及批评家

王阳明的思想在其弟子们的热心努力下占据了明代新儒学的地位（参考下述）。然而阳明自身及其弟子们不得不遭遇众多的责难。对于其中二三位有力者，在与阳明思想相关联的范围里简单涉及一下。

罗整庵（名钦顺，字允升，一四六五——一五四七）相信理与气非二（《困知记》二下），责难心的立场（同三《续》上），将辩难的锋芒朝向阳明以内为主的倾向。对于整庵来说，我身与万物全都是出自乾坤，其理都是乾坤之理。说如果从我来观察，物固然是物，如果以理来观察，那么我也是物，浑然一致。不当区分内外（《困知记》五附录《与王阳明书》）。

湛甘泉（名若水，字元明，一四六六—一五六〇）将《大学》所谓格物，训为至其理（《甘泉文集》七《答王宜学》）。所谓至其理是随处体认天理（同、《答阳明王都宪论格物》）。所谓随处是"随心、随意、随身、随家、随国、随天下，盖随其所寂所感时耳"（同）。那里有"时"有"一"（同一）。虽然王阳明对于甘泉这样的见解，责备其变成假借外求，但是根据甘泉，这样方才可说是真正没有内外的自然立场（《甘泉文集》二一《杂著》）。即正是因为一元的、客观的所有才是天理。甘泉虽然也提出"心"之语，但那指在万物成为体，而万物不能存留者。如果像阳明那样，指腔子里来说，就不能说是超越内与外、动与静者（参考同七《答杨少默》，同、《复洪峻之侍御》。还有同一七《送杨少默序》）。因此甘泉不喜欢将心只作为所谓知觉，认为知觉而察知天理方才被认为是心之本体，说如果体认天理是求于外，这就是所谓义外之说，是理障之说（同七、《与吉安二守潘黄门》。又同八、《新泉问辩录》里也依据同样的想法，说明难以相信良知说的原因）。

注

　　罗整庵《困知记》里面有像下述的话，将阳明与甘泉同样视为以知觉为主者那样考虑。

　　《传习录》有云：吾心之良知，即所谓天理也。又云：道心者，良知之谓也。又云：良知即是未发之中。《雍语》有云：学、问、思、辨、笃行，所以存养其知觉。又有"问：仁者以天地万物为一体。答曰：人能存得这一点生意，便是与天地万物为一体。又问：所谓生者即活动之意否，即所谓虚灵知觉否？曰：然。又曰：性即人之生意。"此皆以知觉为性之明验也。

第三节　王门

徐横山（名爱，字曰仁，一四八七——一五一七）

王门（王阳明门下之人）里面，最为老师阳明瞩望者是徐横山。虽然其早死使他失去了接触阳明晚年成熟思想的机会，但完成于此人之手的阳明《传习录》初卷在功夫的真切这点上具有难以忽视的特色。

据说横山开始听阳明之教而惊讶，没有入门处，其后听久了逐渐反身实践，然后，直到相信阳明之学才是孔门的嫡传（《传习录》上、曰仁所录末语）。即想来横山惯于旧说，大概苦于理解，格物是诚意的工夫，明善是诚身的工夫，穷理是尽性的工夫，道问学是尊德性的工夫，博文是约礼的工夫，惟精是惟一的工夫等这些阳明独创的说法。然而横山留下的资料中，从这样的方面来论述的多少有一些（虽然见于《千顷堂书目》等的《徐横山集》二卷未能寓目）。横山认为阳明上述以为"格物是诚身的功夫""惟精是惟一的功夫"的浑一思想，兼有吴康斋（依据横山，康斋即使知道用力处，但未至得力处）的功夫与陈白沙（依据横山，白沙尽管有得力处，但用力处有欠缺）的造诣，是完成古人学问的人，是努力想用真挚的态度体认其在实践中的力量的人。这样舍弃文字，舍弃功名的真学问无疑必须在这里（《明儒学案》一一《答王承吉》）。

然而横山这里又可见有以下的诗那样静的抱负。

放舟始访寺，师友兴何长。古树云罗湿，间心夏日凉。

江流随地合，海色接天苍。宴坐清茶罢，悠然月满廊。

（《姚江逸诗》七、《游永乐寺次阳明先生韵》）

那么王阳明的本体与功夫的思想努力想根据良知、致良知的观点，维持其本来心的浑一、具体的立场。然而本体与功夫的问题仍然残留，在门人们之间产生不同流派也是不得已的事情（虽然得意弟子徐横山幸或不幸未遭遇介入此问题的机会）。所谓四句宗旨的问题是其表现。

注

关于此问题《传习录》（下）、《明儒学案》（一〇《姚江学案》、同三六、周海门、同四一、许敬庵）之外，请参考下面诸书。

《阳明年谱》"嘉靖六年丁亥"之条、《王文成公全书》附录《世德纪》《讣告同门》（钱德洪）、《王龙溪全集》一《天泉证道纪》、同二〇《绪山钱君行状》《邹东廓文集》二《青原赠处》《聂双江文集》八《答戴堂伯》，阳明这样说：

无善无恶是心之体，有善有恶是意之动，

知善知恶是良知，为善去恶是格物。

（上述《传习录》、下）

注

《传习录》"花间草"章（上）里面有"无善无恶者理之静"一语，《明儒学案》一六《邹东廓传》里引刘蕺山之言，承认此语的重要性。但是，作为与"性即理"的思想对立的"心即理"的思想作为心之体有意义。

然而，这作为区分本体与功夫者，明显不是支离的吗？如果说功夫，不是必须将即本体就那样作为功夫吗？正是这样做，难道不是守护阳明根本立场的原因吗？阳明的弟子们里面王龙溪、王心斋一派这样思考，采取适应本体处的立场。然而这样做，就成为顺本体之无善恶而忘掉功夫，产生陷入自堕落的担心。产生难道不是变成将所有的东西就现在那样承认的担心吗？问题从这边重新起来。

邹东廓、欧阳南野、罗念庵、聂双江等江右（江西）王学者特别忧虑这点。于是念庵、双江尤其表明了对二王（龙溪、心斋）的反对态度。像通常被认为的那样，东廓、南野的思想作为阳明思想的不偏且深刻的解释是适当的。念庵、双江之说是给予防止阳明思想的危险而有力量的。然而明代思想史上的事实显示，根据二王思想的阳明学最得势力。这想来是真正显示时代的要求在于阳明思想。即对于朱子学的"性即理"思想，特别祖述象山"心即理"思想的阳明学根本立场毋宁说在于二王，因此需要二王的思想。在此意义里，如果可以说朱子学是宋代思想的一代表者，那么可以说阳明学是明代思想一代表者。

邹东廓（名守益，字谦之，一四九一——一五六二）

根据邹东廓，对于阳明四句宗旨的两种解释是王龙溪、钱绪山二家的思想，阳明只限于在此二思想打并为一的场合，承认其不失传（《东廓文集》二《青原赠处》）。因此最必要的是，工夫缜密，而且本体精粹（同）的学问。然而现在三种观点想要妨害这门学问。

一、世之拟议言动，绳趋矩步，贞纯未融者。作为其蔽出现支离。

二、独抱玄机而游造化，脱略人伦、庶物，未贯者。作为其蔽出现虚。

三、矮人之装模作样、狂犬之逐土块，大军之游骑远出而不归，忘本那样的。此越测度越远，越勤瘁越相悖，越担当越猖狂，其罪获于天命，越厉害。（同）

上述里面，如果将一作为古来的程朱学者，那么二相当于老庄思想。

于是如果求与此类似者于阳明门下，就是聂双江的思想。三是禅。于是如果求此于阳明门下，就是王龙溪的思想。东廓与这样人们的思想对比，被认为是真正立志要做王家家法弟子的人（将东廓作为家法弟子是《聂双江文集》七《答张浮峰书中》的话）。尤其成为问题的是三与二。即从庄敬、持养的难处，终于生厌心，听到本体流行、不用功夫的主张，便以为悟到（《东廓文集》五《答明建、司元、司宪、兆明》），认为没有必要在性上添加戒慎的功夫。这样说的是说所谓现成良知的猖狂思想，不合乎道理。为什么呢？"若论见成本体，则良知良能桀纣非啬，尧舜非丰，何以肫肫浩浩渊渊独归诸至圣至诚乎"（同六《复高御之诸友》）。凡圣的区别就不能说明了。其次"主于收视敛听，一尘不撄、一波不兴为未发之时。当此不撄不波，意尚未动，吾儒谓之存存。存存则意发即诚"（同六《再简双江》）。这样说的是虚寂之说。然而这也不对。为什么呢？收视的是谁呢？敛听的是谁呢？即那里有主体，作为其主体之戒慎、恐惧的这种功夫的工课能举出收与敛。在此意思里面，天德与王道只是成为此一脉（同、又参考《再答双江》）。抛弃这个就死了。东廓因此企图根据本体而见功夫，根据功夫而见本体。

365

东廓想要以阳明之良知，说上述体用一如的思想。于是说良知的时候，与其举出"心"，却不如举出"性"。东廓自幼寻求知的根源就有与阳明教导诸儒不同者，尽管知道不是根据求理于物，而是求于心（同五《复王东石时祯》），但是重视性，而且一并承认宋之周（濂溪）、程（明道、伊川）、张（横渠）、朱（子）及明之（薛）文清、（吴）康斋、（陈）白沙、（罗）一峰、（湛）甘泉、（王）阳明等人（同一、《训蒙诗》，及《康斋日记序》），尤其是了解排斥现成说的东廓立场的材料。如果不这样做就难以排斥现成说。因为那是在阳明思想其自身里面拥有源泉的狮子身中虫子。那么东廓对于性，如下说道：

德性是天命之性。"性"字从心从生。这心之生理精明真纯，是发育万物、峻极于天的根本（同上、《龙华会语》）。

东廓这样理解性（朱子也取程伊川说心如谷种的说法，将其中所具之生理解释为性——《朱子语类》五、和版一四页正面，伊川的场合，写有心为谷种，生之性为仁——《二程全书》一九、和版三页背面）以这样的性作为良知之本体（《东廓文集》一《赠王孔桥》）。东廓从而认为本体绝不是虚寂。同时，东廓想到物欲之累，说复初（复于作为初始状态的上述性）（同三下、《学说》，同、《复初亭说》）。孟子的江汉以濯，秋阳以暴，皜皜乎不可尚之语为此人所喜欢引用（例如同三之下《晴江说》）。东廓又教导周濂溪的改变恶至于中就是圣门的好学（同五《答洪子明》），知恶与中者是良知，改变而至于此是致良知（同一《赠程郑二生》）。

这样一来，与现成良知立场的差异已经难以掩盖。东廓采取阳明浑一的一元论的同时，为了避免现成之猖狂，有遥远私淑于濂溪、明道思想的地方。"定性之学（明道），无欲之要（濂溪），戒慎战兢之功，皆所以全其良知之精明真纯而不使外诱得以病之也"是赠廖曰进的话（同一）。在《奠元公濂溪文》（同一〇）里面，认为不陷于支离，推崇濂溪而与象山的太极图说观及慈湖的濂溪观不同。

注

阳明已经寄意于濂溪（《王文成公全书》七、《文录》四、《象山文集序》、同一九、《外书》一、《萍乡道中谒濂溪祠》、同、《再过濂溪祠用前韵》、同二〇外集二、《书汪进之太极岩二首》、同三八、附录、《移置阳明先生石刻记》等）。王龙溪的《太极亭记》（《龙溪全集》一七）对无极而太极之语做了新解释，《聂双江文集》一二《夜坐有感》诗、《哭阳明先生》诗里面也将阳明与周、程相比。我国大盐中斋等引王弇州与黄石斋之言，主张阳明之学与濂溪为同一宗（《洗心洞札记》下）。吴廷翰的《吉斋漫录》里也将濂溪的主静之静视为与程明道定性之定相同。往后，顾泾阳的《还经录》、顾泾凡的《小辨斋偶存》等感叹，与陆象山和朱子不同，近来相信"无极"二字而舍弃"太极"二字的人很多。大概，在元明陆王学派的思想里面，相信通过濂溪能够挽救支离，似乎是与静虚思想的尊重濂溪相结合的对于濂溪的新解释（此外参考第二节陈白沙注）。

根据陈清澜所记，说程篁墩《道一编》的福州刻本是王阳明门人删节的别本，节去辩无极的七书而不载（《学蔀通辨》前编下）。大概是为了濂溪忌讳，能窥见时代的好尚。

另外，对于东廓来说并不缺乏知道怎样说功夫缜密是重要的文字。说"敬也者，良知之精明而不杂以尘俗也"（《东廓文集》五《简鹿崖巨乡》），说"迁善改过，即致良知之条目也"（同，《答徐子弼》）那样之类，全都被认为是其例。只是注意反复说，东廓的功夫是缜密的同时，不失良知的根本立场这点是不能忽视的（参考同文后节，及同二《青原赠处》等）。王龙溪也将东廓比喻为克家之子，感谢其努力（《王龙溪全集》一三《邹东廓先生续摘稿序》）。如上所述，聂双江说东廓为家法之弟子，龙溪此语与双江之语相比，意义更深。为什么呢？因为龙溪是被称为所谓现成王学的阳明门下左派）。

所谓"江涛烟柳，故人倏在百里外矣"（《传习录》下），是阳明送曾经来越侍奉函丈的东廓移舟回去的话。那里似乎渗透出深厚的师徒之情而打动了同席诸友的心。然而使阳明临别"慨怅不已"的原因，可说绝不是偶然的。如李见罗，出于东廓之门（参考《明儒学案》三〇《止修学案》见罗传），与许敬庵一起成为反对现成王学的两个源流。此外同样排斥现成思想的耿天台是私淑东廓之徒（《耿天台全书》一二《广德州祠碑》）。

367

注

耿天台曰："余惟归心东廓先生一人而已。盖自文成没而承学者，或宗乐体以为自得。乃先生谆谆，言戒惧。承学者或耽虚寂以为精深。而先生则曰：洋洋发育峻极不是玄虚，即寓之三千三百。承学者又或矜知见以为玄妙。而先生则曰：庸言庸行有余不敢尽，有所不足不敢不勉。诸如绪论余早年闻之，云云"（《天台全书》二一《广德州祠碑》）。

欧阳南野（名德，字崇一，一四九六——一五五四）

与东廓倾向相同，成为江右王学支柱的人是欧阳南野。聂双江（后述）称道以《传习录》中的恰当公案为本而说立本之学。所谓"不可以其论统体、景象、效验、感应、变化处俱作功夫看。以此作功夫看，未有不着在支节而脱却本原者"是双江的话（参考《欧阳南野文集》五《答聂双江》引，又《双江文集》六《答欧阳南野第二书》）。南野答之曰"本体、功夫、效验诚不可混，然本体是功夫样子（功夫以其为标准而行），效验是功夫证应（知道功夫由其被证实，适应本体）。良知本戒慎不睹、恐惧不闻、无自欺而恒自慊（满足）；功夫亦须戒慎恐惧，无自欺而恒自慊。果能戒慎恐惧、无自欺而恒自慊，即是效验矣。……故不用功夫即是不循本体，功夫不合本体即不是本体功夫，用功不能得效验即是不曾用功夫。故用功以本体作样子，以效验作功夫"（同）。如果那样，说本体，说功夫，说效验，虽不可混同，但又能够视为"一"者的各自方面。南野害怕使本体、效验从功夫分离的支离，同时也不能不害怕将本体、效验就那样作为功夫的猖狂（参考此书后节）。于是特别应当注意的是，一方面为了避免猖狂而说功夫，一方面为了不造成支离与有意那样，都给予巧妙的说明这点上。以为：

读吾兄与绪山别纸。谓"近时学者往往，言良知本体流行，无所用力，遂至有认气习为本性者"。诚然。诚然。吾兄谓"须有以救之，不若说致知功夫，不生弊端"。鄙意则谓，今之认气习为本性者，正由不知良知之本体。不知良知之本体则致知之功未有靠实可据者。故欲救其弊，须是直指良知本体之自然流行，而无所用力者，使人知所以循之，然后，为能实用其力，实致其知。不然，却恐其以良知为所至之域，以致知为所入之途，未免岐而二之，不得入门内也（《欧阳南野文集》二《答陈明水》）。

南野举例：

> 好善恶恶亦是彻上彻下语。循其本体之谓善，背其本体之谓恶。故好善恶恶亦只是本体功夫。本体流行亦只是好善恶恶耳。故在今日，良知二字尤须紧要提掇也（同上）。

> 诸兄言"去恶为善者，滞于有心"。殆亦为滞于有心者而发，非必谓去恶为善者皆滞于有心也。滞于有心则与恶恶臭好好色者异。不得谓之良知，亦不谓之诚矣（同、《答确斋兄轼》）。

因为本体其自身，能活动地来考虑，功夫能作为本体的自然流行来考虑，所以被认为尽管做功夫却不能避免支离。南野从此观点出发，宣告固执于静的错误。"夫心，知觉、运动而已。事者知觉之运动，照者运动之知觉，无内外动静，而浑然一体者也"是南野答王新甫督学的书信中的语句（同四）。这样不陷于本体之无，现成不流于有，只留下良知自然的功夫。

然而抨击现成说的南野的见解，难道不仍然是区分良知与知觉的想法吗？难道不是以知识有二的想法吗？罗整庵与南野书论到这点（同一、《答罗整庵先生寄困知记第二书》）。

薛方山曾及于南野之门。东林的顾泾阳是其门人。据说方山让此人读

《考亭渊源录》（参考《明儒学案》二五《方山传》及《泾阳传》。此书的初稿成于宋端仪之手，方山参修）。东林学派作为通过阳明学的新朱子学在明末登场。

罗念庵（名洪先，字达夫，一五〇四——一五六四）

江右王学到罗念庵、聂双江之徒，越发产生特色，与所谓现成说的差异引人注目起来。

罗念庵对于王龙溪，后悔因为见往年谈学者，都说知善知恶是良知，依之而行之是致知，所以虽然从此用力，但最终无所入（《明儒学案》一八引《甲寅夏游记》）。想来问题在于将一味依良知而行直接理解为致知，如果那里能看到现成想法，那是讲述自己跟随现成说而不成功的经验。将现成说说成是阳明思想的失传这是念庵的想法（《念庵文集》一《答友人论学》）。念庵举《传习录》所谓"花间草"章以为"无善无恶者理之静"的阳明之说，以不动于气、至善者为良，解释这是阳明的本旨（这和刘蕺山、黄梨洲的思考相同）。答陈明水的书信（同二）里面写有"今之言良知者，一切以知觉簸弄终日，精神随知流转，无复有凝聚纯一之时。此岂所谓不失赤子之心者乎"。所以成为说收摄、归寂的观点了。

如果那样，可以说念庵完全顺从归寂说吗？不一定是那样的。为什么呢？因为归寂说主要在于，功夫只在致知而不在物，只在内而不在外，只在不学不虑、自知自能而不在致此良知于事事物物，只是由仁义行，而不在行仁义（同二《与双江公》），有忌讳事物、排外、专偏于内观的倾向。根据念庵，古代儒教思想指点事实提醒人，未曾说寂，但宋以来，由于老庄、佛教的影响而与孔门稍稍不相似了。因此在致知、格物诸解上，不限于仅仅说归寂，更以使成为浑融为必要。于是，念庵承认陈白沙的虚之说、端倪之说的意义，认为与阳明思想一致。

临川聘君后，江门广其传。静中见端倪，百年无两贤。

致虚本自然，此语复无前。心理两凑泊，如马入辔鞯。

后来少解事，阳明堪后光。用舍虽异趣，门户能窥全。

譬彼子克家，才力各有专。去世非辽远，瞻望愧联厅。

（同二、《诗》《闲述》二一）

念庵为了新宁令懋桓，给《困辨录抄》（同四）作序，暗示聂双江之学有不同于白沙的东西。这是念庵的想法尽管是主静，却终于不陷于枯槁、寂寞的原因（又参考同五《龙场阳明洞记》）。

然而念庵相比于东廓、南野的话，不用说倾向于虚，而且说静坐（同一三），屡屡引《庄子》，是歌咏"未知天籁无声处，冯几谁逢南郭綦"之类的人。

注

《明儒学案》里说先生之学开始致力于践履，中期归摄于寂静，晚期彻悟于仁体（一八《传》）。将念庵的思想分为倾向于现成说的时代，专门提倡虚寂而服于聂双江的时代，最后表示对此不满的时代这三期，这一见解是适当的。然而《文集》一《答董蓉山书》之作在丙辰，说虚。本文举的《答戴伯常书》也同样在丙辰，这对于双江说承认它的同时，也泄漏有难以赞成的地方。这样足以知道念庵不是离开虚静的人。

虽然阳明良知说的要点，在于继承象山"先立其大者"的思想（这一直追溯到《孟子》），彻底重视行动的地方，但念庵的静虚思想用与《庄子·齐物论》同样的推理方式在理论的立场上，教导努力归一没有意义的原因，劝导采取实践的立场。于是这时念庵特别加入力量的，只是在实践中的谦虚，是真正成为带来归一的主张（参考同一、《答友人》）。念庵关于这点，表明不满于陆象山的态度（同）。屡屡将陈希夷与邵康节的名字放在口头的念庵（同九、夜梦云云之诗，同一三、饮酒之诗等）对象山采取的这一态度值得注意。

注

但念庵在论阳明年谱书（《王文成公全书》卷三十六附录）里面，对于钱绪山，说"来简'精诣力究'四字，真吾辈猛省处，……近读《击壤》之集，亦觉此老收手太早。若是孔子，直是停脚不得也"（此语为绪山所称赞——《答论年谱书》）。

这些人的立场在以广大无边的倾向为目标这点上毋宁说优于象山，与念庵静虚思想之间产生亲属关系容易被想到。

然而本来王阳明晚年的境界是超越主客而逼近绝对，真正想要前往客观广大的地方。像《拔本塞源论》是其一例，阳明站在自己解释的仁的思想（那是通过程明道而来自《礼运》篇视天地万物为一体者）上，说其境界如前所述。念庵思想中静虚一方面是静虚，一方面可说是祖述老师的这方面吧。只是如果提倡广大的立场（彻底客观性）就和那么说的敏锐直截而有威力的具体行动不是相隔的吗？难道不就是离开陆王学而接近程朱学吗？只是限于没有以两个立场为一的器量。

对于东林一派的非现成说，据说为先声（《小辨斋偶存》三）的王塘南对于念庵，有心中以为老师的地方（《塘南先生自考录》"嘉靖三八年"条等）。李见罗的《正学堂稿》（三三）有《罗氏族谱序》，将罗豫章、罗一峰、罗念庵系于一族，讲述罗氏之美。可知主静的罗氏学风的渊源。上述，顾泾阳受到李见罗的影响（《泾皋藏稿》二《与李见罗先生》其他）。师事于泾阳的高景逸（名攀龙）与念庵门人萧白麓相会而看见念庵的诗书，留下下面的话。"其学大要以收摄保聚为主，而及其至也，盖见夫离寂之感非真感，离感之寂非真寂。已合寂感而一之。至其取予之严、立朝之范，又正阳明门人对病之药也"（《高子遗书》一〇上、《三时记》）。

聂双江（名豹，字文蔚，一四八七——一五六三）

先于念庵而抱有静虚思想，进一步将功夫朝向内部的王学弟子是聂双江。从这人开始，可以说能够拥有对抗王龙溪一派的主张。

双江认为今世的学问有三障，举道理障、格式障、知识障，认为有二魔，举气质、文章（《聂双江文集》一四《困辨录》）。然而义理随事变而适用，非讲求所能备。事变因时势而顺应。非格式所能拟。这样的东西有圣人不知不能处。非一人之所能周到。所以称障。然而这还是儒者的家法。应当维持世教，无败常、乱俗处。此外还有气质、文章成为学者之二魔的场合，那不一定理解困难。这样的障魔的共同性质全都在于外面这点上。所以双江说用心于内，立其本是第一要事。于是上述障魔之外有从事王门良知之学而逐渐丧失其真者。双江最担忧的无外乎这个。大概被称为阳明四句宗旨的东西连王龙溪的解释也容许。双江认为这是误解的第一步。所谓此学，自先师而明，也自先师而暗，确实是归寂思想家双江的说法（参考同七《简刘三五侍御》，还有同七《答陈明水第二书》，同九《答董明建》等。后面二书里面双江将今人以知觉为良知者说成真正以学术杀天下后世，以为阳明以灵昭发见为良知是现在以知觉为良知者的根据）。将此与现成思想家王龙溪以其独特的立场（参考《龙溪全集》卷末《墓志铭》及《传》。此外不能忽视后述《天泉证道记》《绪山钱君行状》等里面龙溪说学为自悟自证，不从人之脚跟者），尚且说如果一旦及于阳明，则看起来像心中服从者一样相比较而趋向不同。这是对于心即理思想的解释启发很多的事实。

那么按照双江，良知是未发之中，备于物而敦化之者，尽管不属于知觉，但世常以知觉求之。大概因为不能理解孟子所谓孩提之童子不学、不虑而知爱亲敬兄之语，所以丧失之。现在，如果将爱敬作为良知，则正是将知觉作为本体。如果将知觉作为本体，则正是将不学、不虑作为功夫。其流弊，浅陋者恣情而玩意，拘迫者使自己病而使苗枯槁。入于高虚者遗弃而简旷，以耕耘为无益而舍弃之。这三种人猖狂、荒谬，只是说其受病不同，失之于外可说是一样的（《双江文集》四《送王惟中归州序》）。先师阳明——双江以为——痛天下以闻见为学，教导内面的功夫。然而现在产生要以知觉改易闻见的企图。这同样是外而非内。双江说"外固外也，而内亦外也，非予之所谓内外也"（同）。阳明不说致知而说致良知，大概已经预先料知后世将以知觉为良知，格物之学失于外。为什么呢？知觉就是良知之影响，良知虽然自然产生知觉，但以知觉作为良知是与逐块之犬无异者（同七、《答胡青崖》）。

注

> 又谓：寂感无二界，动静无二时。此说之惑人久矣。其寂感动静，犁然为两端。世固有感而不本于寂，动而不原于静，皆妄也。

双江叙述对这样的学说到采取反击态度的经过说道：

> 某不自度，妄意此学四十余年，一本先师之教，而细绎之节要录备之矣。已乃参之《易》《传》《学》《庸》，参之周、程、延平、晦翁、白沙之学，若有获于我心，遂信而不疑（《双江文集》九《答陈明水》）。

又说：

> 孟子之后，周子一人也（同六《答冘子益问学》）。

双江也讲述有私淑于杨龟山、罗（豫章）仲素、李延平、朱子的地方（同五《重修养正书院记》、同八《答戴伯常》）。朝向这些学者的好尚显示双江倾向于重视内在性的静虚思想而与象山、阳明的心即理的思想相隔。即是从反面说明象山、阳明的思想不在这里。

上述，以知觉作为良知之类，因为现在的士大夫中论学之人逐块、袭影而在本源之地上完全不理会，但这些人的主张又在于所谓寂感无二界、动静无二时（上述《答胡青崖》）。双江感叹此说惑人之久，却要说：

夫寂感动静，犁然为两端，世固有感而不本于寂，动而不原于静，皆妄也。惟感生于寂，动原于静者，始可以言道心。观之入井之怵惕，平旦之好恶，孩提之爱敬，则原委标本，可以概见。今不悉心于几微，而引导于支流，摘取于标末，虽极高手，不过习宋人之故智耳（上述、《答胡青崖》）。

双江大致分内与外来考虑，认为如果不养内，则陷于所谓义袭之陋。如果极端来说，现成良知说绝不是基于实在之深处的东西，而被认为只不过是误认外面、浮动的第二次存在（参考同一四《困辨录》"辨心"之条）。

如果那样，养内之学是什么样东西呢？老子曾经说"谷神不死，谓之玄牝。玄牝之门，是谓天地根"，以此形容静而且为宇宙本体的道。宇宙里的本体界与现象界的关系，能够将此移于心及其作用之间来考虑。即能知、能觉之体是谷神（同一三《山中问答》）。心之本体，是像宇宙之本体虚寂那样虚寂。《易》里面早就知道此理。请看咸卦诸爻（同七《寄罗念庵》）。尤其，所谓静、所谓寂并非对动而言（同六《答亢子益问学》）。《中庸》称之为诚，或者称中，作为发于中者说和。双江在本体的虚寂里养成功夫。"中也者，和也，言中即和也。致中而和出焉"（同一四《困辨录》"辨中"之条）。如果将此与前述张横浦作为中即（就那样）和受用相比较，我们可

375

以注意到其差异。然而根据双江，因为此本体自然发动为和，所以绝不是单纯虚寂了。双江不满于陆象山与杨慈湖之处便在这里。即慈湖、象山不以《大学》之"诚意"二字为善，佛氏也以起心为大障碍。这些都是以"意"字为障碍的。

注

> 这里将象山与慈湖并列论述不妥当。象山承认诚意（《象山全集》三四、李绂点次本、六五页、同三五、同六一页等）。双江引象山的名字也是无意中流露其对象山的不满倾向。

"诚"这个字是自然发动的意思，即使说诚意也是不知道无意。只是想看清楚"诚"字。意的流转变化都无外乎所应之妙用（上述、《答戴伯常》）。因此双江辩解养虚寂的功夫，一方面不堕于有，另一方面不偏于无。后世，不知中就是和，假之而为五霸之功利，或者以和为外而求中，结果成为所谓老佛二氏的虚寂。前者之害虽陋而易见，虚寂之祸隐而难知。大概心深奥而以虚寂为本。虚而且感，后天而奉天时？思什么呢？虑什么呢？那时没有以虚寂为枯槁的必要，也没有以感应为障碍的必要。从而与自私、自利，遗弃伦理而不顾，涂耳目而祸生灵者自然为不同（参考《双江文集》五《道心堂记》）。此外双江将所谓虚寂的心之体同时作为仁体，考虑先识仁体为学（上述《赠周以道分教青阳序》），基于《论语》，以初心萌芽的孝弟作为为仁之本。尧舜之道只是孝弟。知道都扩而充之则足以保四海是信奉阳明先生的双江书中的语句。上述《赠周以道分教青阳序》里面可见"夫仁，性之灵也，动于欲而后始昏。动，性之感也，感于物而后有欲，欲动而仁之体亡，所谓灵于万物者，而反为物所役"之语。双江从这样的立场出发说明致知、格物。所谓致知，是充满吾虚明本体之量者，所谓格物，是感而遂通天下之故者。《大学》里面所谓"在格物"，表明释氏之致知虽与吾儒相同，只是他绝物，吾儒这里无论到哪里都在格物（参考同七《答贺龙冈》，同一三《括言》。此外同七答钱绪山之一书，我们从双江的立场，能弄明白这样意义的致知成为诚意功夫的原因）。还有钱绪山举出阳明以为"无善无恶心之体"之语，附上双江所谓"良知本无善恶，未发寂然之体也。养此，则物自格矣。今随其感物之际，而后加格物之功，是迷其体以索用，浊其源以澄流，工夫已落第二义"的思考而评论之（《明儒学案》一一引《复周罗山书》，此外参考后述），双江的想法作为其自身也能理解。或者还有黄洛村批评双江说而如下说道：

> 归寂二字，本无可疑。亦不必更援天下同归之意以为证。但以归寂为功，而以感应为效，则寂与感终属二义。似与精一之旨，尚隔一尘。其功其效，恐两归于影事，是则反为寂体之累耳（《双江文集》九《答黄洛村书》引）。

对此双江，述说《易》之大传里面孔子解释咸之九四的爻义说"天下何思何虑。天下同归而殊途，一致而百虑"，正是以发明虚寂为感应之归结者，不是泛然援以为证，表明"虚寂之于感应，受命如响。……仆方以今之论格物者为逐影，不谓公复以我为影也"的意思。对于双江来说，心事相应，寂感相通，功效相随。一神而两化（一个神妙的作用向两个方面来变化）。然而以之为影、为累被理解为文致之过。然而上面这样的批难是不得已对双江说的一般批难。因为那无外乎时代思潮的趋向。《明儒学案》一七、欧阳南野的传里面写着，独聂双江以归寂为宗。因此同门环起而起难端，双江往复非常苦恼。如果没有罗念庵，双江自己会悲伤其孤单吧，正是泄漏当时实际情况者。阳明殁后的明代王学与双江的虚寂说相反，滔滔趋向于现成说。恰似象山殁后的宋代陆学，傅氏之传衰微而主要奔于虚静说那样。这恐怕是因为宋代精神里面横行"理"或者"自然"的形而上学，明代精

377

神的底层存在"心"或者"生命"的思想。

注

这里的自然不是所谓自然主义这种场合的自然。那是老庄的自然，是藏在由老庄给予表现的中国民族的心里面的一个理念，也可以说是纯粹性。

著者在这里不得不想起代表宋瓷的定窑将万物的颜色收进一个白色，与明瓷的优品万历赤绘为五彩绚烂的显著对比。

上述耿天台与王龙溪、李卓吾、罗近溪等人相交往（《明史》本传、《天台全书》三《与王龙溪先生书》、同八《观生纪》"嘉靖四十三年"之条、同一二《近溪子集序》），当说学问为重的原因时，承认双江等人的功劳（《天台全书》四《与袁松江》，又同《答唐元卿第二书》）。

钱绪山（名德洪，字洪甫，一四九六——一五七四）

钱绪山在关于老师（阳明）四句宗旨的解释上，与其友王龙溪立场不同。从而能承认一方面有与江右王学的嫡系欧阳南野、邹东廓等相通的倾向。

根据绪山，则人之心体为一。可以命名称为善，也可以称为至善。于是像四句宗旨那样说"无善无恶"也还必要的原因是，因为至善之体，虽然恶本来非其所有，但善也不能有。即至善之体是虚灵。正是因此能尽天下万事之善。然而现在论至善者索之于事事物物之中，先求其所谓定理，想以此为应事宰物的规范。因为这里虚灵里面先有善，所以成为"塞其聪明之用，而室其虚灵之体，非至善之谓矣"（《明儒学案》一一引《复杨斛山》）。因此讲所谓格物、穷理之学也不一定，不预定，虚灵触发，不能够捕捉其机自然难停止处的生命真相。阳明说无善无恶心之体是与后世格物穷理之学，先有善者相反，因时设法者。不能满足朱子风格的学习的理由在这里。然而绪山在关于老师（阳明）四句宗旨的解释里面与同门之友王龙溪立场不同，有与南野、东廓之徒相通者，必须再次被举出。以心之本体为纯粹无杂、至善者，理解良知是至善之著察，或者即是至善是绪山的思想，更进一步绪山说"心无体以知为体，无知即无心也。知无体以感应之是非为体，无是非即无知也。意也者，以言乎其感应也；物也者，以言乎其感应之事也"（同、《会语》）。如上所述，不能误解绪山说至善之体为虚灵的真意是明白的（还有参考《王文成公全书》一〇、卷二六、续编一、《大学问跋语》及同、《与克彰太叔书跋语》）。

邹东廓的《青原赠处》（上述）里出现导出阳明四句宗旨问题的绪山之语写有"至善无恶者心"，对此王龙溪之语写有"心无善无恶。意无善无恶。知无善无恶。物无善无恶"。

注

> 如果详细来说，绪山之语是"至善无恶者心。有善有恶者意。知善知恶是良知。为善去恶是格物"。

于是阳明听钱王二氏之语而告诉洪甫（绪山）应当识汝中（龙溪）的本体，汝中应当识洪甫的功夫。然而像上述那样绪山的立场因为至善之体是虚灵的，那又被称为至善而无善、无恶。绪山像上面那样理解四句宗旨，主张虚灵至善之体、即心之本体（所谓天命之性）由于人之习心，从意念上产生善恶而以那被称为格、致、诚、正修的复性功夫为必要（参考《王文成公全书》附录、《阳明年谱》"嘉靖六年"条、《传习录》下、执斋本五七页正面、《王龙溪全集》一、《天泉证道纪》、同二、《绪山钱君行状》等）。根据绪山，知是主宰事物的是非之则。虽然意有动静，物有去来，但是知之本体由此无明暗也无有无。只是因为意见使之成为不自然，君子之学必然以无欲为事（《会语》）。所谓无欲是什么意思呢？绪山苦心要建立不损害上述被称为无体的心的功夫，似乎是考虑到"无欲"二字。说"是助固非功，忘亦非功也。始知只一无欲真体，乃见鸢飞鱼跃，与必有事焉，同活泼泼地，非真无欲，何以臻此"（同）。绪山真正成为忠于学的人可说在这里。因为想要救"悟"（后述王心斋、王龙溪等）与"归寂"（罗念庵、聂双江等）之偏，守阳明之遗志的衷情是应当汲取的。尤其《会语》（《明儒学案》一一）所记，绪山与老师之友湛甘泉的问答（上述，说无欲之语也是那样。又参考《湛甘泉文集》一七《赠掌教钱君之姑苏序》）回答良知之教偏于悟，流于纵情、恣肆的批难，认为要与良知的规范性一起保存其活泼力，能说明至说无欲的情况。绪山虽像这样依据无欲的立场，注意不失阳明的传统，但这里不能忘记的是，想要维持其作为活物的心的方面这点，又是有与龙溪的倾向共通的地方。因此绪山说学者的功夫，不能伶俐、直截只是一个"虞"字作怪，说良知已得，又为什么要拟议于意像之间呢（《明儒学案》引、《与宁国诸友》）等。

又绪山指出聂双江虚寂说的错误。虽然如前述那样双江说，良知本是无善恶的未发寂然之体，养之则物自正。如果现在，随其感物之际而后，加以格物之功（夫），那就是迷于体而索用，浊源而澄流，功夫已经落于第二义，但根据绪山，即使说未发、寂然之体，也未曾离开家、国、天下之感，并非另有一物在其中，就家、国、天下之感中，存在未发、寂然者。因此格物是致知的实功，通于寂感、体用而无间隔。正是那样做，才可说为尽性的学问（《明儒学案》一一引、钱绪山论学书、《复周罗山》）。这样上述所谓格物、穷理之学方才改头换面为致良知之学，直至能把握生命。王龙溪作《绪山行状》，引绪山与季彭山书中说的"龙溪之见，伶俐直截，泥工夫于（心之）生灭者闻其言自当省发。此龙溪于吾党学问源脑，大为有功力云云"之语，以为是大体赞成自己的见解者。

注

绪山的书中接着说：但渠于见上，觉有着处。开口论说，千转百折，不出己意。便觉于人言，尚有漏落耳（《龙溪全集》二〇，还有《明儒学案》——钱绪山部分所载，有二、三文字的差异）。

这不一定是龙溪的个人意见，到底还是，能认为是通晓老师阳明思想的梗概，与龙溪一致的立场。欧阳南野也说"先师格物之学，真是如古人切磋琢磨，瑟（严密）、僴（武毅）、赫、喧（宣著、盛大），精粗、表里，密切、周遍"（《南野文集》五《答钱绪山》），这都是良知本来是那样的，未曾在良知上能增添些。认为这样用功夫在海内之志趣相同者是绪山与龙溪等数人（《南野文集》五《答钱绪山》）。

然而绪山比之于龙溪，如果从其思想的彻底这点来看，像薛中离说的那样，不得不承认有比不上的地方（参考《薛中离全书》一《与王心斋》）。

王龙溪（名畿，字汝中，一四九八——一五八三）

一

王阳明的四句宗旨里面，如果即本体而说功夫，就有陷于所谓见在良知之猖狂的危险。那里面欠缺向上的功夫，随见在（现在、现成）那样的心的要求承认良知，也不限于狂者那样去路不定的行动。王门的高足们想要尽力避免此危险。这些人们中间最彻底的是罗念庵、聂双江的虚寂派这些人。所谓江右王学的意义可说由此派而保留。钱绪山与王龙溪一起，是参与四句宗旨问题的当事人。因为与龙溪适应本体的立场相反，说放置重点在功夫上的立场的是绪山，其立场虽然被认为与龙溪相对立，但如前所述，绪山的根本思想不一定是赞成双江等而背向龙溪的。如果那样，龙溪其人的思想是怎样的呢？

与绪山将确立无善无恶的心体，有善有恶的意动，知善知恶的良知，为善去恶的格物的教法认为是师门的定本，一毫也不能更改者（上述《天泉证道纪》、同《绪山钱君行状》）相反，龙溪理解此为权法，如下说道。曰"若悟得，心是无善无恶之心，意即是无善无恶之意，知即是无善无恶之知，物即是无善无恶之物"（前述《天泉证道纪》，还有同样《绪山钱君行状》里面，下二句成为，知即无知之知，物即无物之物）。对于龙溪这样的观点，阳明所说在于以此为接上根人的教法。即"上根之人，悟得无善无恶心体，便从无处立根基，意与知物，皆从无生，一了百当，即本体便是工夫，易简直截，更无剩欠"（同）。称此为顿悟之学。阳明以此为传心的秘藏，是即使颜子、明道也不敢说，但现在既然已经说破，也是天机应当发泄时，不敢再隐秘。以上是龙溪所传达的。

在龙溪这里，所谓心之体，原来无，从而意、知、物也无，可以说是就那样即本体肯定现象的倾向。杨慈湖曾经也建立即本体的功夫。两者在即本体这点上没有变化。然而其结果难说一定相同。想来因为慈湖"说一"（上述，说一的立场）的态度本来为无，一切所谓"有"似乎具有消失的倾向。由将功夫附着于本体而可以说舍去"看"，忘却之。反之，因为龙溪的"现成"的态度本来为无，所以一切所谓"有"有被肯定的倾向。由将功夫附着于本体，可以说摄取"有"，忘却之。如果能将前者说为静观的态度，那么后者能被命名为动行的态度。如果将慈湖以后的宋元时代陆学潮流与龙溪以后王学思想的倾向合起来看，那么上述情况恰似被系于放大镜上那样表现其被扩大的样子。

注

　　龙溪对于杨慈湖思想弊病的见解，散见于《龙溪全集》五《与阳和张子问答》，以及同九《答季彭山龙镜书》。在这里面说明慈湖的"无"产生现成的"有"，造成脱却主脑，莽荡、无据（只宽阔而无所依）的弊病。还有关于此问题，参考《双江文集》六《寄王龙溪第二

书》、陶望龄辑本《近溪语要》八页问心之精神即身之知觉运动否之
条，以及同一三页吾心良知妙应圆通之条，《明儒学案》（三四、郑性
订本五四页背面）引、《近溪语录》、问阳明先生莫谓天机非嗜欲云云
之条，官版《学蔀通辨》续上一二页，《洗心洞札记》上二六页，《东
泽泻全集》上二七《证心录》上、同六六页《证心余录》等。

顾泾阳看起来的确知道此期间的情况。《小心斋札记》（四）里面说：

> 所谓无善无恶，离有而无耶，即有而无耶。离有而无，于善且薄
> 之，而不屑矣。何等超卓。即有而无，于恶且任之而不碍矣。何等脱
> 洒。是故，一则可以抬高地步，为谈玄说妙者树标榜，一则可以放松
> 地步，为恣情肆欲者决堤防。宜乎君子小人咸乐其便而相与靡然趋
> 之也。

聂双江的虚寂说终归陷于体用二元的见解。根据龙溪，"寂"之一字是
千古圣学之宗，感生于寂，寂不离感。舍寂由感是逐物，离感守寂是拘泥
于虚，尽管寂是未发之中、先天之学，然而未发之功夫却用在发用上，先
天的功夫却用在后天上是正确的（《王龙溪全集》六《致知议辨》）。因为虽
说致知在格物，又不过此意，所谓格物是致此良知之天则于事事物物，物
得其则时，谓之格（同）。

注

原文为格物云者，致此良知之天则于事事物物也，物得其则谓之
格，云云。对于此语，聂双江评为，况"致"之一字亦非推此及彼之
意。"致广大"之"致"也（《双江文集》九《答王龙溪第二书》）。足
以窥见龙溪是将"致"字读为推此及彼之意。

龙溪讲明尽管说"格"，并非天则之外另有更加格之这种功夫。确实依据龙溪，良知之前无未发。因为良知即是未发之中，如果又求未发，就是所谓"沉空"。良知之外无已发。因为致此良知即是发而中节之和，如果别求已发，就是所谓"依识"（上述、《致知议辨》）。聂双江说"龙溪高明过人，自来，论学，只是混沌初生、无所污坏者而言，而以见在为具足，不犯做手为妙悟"（同），对此龙溪辩明其不当而回答"良知在人，本无污坏，虽昏蔽之极，苟能一念自反，即得本心。……此原是人人见在具足，不犯做手本领工夫，人之可以为尧舜、小人之可使为君子，舍此更无从入之路、可变之几"（同）。然而这稍稍陷于辩论，作为来自龙溪本领的倾向毋宁说由双江之语而泄漏其秘义。

二

然而，龙溪的思想里有难以这样简单处理的东西也是事实。例如按照龙溪的《念堂说》，说人只是一心，心只是一念。念是心之用而其中有二义。即作为今心的念，这是见在心，相当于正念。作为二心的念，这是将迎心，相当于所谓邪念。正与邪由本体之明即良知能知道（《龙溪全集》一七）。这样一来，所谓见在心到底还是包含功夫在内，为之所支持。从而也出现以下这样的说明。即如果看龙溪回答曾见台的有念、无念之质问，所谓念不能以有无而言。那像上面说的那样是现在心，缘起、境集时，此念常寂而未曾有。若有则成为滞。如果那样念可说有而超有。缘息境空时，此念常惺而未曾无。若无则成为槁。如果那样念可说无而超无（同一六）。正因为有而超有、无而超无才是"见在"。作为见在心的念，由彻底于自己，像上述那样包含功夫在内而为其所支撑。因此龙溪的思想并非像所谓现成说那样流荡于现成，而确实带着一个压板。按照龙溪肯定有的思想，从见解上将拘泥于"见在"，作为未真至者，所谓"当下"（与见在相同）就不能被容许是当然的。龙溪对于耿天台（楚侗子）举罗近溪的"当下承当得便是了"的俗话，评论近溪道：

近溪之学，已得其大，转机亦圆，自谓无所滞矣。

这样暂且宽容他。然而更进一步接着说：

然尚未离见在，虽云全体放下，亦从见上承当过来，到毁誉利害，真境相逼，尚未免有动。他却将动处亦把作真性笼罩过去，认做烦恼即菩提，与吾儒尽精微时时缉熙功夫尚隔一尘（同四、《留都会纪》）。

近溪的当下说者是从见解上理解流荡于当下，不是真正悟入，这是龙溪的批评。这一批评的立场，像上述那样还带着压板。所谓真的现成说也被认为必须是这样。龙溪的力量，压倒一世的原因在这里。但是如果根据上述出于《绪山钱公行状》的双江之龙溪观，可见龙溪也只是那样在见上有著处这种微言。

注

参考钱绪山之部注。又《耿天台先生全书》八《观生纪》"四十三年甲子"之条，有与龙溪会谈的报道。说，以为，今谈良知者众。须实有诸己。得一信字则可。王公深以为然，为衍其说。间及念庵先生。王曰：此方今第一人也。如何仅于当下良知尚不及信。余曰：翁若得信及，罗先生亦信及。翁自信若亦不及也。王公愕然曰：何谓吾信未及。余曰：翁若信得及良知具知。何又拜胡清虚，别求住世之法乎。王公初强辩而不认。余曰：此贵乡陶念斋言于我。念斋，岂为诳语者乎。王公无以应云云。

那样一来，龙溪的现成说也有与近溪相同的缺陷，龙溪对近溪的批评成为双刃剑，反而不免拟于我及身。因而也有堕于二元的功夫是一种权法（《龙溪全集》一○《答冯纬川》），与非上根不能的最高境界，不免有一些差异。果然，对于邓定宇说的"良知浑然虚明，无知而无不知。知是知非者，良知自然之用，亦是权法，执以是非为知，失其本矣"（同七《龙南山居会语》），龙溪回答"良知本无知，不起分别之意，方是真是真非"，进而附加"非子之狂言（与《庄子·齐物论》的妄言同意吗？妄言是假装说用言语不能表达之事），无以发予之狂见，只此已成大漏泄（泄露机密）"。龙溪的重点，相比于绪山，况且比于念庵、双江，无论到哪里都是现成的，这难以掩盖。如果百尺竿头更进一步来说，这是拍打陆王学的骨髓、血脉使其彻底的东西。龙溪才确实可说是与朱子门下的陈北溪相对照的阳明门下第一人。尽管这门学问的慎重受用、周到解释，在邹东廓、欧阳南野等人这边。

三

那么根据龙溪，所谓性是理的凝聚（或者心之生理，上述，《抚州岘台会语》）。所谓心是凝聚的主宰，意是主宰的发动，知是其明觉之体而物是感应之用（参考上述、《致知议辩》）。或者又说物是意之用、感之倪（分或者际），知是意之体、寂之照，意是有与无之间、寂感所乘之机（参考同一六《别曾见台漫语摘略》，又影印本《龙溪会语》三、二六页）。龙溪特别重视几（与机同意）。因为几是活的东西在原有面目上显现的一刹那，不对，是隐显、无有的界限。龙溪说"彻头彻尾，只在机上理会"（同一○《与唐荆川》）。聂双江也与龙溪书信，认为圣学只是在机上用功者，将有无之间，此人心之真体用，理解为当下具足的龙溪立场视为以见成为功夫者（上述，《致知议辩》）。对此龙溪的答语也能够看到。曰"周子云：诚神几，曰圣人。良知者，自然之觉，微而显，隐而见，所谓几也。良知之实体为诚，良知之妙用为神，几则通乎体用而寂感一贯，故曰有无之间者，几也。有与无正指诚与神而言。此是千圣从入之中道，过之则堕于无，不及则滞于有。多少精义在，非谓以见成作工夫，且隐度其文，令人不可致诘为几也"。（上述，《致知议辩》——致诘……几云云之"几"，原文作"义"。《双江文集》九《答王龙溪书》里作"几"。《致知议辩》前节双江之文也作"几"。作"几"字才是对的）。

此机就是超越内外寂感、起不起，常体不易而应变无穷者。此几之前，更无收敛，此几之后，更不得有发散。大概常体不易，即所以收敛，那可说为寂而感。应变无穷，即所以发散，那可说为感而寂。恒寂，恒感。造化之恒久而不已的原因在这里（同三《周潭汪子晤言》）。所以"若此几之前，更加收敛，即滞，谓之沉空；此几之后，更加发散，即流，谓之溺境"。沉与溺所趋向虽然不同，但不得其本来不息之生几则相同。如果那样，本来不息的生几是什么呢？独知正相当于这个（这个场合的独知是来自阳明所谓无声无臭独知时——《王文成公全书》二〇《咏良知四首示诸生》——之诗的独知）。因此得生几的功夫无外乎致良知。不用说那里龙溪否定静坐（《龙溪全集》四《东游会语》）。

注

龙溪窥见本来虚寂之体后，道，也不是不可以作为几而推荐静坐处（《龙溪全集》八《天根月窟说》）。又作为静坐的入门也说调息（同一五《调息法》）。

先师（阳明）提出"良知"二字。这正指见在而言。见在良知未尝不与圣人同。不同的是，能致与不能致的差异（同四《与狮泉刘子问答》）是龙溪的说法。这作为见在心的良知动而静、静而动，极自在妙用。龙溪的思想有杨慈湖与聂双江等人这里不能感受到的光焰与活力就是因为这个见解。真是"此学针针见血，不涉皮毛"（同一〇《与李中麓》）。如果务仿效于古人之迹而为操励，以自崇饰而生机不显，到底不过为义袭——孟子说的那样，以义袭取于外——之作用。非孔门所谓君子（同一〇《答吴悟斋》）。先前聂双江以人性里面没有的东西为义袭。龙溪也承认杨龟山、罗豫章、李延平相传的观未发以前气象的这一功夫学脉（同）。此点想来与双江没有不同。然而如前述那样将未发之功用在发用上而显生机的话，那里不得不说有与双江正相反的倾向。

良知这样作为当下，作为不可已的生几，作为妙用来说的时候，本来有天地生物之心在里面，作为人人相互共同生活的原理，去树立仁（爱）的儒教传统，以及基于那个的社会行动也能够充分理解（参考同四《留都会纪》、同一〇《与罗念庵书》等）。龙溪给予其友唐荆川的一书说明现成（见成）说的意义有极为切实者。曰："吾兄，老婆心切，救世念重，但恐未免尚被虚声耸动，只此便是道学障，便是应机欠神处，不可以不察也"。即本体之功夫，为自在之作用，方才能够杜绝耍花招的行为。确实只有现成良知是应机神速、间不容发的原因。这是龙溪的信念。想起上述陆象山与杨慈湖在双明阁上的问答。又要读赌命平定宁王宸濠之乱的王阳明晚年的述怀。后者是龙溪之所传。足以知道龙溪怎样把握心即理的思想精神。

> 师（阳明）……曰：我自用兵以来，致知格物之功愈觉精透。众谓兵革浩穰，日给不暇，或以为迂。师曰：致知在于格物，正是对境应感实用力处。平时执持怠缓，无甚查考，及其军旅酬酢，呼吸存亡，宗社安危所系，全体精神只从一念入微处自照自察，一些着不得防检，一毫容不得放纵。勿助勿忘，触机神应，是乃良知妙用，以顺万物之自然而我无与焉（《龙溪全集》一三《读先师再报海日翁吉安起兵序》）。

> 世人利害不过一家得丧尔已，毁誉不过一身荣辱尔已。今之利害毁誉两端乃是灭三族、助逆谋反，系天下安危。只如人疑我与宁王同谋，机少不密，若有一毫激作之心，此身已成齑粉，何待今日？动少不慎，若有一毫假借之心，万事已成瓦裂，何有今日？此等苦心，只

好自知。譬之真金之遇烈焰，愈锻炼愈发光辉。此处致得，方是真知；此处格得，方是真物。非见解意识所能及也。自经此大利害、大毁誉过来，一切得丧荣辱真如飘风之过耳，奚足以动吾一念？今日虽成此事功，亦不过一时良知之应迹，过眼便成浮云，已忘之矣！（同）

这话虽然是龙溪当日亲自从老师那里听到的，那里特别感知到龙溪受用的良知的生命搏动（因为阳明后来对处于此变更进一步说"当时只合如此做，但觉来尚有挥霍意。使今日处之，更别也"——补录在《传习录栏外书》的阳明的话）。说象山、阳明的思想至龙溪达到一个顶峰也不为过。

注

> 我国的中江藤树最初接触到王龙溪的思想（参考冈田氏本、《藤树先生年谱》三十三岁条）而成为日本阳明学之祖是意味深长的事情。即使假如，藤树接触念庵或双江的思想，那么果真会舍弃朱子学转向王学（阳明学）吗（晚年的藤树从太虚的观点出发，更进一步重新认识龙溪，日本阳明学的普遍学风也不一味追求现成说。这也是有趣味的事实）？

接着想看龙溪说给耿天台的话。那里有如下：

> 子常教人须识当下本体，更无要于此者。虽然，这些子如空中鸟迹，如水中月影，若有若无，若沉若浮，拟议即乖。趋向转背，神机妙应，当体本空，从何处去识他？于此得个悟入，方是无形象中真面目，不着纤毫力中大着力处也（参考《龙溪全集》四《留都会纪》，还有四九《答季彭山龙镜书》）。

现成良知的立场包括所谓功夫而超越之。尤其如果以此为倾向来论述，也可说是否定功夫者。然而龙溪这里还有自然的功夫，适应本体的功夫，如果用前面说过的话则在其意义里的一个压板存在（虽说到此为止这也不过是权法）。龙溪"悟"的思想从此产生。龙溪对于悟按照自古以来的传统列举了渐与顿两种类型（同一四《松原晤语》《寿念庵罗丈》，及同一七《念堂说》）。而且作为师门中的入悟之法分为解悟（自知解而得者，未离言诠）、证悟（自静中而得者，尚有待于境）、彻悟（自人事练习而得者，忘言，忘境，随触处而逢源，越发摇荡越发凝寂），将最后者定为正法眼藏（同一六《留别霓川漫语》）。龙溪的悟的思想里面难以忽视的是，所谓悟，是进入与本体的生命相融合的自在境遇，彻底成为生命的实在，一句话来说，意味着生命的体认。因此龙溪对于宋司马温公之为人予以批评，认为这人虽然是有名的君子，但尽管以其功行之修也没有闻道，这是因为对学问没有领悟。如果悟门不开，就不能够征学，一切的修行只是增加虚妄。说只是这不是言思所能达到，只能暂且默识而等待日后的证明（上述、《绪山钱君行状》）。

龙溪的现成说到其追随者之徒，更进一步强化所谓现成的倾向。如孙奇逢说"龙溪之言满天下。后传龙溪之学者流弊滋甚。因是遂疵阳明之学"（《理学宗传》二六《龙溪传后语》）（根据《明儒学案》二六，想起唐荆川等巧妙地传达龙溪的"生命"思想）。不管怎样，阳明的思想到龙溪的现成说达到一顶点。此顶点由追随者之徒被导向崩坏、流荡。与龙溪一起创造这样潮流的一人是王心斋。

王心斋（名艮，字汝止，一四八三——一五四○）

《明儒学案》（三二《泰州学案序》）里发现以下的文字：

阳明先生之学，有泰州（心斋）、龙溪而风行天下，亦因泰州、龙溪而渐失其传。……龙溪之后，力量无过于龙溪者，又得江右（东廓、南野、双江、念庵等）为之救正，故不至十分决裂。泰州之后，其人多能以赤手搏龙蛇，传至颜山农、何心隐（即梁汝元）一派，遂复非名教（孔孟之教）之所能羁络矣。

这很好地说明了当时的实际情况。

那么王心斋之学是怎样的呢？

心斋之学以悟"性"为宗。然而道是一，称中，称良知，称性者不是别的，立为一，如果这个道理明白，就见见成成、自自在在。心斋说（《王心斋先生遗集》一）。即如果领悟一个性，则本体与功夫相即，自然与超越此者不相离。说庄敬，说持养，也除此外不能考虑。因为真体不用防检。通过领悟作为本体的性，获得自在的心斋的这种思想尤其戒掉拟议、踌躇的倾向强烈。"有学者问放心难于求。先生呼之，即起而应。先生曰：尔心见在，更何求心乎"（同，又《明儒学案》三二、徐波石之项里记载着波石与心斋走在月下受教的事情）。

391

注

　　先生（波石）操存过苦，尝与心斋步月下，刻刻简默，心斋厉声曰："天地不交否？"又一夕至小渠，心斋跃过，顾谓先生曰："何多拟议也？"先生过渠，顿然若失。

与此相似的故事在陆象山这里也有（参考象山之项）。连心是真实的这也未合于良知之妙（虽说良知本自无不真实）。有说程子所谓性上不容一物是因为这个的心斋的话（《王心斋先生遗集》二）。心斋这样彻底向着不容许拟议方向，相比于王龙溪，越发简易、直截，似乎带来所谓玩弄光景的弊（大盐中斋对于上面的问答，将此作为所谓光景上之事责备，现在，即使呼猫犬，虽又是应起来，但以此作为良知见在是可以的吗？说明其弊猖狂、恣睢，甚至不求良心。心斋得罪于王门是在玩弄此光景上，是贤智之过高者的意思——《洗心洞札记下》）。

我想试着将心斋的思想与龙溪相比较来考虑。那里在上述意思里，玩弄光景的地方，反倒发现慈湖样子的地方。心斋与刘鹿泉书证明这个（参考《王心斋先生遗集》二，又同、《答林子仁》《与愈纯夫》等）。顾泾阳对心斋的说话仅限于关于这点是合理的。曰："阳明先生曰：慈湖不可谓无见。又着在无声无臭上见了。此语慈湖闻之亦须首肯。愚谓王泰州（心斋）即阳明之慈湖也"（《小心斋札记》三）。此事实理解心斋系统的现成说，例如罗近溪的思想时要注意。依据心斋，"性"在自己身上。由直截了当地求于自己而人知道"我"不是由宇宙而在，而是宇宙由"我"而在的原因。心斋希望学者好好看陈白沙说的"吾能握其机，何必窥陈编"的意思（《王心斋先生遗集》一）。又说"六经正好印证吾心""孔子之时中全在韦编三绝——这里解释为放弃书籍"（同）等。

心斋以这样意义的"我"为本，说格物之学。在心斋这里，《大学》的"格"字不应当像阳明那样仅训为"正"，而是"格式"的"格"，有比则、推度的意义，是物的用作典范的地方。所谓"物"是《大学》所谓"物有本末"的"物"，说我身与天下、国家之人。因此所谓格物是以身为格，格度天下、国家之人，所以处物之道，由反于我身而自足（依据《王一庵集》一、三页正面所引。此外参考《王心斋遗集》一、一五页、一六页《答问补遗》）。这样格物，成为止于至善。这时候，心斋认为反求于我身，又成为我身正，在于至善了（《王一庵集》一、二页背面）。大概，反求于我身是反于我身的良知，良知是由自我反省，更加被带来的。

这样格物论的旨趣在心斋的《明哲保身论》里面也能看到。此论能如下考虑。即明哲是良知，明哲保身是良知、良能，所谓不虑而知，不学而能的。人都拥有这个，圣人与我相同。知保身者必（敬）爱身。敬爱身者无不（敬）爱人。能（敬）爱人，那么人也（敬）爱我。因此我身被保存。万物一体之道，也就是仁在这里。这样相互爱的关系通行于一家、一国、天下。这样自私就被摒弃。自私之辈是不知道本末一贯的。然而这里需要注意的是，只知道爱人，不知道爱身是不行的。为什么呢？不知爱身时像传说里也有的那样至于为亲"烹身、割股"。在这种情况下不能保全我吾身，凭什么保全君父呢？因为这样的缘故，"以己度人"重要。如果以己度人，那么从己之所欲，知人之所欲，从己之所恶而知人之所恶。所以有于己而后，求于人，无于己而后，非于人。内，不失己，外，不失人，成己成物而后，至于止。所谓恕即此。所谓"致曲"即此。《中庸》里面说"其次致曲"。《章句》里面说"其次，通大贤以下凡诚有未至者而言也。致，推致也。曲，一偏也。……圣人能举其性之全体而尽之。其次则必自其善端发见之偏，而悉推致之，以各造其极也"（还有《王心斋先生遗集》一、一页背面见龙云云之条曰：见龙可得而见之谓也。潜龙则不可得而见矣。惟人皆可得而见。故利见大人。危其身于天地万物者，谓之失本。洁其身于天地万物者，谓之遗末。同七页正面大丈夫之条曰：大丈夫存不忍人之心，而以天地万物依于己故，出必为帝者师，处必为天下万世师。出不为帝者师失其本矣。处不为天下万世师遗其末矣。进不失本，退不遗末。止至善之道也。参考同一八页正面子谓徐子直曰之条。说于徐子直的话里有"身与道原是一件。至尊者此道，至尊者此身。尊身不尊道，不谓之尊身。尊道不尊身，不谓之尊道。须道尊身尊才是至善"）。

宇宙由"我"而在的思想给予人异常的自信。《大成歌寄罗念庵》（同二）里可见

　　　　掌握乾坤大主宰，包罗天地真良知。

　　　　自古英雄谁能此？开辟以来惟仲尼。

　　　　仲尼之后微孟子，孟子之后又谁知？

广居正路致知学。

……

的语句。正是这样的立场，因为不必有读书之类的繁杂，所以是至易、至简的，因为无所因禁，所以是至快、至乐的，因为即使任何东西也不能冒犯，所以是至尊、至贵的（参考《大成歌》）。心斋很提倡乐的原因想来是在于此。根据心斋，说人心本来自身是乐，只是自己以私欲束缚自身。

人心本自乐，自将私欲缚。私欲一萌时，良知还自觉。

一觉便消除，人心依旧乐。乐是乐此学，学是学此乐。

不乐不是学，不学不是乐。乐便然后学，学便然后乐。

乐是学，学是乐。呜呼！天下之乐，何如此学？天下之学，何如此乐？

（同《乐学歌》）

心斋的这方面的思想可以理解为老师阳明的思想被更进一步推进鼓舞者（不过心斋对于阳明随地而乐的功夫，也不是没有告诫门人——根据同一、四页背面，门人歌：道在险夷随地乐。先生曰：此先师当时就处险时言之。学者不知以意逆志，则安于险而失其身者有之矣。然而像许敬庵如下说道。昔文成之良知、心斋之乐体，岂不善于指点一时乎。使人活泼泼地。然而及门之士，称为高明颖达者多走作。当知其故——《敬和堂集》五《简焦漪园文》）。阳明之诗里写有：

羡杀山中麋鹿伴，千金难买芰荷衣。

心斋改作：

羡杀山中沂浴伴，千金难买暮春衣。

（《王心斋先生遗集》一、一〇页正面）

春服既成，浴乎沂，风乎舞雩，咏而归的曾点的见识情趣也是心斋所希望的。

如前文所述的那样，成为上述这样思想之中心的"性"与阳明之良知是一样的，其最切实的内容是孝，是孝弟。心斋不停地说孝及孝弟（同二《与南都诸友》，又《孝箴》《孝弟箴》）。孝是人性的同时也是天命，甚至是国家之元气（同）。因为孝弟是对父兄发露的良知不忍之心，以家族为本的社会组织由此而起。进而心斋直至说，国家的组织及治理它的政治行为全都出自这里。

第五章　明学后期

王龙溪、王心斋的现成思想终于控制了明代王学的方向。王东崖、徐波石、颜山农、何心隐（即梁汝元）、罗近溪、周海门之徒起来。他们全都属于心斋的系统。像心斋之子王东崖（名襞，字宗顺，一五一一——一五八七）说"学以不犯手为妙。鸟啼，花落，山峙，川流，饥食，渴饮，夏葛，冬裘，至道无余蕴矣"（《王东崖先生集》一、二页正面）（虽然不忘记附加如果能拓得开——这是醒悟原来无一物的原因——则天地变化，草木蕃殖。不能拓去则天地闭，贤人隐）。或者还留下下面这样的话。曰："才提起一个学字，却似便要起几层意思。不知原无一物。原自见成。顺明觉自然之应而已。自朝至暮动作施为，何者非道。更要如何，便是与蛇画足"（同三页背面）。所以说希天者是希天之自然，将自然称为道（同一、《上道州周合川书》）也并非不行。不用说，因为自然即是良知，不得不认为东崖是特别注意到良知之妙用的思想家。因为这样的缘故，使心斋的乐的立场，简易、直截的现成思想越发显著了的倾向就明白了。

以上这样的倾向由心斋的门人徐波石，下来颜山农、何心隐（即梁汝元）等人更加被助长了（只有心斋之弟王一庵——名栋，字隆吉——其诚意之说，颇有类似于后来刘蕺山的地方，具有特色）。据说此倾向中的一个弊病，是堕于上述光景之见，欠缺切实、真挚的体认（请参考李见罗的《正学堂稿》五《答杨振甫书》等）。

山农的弟子里面有罗近溪（名汝芳，字维德，一五一五——一五八八），其特色在于切合当下的放下态度。曰："自然却是工夫之最先处，而工夫却是自然之已后处"（《近溪子集》《乐》）。此文也收于《罗近溪先生语要》。这里依据《语要》)。近溪由于此态度，相信能把握性——自然——生命。又说生命也表现为《大学》里面列举的孝弟慈三者，方才纵作上下古今，横作家国天下，能够综合主客、体用、勿忘、勿助长的立场（《近溪子续集》——《会语续录》上、又《庭训》上《一贯编》之《大学》）。

注

老子也写有"六亲不和有孝慈"，又写有"绝仁弃义，民复孝慈"。如果那样，似乎孝慈至少比起仁义被认为朴素性更多。阳明学派里面孝慈被尊重与这样的想法相关联。

本来，近溪的生命思想在儒学的经典里面，是通过《大学》《中庸》受用《周易》生生之语的（同，近溪也辩护告子——《近溪子集·乐》）。

文人、袁中郎（名宏道）虽然依据其随笔，寄心于近溪之思想，但对于此人来说适意是生活的态度，喜欢无子而身后没有其他顾虑（《尺牍》、王伯谷），比起破国亡家更忧虑不能适意游兴（同、《吴敦之》）。根据中郎，说"近溪之书多说光景"（《随笔》），对此王龙溪之书多说血脉（同）（血脉相比于光景的话，是更实质的）。

注

（阳明）先生，问于在坐之友，近来工夫如何。一友举虚明的意思。先生曰：此是说光景。云云（与光景相反，阳明说为善之心的真切。参考《传习录》上、执斋本五六页）。

然而倾倒于龙溪（《李氏藏书》二二《王龙溪传》，《李氏焚书》三《王龙溪先生告文》）的人物里，最有特色的是李卓吾。由于卓吾而明学有行其所当行而过头的样子。

李卓吾（名贽，一五二七——一六〇二）

一

按照李卓吾回答焦漪园的书信，卓吾举《藏书》《焚书》及《说书》这三种自著。《藏书》与《焚书》思想倾向大体相似。然而与《焚书》是"专与朋辈往来谈佛乘者"，大抵因缘之语、忿激之语、非常套之语多，有被人认为奇怪的担忧相反，对于《说书》，卓吾自己说"中间亦甚可观"（以上《焚书》一）。又因为其内容是与儒学的经典《四书》相关，逐节发明者，通过与《焚书》相参照，卓吾思想简单完了。

卓吾被重视人类生命的阳明学吸引住心。尤其推许直截了当地发挥阳明特色的王龙溪。（参考《焚书》二《复焦弱侯》其他，依据此书及同一、《答耿司寇》，卓吾比起龙溪似乎稍稍看低罗近溪。从理解当时思想上，此事必须充分注意）。从而对于朱子学的严肃伦理思想，其组织者朱子强烈反抗。微不足道的人物耽误国家还可救，但作为君子耽误的话，则难以着手。因为君子本心无愧的态度是积极的。像朱子就是那样的见于《焚书》（五、《党籍碑》）。不仅朱子，对于宋代思想，其指导政治家卓吾也不说好。那里很多道理，重视法则的态度引人注目。例如王安石，这也是卓吾厌恶的人。卓吾说安石的政治里存在不合理，朱子表扬之是非常错误的。岂止如此，像范仲淹那样的一代人杰也不免成为非难的对象。只有文豪苏东坡是例外。作为像自己喜欢的那样生活的人，卓吾是喜爱东坡的。（也有提出邵康节的诗句或周濂溪、程明道的言论而论"淡"这种事情，说达人宏识在哪一边的地方——《焚书》一《答耿中丞论淡》。想来那是因为这些哲人活用那样停留在现实场合的心，舍弃意识闻见，张开眼目，在其意义里停留在《中庸》所谓淡薄的境界。还要参考后述。）卓吾这里一般能够看到恶评社会上评价高的人的倾向。明代，定下来根据朱子学的考试制度，由此发迹之人的腐败很厉害。尤其使卓吾极为愤慨的是道义变成了守护人的虚伪的安全阀。厌恶朱子学的卓吾追溯，完全采取对儒教伦理思想的否定态度也不辞让。对孔子回避，到颜子还好，但到曾子、孟子以下则举为攻击的对象。申子、韩非子等法家本来是与儒家并列的专家，从各自立场发挥效力，做工作。可是儒家没有专门的特长，却欲望很多，变成不能工作的人了。诸葛孔明也因为多欲，采取矛盾的立场而失败了，卓吾说。为了做大事必须不顾后患，毅然决然地做。观察在秦的商鞅、在楚的吴起就可以。庄子等人因为担心后事，敢从工作里远退。如果想要做一件事，就必须舍弃其他。骂道儒者因为一边考虑后事，一边想要取得成果所以是不行的，等等。这样"居朝廷则忧其民，居江湖则忧其君"（范仲淹《岳阳楼记》中的句子）与两头的马一个样，成为不合道理的话。反之，五代的冯道虽然被欧阳修及朱子恶评，但正是忍受历任于数代那样的耻辱才能够工作。由冯道，民众被救是事实，卓吾辩护这点（《焚书》五《孔明为后主写申韩管子六韬》）。附带，虽然根据《程子遗书》——《二程全书》五，因为胡安定那样的人也说当五代之季，生民不至于肝脑涂地是依靠冯道的力量，肯定其侍奉仇敌，所以这又不是特别等待卓吾方才注意到的事情）。这样恶评儒教的卓吾对于佛教不惜同情。明末的佛教虽然并不是宋以前那样优秀的，但也有易于接近处。成为支撑救助卓吾之心的实际上似乎是佛教，而不是儒教。直到晚年读《易》（参考《续焚书》）。想来出于顾炎武的《日知录》（一八）等那样来自儒教徒的无忌惮的攻击也许与此事实纠缠着。然而在儒者方面也不是没有赞赏卓吾的人。李见罗说卓吾正直，胜过阳儒阴佛之徒（《正学堂稿》三《答舒梦滩》），顾泾阳的《小心斋札记》（一〇）里面举卓吾说的与其死在伪道学家之手，不如死在妇女之手更好一些的说法，写有这是使人复活者。总之，卓吾这里无欺这点被肯定。卓吾尊重人的真实心情而高扬"童心"之语。所谓童心是儿童之心，是绝假、纯真、最初一念的本心，所谓真心（《焚书》三《童心说》）。如果从童心来说，戏曲小说等是真正的文章，四书五经成为没有价值的东西。损害童心的是闻见与读书，由此丧失纯朴天真。种种人造品成为见闻的材料而产生固定观念。书籍如果用想要做官吏等这样不纯的动机来读则童心也遭到损害。学者也因为读大量的书籍学会义理所以失去童心。用这样的材料做出的书籍不过是假的东西。即使言语巧妙，对那有什么关心呢？因为假人说的是假话，事也是假事，文也是假文，全都是假的。以往文章里很多假的是由于这个缘故。斥退它提出童心才是重要的。因此六朝的作品、唐之近体、传奇、杂剧、《西厢记》《水浒传》，因为无论哪个都可以，所以一定固守旧的东西则变成假。因为这样的缘故，儒教经典被降低其评价。所谓经典不是古代的记录人员过奖的言语，就是为臣为子者赞美装饰的言语，又或者是不明白事理的弟子熟记师傅言语的无头无尾各种各样留传者。后来的人将这些种类作为出自圣人之口的所谓经书来尊重，其大半并非圣人的言语，即使是的，也只是应病之药，并非万世不变的至论。所以《六经》《语》《孟》可以说是道学的借口、假人的渊薮。卓吾说出这样破天荒的话。

根据上述，知道见于《焚书》的卓吾的议论在于一贯重视人拥有的自然性、其纯真心的立场，也可以说尊重生命的立场。然而《焚书》（三）的《四勿说》里面具有生活的共同性——在此意义下形式——的礼作为从人性里面不觉产生出来的东西被承认。又《樊敏碑后》（同五）、《琴赋》（同）等里面说明艺术作品中技巧的意义，涉及内容与技巧的浑一性，即表现之事，题为《逸少经济》（同）的文章里通过翰墨的最高技艺说明人是人的同时却通于神。因此卓吾的思想也不得不说不一定是单纯朴素的所谓自然主义。这里撇开此事试着移向"说书"所说。想来通过一并论述《说书》，这边的情形自然冰释起来。

二

如上所述，卓吾重视真心或者童心。卓吾喜爱阳明的"满街人皆圣人"之语、佛教的"即心即佛"之语就是因此，此人的立场明显成为民众的、宽容的。然而这样的人之心绝非抛弃了功夫。只是那无作为而自然进行罢了。像《焚书》（一）的《复京中友朋书》与上述《耿中丞论淡书》，是能泄漏此期间的情况者。同样上述《四勿说》里面写有"真己无己，有己即克"。于是，将人所同，俗所大同，从中所出之礼，作为真己"无己"的立场，认为是与执一己之定见的"有己"非礼的立场不同的。礼成为"由不学不虑，不思不勉，不识不知而至者，谓之礼。由耳目闻见，心思测度，前言往行，仿佛比拟而至者，谓之非礼。语言道断，心行路绝，无蹊径可寻，无涂辙可由，无藩卫可守，无界量可限，无扃钥可启，则于四勿也当不言而喻矣……"这样的思想在"说书"里面越发清晰。《焚》《说》两书所载文字的年代先后虽不能一概穷其究竟，但像《童心说》那样的可说是容易彻底查明的一例。《说书》里面改写收录《焚书》的《童心说》。说起来虽然只限见于《焚书》，卓吾对于曾子、孟子以下，更何况宋儒不满很强烈，但在《说书》里面《四书》的思想被各自给予意义，宋儒周濂溪、程明道、邵康节固然，甚至朱子也有时取之。《说书》里说孟子的场合，其"赤子之心"相当于《焚书》的童心，见于《童心说》的上述可称为破天荒的攻击儒教经典的文字也全部消失其身影。

如果那样，卓吾的立场是怎么样的呢？由卓吾的心学建立的"童心"或者"真心"，如果从作为现实具体人类的心来说就是"我"。然而实际上是真我，这样就有超越性。卓吾说真心为静，认为静是无物，比喻于大虚。尽管万物缤纷，却不妨碍大虚的是无物。"好货、好色、与民同乐，邪道而归于正……天机只在嗜欲中"（《说书》、孟子之部、上孟八）所谓真心作为心之未萌者相当于所谓"性"。因此无心却有心，那就是天之命。《焚书》里面也和色一起说空，而且真空，但这样的想法在《说书》里被用于道及儒的思想解释，三教一致论反复出现。根据卓吾，人伦物理上认识真空方才产生自得。家族、社会生活的经营上有儒的长处，在建立无遮大会（一切众生全都平等供养的法会）这样的广大世界上，本来有佛的优点。卓吾在"己欲立而立人，己欲达而达人"，或者"老者安之，朋友信之，少者怀之"等孔子这里看到无遮大会的意志（《说书》《中庸》三）。无论如何，真心，不仅仅是"我"或者个心，而无疑是一面包含它，一面去超越它的东西。从而总是不离开民众而超越之，而且复来返于民众里面的生命秘义想来卓吾知道。卓吾一方面承认人与禽兽几乎没有差异（《孟子》），一方面说最爱"人能弘道（非道弘人）"（《论语》）这种场合的弘道之"弘"字虽然是超越现实的人的功夫，但又回归现实的人世，因为无论到哪里都是充满此道之分量而不止（《说书》、论语之部、下论七）。卓吾说真心而提到其虚灵知觉。这点肯定朱子是理所当然的。"心之虚灵、知觉一而已"是地地道道朱子《中庸章句》序文中的语句。那么称为真心，称为真空的心在被认为这样具有灵觉者的地方里，有近似于所谓生命哲学思想的东西。卓吾、朱子的立场，以及说心体为灵知不昧的澄观"答皇太子问心要"（《景德传灯录》三〇）等的立场里出现相通的方面（朱子在《大学章句》里说明德云"人之所得乎天而虚灵不昧，以具众理而就万事者也"。只是此场合，关于具众理应万事处有朱子学的特色参考前述朱子晦庵的部分）。卓吾的"权"这个字的解说（《说书》、孟子之部、下孟九）从这点来说可算是优秀文献之一。因为这里卓吾说明即使说"中"那也只是心之太虚，是活的东西，所以即使执中也就无外乎是"执于无执"，绝不是预先定一个规矩，也不是建立格式。卓吾承认朱子理解告子为拘泥的批评，认可敬的功夫也并非不可思议。因为敬无外乎是活用全部生命的功夫。于是，所谓"大化之真机""圣神之圣德"的这种境界自然显现。

然而要注意的是，卓吾将这样的心与"圆通"相区别。即心产生妙用就终归建立适应时与地的压板，达到极限，不能随便怎样都可以。所谓"权"是这样心的作用。真心的立场一方面是在民众里面的立场那样，又不是被民众冲走的立场，而是广大无边的，一方面适应社会的场合。这样一来就明显了。仅仅"圆通"并不是"权"。因此，如果从厌恶圆通处，一并连权嫌恶之，自己停滞在那里，认为这是与"权"相反的"经"的话，那不得不说非常误解。被称为真心的人性只是一个。从其变易的方面称为权，从其不易的方面称为经。如果那样考虑，虽然卓吾说真心、童心、赤子等，说真空，但容易注意到是与王阳明的良知或者真己（《传习录》上与萧惠的问答）相互接近起来。果然，《说书》（下孟九）里面为了说明顺应节目、事变的心的作用，袭用阳明《答顾东桥书》的一节五百数十字，只不过用"真空"之字当作"良知"的替代，更换"致良知"、"知行合一"等阳明学的若干其他术语罢了。总之，卓吾虽一方面被佛教吸引住心，一方面在儒教这里，尤其通过王龙溪而属于阳明思想的圈子里大体上为确实。

注

《焚书》用陕西教育图书社排印本，参考明版（无刊记、九州大学藏）。《说书》是九州大学宋明思想研究室藏明版，刊行的年月不清楚。写有李载贽编辑、莆田龙江林兆恩阅著。然而，根据见于《续焚书》的万历戊午汪本钶的序，《说书》是卓吾自作叙（此序见于《续焚书》）。其十分之二刻于龙湖，剩下十分之八似乎是汪本钶与其兄汪伯伦（名鼎）一起校刊的。上述九州大学藏本里虽然有如真道人这个人的《李氏说书序》，但这个与见于《续焚书》二的卓吾《自刻说书序》不同，没有《自刻序》。如果那样九州大学藏本不是卓吾自刻的《说书》虽大体上被推察到，但除此以外什么也不能说。只是《续焚书》一的《与焦弱侯书》里写有李如真四月二十六日书到黄安云云，写上述《李氏说书序》的如真道人是这个人吧。因为《说书》的《孟子》之部（下孟九），大人不失赤子之心条里，可见"或问不失赤子之心"卓吾曰："在予《童心说》"，所以只限于与《童心说》相关，《说书》之文在后面。

如果这里出现的《说书》的部分实际上成于三教一致论者林兆恩等他人之手，即使卓吾这里没有责任，在同意的基础上当然必须试着改变看法对待卓吾的思想。即使此《说书》不是原本，无疑是极为罕见者。

结　语

　　现成说推进了应当去的命运。如果追溯来说，陆象山、王阳明的"心即理"思想完成其自身的发展。行的思想得其行。然而那个终于带来无限制的性质。从而一方面也很有可能失去行。从历史上来说，我想也可以说尊重生命的明代的东西，取代了重视道理（法则）的宋代的东西。虽然前者通过人的"心"，后者同样通过"性"，但无论哪个，在回到天这点上，最终并没有什么不同。

后　记

　　著者对于宋学（朱子学）及明学（阳明学）的精神、其追求之事的特质在哪里潜心思考，想要历史地叙述之。希望在那里通过把握上述意思里两学的特质，自己发生各个之间的纠葛，对比变得明显了能够达到作为全体的理解。因此两学历史发展的终点，也就能成为作为全体的宋明儒学这一问题的出发点。著者相信历史的叙述与这样问题的叙述应该并非不同的东西。曾经公开的一篇《宋明两思想的纠葛》是这样企图的草图。这时候著者尽可能就原典，不拘成见地追求古人的立场而体认之，即使失去平正，也打算留意决不陷于歪曲。这是对于两学所做的批评，不论新旧、赞成与否，都必须通过原典的直率理解做一回，而且是从希望这样做的心出发的。著者从这样的想法出发经过《宋明两思想的纠葛》的前后发表的几篇论文里面，关于宋明思想的东西大多是怀着这个计划写的，经过修订成为本书的资料。

　　然而从昭和三十一年秋到五年春，来自美国洛克菲勒财团的研究扶助成为一举完成这一计划的机会。著者不能忘记该财团，其人文部长利兹氏，负责斡旋于财团的九州大学文学部，以及时常与著者一起进行严格而愉快的朋友讲习的泷泽克己、山室三良、冈田武彦、荒木见悟、猪城博之诸位，始终作为助手给予帮助的佐藤仁、福田殖两位。

　　本书得以出版完全是依靠广池学园的厚意。承蒙学园的大泽俊夫先生及其他诸位关照。此外，该出版部的高畑太一先生在酷暑之际，颇费心思。另外，在决定出版后，也从九州大学文学部的各位蒙受温暖的关心。特别是最初，如果没有朋友平塚益德先生从中恳切介绍，那么来自财团的扶助也好，后来来自学园的出版也好都不能指望。像冈田武彦先生为了实现出版，不惜忘我而东西奔走之劳苦。著者对于上述诸位，真是不胜知己之感。在此深表谢意。

　　《宋明儒学思想之研究》最终像熟果落下一样自然来到离开著者手里的日子。然而如果欠缺适应季节的养护与刺激，又没有人收拾它的话，或许树梢上的水果还不够成熟，即使成熟掉落，也可能就那样在路边枯萎了。

　　　　　　　　　　　　　　　　　　　昭和三十七年八月五日

译者的话

　　本书译自日本东京广池学园出版部 1964 年增订出版的《宋明时代儒学思想の研究》（1962 年初版）。著者楠本正继先生（1896—1963）系日本著名中国哲学研究专家，出生于日本长崎县，1922 年毕业于日本东京大学中国哲学学科，1942 年获得文学博士学位。1927 年起长期担任日本九州大学教授，1960 年退休后任九州大学名誉教授。楠本先生出身儒学世家，作为崎门（山崎闇斋）学派传人楠本端山之孙，在继承崎门朱子学的同时又在东京大学接受系统的现代学术训练，受业于宇野哲人、服部宇之吉诸先生，并曾留学于中国、德国及英国。楠本先生学贯东西，淹通三教，并以朱子学与阳明学的比较研究成名，著作有《宋明时代儒学思想之研究》《陆王学派思想的发展》（博士学位论文）等，论文有《〈庄子〉天籁考》《全体大用的思想（朱子学的发展）》《熊本实学思想的研究》《宋明思想家思考的教育本质》等。除专著《宋明时代儒学思想之研究》之外的主要论著结集为《楠本正继先生中国哲学研究》，1975 年由日本国士馆大学附属图书馆编纂出版。

　　楠本正继先生作为享誉海内外学界的研究重镇九州大学中国哲学史学科的开创者［参阅邓红著：《日本九州的中国哲学研究：传统与现状》，《国外社会科学》1991 年 09 期；钱明著：《九州学派：日本现代儒学的地域样本》，《深圳大学学报（人文社会科学版）》2012 年第 4 期］，与其门下两大弟子冈田武彦先生（1909—2004）及荒木见悟先生（1917—2017）同为东亚儒学及宋明理学领域的研究大家。但相比于其

407

两大弟子的著作多已翻译并为中文学界所熟知，楠本先生的论著除个别的单篇以外，至今绝大多数尚未翻译成中文出版。这是与楠本先生本人的学术地位及其著作的学术价值不相称的。其原因除了楠本先生去世较早，相比于其与当代中国学界联系紧密且享高寿的两大弟子，较少为当代中国学界所关注以外，主要还是因为楠本先生的著作行文古奥，文献繁富，翻译起来对于译者的外文及专业要求较高。

本书系楠本正继先生生前最后完成的一部扛鼎之作，是其毕生研究宋明儒学（理学）的理论总结，被学界公认为是日本战后宋明儒学（理学）研究具有开创性的经典名著（参阅柴田笃著《楠本正继博士之宋明儒学思想研究》、柴田笃著《楠本正继博士的朱子学研究》、石立善著《战后日本的朱子学研究史述评：1946—2006》）。

在研究方法上，与早期学界以套用西方哲学体系和范畴来生硬评判和解释中国哲学思想的路数不同，著者遵循逻辑（哲学分析）与历史（思想史）相统一的原则方法，立足于对中国哲学思想内在精神的切身体认及其原典文献的平实解读，从而揭示其精神特质、内在逻辑及历史价值。因此全书的论述显得要言不烦，娓娓道来而又切合思想家的实际情况。在具体内容上，本书从宋明儒家学者的原著及其相关文献出发，由对哲学思潮流派的整体把握及哲学家思想的内在理路的梳理，全面系统地总结了宋明儒学的发展脉络、主要流派及其代表学者的哲学思想。其理论贡献主要包括以下几个方面。

第一，哲学思想的切身体认及其逻辑精神的分析。著者直接从原典出发，采取没有成见地探求古人立场并切身体认的态度，尽量做到不歪曲古人的思想。通过哲学分析与思想史的梳理把握其特质并探讨各思想之间的纠葛，最终上升到对整体的认识。如本书对宋学（朱子学、理学）与明学（阳明学、心学）根本精神的把握，以及对朱子学"全体大用"的思想本质及其中日影响的阐发等，时至今日仍然具有重要的理论价值。

第二，宋明儒学史的建构及其发展脉络的梳理。著者以宋学与明学的根本精神及其特质为核心，以思想潮流的发展脉络为线索，建构了比较完备宋明儒学思想史体系。其所谓宋学与明学实质是朱子学（理学）与阳明学（心学）的区分。因此与一般哲学思想史著作不同，本书将时代上属宋代的陆学作为明学的渊源置于明学部分，因为其精神实质与后来作为明学精神主体的阳明学一脉相承。

第三，比较哲学的视野与哲学分析。著者发挥其作为日本学者又曾留学于中国及德国、精通中（儒释道）、日、西方思想的优势，在本书中极为重视比较哲学的分析，包括宋学与明学精神特质的比较，中日西、儒释道等不同思想体系间的比较，以及宋明儒学中不同思想家及其具体观点的比较等。尤其本书大量吸收日本江户儒学尤其崎门朱子学派学者的论述来比较和分析宋明儒学。同时由于宋明儒学的产生及其发展本身就是三教交涉融合的过程，因此本书极为重视儒释道思想交涉的考察，并贯穿研究的始终。

第四，追根溯源的问题意识与文献解读。著者对所涉及的哲学思想问题，都能结合相关原典考察其来龙去脉，并在不同派间的横向交涉与同一思想阵营中的纵向发展中进行分析。其论述具体哲学家的问题时不是孤立地看问题，而是站在整个思想史发展的高度，注意在不同学者及同一学者的不同论著的相互联系中挖掘该问题的学术意义。此外，本书虽以哲学思想及其问题的分析为主，但又不局限于此，将视野扩展到艺术等一般思想文化领域，同时注意思想产生和发展的历史文化背景。

总之，本书资料翔实，内容丰富，论证精辟，言必有据，并且处处随文列出了可供参考的文献资料，从而给读者提供了方便。本书虽出版于50多年前，但结合当前学术界最新的研究成果，可知其论述与观点仍然信实可靠，没有过时，并为我们进一步的研究提供了有益的线索。本书既是一部翔实可靠的宋明儒学（理学）史专著，又可视为宋明儒学诸问题及其相关文献的汇编，无论其研究方法还是内容本身，对于当前中国哲学史的研究都具有重要的学术价值。

当然由于此书写作时，著者已经到了晚年，精力已经有所不逮，再加上客观条件的限制，所以也不免留下了一些缺憾。最主要的就是对于明学中后期儒学的发展脉络及其哲学思想的论述比较简略，明学中期里面除了对王阳明的思想论述较详之外，对罗钦顺与湛若水的思想都是一笔带过，对王学弟子的论述也多简略，明学后期主要只论述了李贽一人的思想，而且其所依据的九州大学藏《说书》已被证明是伪书（参阅佐藤鍊太郎著：《"李氏说书"考—林兆恩"四书正义纂"との比較—》，《日本中国学会报》第四十七集，1995年，第149—163页）。该版本《说书》的文本是当时人杂糅改窜李贽、林兆恩、王阳明等人的著作而成，在思想倾向上也与李贽有本质不同，所以不能作为李贽本人的思想资料来论述。此外，本书对明末的东林学派、蕺山学派都付之阙如（但对其思想史地位略有提及）。还有由于当时条件的限制，一些原典文献作者当时未能寓目，而只能依据《明儒学案》等二手文献，可能使其论述失于简单或片面。尽管在今天看来存在一些问题，但瑕不掩瑜，本书还是比较完整地展现了宋明儒学思想史发展的全貌。其弟子冈田武彦先生的博士论文《王阳明与明末儒学》就是弥补楠本先生此书略于明末儒学思想之缺憾的续篇。两书在思想立场、研究方法及主要观点等方面都一脉相承，结合起来可称为比较完备的日本九州学派宋明儒学（理学）思想史系列著作。

最后关于翻译的工作需要说明的是，由于著者楠本正继先生是处在新旧学术转型期的老一辈学者，其写作规范与今天的标准已经大不相同，最明显的是本书的注释全部采取文中夹注与文后附注（以"注"字开头）的方式，这种注释方式类似于传统注疏体，从内容上看或者是补充说明，或者是列出参考文献。这种注释一方面增加了行文的灵活性，另一方面也可能引起阅读理解上的跳跃。但由于这些注文往往成为全文不可分割的有机组成部分，为了尊重原著并不破坏其行文思路，翻译时在力求准确可靠、文从字顺的基础上，完全保持本书原有的行文与注释方式而不做调整。此外，原著中引用或提到的文献是当时日本收藏和出版的文献，大多是国内看不到的版本，也基本与今天中日学界的通行本不同。因此在不影响文字内容的前提下，译者尽量采用与之相对应的学界通行版本作为翻译依据。如原著中《朱子语类》多引用和刻本及朝鲜古写本，译者则一概使用学界通行的中华书局点校本，其他原典文献也尽量依据最新最全的点校整理本或影印本。需要注意的是，本书与一般专著不同，全书开头没有导论或绪论，全书的末尾也没有结论部分，目录中位于第一编末尾的"结语"即是第一编"宋学之部"的结论，第二编末尾的"结语"并不是全书的结论，仅仅是第二编"明学之部"的结论。

　　本书由日本九州大学中国哲学史专业文学博士、武汉大学哲学学院副教授连凡翻译。

连凡　谨识

2018 年 9 月